U0478292

中国历史研究学术文库

中国社会科学院古代史研究所文化史研究室 编

文本的力量

——基于朝鲜汉籍中《史记》《汉书》资料的研究

翟金明 著

史記英選卷之二

伯夷傳

夫學者載籍極博猶考信於六藝詩書雖缺然
虞夏之文可知也堯將遜位讓於虞舜舜禹之
間岳牧咸薦乃試之於位典職數十年功用既
興然後授政示天下重器王者大統傳天下若
斯之難也而說者曰堯讓天下於許由許由不
受恥之逃隱及夏之時有卞隨務光者此何以
稱焉太史公曰余登箕山其上蓋有許由冢云

海峡出版发行集团 THE STRAITS PUBLISHING & DISTRIBUTING GROUP | 福建教育出版社

图书在版编目（CIP）数据

文本的力量：基于朝鲜汉籍中《史记》《汉书》资料的研究/翟金明著. —福州：福建教育出版社，2022.11
（中国历史研究学术文库）
ISBN 978-7-5334-8449-1

Ⅰ.①文… Ⅱ.①翟… Ⅲ.①《史记》—研究②《汉书》—研究 Ⅳ.①K204.2②K234.104.2

中国版本图书馆 CIP 数据核字（2022）第 066179 号

中国历史研究学术文库

中国社会科学院古代史研究所文化史研究室 编

Wenben de Liliang

文本的力量

——基于朝鲜汉籍中《史记》《汉书》资料的研究

翟金明 著

出版发行 福建教育出版社
（福州市梦山路 27 号 邮编：350025 网址：www.fep.com.cn
编辑部电话：0591-83716932
发行部电话：0591-83721876 87115073 010-62024258）
出 版 人 江金辉
印　　刷 福建省地质印刷厂
（福州市金山工业区 邮编：350011）
开　　本 710 毫米×1000 毫米 1/16
印　　张 28.75
字　　数 428 千字
插　　页 1
版　　次 2022 年 11 月第 1 版 2022 年 11 月第 1 次印刷
书　　号 ISBN 978-7-5334-8449-1
定　　价 88.00 元

如发现本书印装质量问题，请向本社出版科（电话：0591-83726019）调换。

从历史中吸取智慧
——“中国历史研究学术文库”序

卜宪群

经过各方的共同努力，特别是在福建教育出版社的大力支持下，“中国历史研究学术文库”和大家见面了。这套文库将主要面向中青年学者，出版他们关于中国历史与文献研究方面的论著，展现他们的学术风采，使他们沿着先贤的足迹，不懈努力，勤勉进取，为繁荣和发展中国特色哲学社会科学做出贡献。文库首批图书出版之际要我说几句话，我就以在中国历史研究院成立大会上的发言为底稿，就新时代为什么要加强历史学习和历史研究谈一点粗浅的体会。

一、从历史中吸取智慧是新时代的需要

伟大的时代必有史学的参与，史学也必将为伟大的时代贡献智慧，这是史学的功能，也是史学家的职责。中华民族素有学习和总结历史发展经验的优良传统。历史学习、历史思维、历史借鉴，在我国历史上许多重大政治与社会变革中，在许多思想、文化的重大转折和突破性演变中，都产生过强大的推动作用。史学在维护中华民族发展过程中的国家认同、民族认同、文化认同上产生过重大作用。回望历史，中华民族统一多民族国家的形成以及中华文明的长期延续，使中国历史发展既艰难曲折又波澜壮阔，呈现出自身的特点与规律。而善于总结历史经验与继承历史传统，是中华民族一次次登上人类文明高峰的重要基础。我们党历来重视历史学习，从历史中吸取智慧，不断开拓前进。毛泽东同志十分善于总结历史经验，他说:“今天的中国是历史的中国的一个发展；我们是马克思主义的历史主义者，我们不应当割断历史。从孔夫子到孙中山，我们应当给以总结，承继这一份珍贵的遗产。这对于指导当前的伟大的运动，是有重要的帮助的。"[1] 1944 年，毛泽东同志批示延安的《解放日报》全文转载郭沫若的《甲申三百年祭》，目的是以明末农民起义军李自成集团为例，教育广大干部和全党同志不要重犯胜利时骄傲的错误，从而把延安整风运动推向深入。实事求是是我们党的优良传统，这四个字也是从史书中发掘出来，并赋予了新的含义。

改革开放 40 年的伟大成绩，昭示着中华民族从站起来、富起来到强起来的历史性飞跃。习近平总书记指出："当代中国正经历着我国历史上最为广泛而深刻的社会变革，也正在进行着人类历史上最为宏大而独特的实践创新。"[2] 这一"广泛而深刻的社会变革"与"宏大而独特的实践创新"就是中国特色社会主义道路，这是中华民族五千多年历史上从未有过的大变局。如同中国历史上许多杰出政治家善于从历史中总结经验、探索未来一样，习近平总书记深知，在这片土地广袤、人口众多、历史积淀深厚的国家建设社会主义，必须坚持中国特色，必须坚持中国国情、中国道路，这须臾也离不开历史思维。因此，他高度重视历史学习，指出"历史是最好的教科书"。他多次强调历史认识的重要性，指出历史、现实、未来是相通的。历史是过去的现实，现实是未来的历史。他十分强调吸取历史经验的必要性，指出治理国家和社会，今天遇到的很多事情都可以在历史上找到影子，历史上发生过的很多事情也都可以作为今天的镜鉴。中国的今天是从中国的昨天和前天发展而来的。要治理好今天的中国，需要对我国历史和传统文化有深入了解，也需要对我国古代治国理政的探索和智慧进行积极总结。总书记站在辩证唯物主义和历史唯物主义的高度，讲清楚了我们开辟中国特色社会主义道路的历史必然，讲清楚了我们为什么要从历史中吸取智慧，及其在新时代的重要意义。

二、历史中蕴含着丰富的治国理政智慧

漫长的历史长河中，中华民族在治国理政上积累了丰富的历史智

---

[1] 毛泽东：《中国共产党在民族战争中的地位》，《毛泽东选集》第 2 卷，北京：人民出版社，1991 年，第 534 页。

[2] 习近平：《在哲学社会科学工作座谈会上的讲话》，《人民日报》，2016 年 5 月 17 日。

慧，我认为以下三个方面尤为值得重视与总结。

其一，创造并长期维护了中华民族统一多民族国家的治理体系。源于先秦的“大一统”思想和理念，在秦汉以后转化为政治实践，形成了“事在四方，要在中央”，“海内为郡县，法令由一统”的中央集权国家治理体系。这一体系既包含了先秦以来历史文化传承的某些因素，更深刻体现了战国以后社会生产力的发展在国家治理体系上的政治诉求。这一治理体系符合我国历史实际，得到了历代有为的政治家和思想家的高度认同，具有深厚的政治基础、思想基础和社会基础。我国历史上秦汉唐宋元明清所创造的数座文明高峰，都与这一治理体系所发挥的巨大作用不可分割。中华民族之所以产生并长期凝聚不散，也是这一治理体系延续不断的结果。这充分说明大一统的国家治理体系深得人心，是趋势，是潮流，符合我国国情。世界历史上也出现过不少盛极一时的强盛帝国，但最终都走向分崩离析，其根本原因就在于它们缺少我们这样长期凝聚而成的共同经济联系和历史文化认同。历史反复证明，统一多民族国家的完整与安定是国家治理的前提条件。任何分裂与动荡，都会导致国家与人民陷入灾难。这一历史经验与教训，我们今天仍然不可忘却。

其二，形成并不断丰富完善了统一多民族国家的一系列治理理念与制度体系。中华民族在长期的历史发展过程中，融合各民族智慧，在政治、经济、文化、社会、生态、边疆、民族等一系列国家治理制度体系建设上都有缜密的思考。例如自西周开始，敬德保民的人本、民本意识开始产生，春秋时期“神”在政治中的作用进一步动摇，民本的呼声更加高涨。发轫于先秦的民本思想，在我国封建社会更是演化为许多具体的治理措施。又如自春秋战国时期开始的“尚贤”呼声，推动了当时各国选贤任能思想与实践的发展，并对我国封建社会选贤任能的制度化建设、德为才帅的用人理念产生了重大作用。再如春秋战国时期法治思想的产生与实践，极大丰富了人们对法制在国家治理中的重要性的认识。而秦朝严刑峻法致二世而亡的教训，又直接导致汉代以后“德主刑辅”治理理念与政策的产生。历代所形成的以民为本、德主刑辅、严格吏治、选贤任能、反腐倡廉、基层治理、民族认同、生态保护等思想与制度，内涵极为丰富，其历史智慧至今仍值得我们总结和借鉴。

其三，构建并传承了统一多民族国家的共同价值观。数千年来我们的祖先认识到“是非不乱则国家治”的道理。要做到“是非不乱”，就要有正确认识事物、正确评判事物的共同价值观。中华民族讲求礼义廉耻，提出“礼义廉耻，是谓四维；四维不张，国乃灭亡”。中华民族讲求正己修身，提出“博学于文，行己有耻”，“己所不欲，勿施于人”，“身修而后家齐，家齐而后国治，国治而后天下平”。中华民族讲求变革进取，提出“治世不一道，便国不法古”。此外，厚德载物、居安思危、自强不息、勤劳事功、和而不同等价值观，在历史上都成为凝聚社会的精神核心力量，是历史留给我们的宝贵财富。正是这些精神，使我们的祖先在国家治理上表现出政治秩序、文化秩序、社会秩序相统一的特点，形成了“是非不乱”的共同价值观，对治国理政、维护国家的长治久安产生了积极作用，形成了富有鲜明特色的中华精神文化，至今仍有其不朽的价值，值得我们认真学习。

中国有着悠久的古代史学传统，有着近代以来实证史学的丰硕成果，更有马克思主义传入中国后形成的科学历史理论体系。丰厚的史学遗产是我们的宝贵财富，广大中青年学者需要认真学习和吸取。这套文库应当坚持以马克思主义唯物史观为指导，以习近平新时代中国特色社会主义思想为引领，坚持中国史学经世致用的优良传统，借鉴古今中外一切科学的史学研究方法，为构建具有中国特色的马克思主义史学学科体系、学术体系、话语体系做出贡献。同时，我也真诚地希望史学界的青年朋友积极给文库投稿，希望史学界的老朋友关心支持这套文库，将优秀的学术著作推荐给文库。

最后，祝这套文库的学术生命常青！

“不惑”的书（代序）

几年以前，笔者曾经转发过朱自清的《匆匆》一文，其中说时间“像针尖上一滴水滴在大海里，我的日子滴在时间的流里，没有声音，也没有影子”。时间就是这样，在不经意间，从我们的手边滑过，想抓也抓不住，想留也留不住。时间或许能冲淡一切，却也能记录一切。在白驹过隙之间，笔者经历了“懵懂”“志学”“而立”的岁月，这些仿佛梦境一般，带来的有收获，也有遗憾，更多的是生活的酸甜苦辣，其间冷暖自知，甘苦独品。生活似乎要这样匆匆过去，但是猛然惊醒时，却发现自己已经是不惑之年了。对于“不惑”，古人解释是“不疑惑”，或者是“无忧患”，但笔者却远没有达到这种境界。不过，在本书即将付梓之际，能在所探究的问题上有一点收获和感想，也算是可以稍稍“不惑”了。

笔者自从离开学校后，一直在从事编辑方面的工作，所涉及的领域也多是中国古代文献及域外汉籍。2014 年 9 月，笔者有幸考入中国社会科学院历史研究所，攻读博士学位。一直以来，笔者都比较关注汉魏文献辑佚和域外汉籍整理的相关问题，想试图从这两个方面入手，完成毕业论文的研究。但后来在学期间，笔者通过对《史记》《汉书》等秦汉史籍的比较和研读，撰写并发表了相关论文，同时也有了一个想法，即“文本化”的历史的观点。

我们研究的历史，是过去发生的事情，确实给我们留下了很多可资借鉴和评价的东西。但这些东西并不是历史有意地主动地留给后人的，这只是前人的经历。而我们用于了解和研究历史的《史记》《汉书》等古代史书，其中所载的“历史”则是经过后人编纂的。也就是说，后人将历史编纂成了“文本”，记载了“文本化”的“历史”。在这一过程中，历史文本编纂者会有意地主动地或多或少地展示给后人一些东西，从而使历史文本呈现的是历史文本编纂者经过重构、编选、取舍、修饰的面貌。因此，对历史文本（历史知识）的理解，李开元先生认为，“历史学的知识构成是一个‘3+N’的世界”，其中第二历史以上的部分，就有历史文本编纂者陆续添加进来的一些内容。笔者根据孟子的说法，概括为“事、文、义”三个方面。事，即历史文本所载的史实；文，即历史文本叙述的方式、技巧；义，即历史文本编纂者通过历史文本表达的思想、观点。

这就是本书书名所称的“文本的力量”。当然，这种提法只是一种概括性的。我们当然可以借助这些历史文本来还原和研究历史，并不能就此否认这些历史文本的史料价值，但我们据此描述出来的“历史”及得出的结论，在多大程度上与历史或者被“文本化”的“历史”相符，是不是与文本编纂者想要展示的内容契合，这是需要不断论证和检验的。论证和检验的方法有很多，这是受过系统学术研究训练的研究者应该掌握的，笔者在此不再赘述。我们在借助被“文本化”的“历史”还原和研究过去发生的历史的同时，还应该理解历史文本编纂者用以书写历史的事、文、义所要表达的思想和意图。这样也有助于我们理清被“文本化”的“历史”和过去发生的历史之间的联系和区别。

因此，前人通过考订、训诂、道德、义理、逻辑、情理等方式与角度对《史记》《汉书》等历史文本的研究和评论，就应当成为我们进行史学研究的参考和借鉴。自从《史记》《汉书》问世以来，历代对两书评论、考订的文人学者和著作论文可谓汗牛充栋，当代很多学者的研究也关注并探讨了宋代以来文人学者对《史记》《汉书》所载先秦、秦汉史实的评论，以及对《史记》《汉书》等历史文本的考订，等等。这些已经成为我们在史学研究过程中经常参考和引用的重要成果。不过，这只是中国历史上以时间为序的历代文人学者研究和评论《史记》《汉书》的情况，如果我们将之扩展开来，那么以汉字、汉籍为载体的“汉文化圈”的情况，也值得我们关注。所以，本书就以朝鲜汉籍中所涉《史记》《汉书》的内容为资料，探究古代朝鲜半岛社会各阶层人士研究和评论《史记》《汉书》的表现和特点。

朝鲜汉籍中有很多涉及古代至近代中国的内容，其中也有大量关于

《史记》《汉书》的材料。在前人的基础上，笔者借助“域外汉籍珍本文库”项目以及韩国各类文献丛书和数据库，尽可能地搜集和整理相关资料，并形成了自己的相关思路，即首先弄清《史记》《汉书》在空间领域向古代朝鲜半岛传播的条件、方式、时间和途径；其次，了解自高丽时代至朝鲜时代，《史记》《汉书》在古代朝鲜半岛的刊印、抄写情况；再次，叙述古代朝鲜半岛三国时代、高丽时代、朝鲜时代文人学者接受《史记》《汉书》的表现；最后，探讨古代朝鲜文人学者评论、考订、注解《史记》《汉书》的方式和成果。这一思路应该说是比较全面宏大的，却涉及很多细节内容，需要读者去仔细阅读。

《史记》《汉书》作为中国古代正史中的两部典范之作，不仅在史学、文学、哲学等方面具有重要价值，而且对社会政治生活、日常生活也产生了重要影响。人们对待两部史书的不同观念和表现方式，在一定程度上也展示了其不同的思想和行为方式。因此，本书对古代朝鲜半岛、日本、越南接受和评论《史记》《汉书》的不同表现方式进行了十分简略的比较，以期有更多深层次的收获。目前看来，这一点还是非常不足的。

但是，在自己的不惑之年，在自己关注较多的领域有这样一本小书出版，也是令人颇感欣慰的事情。同时，也希望本书的出版，能为读者带来一些有用的信息，提供阅读和评价《史记》《汉书》的“他山之石”，这也是笔者的另一个收获。

是为序。

翟金明

2021 年 10 月于北京

目　录

绪　论

历史通常指自然与人类社会的发展过程。关于历史的记录和解释也被称为“历史”，不过，这种“历史”一般以历史文本的形式存在。历史文本以文字、图像（近代还出现了声音和影像）等方式记录“历史”。人们通过历史文本叙述、解读甚至重构“历史”，形成了史实，进而编纂成史书，故史书是历史文本较为系统的存在方式。但是，这并不代表我们所面对的历史文本（主要是史书）就是全部的真实的历史。原因在于，以史书为代表的历史文本在形成过程中，受到各种因素（尤其是人的主观因素）的影响，其对史实的叙述、解读和重构，可能仅仅代表这一历史文本的情况，可能存在片面的、虚构的甚至是错误的内容。因此，我们要研究历史，需要尽可能多地搜集历史文本，通过比较、分析、辩证等手段，了解相关史实，总结历史规律。

历史文本既包括曾经发生过的“历史”，也存在由文本描述的“历史”，这些内容无论是否展示了全部的“历史”，都会对人们产生各种影响。这些影响的表现是丰富多彩的，了解和研究史实只是其中一个方面，还包括文学、思想、哲学等多个方面。正因为如此，人们对历史文本的评价也是多样的。这些评价的内容既代表了人们对过去历史的认识，甚至影响了人们所处的时代。对这些方面的研究，不仅对我们了解和研究曾经发生过的“历史”有着重要作用，而且可以发现作为“文本”的历史产生的另外一种力量。因此，本书命名为“文本的力量”，重点并不在于通过以《史记》《汉书》[1]为代表的历史文本叙述、解读和重构史实，即并非研究历史史实，而是关注历史文本记载的内容对

[1] 本书个别引文涉及《史记》《汉书》的简称、别称（如马史、马迁史、班史）时，均照录原文。同时在行文过程中，如多次叙及《史记》《汉书》，为使表述不致冗繁，有时将两书并称为“史汉”，特此说明。

人们的影响，即以作为历史文本的史汉在后世的存在方式、在传播过程中产生的影响以及人们对两书的接受与评论的表现作为研究内容，涉及人们接受、认识、研究、评论、节选《史记》《汉书》的相关史实，也包括史汉在史学、文学、思想等领域产生影响的各种表现。后者即体现了《史记》《汉书》作为历史文本所具备的力量。它不仅具有时间上的延续性，也存在空间上的扩张力。这种力量成为《史记》《汉书》在中国历代传播的强大动力，甚至使两书流布至古代朝鲜半岛、日本等周边国家和地区。目前，学者对于两书在域外传播的研究，偏重于其在古代日本的表现，对具有“小中华”意识的朝鲜时代传播情况的探讨并不够充分，而且相关论述也不够深入和细致。故本书以朝鲜汉籍中所涉《史记》《汉书》资料为基本文献，讨论史汉文本传播至朝鲜半岛的途径、过程及其特点，了解史汉文本在朝鲜半岛的存在方式，重点考察朝鲜时代人士对史汉的接受与评论。由于本书内容涉及朝鲜半岛历史、朝鲜汉籍以及所涉《史记》《汉书》资料等联系不是很多的领域，故而需要对其中相关概念作一番界定，以明确研究的范围与方向。

第一节　文本是一种力量

一、从“文本”到“历史文本”

“文本”一词的含义比较广泛。一般来说，文本由一定数量的字、词、句组合而成，有时并非具体指某一文献或者书籍，或是某些带有文字、图像及其他符号内容的实质载体，也可能仅仅是人们的一种言行规范。[1] 人们通过对文本承载的信息进行认知与解读，从而实现与文本

[1] 也可以说，文本需要借助一定的物质载体而存在，但具体的物质形态并不会对文本的表达产生决定性的影响。如一首古诗，书写于简牍、纸上，刻于石头、金属上，或者存于当代人的电脑、手机屏幕上，其所要表达的含义并没有太多变化。当然，也有一些文本，比如古代的一道圣旨，其含义需要借助一定形制的物质材料来承载，而且这些物质材料对其文本含义的表达起到加强作用。但这道圣旨的含义仍是通过文本构成和表述的。

的互动。比较普遍的看法是，文本是一个系统。如对于计算机领域来说，文本是字母、数字及其他符号的集合，有一定的规则，可以实现各种功能。同时，文本也是文学理论研究领域关注的“本体”，即文学作品。在这个“本体”中，文本的组合由编写者决定，借助辞章和叙事，使文本包含一定的义理与意向，使阅读者、接受者能够直接或者间接地理解，从中获取“理、事、情”等诸方面的感受，进而对文本进行考据与阐释。[1]

历史文本也具备文学文本的这种一般属性，同时又有自己的特点。在后现代主义者的概念中，文本就是对事物的重新建构，历史文本就是对历史的重构。在新历史主义来看，“历史文本并不能代表实际的历史真实，所以，历史只是‘叙事’（或‘编码’）的产物”[2]。这一概念经过结构主义、后结构主义、美国历史学家海登·怀特和新历史主义文论的努力，历史完全被“文本化”了。在这种观点下，历史“甚至首先是指借助一类特别的写作出来的话语而达到的与‘过去’的某种联系”[3]。这些观点都在强调历史的文本化，即只看到了历史文本叙述的历史史实与历史事实之间的区别，而没有看到二者之间的联系。首先要确定，只有当这种文本承载了历史事实，才可以被当作历史文本。史书、文物、传说、遗迹等都可以视为历史文本，我们可以从中还原历史事实，发现历史规律，总结历史经验和教训。其次，由于历史文本的创作者对文本的“编码”，历史事实就只能呈现出历史文本所描述的那种样子——即历史史实。也就是说，历史文本的阅读者和研究者虽然不能亲历历史，也不能直接从历史文本的物质层面获得历史事实，但可以通过历史文本的符号系统及对此的解读来了解和认识历史史实。这主要还

---

[1] 方汉文：《比较文学高等原理（修订版）》，北京：北京师范大学出版社，2011年，第162页。

[2] 范永康：《文化政治与当代西方文论的政治化》，昆明：云南大学出版社，2012年，第113页。

[3] [美] 海登·怀特：《“描绘逝去时代的性质”：文学理论与历史写作》，[美] 拉尔夫·科恩著、程锡麟译：《文学理论的未来》，北京：中国社会科学出版社，1993年。转引自董馨：《文学性与历史性的融通：海登·怀特历史诗学研究》，北京：中国社会科学出版社，2010年，第174页。

在于历史文本的叙述符号有其物质性和客观性。[1] 但是，以历史文本形式存在的历史史实与历史事实之间会存在差异，在于历史文本的建构者和解读者存在一定的主观意图。

因此，历史存在的方式有两种：一是客观存在的历史事实，二是被文本化的历史史实。历史事实与历史史实应该具有同一性。通常情况下，历史文本为了叙述历史史实，需要借助一定的文本组织手法（包括叙事、结构、修辞等），但必须以历史事实为基础。历史事实需要借助历史文本的叙述（即文本化）表现为历史史实，这种叙述只是将客观存在的历史事实加以整理，将其组织成以时间、因果、情节等相联系的历史史实，并不代表历史事实可以完全等同于文本化的历史史实。而且，历史文本不仅包括对历史史实的叙述，还涉及与之相关的价值判断。这种价值判断一方面由历史史实而引发，另一方面也由于历史文本创作者的价值取向，人们对所载历史史实有所选择，从而造成了历史文本的差异。[2] 这种差异使得历史史实可以被分为两部分，一部分是按照历史事实编写的，另一部分则会有一定的虚构、想象的内容。二者是辩证统一的关系。[3] 或者可以这样认为，历史史实的文本化不可避免，历史事实仍需要借助历史文本为人们接受与理解，但这并不代表历史事实完全等同于历史文本所承载的那种“历史叙述”或“历史修撰”[4]，而只能说明历史史实作为历史文本的主体，其文本化是人们叙述与理解历史的必要方式之一。

所以，与文学文本相比，历史文本最重要的特点是，其记载的历史史实需以历史事实为基础，而不可以完全虚构。[5]《史记》《汉书》就

---

[1] 王阳：《论历史文本及其叙述符号的物质层面》，《社会科学辑刊》，2003 年第 2 期。

[2] 陈先达：《历史唯物主义的史学功能——论历史事实 · 历史现象 · 历史规律》，《中国社会科学》，2011 年第 2 期。

[3] 李卫华：《历史：作为一种叙述》，《河北学刊》，2015 年第 1 期。

[4] 王洪月：《新历史主义的后现代哲学观》，《东岳论丛》，2010 年第 2 期。

[5] 也有学者指出，文学文本也具有物质性，即文本的形成过程内在于人类的客观物质活动中。参见华有杰：《论文本的物质性》，《山东社会科学》，2020 年第 1 期。

是这样的历史文本，记载了先秦、秦汉的历史事实，但这些历史事实经过了文本作者的叙述或者重构，已经变成了文本化的历史史实，还包含着作者个人的价值判断。因此，人们通过阅读《史记》《汉书》，可以了解历史史实，同时也能够感受到历史史实之外的其他影响力量。《史记》《汉书》所具备的历史文本属性施加给人们的影响力量，其表现应当是多方面的，并随着史汉文本的形成过程，以及在不同空间范围内的传播，被人们接受和评论。

二、“事、文、义”——《史记》《汉书》文本的力量

《史记》《汉书》是中国传统史学名著，是我们研究先秦、秦汉历史的基础文献。同时，《史记》《汉书》又是经典历史文本，其文本构成可以分为“事、文、义”三个部分，对后世产生了深远影响。“事、文、义”的说法，见于《孟子》：“晋之《乘》，楚之《梼杌》，鲁之《春秋》，一也。其事则齐桓、晋文，其文则史。孔子曰：‘其义则丘窃取之矣。’”《乘》《梼杌》《春秋》是“三大国史记之异名”。其事记五霸，其文“史记之文也”，其义则“以赏罚之意寓之褒贬，而褒贬之意则寓于一言耳”。[1] 在这段话之前，还有“王者之迹熄而《诗》亡，《诗》亡然后《春秋》作”一句，说明在王道存在的时候，《诗》可以起到“风化”“风刺”的作用；在王道衰亡之后，《春秋》之类记载诸侯之事的史书出现了。这种现象在孔子看来明显是“礼崩乐坏”的表现。孔子不满于这种状况，于是在《春秋》中以齐桓、晋文的“事”，依据“鲁史之文”来表达《春秋》之“义”，即王道。这种内容与意义的矛盾，体现了孔子作《春秋》的目的，也就是《春秋》评论史实的标准，即所谓“春秋笔法”。

“春秋笔法”的目的在于“惩恶而劝善”，也是中国古代编纂历史文本的重要思想。《孟子》所表达的“事、文、义”，代表了中国古代历史文本的三个重要组成部分。所谓“事”，即历史文本所载的历史史实，在《春秋》中指的是鲁史。所谓“文”，是历史文本的叙事方式。

---

〔1〕《孟子注疏》卷8上《离娄章句下》，十三经注疏本，北京：中华书局，2009年，第5932页。

而对于“其文则史”，按照《论语注疏》的解释，“文胜质则史”，“言文多胜于质，则如史官也”。[1]《论语义疏》则进一步解释说：“文胜质则史者，史记、书史也。史书多虚华无实，妄语欺诈，言人若为事，多饰少实，则如书史也。”[2]可见，在孔子看来，历史之“事”应该借助“文”来表达，但“文”应该“质”，不应该“史”。对于《春秋》来说，“文”应当指经过史官撰述的历史文本，以鲁史为主。孔子对于《春秋》“述而不作”，但通过一字褒贬，以微言表述大义。所谓“义”，即历史文本叙述的历史史实与叙事方式所表达的意义，或者说历史文本的编纂者想要施加给接受者的思想意识，即对历史史实的选择性、倾向性，如《春秋》中包含的惩恶劝善、名分、大一统等观念。“义”可以通过一字褒贬、寓义于事及论赞等方式表达。[3]正因为有“义”的存在，孔子作《春秋》，“亦以史之文载当时之事也，而其义则定天下之邪正，为百王之大法”[4]。而由于“文、义”的不同，《春秋》又有《公羊》《榖梁》《邹》《夹》之《传》。以《春秋》三传为例，其对于同一件事的记载与评论，往往有不同的表现。

在《史记》《汉书》文本形成的过程中，作者都希望继《春秋》之后，如《史记》“绍明世，正易传，继春秋，本诗书礼乐之际”[5]，《汉书》“综其行事，旁贯五经”[6]。又如唐刘知几所言，“既而马迁《史记》，班固《汉书》，继圣而作，抑其次也”[7]。这里所说的“圣”，即指《尚书》《春秋》等经典。刘知几是就史书叙事而言，在他

---

〔1〕《论语注疏》卷6《雍也》，十三经注疏本，北京：中华书局，2009年，第5384页。

〔2〕〔梁〕皇侃撰、高尚榘校点：《论语义疏》卷3，北京：中华书局，2013年，第57—58页。

〔3〕赵俊：《说“义”史学批评范畴研究》，《中国社会科学院研究生院学报》，1996年第5期。

〔4〕〔宋〕朱熹：《四书章句集注·孟子集注》卷8《离娄章句下》引尹氏曰，北京：中华书局，2004年，第295页。

〔5〕《史记》卷130《太史公自序》，北京：中华书局，1982年，第3296页。

〔6〕《汉书》卷100下《叙传下》，北京：中华书局，1962年，第4235页。

〔7〕〔唐〕刘知几撰、〔清〕浦起龙通释：《史通通释》卷6《内篇·叙事》，上海：上海古籍出版社，1978年，第165页。

所处的时代，《五经正义》早已编订，使五经从文本到释义都有了统一的标准，儒家经典的地位和作用都得到了国家层面的加强，经史之间已划分得比较清楚。他强调儒家经典而贬抑《史记》《汉书》，除了从经史地位的关系考虑之外，还在于从史学角度，《尚书》《春秋》与《史记》《汉书》作为不同史书类型在叙事方面有着相通之处。[1] 故而，《史记》《汉书》与《春秋》相似，其文本具有“事、文、义”三方面的内容，并各有特点。这些特点使其成为中国史学名著，并对后世产生了深远的影响。

由于年代久远，加之其他因素的影响，《史记》《汉书》形成现在通行本之前，其文本也产生了各种变化。如《史记》完成之后，除了正本以外，还“副在京师”。不过，这时《史记》流传不甚广，多以单篇形式流传，故一般人很难见到全书。宣帝时，其外孙杨恽“祖述其书，遂宣布焉”[2]。元、成之间，《史记》十篇有录无书，即文本产生了缺失。至宋代刻本出现以前，《史记》《汉书》多以抄本形式存在，文本也产生了很多讹误与差异，由此也形成了两书的不同版本系统。虽然经过宋人的整理刊刻，《史记》《汉书》文本已经比较确定，但还是存在很多问题。[3] 因此，在《史记》《汉书》传播的过程中，各版本之间的差异与流传过程中产生的文本错讹也影响了人们对于两书承载的“事、文、义”的评价。在这一过程中，《史记》《汉书》是具体的“历史文本”，即史书版本。

同时，历史文本产生之后，在人们中间传播，不同人对之的理解与感受也不尽相同。如同样一部《史记》，历史学家关注的是其中记载的史实，这种认识应该是深层次的；儒者或理学家更关注其中所涉兴衰成败、治乱得失、贤愚邪正的内容；对于文人来说，则更加关心《史记》文章的叙事方式与描写手段；对于一般人来说，有时仅仅是历史文本最表象的部分，就能带来强烈的感染力。原因在于，人们在传播与接受史书的过程中，由于古代史书的编纂者和阅读者往往同时兼有儒者、文

---

[1] 《汉书·艺文志》将《太史公书》置于六艺“春秋”类，也说明了这一点。

[2] 《汉书》卷62《司马迁传》，第2737页。

[3] 张玉春：《〈史记〉版本研究》，北京：商务印书馆，2001年，第8—13页。

人、史学家等多重身份，史书的“事、文、义”三者具有多样化的表现，其影响力量也并非孤立地、单一地发挥作用。在这一过程中，《史记》《汉书》又更多表现为由“事、文、义”组成的历史文本。

三、汉唐以来《史记》《汉书》传播的特点

《史记》《汉书》对人们的影响是动态的，即随着其文本的变化、发展，在不同时代有不同的表现。同时，当时的经济水平、文化学术、思想观念等主客观因素也影响了人们对《史记》《汉书》的认知层次和评论角度。汉唐以来《史记》《汉书》的传播与接受的历程已经比较全面地说明了这一点，我们借助前人的研究成果，可以从中总结一些规律和特点。

司马迁撰写《史记》的时代，正值汉武帝“罢黜百家，表章六经”（《汉书 · 武帝纪赞》），社会思想领域逐渐归于统一。由于《史记》书写当代史及实录精神，使其文“微为古质”[1]，“其人好奇而词省，故事核而文微”[2]，难免不被当时正统社会所接受，也遭到了统治者的抑制。如《西京杂记》称武帝因为司马迁在《景帝本纪》中“极言其短”，下令把此篇删去。汉成帝时，由于认为《史记》与先秦诸子书一样，“有战国从横权谲之谋”，故而当东平思王刘宇求《太史公书》时，汉廷不仅不赐予，而且还认为诸侯王应该留意经术，不应该接触这些诸子之书。东汉章帝也批评《史记》“微文刺讥，贬损当世”[3]。受统治者对《史记》态度的影响，当时学者也对《史记》多有批评。[4]

不过，《史记》在史学、文学等方面的成就是显著的，使之逐渐得到了社会的广泛认可。如人们对《史记》的引用：《盐铁论》中辩论双方就有许多地方节引《史记》的内容；刘向撰《别录》时，也引用《史

---

〔1〕《史记 · 索隐序》，第 7 页。

〔2〕《史记 · 索隐后序》，第 9 页。

〔3〕张新科、俞樟华：《〈史记〉研究史略》，西安：三秦出版社，1990 年，第 12 页。

〔4〕大体上说，在西汉时期，学者对于《史记》的批评，多从与儒家经典不合角度出发。而至东汉班固，则从政治立场出发，批评《史记》篇章次序不尊汉室。参见吕世浩：《〈史记〉到〈汉书〉——转折过程与历史意义》，台北：台湾大学出版中心，2009 年，第 264—265 页。

记》原文；东汉高诱注《吕氏春秋》《战国策》，北魏郦道元注《水经》时，也引《史记》作注。[1] 东汉章帝时，杨终受诏删定《太史公书》，将原来五十余万字的文本删削成十余万字。这种删削是有倾向性的，一定是保留受统治者欢迎的篇章。这种做法也成为后世各种《史记》选本的开端。两汉之际，还出现了以褚少孙为代表的十余家对《史记》的补续作品。

随着魏晋时期史学地位的提高，经史分离，史学著作成为独立的一类。[2] 同时，唐代以前关于《史记》的一些争论，在称赞《史记》为良史的同时，也存在对书中不符合儒家思想内容的批评，进而出现“儒化”《史记》的现象。具体表现在，《史记》创立的“五体”被儒学化地改造，司马迁的天命观等被继承和发扬。最重要的是，对《史记》违背五经的“谤书”“爱奇”“史公三失”“发愤著书”等评价也得到了纠正。[3] 这些做法使《史记》获得了儒学的肯定与理解。《史记》的秉笔直书、以史为鉴等特点，也被纳入儒学解释体系中进行重构，成为其思想观念的一部分。

相对而言，《汉书》在产生之初，其流传就比较顺利，受到了人们的推崇。东汉时，注疏《汉书》的有许慎、延笃、服虔、应劭等数家。魏晋以后，续《汉书》而作的东汉史著作也有很多。最突出的一点，《隋书·经籍志》列举的《史记》注只有三家，而《汉书》注则有二十家。[4]

唐代，《史记》取得了正史地位，被列为“三史”之一。唐代史学家也对《史记》十分推崇，出现了许多注释《史记》的著作，形成了

---

〔1〕 张新科、俞樟华：《〈史记〉研究史略》，第12页。

〔2〕 胡宝国：《汉唐间史学的发展（修订本）》，北京：北京大学出版社，2014年，第29页。

〔3〕 陈莹：《从接受视域探析唐前〈史记〉的儒化现象》，《史学月刊》，2011年第5期。“史公三失”是班氏父子批评《史记》的“论大道而先黄老而后六经，序游侠则退处士而进奸雄，述货殖则崇势利而羞贱贫”。

〔4〕 曾小霞：《〈史记〉〈汉书〉的叙述学及其研究史》，博士学位论文，苏州大学，2012年，第22—23页。

“《史记》之学”。[1] 唐穆宗时，设立“三史科”，确定《史记》《汉书》为科举考试的必考科目。《史记》在唐代古文运动中也起到了很重要的作用，并对唐代诗歌、小说等产生了影响。《史记》文本更加完善，传播途径更加广泛，甚至辐射至域外。至于《汉书》在此时的表现，清人赵翼评论说：“《汉书》之学，亦唐初人所竞尚。”隋唐之际，有萧该、包恺、刘臻、张冲、于仲文等数家。“是《汉书》之学，隋人已究心，及唐而益以考究为业。”颜师古为太子承乾注《汉书》，至今流行。其后又有刘伯庄等十余家，“此又唐人之究心《汉书》，各禀承旧说，不敢以意为穿凿者也”。[2]

至宋代，《史记》《汉书》刊本的流布，极大地促进了人们对两书的评论、研究。北宋时，《史记》皆为《集解》单注本，南宋时出现了《集解》《索隐》二家注合刻本及《集解》《索隐》《正义》三家注合刻本。在史学领域，宋代非常重视汉唐故事，学者开始依据汉简、石刻等资料，对《史记》《汉书》文本进行订正，对秦汉历史进行研究，如刘攽《汉书刊误》、吴杰《两汉刊误补遗》、钱时《两汉笔记》、王应麟《汉制考》等。宋人文集中有很多对《史记》《汉书》所载重要历史人物与史实的史论，也非常有特色，如苏轼的《秦始皇帝论》，称秦始皇“凡所以治天下者，一切出于便利，而不耻于无礼，决坏圣人之藩墙，而以利器明示天下”，并认为，秦改大小篆为隶书，并“创为纸，以易简策”[3]，是以“簿书符檄，每多委压，而吏不能究，奸人有以措其手足”。[4] 史汉比较、班马异同也成为宋代史学关注的重要内容。继唐代古文运动之后，宋代欧阳修、三苏、曾巩等也学习《史记》《汉书》

---

[1] 〔宋〕王应麟：《玉海》卷46《艺文·古史·唐七十家正史》，南京：江苏古籍出版社，上海：上海书店，1987年，第871页。

[2] 〔清〕赵翼著、王树民校证：《廿二史札记校证》卷20《唐初三礼汉书文选之学》，北京：中华书局，2013年，第441页。

[3] 秦时书写材料当以简牍为主。此处云秦创为纸，并不准确。由此也可以看出，宋儒对历史的看法，一方面针对历史文本而阐发，另一方面也有纯为议论而不顾史实的准确。

[4] 〔宋〕苏轼：《苏轼文集》卷99，曾枣庄、舒大刚主编：《三苏全书》第14册，北京：语文出版社，2001年，第160页。

的文章手法。宋代以后，以《史记》《汉书》为基础编纂的史钞著作数量大大增加，比较著名的有吕祖谦的《史记详节》《汉书详节》等。通过当时的赐书、文化交流等活动，《史记》《汉书》也传播至朝鲜、日本等周边国家。

至于《史记》《汉书》在元代的传播，主要表现在文本的刊刻，内容的评论，诗词、辞赋对《史记》《汉书》的接受，以及“史记戏”与平话对两书的传播与阐释作用。[1]

明代，上至帝王将相，下至平民布衣，都对《史记》《汉书》给予了较多的关注，主要表现在史评、考证与史论三个方面。明代早期表现为以《史记》《汉书》为鉴的“功利性”特点，中期则表现为对《史记》《汉书》文学的借鉴与史实的考订，至后期则希望通过评论《史记》《汉书》相关史实来针砭现实，纠正社会与学术风气。并且，此时还出现了以《史记》《汉书》为素材的历史演义著作。[2] 明代还出现了汇集前人《史记》《汉书》评论的《史记评林》《汉书评林》以及各种选本。这些文本传播到周边的朝鲜、日本等国家，也得到了接受与翻刻。明代关于《史记》《汉书》的考证性成果并不多，相关内容多集中于一些笔记著作中。[3]

比起前代，《史记》《汉书》文本在清代得到了更好地整理与研究，主要表现在校勘注释、补遗选编、辞章点评、史实评论等方面。如乾嘉学派对《史记》《汉书》的考订，桐城派对《史记》文学艺术的研究以及清代大量出现的《史记》《汉书》选本等。

以上仅是对汉唐以来《史记》《汉书》传播、影响以及人们接受、评论情况的概览。从中我们可以看出，这一系列变化与两书文本的发展密不可分，也显示出《史记》《汉书》文本力量的多样化。如《史记》从最初文本被视为“谤书”，到唐代被列入“三史”之一的官方正史；

---

〔1〕 樊婧：《〈史记〉在元代的传播与接受研究》，博士学位论文，陕西师范大学，2014 年，第 224—225 页。

〔2〕 朱志先：《明人汉史学研究》，武汉：湖北人民出版社，2011 年，第 343—344 页。

〔3〕 张新科、俞樟华：《〈史记〉研究史略》，第 133—134 页。

从《盐铁论》中辩论双方引用《史记》内容作为论据，到被唐宋古文家所推崇；从宋人文集中有关《史记》《汉书》的史论，到明代的点评著作；从汉唐学者对《史记》《汉书》的音释，再到考据学风下清人对史汉考订的贡献；从东汉杨终删定《史记》，到明清时期出现的大量史汉选本。这些表现无不说明，《史记》《汉书》文本由于在“事、文、义”等方面的强大影响力，受到汉唐以来人们多角度的关注与评论，两书的传播越来越拥有强大的动力。

四、朝鲜汉籍所涉《史记》《汉书》资料

其实，《史记》《汉书》的传播不光是以时间为轴的纵向发展，还由于朝代的更迭，疆域范围、行政区划等的变化，政治、经济、文化重心的不断转移，也存在以空间为基础的横向传播。这种横向传播首先在中国历代王朝疆域内扩展，并由中国向周边国家（主要是当时近邻的朝鲜、日本、越南等国家）辐射。中国历代王朝与当时各国的书籍与文化交流，是《史记》《汉书》文本空间扩张的重要途径。特别是宋代以来，《史记》《汉书》等得到了整理和刊刻，形成了比较完备的文本，得以在周边国家更为广泛地传播与接受，并引起了对中国历史与文化有认同感及需求的各国人士的评论，其中尤其以朝鲜半岛的表现最为突出。

从朝鲜半岛历史来看，无论是汉字、汉籍还是汉文化的传入，时间都比较早，其政治制度、思想文化、意识形态等都深受中国历史与文化的影响。尤其是李氏朝鲜，一直奉中国为正朔，仿照中国制度，定期朝贡，恪守藩国之礼，形成了以崇华、慕华为特色的“小中华”思想。“壬辰倭乱”时，明朝在内忧外患的情况下，仍给予援助，使得朝鲜对明朝十分感激。于是，明清易代之时，李氏朝鲜很重视编修与正统问题密切相关的宋明诸朝代史书，用修史的方式来更好地贯注朝鲜人士的思明感情，宣扬明朝恩德，并借以强化朝鲜自身的正统地位。这一风习在英祖、正祖年间（1725—1800）尤为兴盛，上自国王、朝廷重臣，下至普通儒士都纷纷参与其中，比如对《宋史》的修订（如《宋史筌》《宋

史撮要》)，以及编修明代史等。[1] 而宋明两朝恰恰是最为关注《史记》《汉书》及秦汉历史的朝代。英祖、正祖对《史记》《汉书》的摘选和评论，也最为突出，具有很强的代表性。[2] 在这一时期，朝鲜文人的文集中也存在大量有关《史记》《汉书》的史论、考订内容，或者是改编中国古史的著作。故而，我们在探讨汉唐以来《史记》《汉书》的传播及其特点时，两书在朝鲜半岛的流传情况是非常值得关注的。

本书所涉及的“朝鲜”，即历史上朝鲜半岛存在的历朝历代，始于箕子时代，一直到李氏朝鲜王朝（1392—1910）时期。为了表述的简约，本书统一以“朝鲜”称之。不过，在文中涉及具体朝代时，则仍以各朝代名称相区别。而且，由于朝鲜半岛早期历史时期有关《史记》《汉书》的文献和史实相对缺乏，与之相比，李氏朝鲜时代的相关内容更为丰富，故而本书讨论的相关问题也集中在李氏朝鲜时代特别是中后期的历史阶段。

“朝鲜汉籍”属于域外汉籍，其概念也应该依据域外汉籍的含义来界定。目前，域外汉籍的整理与研究是学术界的“显学”。“汉籍”概念也经历了范围由小到大的变化。“汉籍”作为一个版本学名词，最早由日本学者提出，专指中国本汉籍，以与日本人刊刻的汉籍（即和刻本汉籍）或以汉字写成的汉籍（即准汉籍）相区别。而日本人用本国文字书写的典籍，则被称为“和书”。受此影响，域外汉籍概念和范围的确定，也经历了一个发展过程。如有的学者认为，只有存于海外的中国本汉籍才可以被称作“域外汉籍”，还有的学者只把域外人士用汉字书

---

[1] 孙卫国：《朝鲜王朝所编之中国史书》，《史学史研究》，2002 年第 2 期。

[2] 正祖不仅十分喜爱《史记》，而且评价十分全面。如肯定《史记》在文学手法上精妙绝伦，在体例上仿《国语》《尚书》，是出经入史之书；肯定《史记》善学《春秋》褒贬笔法；对《汉书》改变《史记》文字风格的做法提出了批评；同时，利用《史记》作为治国理政的指导与准则。参见张光宇：《朝鲜王朝正祖时期的官方史学研究（1776—1800）》，上海：上海三联书店，2019 年，第 349—354 页。

写、刊刻的汉籍作为域外汉籍。[1] 也有学者将这些观点进行综合，采用一种更为宽泛的表述，认为域外汉籍应该是基于汉字与汉文化，包括在域外书写、刊刻、收藏的各类汉籍。[2] 本书借鉴后一种说法，所涉及的朝鲜汉籍包括朝鲜半岛（包括三国、高丽、朝鲜时代）历代人士以汉字书写、刊刻的汉籍，也涉及在朝鲜半岛公私机构收藏的汉籍。这些朝鲜汉籍不仅涉及与朝鲜半岛有关的内容，也包含了中国历史、思想、文化等相关资料。

然而，本书虽然以朝鲜汉籍为基本资料，也借鉴了域外汉籍整理与研究的相关成果，但并非以朝鲜汉籍为讨论对象，而重点在于搜集和考察朝鲜汉籍所涉《史记》《汉书》资料，并在此基础上探讨朝鲜半岛古代人士对两书接受、引用、评论、解释等诸方面的表现。首先，《史记》《汉书》文本的传播，存在有形与无形两种途径：前者指的是中国本《史记》《汉书》向朝鲜半岛的传播，后者则更多涉及《史记》《汉书》文本在史学、文学、思想等领域对朝鲜半岛的影响。这些表现包括：首先，朝鲜时代翻刻了相关《史记》《汉书》版本，摘选相关内容而形成了《史记》《汉书》选本，历代公私藏书机构收藏了《史记》《汉书》，以及朝鲜人士对《史记》《汉书》的接受与评价等。其次，《史记》《汉书》是中国传统史学经典，汉唐以来对人们产生了深远的影响。历代文人对《史记》《汉书》的评论、考订形成了很多论著成果。这些成果通过书籍、文化交流传播至朝鲜半岛。再者，本书以朝鲜汉籍中涉及《史记》《汉书》的资料为基础，探讨朝鲜半岛古代人士对史汉文本及其所载史实的评论与考订，为我们研究相关古史提供一些更多的资料，或许能有一些新的认识角度。

---

〔1〕 如陈正宏认为，“域外汉籍的主体，是古代中国周边受汉文化深刻影响的几个国家或地区（主要是朝鲜半岛、日本、越南）以汉文撰写刊行的书籍”。参见《东亚汉籍版本学序说——以印本为中心》，《域外汉籍研究集刊》，2006年第2辑，第22页。张伯伟认为是“存在于中国之外或域外人士用汉文（主要是古汉文）撰写的各类典籍”。参见《域外汉籍研究——一个崭新的学术领域》，《学习与探索》，2006年第2期。

〔2〕 徐林平、孙晓：《近三十年来域外汉籍整理概况述略》，《形象史学研究》，北京：人民出版社，2011年，第222—223页。

需要进一步说明的是，中国古代与朝鲜半岛的文化、书籍交流以及中国古代史学对朝鲜半岛的影响，这两方面虽然都涉及《史记》《汉书》的相关内容，但一些问题需要具体分析。首先在于两书不仅是中国经典纪传体史书，具有史学价值，同时也是具有较高文学、思想价值的典籍。故而我们对朝鲜汉籍所涉《史记》《汉书》相关问题的研究，不仅要考虑其在史学方面的表现，更应当从其他角度进行全面探讨。其次，我们除了关注《史记》《汉书》作为中国传统史书对朝鲜半岛的影响，还必须注意到其文本在“事、文、义”三方面的影响及具体表现，即作为“历史文本”所具有的力量。从另一个角度来说，《史记》《汉书》在这些表现中的存在方式，显示出两书作为纪传体史书的具体属性在某些场合已经成为一种“束缚”，故我们需要借助“历史文本”这一概念，使相关论述更加准确。

五、“汉文化整体研究”的视角

本书的研究必须借助中国古代文献与朝鲜汉籍等资料，并将二者有机地结合起来。在这一方面，前辈中国学者很早已经在利用朝鲜汉籍研究中国古代史，以孟森与吴晗为主要代表。他们利用朝鲜实录等史料对明清东北史地、明末清初历史等方面进行新的探讨，如孟森先生在《清史讲义》中对于满洲源流的考证，即利用了朝鲜李朝实录。20 世纪 30 年代，吴晗先生所辑《朝鲜李朝实录中的中国史料》，大大方便了人们对朝鲜实录史料的利用。但这一时期对朝鲜汉籍的利用并不是很广泛，应该更多是资料搜集难度较大，不易获得的缘故。1938 年，胡适先生发表一篇题为《新发现的有关中国历史的材料》（*Recently Discovered Material for Chinese History*）的英文论文，论述关于中国史研究的重要新史料，其中就包括“日本朝鲜所存中国史料”。然而，在此后相当长的时间内，中国史学界对朝鲜汉籍的关注和利用，相对不足。[1]

---

〔1〕 以上介绍参见葛兆光：《预流、立场与方法——追寻文史研究的新视野》，《复旦学报（社会科学版）》，2007 年第 2 期。胡适此文已有郑群中译本，见王育济主编：《中国历史评论》第 4 辑，上海：上海古籍出版社，2014 年，第 50—54 页。

近年来，学界对于朝鲜李朝实录、朝鲜文人文集、燕行录等朝鲜汉籍的关注和利用大大增加，用以研究明清历史，中朝（韩）、中日乃至东亚诸国关系史，其中又以燕行录最为突出。[1] 从总体上来说，学者利用燕行录进行研究，集中在朝贡关系、朝贡贸易、华夷观念、文化交流与传播四个方面，涉及政治、经济、思想、文化等专题。[2] 而中国学者的研究，则经历了从介绍燕行录资料，到通过燕行录探讨元明清政治、文学、文化交流及社会景观、民俗人物等内容，并采用多学科、多角度的方法，正在努力构建“燕行录学”。[3] 中国学者对于燕行录等资料的利用，正如葛兆光先生认为的那样，最早是为了补充中国史料的不足，纠正中国史料的错误。后来随着学术研究的发展，在“想象异域”“域外之眼”“从周边看中国”等思想关照下，朝鲜使者燕行录、文集中有关中国的记载，逐渐被广泛关注。通过朝鲜使者及文人的见闻记录，学者得以了解当时中国的政治、经济、社会状况及思想观念，并且出现了相当多有深度的文献学、历史学、文学等领域的研究成果。[4] 无论是朝鲜实录、朝鲜文人的著作还是燕行录，无论是“朝天”还是“燕行”，学界对于朝鲜汉籍的利用，更多关注这些文献所涉同时代的中

〔1〕 当然，燕行录中也有一部分是以朝鲜文字撰写。关于燕行录的整理，主要为影印方式，如林基中、夫马进编《燕行录全集日本所藏编》（2001 年），林基中主编《燕行录全集》（2001 年）、《燕行录续集》（2008 年），《燕行录全编》（桂林：广西师范大学出版社，2010 年）、《韩国汉文燕行文献选编》（上海：复旦大学出版社，2011 年）等。另有张伯伟先生主持的《高丽朝鲜时代中国行纪资料汇编》，为标点整理，并有解题、索引。（参见张伯伟《名称・文献・方法——“燕行录”研究中存在的问题》，《“燕行录”研究论集》，南京：凤凰出版社，2016 年，第 3—28 页）

〔2〕 “燕行录”包括官方文书的“誊录”以及私人“使行纪录”。参见裴英姬：《〈燕行录〉的研究史回顾（1933—2008）》，《台大历史学报》，2009 年第 43 期。

〔3〕 金柄珉、金刚：《对中国“燕行录”研究的历时性考察》，《东疆学刊》，2016 年第 1 期；林丽：《“燕行录”研究综述》，《炎黄文化研究》，郑州：大象出版社，2008 年，第 230—247 页；漆永祥：《“燕行录学”刍议》，《东疆学刊》，2019 年第 3 期。

〔4〕 葛兆光：《想象异域：读李朝朝鲜汉文燕行文献札记》，北京：中华书局，2014 年，第 1—24 页。

国见闻。这些文献如同对当时中国的报道。其实，我们还可以通过朝鲜汉籍中所涉中国古代典籍、古史、文化的资料，进一步扩展相关研究。

目前，学界关于这些方面研究的重点是朝鲜汉籍所涉中国古代儒学、文学、思想等方面，对于朝鲜时代所编中国史书尤其是宋明史书也有探讨，而对其中所涉《史记》《汉书》资料则关注较少。孙卫国先生又提出了“东亚视野下的中国史学史研究”的观点，认为以《史记》《汉书》为代表的中国古代史书在东亚的广泛传播，产生了重要影响。同时，周边朝鲜、日本、越南等国家在传统史学方面接受《史记》《汉书》等中国史书，并存在一些新的变化，其中尤以朝鲜半岛受到的影响最为深远。所以，朝鲜半岛古代（尤其是李氏朝鲜时代）史学史可以作为中国古代史学史的一个分支。[1] 同时，如梁启超先生认为，“至于二千年来亚洲各民族与中国交涉之事最繁赜，自归于中国史之范围，固不待言”[2]，而《史记》《汉书》的传播是中国与朝鲜半岛典籍与文化交流的重要方面。因此，本书对朝鲜汉籍所涉《史记》《汉书》资料的研究，可以为中国史学史研究、《史记》学、《汉书》学等提供新资料与新角度。

基于这种考虑，我们借鉴“汉文化圈”的观念[3]，将朝鲜半岛古代人士对《史记》《汉书》接受、评论、考订等情况，作为汉唐以来两书传播的时间延续与空间扩展；或者说，将中国文献与朝鲜汉籍中所涉《史记》《汉书》资料视作一个整体，作为“汉文化整体研究”[4] 的一

---

〔1〕孙卫国：《东亚视野下的中国史学史研究》，《史学月刊》，2013 年第 11 期。

〔2〕梁启超：《新史学》，北京：商务印书馆，2014 年，第 67 页。

〔3〕根据日本学者西嶋定生关于汉文化圈的界定，“‘东亚世界’是以中国文明的发生及发展为基轴而形成的……构成这个历史的文化圈，即‘东亚世界’的诸要素，大略可归纳为：一、汉字文化，二、儒教，三、律令制，四、佛教等四项……因而共通性并非抹杀民族特质，相反是民族性的特质以中国文明为媒体从而具备了共通性”。参见［日］西嶋定生：《东亚世界的形成》，刘俊文主编：《日本学者研究中国史论著选译》第二卷，北京：中华书局，1993 年，第 91—92 页。

〔4〕［法］陈庆浩：《推动汉文化的整体研究》，《国外文学》，1988 年第 4 期。“汉文化整体研究”将中国、朝鲜、日本、越南等国家的汉文献作为一个研究整体，探讨其共性与特点，以及各国汉文化的关系。

个重要组成部分，并结合朝鲜半岛在汉字、儒学、史学、文学等领域的发展历程，进行综合考察。这表明，我们对朝鲜汉籍所涉《史记》《汉书》资料的利用和研究，与中国文献所涉《史记》《汉书》的内容有异曲同工之用。并且，我们通过朝鲜汉籍来探讨朝鲜半岛传播与接受《史记》《汉书》的相关内容，除了需要理解“汉文化”的共性之外，还应当意识到，朝鲜半岛历代对中国历史、文化的认同与其自主意识是同时存在的。

第二节　学术回顾与综述

汉唐以来，《史记》《汉书》文本发生了一系列变化，形成了两书传播过程的一些特点。这也是《史记》《汉书》研究史、学术史的基本线索。近年来，学者利用传播学的理论和方法探讨《史记》《汉书》在历代接受、影响、反馈的表现及特征，也成为一种新的尝试。不过，很多成果只是借用了“传播”这一名词，仍然是偏重于研究史与学术史的梳理。按照传播学理论的基本原则，比如美国哈罗德·拉斯韦尔（H. Lasswel）提出的“5W”传播模型[1]，包括传播者、信息、传播媒介、接受者、效果五个方面。不过，这种理论被评价为直线式的和孤立的，缺乏对信息反馈的关注。文本传播的过程当然是复杂的、动态的，“5W”理论只不过是对传播过程的一种概念化、静态的描述。实际上，如果我们将现代传播学的各种理论与《史记》《汉书》文本的传播过程进行对照，可以发现，并没有哪种理论可以完美地与之契合，并进行准确解读。通过书籍、文化等交流，《史记》《汉书》传播至朝鲜半岛，并被相关人士接受并评论，符合传播学概念界定的一些特征。在这一传播过程中，《史记》《汉书》并不仅作为纪传体史书存在，也具备了很多一般历史文本的特性，对朝鲜半岛古代史学、文学、思想等领域产生

〔1〕5W 传播模式是谁（who）→说什么（says what）→通过什么渠道（in which channel）→对谁（to whom）→取得什么效果（with what effects）。这个模式中的五个要素首字母都是“W”，构成了后来传播学研究的五个基本内容，即控制研究、内容分析、媒介研究、受众研究和效果研究。

了重要影响，展现出强大的力量。

所以，我们对相关学术史的回顾，需要将其纳入传播史研究的范畴，按照传播过程的一般步骤，涉及传播、接受、影响、引用、评论、注解等多种方式，将前人的研究进行一番梳理。但我们又必须注意到，一方面，具体的《史记》《汉书》文本通过书籍、文化交流，传播至朝鲜半岛，并产生影响，引发评论等，这属于传播过程及表现；另一方面，我们也需要将《史记》《汉书》视为“历史文本”，并结合朝鲜半岛相关历史、文化背景，关注两书在“事、文、义”三方面产生影响的各种表现。因为，“历史文本”本身具有的力量虽然是客观存在的，但如果没有接受者的选择、理解、评论、解读等主观行为的参与，则无从发挥。

一、《史记》《汉书》向朝鲜半岛的传播

目前，学界关于《史记》《汉书》向朝鲜半岛传播的研究，以涉及《史记》的成果最多。《史记》向朝鲜半岛的传播，最早是何时开始的，由于相关资料的缺乏，还没有确切的答案。有学者研究认为，在三国时期（高句丽时代），《史记》《汉书》就传入了朝鲜半岛。[1] 这种说法所据史料最早见于《周书》，称高句丽书籍有“五经三史”。其他学者相关研究涉及此问题时，也基本上赞同这种看法。高丽仁宗时期，金富轼（1075—1151）编纂的《三国史记》则明确指出，公元372年，高句丽时代有人在太学讲授“三史”。在中国史籍中，“三史”一词较早见于《后汉书》和《三国志》。但《后汉书·郡国志》所载“《春秋》三史会同、征伐地名”[2]，其中“三史”应指“《春秋》三传”。《三国志》所记“三史”，也应当是魏晋时期经史分离之后才出现的观念。所以，《后汉书》《三国志》虽然所载史实为东汉、三国时期，但作为文本来说，则属于由魏晋南北朝人编纂的史书。故所谓高句丽有“五经三史”的说法，可能仅是后人叙述前代历史时的“文本”，并非史实。而

〔1〕［韩］诸海星：《〈史记〉在韩国的流传及影响——以翻译介绍与研究现状为中心》，《汉学研究通讯》，2004年第4期。

〔2〕《后汉书·郡国一》，北京：中华书局，1965年，第3385页。

且，直至唐穆宗时期（795—824），中国才在科举中设立“三史科”。故而《史记》《汉书》传入朝鲜半岛的时间虽然比较早，但高句丽应当没有理由比中国更早在科举中采用“三史”。这种说法需要进一步讨论，一些细节问题也值得深入研究。学界对于《汉书》在朝鲜半岛的传播情况关注较少。杨倩如有专文论及《汉书》在东亚的传播与研究，但其对《汉书》在古代日本的流传情况介绍比较多，对朝鲜半岛，则仅简单列举了朝鲜时代刊刻《史记》《汉书》的情况。[1]

《史记》《汉书》向朝鲜半岛的传播，首先是文本的流传，即以当时的书写方式存在的某个版本，最初可能仅以写本形式存在。宋代以后，以刻本形式存在的《史记》《汉书》向朝鲜半岛的流传，基本通过书籍与文化的交流来实现。学界关于中国与朝鲜半岛在书籍、文化交流方面的研究成果比较多，但《史记》《汉书》的传播并非关注的重点。这种情况主要还是因为资料缺乏，而且史书也并非书籍、文化交流的主体，因而我们需要利用朝鲜汉籍中的相关记载，以弥补中国文献的不足。同时，《史记》《汉书》的传播不仅具有书籍交流的一般属性，更有其自身特点。中国与域外的书籍交流，主要包括赐予与购买两种方式。这两种方式在不同时代有不同的表现，也影响了《史记》《汉书》的传播过程。

二、《史记》《汉书》在朝鲜的刊刻、抄选

中国本《史记》《汉书》传入朝鲜半岛之后，也通过当时的雕版、活字方式得到了印行和广布。学界关注朝鲜时代活字本的研究成果比较多，但涉及《史记》《汉书》的并不多。即使在关于《史记》《汉书》

---

[1] 杨倩如：《〈汉书〉在东亚的传播与研究》，《中国史研究动态》，2010年第1期。学者对《史记》在域外传播的研究，较多关注古代日本的情况，而对朝鲜半岛的关注较少。这与日本收藏了很多《史记》古写本、刊本，保存了很多《史记》佚文，历史上日本学者的研究成果也比较丰富有很大关系。学者对《汉书》在域外传播的研究，关注较少，相关成果更多是附属于有关《史记》的研究。

版本研究的专著中，对于朝鲜刊印本或不涉及，或仅仅略举。[1] 一方面是朝鲜本比较稀见，另一方面朝鲜本《史记》《汉书》的刊印时间都比较晚，如有学者认为目前所谓“朝鲜本”《史记》大致是据《史记评林》的翻刻本，研究价值并不高。不过，其中也提到日本学者论及与元刻彭寅翁本有关系的朝鲜古活字本。[2] 陈正宏先生即介绍了现收藏于日本庆应义塾大学的朝鲜铜活字本《史记》的情况，认为此本是庚子字本，其所据底本应该与元彭寅翁本一系。从该版本的印章来看，此朝鲜本《史记》又传到日本，为江户时代前期妙心寺高僧大通宗密所藏，这也是《史记》从朝鲜半岛流传至日本的例证之一。[3] 韩国金昭姬的博士学位论文以韩国所藏中国本与朝鲜本《史记》《汉书》为基础，探讨了宋代以来两书在朝鲜半岛的流传与刊刻情况[4]，但对《史记评林》《汉书评林》传入之前的朝鲜本《史记》《汉书》版本的讨论，一些观点值得商榷。高丽、朝鲜时代都曾有《史记》《汉书》刊印本，均以中国本为底本翻刻，包括宋刊本、元刊本、明刊《史记评林》《汉书评林》本等，而其中以宋元本为底本的朝鲜本又比较稀见，故具有相当高的研究价值。明代出现的《史记纂》《史记评林》《汉书评林》等著作，学者多关注其在明清两代的情况，对于这些书籍在朝鲜时代的翻刻与流传情况则关注较少。至于朝鲜公私书目中著录《史记》《汉书》的情况，也没有得到较好地统计和整理。

有学者论及朝鲜时代存在的《史记》《汉书》选本。如孙卫国先生

---

〔1〕 相关研究涉及朝鲜本的有张兴吉《元刻〈史记〉彭寅翁本研究》（南京：凤凰出版社，2006 年），日本学者山城喜宪《〈史记评林〉诸版本志稿》（《斯道文库论集》，东京：庆应义塾大学附属研究所斯道文库，1983 年）等，但由于朝鲜本比较少见，也产生了一些误解。

〔2〕 张兴吉：《元刻〈史记〉彭寅翁本研究》，第 177—178 页。

〔3〕 陈正宏：《日本庆应大学图书馆藏朝鲜铜活字本〈史记〉初探》，《东亚汉籍版本学初探》，上海：中西书局，2014 年，第 179—192 页。

〔4〕 金昭姬，「중국본『史記』·『漢書』의 조선 유입과 編刊에 관한 연구」，博士學位論文，韓國學中央研究院，2012，14—23、54—88。

以《史记英选》为例，探讨《史记》对朝鲜时代政治、文化的影响。[1] 杨倩如将《史纂》《史记英选》《汉书列传选》等视作《史记》《汉书》版本。[2] 金昭姬的研究则涉及16世纪中期至18世纪末的几种《史记》《汉书》抄选本，也将其作为朝鲜时代史汉版本的重要内容。[3] 本书在此基础上，进一步搜集了一些朝鲜时代史汉选本。通过对这些史汉选本的初步整理，我们可以发现，相关研究对这些史汉选本存在一定误解。首先，这些史汉选本的内容抄选自当时存在的中国本和朝鲜本《史记》《汉书》，而不是来自于此前更古老的版本，一般不具有版本和文献研究的价值；其次，如果将朝鲜时代产生的这些史汉选本进行综合考察，我们可以发现，这些史汉选本是经过朝鲜文人的编选而形成的，其中掺杂了朝鲜文人的选择与喜好。或者说，这些史汉选本是朝鲜文人对《史记》《汉书》接受、选择的结果。在这一过程中，史汉文本在文章方面的成就当然是重要的影响因素，但并非促使朝鲜文人编选这类书籍的主要原因，我们还应当结合朝鲜时代儒学、文学、史学发展的历史进程进行具体分析。

三、《史记》《汉书》对朝鲜半岛的影响

中国学者关注《史记》《汉书》在朝鲜半岛的传播与影响，往往基于《史记》《汉书》是中国古代史学代表著作的认识，进而探讨其对朝鲜半岛史书编纂、史学思想的影响作用。朱云影先生的《中国文化对日韩越的影响》一书，从域外文献入手，探讨中国历史文化对朝鲜、日本、越南等国的影响。其中，第一编“学术”篇第一章“中国史学对日韩越的影响”，包括史官、史书、史学等内容对这些国家的作用，并在文中提及古代日韩越学者对《史记》等中国史书的借鉴与评价，以

〔1〕 孙卫国、张光宇：《〈史记〉对朝鲜王朝政治文化的影响——以〈史记英选〉之编选与刊印为中心》，《中国高校社会科学》，2014年第1期。

〔2〕 杨倩如：《〈汉书〉在东亚的传播与研究》，《中国史研究动态》，2010年第1期。

〔3〕 金昭姬，「중국본『史記』·『漢書』의 조선 유입과 編刊에 관한 연구」，博士學位論文，韓國學中央研究院，2012，24—53、89—171。

及通过探究中国史学思想及古代史实，提高本国修史水平的各种做法，说明《史记》对于各国史书编纂、史学思想等都有深远的影响。第二编“思想”篇，涉及政治、法先王、正统论、华夷观念等。如《史记》“天子曰纪，诸侯入世家”，《汉书》对王莽传的安排，以及中国史书的正名思想，对朝鲜史书的书写方法产生了重要影响，《高丽史》中对于辛禑、辛昌父子二传的安排，就严格遵照这种原则来处理，不列入世家而降入列传。第三编“政治”篇中，提及中国文化对诸国开国传说的影响。如朝鲜半岛史书对《史记》《汉书》中记载的箕子传说普遍是认同的，但是后来由于自我意识的增强，对箕子传说都不免有重构与美化。不过，该书作为研究中国历史文化对日韩越影响的经典著作，并未重点讨论《史记》《汉书》在周边国家传播的具体表现。或者说，朱云影先生提及的中国传统史学思想蕴含在各种体裁的史书中，《史记》《汉书》只是其中重要的组成部分，并不突出。

若只考虑《史记》《汉书》对朝鲜半岛史书编纂、史学思想的影响，应当以《三国史记》《高丽史》最为明显。有学者专文论述了中国史学对朝鲜半岛的影响，其中与《史记》《汉书》有关的部分，仅涉及《三国史记》《高丽史》编纂过程中对纪传体体裁的效仿。〔1〕其实，从两书的编纂过程来看，《史记》《汉书》的影响并不能过分评价。尽管《三国史记》所引资料包括《史记》《汉书》在内的中国文献，但对具体史料会根据需要进行改动。而从《高丽史》的编纂过程来看，朝鲜君臣对于此书用编年体还是纪传体，是仿照《史记》还是《资治通鉴》〔2〕，都有过一番争论。当时朝鲜国家层面对《通鉴》《资治通鉴纲目》〔3〕等宋儒史书的偏好，使我们在考察《史记》《汉书》对朝鲜时代史书编纂的影响时，需要进行一些具体而细致的分析。尽管在编纂体裁方面，东亚纪传体史书有相似之处，但《三国史记》《高丽史》作为国家官方史书，应当有其他方面的考虑，其所借鉴的中国史书并不止

---

〔1〕周海宁：《中国文化对高丽、朝鲜时代史学之影响研究》，博士学位论文，上海师范大学，2012年，第55—60页。

〔2〕为行文简约，以下《资治通鉴》简称为“《通鉴》”。

〔3〕为行文简约，以下《资治通鉴纲目》简称为“《纲目》”。

《史记》《汉书》。更明显的一点，朝鲜时代所编史书中，编年体史书的数量要多于纪传体。特别是朝鲜时代中后期，关于中国史的史书相当多，包括通史、宋代史、明代史，较少专门涉及先秦、秦汉历史，即使有一些，也大多为编年体。但无论从编纂目的还是从体裁方面考察，这些史书明显与《史记》《汉书》的关系并不十分密切。[1]

除了在史书编纂、史学思想领域对朝鲜时代产生影响之外，《史记》《汉书》在朝鲜时代的政治与社会生活中也有很多表现。孙卫国先生认为，在朝鲜王朝时期，《史记》不仅是国王经筵日讲、世子教育的必备书，也是士人的必读书，同时是乡塾所讲授的书目之一。[2] 如1780年，朝鲜文人朴趾源的《热河日记》中，在回答清朝官员问题时，就非常熟练地引用了《史记》中的典故。[3] 孙卫国先生所论虽然已经概括了朝鲜时代接受《史记》《汉书》的一些具体表现，但一方面有些资料将“史记”等同于《史记》，对文献的解读存在疏误，另一方面，如果脱离相关历史、文化背景，仅仅依据文献记载考察朝鲜时代接受《史记》《汉书》的表现，则相关认识就会稍显笼统。而且，史汉文本影响朝鲜时代的诸多表现，并非完全属于史学领域，故我们对这一问题应当做更加全面细致的分析。

四、朝鲜文人的《史记》《汉书》评论

《史记》《汉书》对朝鲜时代史学、文学、思想等领域产生了重要影响，而朝鲜文人评论两书的资料也涉及多个方面。这些资料多集中在朝鲜文人文集中。目前，《韩国文集丛刊》《韩国历代文集丛书》已经整理出版，收集了三千多种文集。这些资料对于研究中国与朝鲜半岛及

---

〔1〕 孙卫国：《朝鲜王朝所编之中国史书》，《史学史研究》，2012 年第 2 期。朝鲜时代所编中国史书的原因，包括《春秋》之义理观、尊周思明、遵循中华正统观念、奉明朝正朔等，可见其目的是通过修史来表达义理，史料价值并不高。

〔2〕 孙卫国：《中国史学对东亚史学的影响与交流》，《历史教学问题》，2012 年第 4 期。

〔3〕 孙卫国：《〈史记〉对朝鲜半岛史学的影响》，《社会科学辑刊》，2006 年第 6 期。

日本关系史乃至汉文化圈交流史，都有极高的利用价值。[1] 而且，其中也有很多关于中国古代文献学、儒学、史学、文学等方面的资料。韩国学者关于朝鲜文人评论《史记》《汉书》资料的搜集与研究成果比较多。李成珪先生依据约1200种朝鲜中后期文人文集资料，对朝鲜文人理解与评论《史记》的相关内容进行了整理与分析，发现有105种文集包含有关司马迁及其《史记》的论述，总共有500多条。他将这500多条分为四类：有关体例及书法论的有364条，有关文体与文章论的有26条，有关考证与注释的有26条，有关褒贬与评价的有100条。[2] 晋永美则将《韩国文集丛刊》中有关《史记》《汉书》的资料进行了更详细分类，包括作家论、文学论、取材论、史意论、人物论、史事论、拟文论、考实类及其他（典故资料）等。[3] 与李成珪相比，这种分类方式只是在具体细节上稍有差别。若按内容对这些资料进行归纳，则包括文学、义理、史实三个方面。这也是宋明清学者关注与评论《史记》《汉书》的主要表现，有进行比较研究的意义。从相关资料来看，涉及《史记》《汉书》的整体评论与具体篇目、内容评论等方面，如金正国《文范序》、鱼有凤《史汉论赞跋》、赵翼《史汉精华序》、尹行恁《太史公文钞序》、正祖《史记英选六卷》编选和学习史汉古文；申钦《书萧何传后》、李种徽《题太史公天官书后》则属于较有深度的史论，但

---

〔1〕 刘永连、纪宗安：《试论〈韩国历代文集丛书〉的史学价值》，《徐州师范大学学报（哲学社会科学版）》，2012年第6期。

〔2〕 李成珪（1992），「朝鲜後期 士大夫의『史記』理解」，『震檀學報』74。此统计引自［韩］诸海星：《〈史记〉在韩国的流传及影响——以翻译介绍与研究现状为中心》，《国际汉学》，2004年第4期。

〔3〕 晉永美（2009），「『한국문집총간』所載『사기』·『한서』관련 자료 고찰」，『民族文化』33。

两书所载史实并不是他们关注的重点。[1] 两位学者的成果对于相关资料的搜集、介绍与评价，为本书的研究提供了索引以及学术参考。

比较而言，国内学者对这方面资料的搜集与研究，并不是很充分。无论是研究《史记》《汉书》的史学史领域，还是探讨先秦、秦汉史的历史研究，都很少涉及朝鲜汉籍中的相关资料。赵凯先生一直关注域外文献里的秦汉史资料，特别是朝鲜文集中涉及秦汉人物和史实的“史论”,[2] 还主持整理了《域外所见中国古史研究资料汇编·朝鲜汉籍篇》[3]。他认为，朝鲜文人文集中涉及《史记》《汉书》的史论，以儒家价值观关注秦汉历史人物与重要事件，并且以评论为主，较少进行史实考证。而且，这些史论多作为文集中的某一篇目，以专著形式存在的情况比较少，仅有如李敏求《读史随笔》、李翊九《西皋读史札记》、李榘《看史剩语》等数种。[4] 至于朝鲜时代编纂的四十余种中国史书，其中关于明朝史的史书最多，其次是宋朝史，以及一些通史书籍。这些史书编纂的动机在于，以中国尊华攘夷的儒家正统观为基本原则，并成为朝鲜王朝中后期尊周思明的一个重要表征。宋明以来中国学者编纂的各种中国古史著作，也成为朝鲜人士编纂中国史书的文本来源以及思想基础。[5] 这些中国史书编纂先秦、秦汉部分内容时，也将《史记》《汉书》作为重要的参考文献。

---

[1] [韩] 晋永美:《〈韩国文集丛刊〉对中国文献研究的意义》,《北京大学中国古文献研究中心集刊》，2009 年第 8 辑。该文综合评价了《韩国文集丛刊》中关于中国学研究的资料，认为其对文献学、文学、《史记》、《汉书》及中韩文人间交流都有较高的学术价值。其中，朝鲜文人评论中国史书与古史的内容，除《史记》《汉书》以外，也有很多其他类的资料，如别史、杂史类等。其特点是以关注正史为主，体现了朝鲜学人对正史记载的重视与对正统观念的强化。

[2] 有《域外存珍：简述韩国古代文献中的秦汉史研究资料》《项羽在国外——域外汉籍中有关项羽的文献记录》《略述韩国古代文献中的“商山四皓”资料》《韩国古代文献中光武帝刘秀资料辑略》等。

[3] 该书由西南师范大学出版社 2013 年出版。

[4] 赵凯、[韩] 尹在硕:《域外存珍：简述韩国古代文献中的秦汉史研究资料》,《国学学刊》，2012 年第 4 期。

[5] 孙卫国:《朝鲜王朝所编之中国史书》,《史学史研究》，2012 年第 2 期。

相对于中国学者从研究中国古代史的角度考察朝鲜文人的《史记》《汉书》评论，韩国学者则更多以韩国古代文人及历史文化为侧重点，这也显示出相关研究不仅需要跨语境，还有可能需要多学科的视角。同样是关注朝鲜文人的“史论”，白晋宇将其视作“史论散文”，探讨了这些史论散文关注的重要问题，包括国家论、君主论、宰相论、节义论、用人论、处世论等，其中与先秦秦汉人物、史实有关的文章最多。而且，《通鉴》《纲目》《唐鉴》等史书也成为这类史论散文的重要文本来源。最突出的一点，朝鲜文人的史论散文借助一定的文学手段，通过评论史实来抒发议论，目的是为现实服务。[1] 所以，与以评论史实为主要目的的“史论”相比，“史论散文”更符合论辩类文章的特点。

朝鲜文人比较关注《史记》《汉书》中的著名历史人物，如伯夷、项羽、秦始皇等。赵凯先生整理了关于项羽评论的大量域外资料，其中以朝鲜文集中的资料最为丰富。朝鲜文人对于《史记》《汉书》中涉及项羽的内容，无论史实还是相关文本，都有所评价。并且，我们还可以发现，项羽其人在朝鲜、越南、日本等国家都非常受关注，《史记》《汉书》中的项羽传记也成为相关史汉选本必有的篇目。一些对项羽事迹进行拟补的文字，与中国古代学者相比，并不逊色。韩国崔镇景以朝鲜文人林悌文集中《青灯论史》“杯羹论”“乌江赋”为例，探讨了林悌的历史观，即肯定项羽的人格价值，而并不以儒家伦理来判断。[2] 金秉建则列举了朝鲜文人金宗直、权近、成大中、宋时烈、郑蕴、牧隐、李荇等人的“项羽观”，探讨项羽事迹对朝鲜文人及普通百姓的教育意义。[3] 但是，不管是史论散文还是其他文学作品形式，朝鲜文人对项羽的评论，不免属于书生意气。朝鲜文人的这类“史论散文”以中国古史为评论对象，对我们研究相关历史有一定的参考价值。而且，

---

〔1〕 白晉宇，「朝鮮後期史論散文研究」，博士學位論文，高麗大學，2011，105—208。

〔2〕 崔鎮景（1982），「林悌의『青燈論史』연구-『杯羹論』·『烏江賦」에 드러난『項羽』형상을 중심으로-」，『韓民族文化研究』45。

〔3〕 金秉建（2010），「漢文教育의 측면에서 본 項羽의 두 가 지 判斷」，『漢文學報』23。

这些史论散文或者是科举考试中的策论，或者为日常“课作”，其创作意图偏重于史汉人物与史实的现实意义，以及作为文章写作的历史典故，其“史论”的内容则更多服务于文章观点的表达。

不过，朝鲜文人文集中也有一些“史论”不同于“史论散文”，主要以评论史实为目的。如朝鲜文人比较关注秦朝历史与秦始皇事迹。吴姝琪分析了朝鲜文人对秦始皇的评价，以《史记·秦始皇本纪》的赞语为基础，结合朝鲜文人对秦始皇焚书坑儒、衡石程书、法治、统一天下等做法的评价，认为朝鲜前期的评价以批判为主，而后期则加入了实证的内容。[1] 朝鲜汉籍中关于其他秦汉人物的史论也比较丰富。孙惠莉以成大中的《青城杂记·揣言》中关于秦汉仁暴、楚汉成败、秦楚报复、商周、韩信、田横、李左车、田延年、陈平、周勃等史实与人物的评论，讨论了成大中的历史观。[2]

这些“史论散文”或者“史论”虽然涉及先秦、秦汉的史实与人物，但我们若据此探讨朝鲜文人对《史记》《汉书》的评论及特点，则需要持更为审慎的态度。首先，朝鲜文人的这些评论内容，其文本来源可能不是《史记》《汉书》，而是《通鉴》《纲目》等宋儒史书。其次，有的评论内容直接针对宋儒的观点阐发，并非通过读《史记》《汉书》而引起，如李元培《龟岩集》中的一些内容，就是受苏轼、胡寅等宋儒的影响。再次，这些资料或不以评论史实为目的，而重在通过史实来表达儒学化（或称理学化）的观点，以及作为文章写作的论据。所以，一方面，我们要对其文本来源进行辨析；另一方面，朝鲜文人“史论散文”中涉及先秦、秦汉史实的评论内容，对史学研究的意义也需要进行论证。

与朝鲜文集中的“史论散文”或者“史论”相比，朝鲜文人以

---

〔1〕 吴姝琪,「朝鮮朝 文人의 秦始皇 인물평 연구-『史記』人物 批評의 한 事例」, 碩士學位論文，成均館大學，2012，15—66。

〔2〕 孫惠莉（2012),「青城 成大中의 史論 散文 研究-『青城雜記』『揣言』을 중심으로」,『大東文化研究』80。此类资料还有《药山漫稿》卷 13《杂著·史评》、《星湖僿说》卷 18《经史门》、《台山集》卷 18《阙余散笔》、《恕庵集》卷 16《杂记·评史》、《石涧遗稿》卷 5《杂著·谩记》、《龟岩集》卷 11《杂著·读书管窥》、《晚醒集》卷 6《读书随札下》等。

《史记》《汉书》文本为评论对象的相关资料，则是我们需要关注的重点。韩国学者的研究以朝鲜中后期文人的《史记》评论为主，可以分为史汉整体评论与具体篇目评论两种情况。李贤镐讨论了朝鲜后期文人的《史记》批评，认为在明代后七子“秦汉派”古文及《史记评林》等著作的影响下，朝鲜文人中也形成了古文“秦汉派”与“唐宋派”，并且出现了一些《史记》选本。一些朝鲜文人如金昌协、金昌翕、安锡儆、丁范祖、姜彝天等也对《史记》文章展开了批评。〔1〕尹智勋论述了朝鲜后期文人对《史记》文章认识的变化与评价，及对《史记》《汉书》文章的比较，并以《项羽本纪》为例，论述了朝鲜文人对《史记》叙事模式评论的特色。〔2〕与这些集中批评不同，有的学者则以某一朝鲜文人或史汉某一篇目为对象，探讨了朝鲜文人《史记》评论的一些特点，如峿堂李象秀关于《史记》的读法，朝鲜文人关于《史记·货殖列传》的观点等。〔3〕有的学者讨论朝鲜文人的“伯夷”论，将之总结为义理论与文章论〔4〕，其中义理指“伯夷”论，而文章则指“伯夷传”论。义理和文章成为朝鲜文人评论《史记》《汉书》的主要方式。

由此可见，学界关于朝鲜汉籍所涉《史记》《汉书》评论资料的搜集与整理，仍以朝鲜文人文集为主要文献来源。一方面仍有一部分朝鲜文人文集未被充分利用，所以我们要扩大资料搜集的范围；另一方面如李朝实录、笔记等朝鲜汉籍中，也可以发现一些新的有价值的内容。而

〔1〕李賢鎬，「朝鮮後期『史記』批評研究」，博士學位論文，釜山大學，2011，59—156。

〔2〕尹智勳（2008），「朝鮮後期 文人의『史記』認識과 評價에 관한 一考-『項羽本紀』에 대한 諸家批評을 中心으로-」，『東方漢文學』35。

〔3〕李賢鎬（2010），「峿堂 李象秀의史記 評述에대하여」，『東洋漢文學研究』31；楊中石（2016），「조선 문인들이 본『사관화식열전』」，『中國文學』89。

〔4〕李拉娜，「伯夷 談論의 義理論과 文章論：조선시대 백이 담론의 전개와 분기」，碩士學位論文，成均館大學，2013，10—48；李弘植（2013），「三淵 金昌翕의『伯夷傳』이해와 그 의미」，『韓國實學研究』25；李熙穆（2013），「李建昌의『伯夷列傳批評』評釋」，『大東文化研究』60。

且，如李成珪所举的一些事例，其文本来源以及评论的对象，可以明显看出与《史记》《汉书》无关，故对于这类资料要注意辨别。由于朝鲜文人文集中所涉《史记》《汉书》资料比较丰富，也得到更多的关注、搜集与整理，因此学者讨论和研究的成果也偏重于朝鲜文人的相关表现。不过，正如资料搜集的范围应当扩大一样，我们除了关注朝鲜文人的《史记》《汉书》评论之外，也应当注意如朝鲜君臣、儒者等不同身份人士的观点和表现。当然，朝鲜时代人士这种身份的差别，有时并不那么明显，因为同一个人往往兼有官员、儒者、文人等多重身份。所以，我们在注意这种身份差别的同时，也应当结合当时的历史、文化背景进行综合考察，而不仅是叙述相关表现。另外，与"史论""史论散文"更偏重表达义理相比，朝鲜文人对史汉列传文章的评论更符合本书的研究方向，也将是本书关注的重点。

五、朝鲜文人的《史记》《汉书》注解

李成珪、晋永美提及朝鲜文人的史汉考证内容，并列举了一些例子。[1] 这些例子数量比较少，学界的关注也不够，仍需要进一步搜集和整理。即使现有的一些内容，与明清学者的史汉考订成果也相去甚远，甚至其讨论明显出于史学研究以外的其他意图。如朴文镐（1846—1918）对"狱市"的理解，就遵循了程朱的观点。另外，朝鲜文人文集中的一些篇目，从标题来看，是以注解《史记》《汉书》文本为目的，如黄胤锡（1729—1791）的《颐斋乱稿》中有"前汉书律历志解"，丁若镛（1762—1836）有《易学绪言》卷一"班固艺文志论"，需要我们特别关注，考察其注解《史记》《汉书》的方式和成就。

第三节　基本框架与思路

本书以朝鲜汉籍为基础资料，探讨古代朝鲜半岛传播、接受和评论《史记》《汉书》的相关史实，主要包括两个方面：一方面，需要将史

---

〔1〕 李成珪（1992），「朝鮮後期 士大夫의『史記』理解」，『震檀學報』74。

汉作为具体形态的书籍，叙述两书在古代朝鲜半岛流传的过程和表现，同时将史汉作为“历史文本”，考察其“事、文、义”的力量对古代朝鲜半岛产生的影响。目前，学界关于《史记》《汉书》版本的研究成果对朝鲜本并不够重视，也存在一些不明确之处。本书借助现存朝鲜本《史记》《汉书》实物以及朝鲜半岛历代公私书目中的记载，期望从版本学、文献学的角度，弄清朝鲜本（高丽本）《史记》《汉书》的相关问题。朝鲜本《史记》《汉书》之前的高丽本既没有实物留存，也缺乏文献记载，故更难进行详尽的了解。虽然现存朝鲜本的保存情况也不佳，个别早已散佚，但《史记评林》《汉书评林》传入朝鲜半岛之前的本子，确实具有较高的版本学及学术研究价值。而明代后期《史记评林》《汉书评林》传入朝鲜半岛之后，虽然得到了官方的刊印，但并未受到朝鲜君臣的重度重视。本书将结合朝鲜时代书目资料与现存版本的情况进行综合分析。

另一方面，作为《史记》《汉书》传播的重要环节，朝鲜半岛古代人士接受、选择、评论史汉文本的主观活动和观念意识，则是本书的重点和难点。第一，汉唐以来《史记》《汉书》传播的表现说明，两书不仅作为纪传体史书，更具有文学、思想甚至政治、意识形态等多方面的价值。所以，本书讨论《史记》《汉书》文本对朝鲜（高丽）时代的影响时，应当综合考虑并参考当时的政治、史学（经史关系）、文学、思想等历史背景，进行多方面的探讨，特别是《史记》《汉书》对朝鲜（高丽）时代史书编纂思想的影响，需要我们进一步讨论。关于朝鲜时代《史记》《汉书》评论的研究，从社会阶层来说，偏重于朝鲜文人，对朝鲜王朝官方的态度则很少涉及。朝鲜时代关注《史记》《汉书》的群体往往具有多重身份，如君臣、儒士、文人等，需要结合相关背景进行了解。第二，朝鲜文人文集中的“史论散文”等并不能等同于对《史记》《汉书》的评论，因为“史论散文”“史论”的文本来源有时并非《史记》《汉书》。即使是一些以评论史实为目的的“史论”，也偏重于表达儒家义理，并且这些内容对先秦、秦汉史研究的参考价值也需要审慎评价。第三，朝鲜文人出于文章创作的需求对《史记》《汉书》文章的评论，既涉及史汉的整体风格，也包括具体篇目和文章技巧，且存在一些批评意见。第四，从时间范围来说，学界对《史记》《汉书》在古代朝鲜半岛传播的研究，集中于朝鲜时代中后期，对此前三国、高丽、朝鲜时代前期的情况则较少关注。本书将结合朝鲜时代社会阶层与历史文化发展的变化，总结其各阶段的特点。第五，朝鲜时代人士对《史记》《汉书》评论、注解的观点，会受当时流行的宋儒、明人有关著作的影响，并且一些观点涉及的问题同时也是现代学者研究所关注的。从这两方面来说，朝鲜文人评论、注解《史记》《汉书》的内容可以丰富历代评论、研究史汉的成果，为先秦、秦汉史等方面的研究提供一些参考。

第一章 《史记》《汉书》向朝鲜半岛的初传

《史记》《汉书》作为中国传统史学经典，其传播过程具备现代传播学概念的基本要素，如以文字即书面语言为传播媒介、简牍纸张为传播载体，从手抄到印刷则代表了传播技术的进步，社会结构的变化使其传播更加广泛。而且，按照现代传播学的概念，媒介对于社会的影响并不是直接的、清晰的，需要个人与社会的关联即社会化过程来实现，并将价值观、信仰、规范等内化并发展为自我的意识，这个过程往往是复杂的、多样的。正如美国自由主义模式的媒介制度认为的那样，“政治学、文学将媒介视为文化文本；心理学关注媒介对个体行为的影响；大众传播学的关注范围更广泛，重点通常会落在媒介机构的结构和实践上；社会学从更广泛的领域关注媒介；大众传播学则更具体”〔1〕。这是对一般的传播媒介而言，说明在不同的传播语境中，传播媒介所承载的符号的意义是不一样的。这种认识同样适用于《史记》《汉书》的传播过程。不过，两书与现代传播学的研究对象如电影、广播、报纸、广告、电视、网络等相比，又有很大的不同。作为古代文献，《史记》《汉书》蕴藏着丰富的故事、知识或者思想，而且形成了比较系统完整的表达文本，这使得两书可以为人们提供很多信息。然而，这些信息不具有时效性，不可能被当作新闻，更重要的是，《史记》《汉书》本来也不是为了传播而产生的。但是，正如司马迁希望“故述往事，思来者”，“俟后世圣人君子”，〔2〕《汉书》希望“正文字，惟学林”〔3〕，说明作者还是希望作品能够传世。而且，《史记》《汉书》作为经典历史

〔1〕 但海剑：《现代化选择——美国进步主义时期社会发展与传播研究》，武汉：武汉大学出版社，2014 年，第 141 页。

〔2〕《史记》卷 130《太史公自序》，第 3320 页。

〔3〕《汉书》卷 100 下《叙传下》，第 4271 页。师古注：“信惟文学之林薮也。”

文本，在史学、文学、思想等领域对后世产生了深远的影响，也是在传播过程中实现的。从这两点来说，《史记》《汉书》只有在传播过程中，才具有现代传播媒介的一些特点。所以，一方面我们要借鉴传播学的相关理论来研究《史记》《汉书》；另一方面，我们也要注意，以现代传播学理论解释《史记》《汉书》的传播，可能存在着强调片面、过于模式化的缺点，故而在研究过程中需要结合实际的历史进程。

1960年，美国传播学者D.伯洛总结了传播过程和结构的特征，即传播是一种动态的过程，一组复杂的结构，其本质是变动的，即各种关系互相影响和变化。简而言之，传播过程至少存在三个环节，即传者、受者、信息。[1] 应该说，在传播过程中，《史记》《汉书》处于传播结构的信息环节。作为传播过程中承载信息的历史文本，在人与人之间传播，正如前文所述汉唐以来《史记》《汉书》的传播过程，存在时间上的纵向传播的同时，也存在着空间里的横向传播。其中横向传播在中国历代疆域的范围内应该说是具体而微的，其过程也与历史上政治、经济、文化的横向发展有着密切联系。而当我们将这种横向传播的范围扩大至汉文化圈时，其表现则显得更为明显且宏大。

传播学理论提出的各种模式，很多是把传播限定于一个区域范围内，而较少关注从一个区域到另一个区域的传播途径与方式。以书籍而言，在一个地方产生了某个著作，除了通过口耳相传或者其他文字介绍的方式之外，著作文本自身的传播显得更为重要和直接，因为前两种传播方式往往是不完整的。对于《史记》《汉书》来说，两书产生于历史上的西汉、东汉地理范围内，在汉唐至明清的横向传播，早已经超出了之前的区域，并且传播至域外的朝鲜半岛、日本、越南等国家和地区。

目前，学界对于《史记》《汉书》在东亚范围内传播的研究，更多偏重于日本，而且以《史记》为主。如覃启勋先生在《〈史记〉与日本文化》一书中，重点探讨了《史记》传入日本的时间与原因，以及对日本政治、汉文教育的影响等史实。[2] 杨海峥则重点论述了《史记》

---

〔1〕 张国良主编：《传播学原理》，上海：复旦大学出版社，1995年，第30页。

〔2〕 覃启勋：《〈史记〉与日本文化》，武汉：武汉大学出版社，1989年。

与日本汉学教育的相关问题，[1] 张玉春、易平有对日本藏《史记》唐写本、残本的研究，还有其他学者针对《史记》影响日本书学、文化等方面的研究。学者更加关注《史记》《汉书》在日本传播的表现，其原因主要在于，日本所藏相关资料尤其是《史记》古写本、宋元刻本比较丰富，日本学者专门性研究成果也比较突出。而朝鲜半岛作为《史记》《汉书》在汉文化圈范围内横向传播的一个重要方向，目前学者的研究则相对不足。即便有一些成果，也更多是概述性的，且对一些问题的探讨并没有取得较大进展。同时，在朝鲜半岛尤其是李氏朝鲜时代，文献中有关《史记》《汉书》评论的资料非常丰富，但这些资料也存在零散与碎片化的现象。如果我们不对这些资料加以系统地整理，则很难在研究中加以有效利用。

关于中国文化向朝鲜、日本、越南等国家的传播，除了人员、技术交流之外，更重要的就是书籍的交流。书籍是文化的载体。中国历代书籍向各国的传播，促进了各国学习汉字、汉文化的进程。覃启勋先生在论述《史记》向日本的传播时，把为数众多的日本遣隋使、遣唐使往来作为《史记》盛传到日本的历史基础，并将江户时代中日商贸往来、文化交流、汉籍输入作为《史记》盛传到日本的现实基础。此时《史记》更多是作为一种商品，通过船载输入日本。这一研究成果对于我们讨论《史记》《汉书》向朝鲜半岛的传播有很好的借鉴意义。不过，由于中国历代与朝鲜半岛之间的关系，与中日关系相比有其独特性，因此，我们探究《史记》《汉书》向朝鲜半岛的传播问题时，还应该考虑历史发展的实际进程。

第一节 《史记》《汉书》传播条件的形成

作为中国传统史书的重要经典及中国文化的重要组成部分，《史记》《汉书》的传播过程与文化传播的过程有相通之处。当一种文化从

---

[1] 杨海峥：《从〈史记评林〉到〈史记读本〉——作为教材的〈史记〉与日本汉学教育》，《文学遗产》，2015 年第 4 期。

起源地区向其他地区传播时，首先是其空间位移发生了变化。这种空间变化并非单向直线，而是表现为辐射状。其次，这一过程必须借助一定的传播媒介，如人口流动、交通运输、书籍流传，乃至能够使文化的空间位移发展变化的其他条件。同时，这一过程受文化接收者的语言能力、文明层次、文化差异等因素的制约，其影响周边区域的广度和深度是不一致的。甚至存在当一种文化传播到另一个地区时，不仅不被当地人接受，反而引发文化冲突的情况。[1] 所以，我们在探讨《史记》《汉书》在朝鲜半岛的流传时，要明确一点，文化传播过程需要传播者与接受者都具备一定的基础。具体来说，中国历代传播与接受《史记》《汉书》的水平要达到一定程度，而朝鲜半岛也要具备一定的条件，包括物质、文化、思想等方面。否则，即使《史记》《汉书》传到了那里，也只是在空间上发生了位移，而不能形成传播过程并产生影响。

正如前文所述，无论传播过程的结构或者模式如何描述，由于人是"一切社会关系的总和"[2]，所以作为人们之间关系一类的传播过程也不应该是孤立的，而是应当处于一个系统中。同时，传播过程也包含了物质与精神两方面的内容，对于这两方面的理解，马克思认为，"如果物质生产本身不从它的特殊的历史的形式来看，那就不可能理解与它相适应的精神生产的特征以及这两种生产的相互作用"[3]。所以，《史记》《汉书》在汉唐以来的传播，也需要一定物质与精神条件的相互作用。

一、《史记》《汉书》在空间的传播

作为传播材料，"其对受众所具有意义的程度、生动性及情调等"[4]，是其能产生影响效果的要素。书籍也是如此。关于这一点，《史记》《汉书》通过其所具有的史学、文学、思想等方面的经典意义，已经完全能够胜任。但是，如果《史记》《汉书》不能较好地被传播与

〔1〕 肖云忠主编：《社会学概论》，北京：清华大学出版社，2012 年，第 59—60 页。
〔2〕 《马克思恩格斯文集》第 1 卷，北京：人民出版社，2009 年，第 501 页。
〔3〕 《马克思恩格斯全集》第 26 卷，北京：人民出版社，2004 年，第 346 页。
〔4〕 张国良主编：《20 世纪传播学经典文本》，上海：复旦大学出版社，2003 年，第 240 页。

接受，不能在时间与空间范围内形成比较成熟的条件，那么两书向更广空间的传播就不会实现。

学者对于汉唐以来《史记》《汉书》传播的研究已经比较丰富，但这种研究更多关注汉唐以来史汉传播的时代特色，而较少涉及两书在空间传播的表现。由于中国历代空间结构中一直存在核心区域，并随着朝代更迭不断发生变化。核心区域的政治、经济、文化、思想等一般代表了该时代的最早水平，因此《史记》《汉书》的空间传播与这些区域的发展变化有着密切联系。本节结合前人关于汉唐以来史汉传播研究的相关成果，探讨两书在空间传播的一些特点。

汉魏时期是《史记》《汉书》初步传播的时代。尤其是《史记》，最初由于政治、文化因素的影响被“藏之名山，副在京师”，流传范围很小。西汉宣帝子东平思王刘宇与王凤、扬雄、桓宽、刘向等均关注过《史记》。在西汉末期至东汉，出现了刘向父子等十余家续《史记》者，也说明在西汉末年《史记》传播才稍广。[1] 续《史记》诸家，除冯商外，各人的籍贯均不明确。不过可以确定的是，这些人的活动范围基本在西汉当时的核心区关中地区，特别是三辅地区。东汉时，其核心区域进一步扩展，包括“三河”（河南、河内、河东）、“三辅”（京兆、左冯翊、右扶风）以及南阳、颍川、陈留、梁国、魏郡、赵国、常山、太原、上党等诸郡国。[2] 在这些区域内，《史记》传播的范围逐渐扩大，除三辅地区之外，也影响了核心区域的其他地方，出现了如南阳犨（在今河南鲁山）人延笃、南阳西鄂（在今河南新野）人张衡、沛国相（在今安徽淮北）人桓谭、涿郡（今河北涿州）人高诱等研究与评论《史记》的诸家。并且，还出现了不在核心区范围内的人也开始关注《史记》的情况，如王充（会稽上虞，今浙江上虞）的活动范围就极少涉及三辅地区。三国时期，有蜀国巴西（今四川阆中）人谯周纠正《史记》，作《古史考》。南北朝时期，其核心区包括关陇、河东、河

---

〔1〕 张玉春：《〈史记〉版本研究》，第 10—13 页。

〔2〕 鲁西奇：《中国历史的空间结构》，桂林：广西师范大学出版社，2014 年，第 179 页。

洛、宁镇与江淮，[1] 有刘勰（京口，今江苏镇江）、裴骃（河东闻喜，今山西闻喜）、颜之推（建康，今江苏南京）、范晔（顺阳，今河南南阳）等人。又如前赵刘殷"有七子，五子各授一经，一子授《太史公》，一子授《汉书》"[2]。至唐代，《史记》的传播更加广泛，如"（裴）延龄，乾元末为汜水县尉，遇东都陷贼，因寓居鄂州，缀缉裴骃所注《史记》之阙遗，自号小裴"[3]。《史记》甚至流传到西域地区，在军士、士人、学者等社会各阶层中间传播。[4] 从以上列举的汉唐以来《史记》传播的相关事例来看，《史记》已经不仅是作为一部史书，更是承载着文化的历史文本，积累了深厚的空间基础，具备了向更广阔区域传播的动力。

与《史记》相比，《汉书》一开始就得到了较好的推广，其流传范围比《史记》要更为广泛。东汉时，已经有人给《汉书》作注。颜师古注所列东汉以来的注家就有二十余家。魏晋南北朝时期，人们从"巩固割据政权、标榜'正统'或实现'大一统'"的经世致用的目的，以及作为文化交流媒介的需求出发，重视研读《汉书》。[5] 如"梁时，明《汉书》有刘显、韦棱，陈时有姚察，隋代有包恺、萧该，并为名家"[6]。隋唐时期，出现了许多《汉书》研究者，以颜师古为代表，成为"一门发达的学问"[7]。当然，以汉唐时期研究、讨论《史记》《汉书》的学者、文人的籍贯、活动区域等信息来探讨两书在空间的传播，由于资料缺乏，很多人的籍贯也不明确，而且他们关注史汉时的活

---

[1] 鲁西奇：《中国历史的空间结构》，第 180—187 页。

[2] 《晋书》卷 88《孝友传 · 刘殷传》，北京：中华书局，1974 年，第 2289 页。

[3] 《旧唐书》卷 135《裴延龄传》，北京：中华书局，1975 年，第 3719 页。

[4] 张宗品：《从古写本看汉唐时期〈史记〉在西域的流播——中古时期典籍阅读现象之一侧面》，《古典文献研究》，2014 年第 17 辑上卷，南京：凤凰出版社，2014 年。

[5] 袁法周：《中国古代〈汉书〉的传播与研究》，《宁夏社会科学》，2007 年第 2 期。

[6] 《隋书》卷 33《经籍志二 · 史志》，北京：中华书局，1973 年，第 956 页。

[7] 陈其泰：《再建丰碑——班固和〈汉书〉》，北京：生活 · 读书 · 新知三联书店，1994 年，第 272 页。

动范围也往往集中在当时的京城地区，结论或许不够准确。不过，从一些在核心区域以外的人关注《史记》《汉书》的事迹，我们也可以了解汉唐以来两书在空间传播的大致情况。

因此，《史记》《汉书》在汉唐以来的传播过程与历代政治、经济、文化中心的不断转移有关系，而且与人们受教育的程度及学术的不断发展密不可分。魏晋南北朝时期，人们对《史记》的关注大大加强，除了从音义、名物、地理、典故方面对《史记》进行解释外，还包括“增补事实、条列异同、考辨史料、发表评论”[1]。而在唐代，以史为鉴的风气，史学的发展，“三史科”的确立，都为《史记》的空间传播提供了有利条件。

比较而言，唐以前有关《史记》的研究成果比《汉书》要少很多，究其原因，据唐司马贞的总结，主要在于《史记》用较少字数叙述了自黄帝至汉武帝三千余年的历史，内容不免残缺，文辞也稍显古奥。而《汉书》体例更加完备，章节更有条理，文字也比较适合当时人的口味。[2] 这说明，《史记》《汉书》在传播过程中被接受的程度与接受者的条件有很大关系。而且，“传播内容能否保持记忆，与受者的动机和兴趣有相当程度的关系”[3]，这种动机和兴趣是人们接受《史记》《汉书》的直接动因，也与接受者的文化发展水平和特点相适应。

二、《史记》《汉书》文本的发展

汉唐以来《史记》《汉书》传播与研究过程的变化，与其文本结构、内容以及形态的发展几乎是同时进行的。如《史记》最初有一正一副，后来在流行过程中产生“十篇亡缺”，或如刘知几所说“十篇未成”，或是被人改动。卷数最初 130 卷，裴骃《集解》曾合为 80 卷，后世通行本皆为 130 卷。《汉书》则有颜师古将原文 115 卷析为 120 卷，通行本为 100 卷。同时，史汉文本的内容也在被逐渐丰富，如《史记》

---

〔1〕 杨海峥：《汉唐〈史记〉研究论稿》，济南：齐鲁书社，2003 年，第 110 页。

〔2〕 瞿林东：《唐代史学论稿（增订本）》，北京：高等教育出版社，2015 年，第 135—139 页。

〔3〕 张国良主编：《20 世纪传播学经典文本》，第 241 页。

从单篇流行到全本印行，从《集解》《索隐》《正义》单行，再到出现二家注、三家注本等。这仅是两书在文本结构方面的较大变化。至于两书具体文本内容的变化，则更加细微。如裴骃所说，至南北朝时，《史记》“文句不同，有多有少，莫辩其实。而世之惑者，定彼从此，是非相贸，真伪舛杂”，但此时文本应当更加符合《史记》的原貌。[1] 而《史记》的唐写本与六朝写本差异不大，与宋代刻本之间则差异较大，说明六朝至隋唐时期，《史记》文本并没有过多的人为改动，一些错误也是传抄过程中出现的。在宋代，《史记》从写本向刻本发展，文本也发生了较大变化，而这种变化是人为整理的结果。[2] 汉唐以来史汉文本形态的发展，经历了两书产生时的简牍时代，到后来纸张流行的写本时代，再到刻本为主的印本时代。这说明，《史记》《汉书》的文本经历了不断被完善的过程，并在此期间被更多人传播、研究和评论。这为两书向更大空间范围传播创造了条件，聚集了动力。

第二节 《史记》《汉书》向朝鲜半岛的初步传播

虽然朝鲜半岛与中国的交流出现比较早，但如果不具备一定的物质与精神条件，《史记》《汉书》向朝鲜半岛传播的过程是不可能实现的。首先，能够吸收汉文化并熟练地使用汉字，是朝鲜半岛接受《史记》《汉书》的一个重要基础条件。包括《史记》《汉书》在内的各种汉籍是汉字、汉文化的重要载体。汉字、汉文化在朝鲜半岛的传播和接受也需要借助于汉籍的空间位移。其次，从汉唐以来《史记》《汉书》传播的表现和特点来看，对接受者的文化发展水平又有更高的要求。这一要求的实现是一个渐进的、缓慢的过程。

一、汉字、汉文化在朝鲜半岛的发展

按照《史记·朝鲜列传》的记载，武王封箕子于朝鲜，给当地带

---

〔1〕 张玉春：《〈史记〉版本研究》，第65页。
〔2〕 张玉春：《〈史记〉版本研究》，第82页。

去了“礼义蚕桑”，“八条之教”。[1] 秦末，很多人因避战乱，逃亡到朝鲜半岛，使这里“杂华浇本，遂通有汉”。[2] 汉初，朝鲜“复修辽东故塞，至浿水为界”，“保塞外蛮夷，无使盗边”。[3] 至汉武帝时，朝鲜半岛“所诱汉亡人滋多”[4]。这些不断前往朝鲜半岛的“汉亡人”，能够给朝鲜半岛带去汉字、汉语、汉籍、礼乐等汉文化，这是显而易见的。不过，朝鲜半岛的人们要想熟悉并使用汉字，还应该借助于文本。

汉武帝征朝鲜，建立四郡之后，更加方便了汉文化向朝鲜半岛的传播。汉代中国与朝鲜半岛的文化交流，文献记载并不多，从考古工作发现的城址、墓葬、文化遗物等文化现象来看，此时二者之间“既有政治上的联系，又有文化上和经济上的联系”[5]，不过这种联系与文化传播，可能更多通过“人”的活动来实现，而文本在这方面的作用并不大。20 世纪 90 年代初，朝鲜平壤地区贞柏洞 364 号汉墓出土了竹简本《论语》，与该竹简《论语》一同出土的还有“乐浪郡初元四年县别户口簿”木牍。此竹简《论语》有 39 枚，其中 31 枚为“先进篇”，8 枚为“颜渊篇”等。[6] 平壤本《论语》（晚于汉初元四年，前 45）与河北定州汉墓《论语》（早于前 55 年）都属于西汉早期写本。其中平壤本简 11、简 23 不讳“邦”字，而定州本多处讳“邦”字，故平壤本应

---

〔1〕张博泉认为，“八条之教”是改革当地秽貊文化和习俗，使之接受中原礼义文明的各种措施，并具体列举了八条的内容。（参见《箕子“八条之教”的研究》，《史学集刊》，1995 年第 1 期）杨军认为，“八条之教”是调节各部落之间矛盾的准则。（参见《高句丽民族与国家的形成和演变》，北京：中国社会科学出版社，2006 年，第 187 页）

〔2〕《后汉书》卷 85《东夷传 · 序》，第 2823 页。注称：“卫满入朝鲜，既杂华夏之风，又浇薄其本化，以至通于汉也。”

〔3〕《史记》卷 115《朝鲜列传》，第 2985、2986 页。

〔4〕《史记》卷 115《朝鲜列传》，第 2986 页。

〔5〕白云翔：《汉代中国与朝鲜半岛关系的考古学观察》，《北方文物》，2001 年第 4 期。

〔6〕李成市 · 尹龍九 · 金慶浩（2009），「平壤貞柏洞三六四号墳出土竹簡『論語』について」，『木簡と文字』4。

当时间更早。不过，两种《论语》文本也存在明显的异文现象。[1] 该墓墓主为乐浪郡府属吏，这一竹简《论语》应当属于该官吏的私人物品，并由其携带至乐浪郡，时间当在汉初元四年后不久。不过，这种情况应当只是汉籍传入朝鲜半岛的方式之一。但在当时的历史条件下，这种方式应当是汉籍传播比较主要的途径。这一竹简《论语》应该对当地人们接受包括汉字与汉籍在内的汉文化产生了影响。[2] 此时中国尚处于以简牍等为主要书写材料的时代，经学著作也是社会上比较流行的文本。这种形式的汉籍被当时的汉朝官吏带到了朝鲜半岛，但这种传播不仅是偶然的行为，而且受制于当地汉文化的发展水平，并不能得到较好普及。

汉字与汉籍向朝鲜半岛的传播是当时人们接受《史记》《汉书》的文化基础。汉武帝建立四郡，用一种非文化的方式，通过国家力量向当地输入了汉字与汉籍。其后通过大量人员的流动，促进了汉字、汉籍与汉文化向朝鲜半岛的传播。只不过此时在汉帝国内部，《史记》还处在小范围流传的状态，而《汉书》尚未出现，向更广空间的扩展也就无从谈起。

竹简本《论语》等汉籍的传入并不能说明朝鲜半岛此时利用汉字、接受汉文化的水平，我们还需要一些更为直接的证据。此时朝鲜半岛诸国的汉文化水平，据《后汉书·东夷传》的记载，大多尚不能达到利用汉字并撰写文献的程度。不过，据《三国史记》记载，高句丽的汉文化水平已经比较高。如高句丽琉璃明王三年（前 17），王作汉文诗

---

〔1〕罗卫东：《出土与传世〈论语〉异文及相关问题研究——以平壤贞柏洞出土竹简〈论语〉为考查〔察〕范围》，《汉字汉文教育》，2015 年第 36 辑。

〔2〕其实，这一竹简本《论语》同“乐浪郡初元四年县别户口簿”木牍一样，都属于汉字、汉籍传入朝鲜半岛的例证。不过，儒家经典更有可能被用来指导官吏的日常言行，甚至成为社会规范的官方范本，从而影响当地人们的风俗习惯，进而提升当地的汉文化水平。另外，平壤土城里土城址发现的汉文瓦当等，也可以作为汉字传入的例证。

歌："翩翩黄鸟，雌雄相依。念我之独，谁其与归？"〔1〕这首诗的风格类似于《诗经》。《诗经》中咏黄鸟的有数篇，此诗或许与之有关。婴阳王"十一年（600）春正月，遣使入隋朝贡。诏太学博士李文真约古史为《新集》五卷。国初始用文字，时有人记事一百卷，名曰《留记》。至是删修。"〔2〕高句丽国初约在汉末新初。这种说法明显是后来追述，但可以作为高句丽使用汉文的依据。也有的学者认为，《留记》是一类史书的统称，这段话的意思是把之前存在的一百多卷史书删修成了五卷。〔3〕不过，无论是认为高句丽以汉文撰成一百卷史书，还是有一百卷以汉文撰成的各类史书，都实属不小的成就。不管这一类史书的水平如何，当时人们对汉文的熟悉运用程度，也应当达到了一定的层次。大武神王十一年（28），面对汉辽东太守的讨伐围城，王不得已，以池鱼旨酒犒劳汉军，并致书汉将："寡人愚昧，获罪于上国，致令将军，帅百万之军，暴露弊境。无以将厚意，辄用薄物，致供于左右。"〔4〕汉将答书后引退。这也是一篇措辞严谨的汉文文献。再比如百济，近肖古王三十年（365），"古记云：'百济开国已来，未有以文字记事。至是，得博士高兴，始有书记。'然高兴未尝显于他书，不知其何许人也"〔5〕。这段文字所述的情况比高句丽要晚一些，但以文字记事之前，应该有一个接受汉字并使用汉字的渐进的过程，显然这个时间要早于365年。至于新罗，在秦时，"无文字，刻木为信。语言待百济而后通焉"〔6〕。李朝时代学者李瀷（1681—1763）称"新罗至真兴王

〔1〕［高丽］金富轼撰、杨军校勘：《三国史记》卷13《高句丽本纪一·琉璃明王纪》，长春：吉林大学出版社，2015年，第178页。晋崔豹《古今注》卷中《音乐第三》有一首朝鲜津卒霍里子高妻丽玉所作《箜篌引》，时间约在公元1世纪，与此诗相似。

〔2〕［高丽］金富轼撰、杨军校勘：《三国史记》卷20《高句丽本纪八·婴阳王纪》，第243页。

〔3〕徐健顺：《朝鲜早期史书辨析》，《东疆学刊》，2006年第2期。

〔4〕［高丽］金富轼撰、杨军校勘：《三国史记》卷14《高句丽本纪第二·太武神王》，第186页。

〔5〕［高丽］金富轼撰、杨军校勘：《三国史记》卷24《百济本纪二·近肖古王》，第293页。

〔6〕《梁书》卷54《东夷传·新罗传》，北京：中华书局，1973年，第806页。

（540—575）始修史”[1]，似乎新罗用汉字记事较晚。但是《三国史记》载脱解尼师今元年（57），“或曰：‘此儿不知姓氏。初椟来时，有一鹊飞鸣而随之，宜省鹊字，以昔为氏。又解韫椟而出，宜名脱解’”[2]。开始以汉字来解释姓氏的来历，应该是比较熟悉汉字才能做到的。或者，此时朝鲜半岛三国使用汉字撰写文献的水平高低，与三国所处地理位置距中国的远近有很大关系。这一时期，通过辽东前往朝鲜半岛是主要途径，故与中国最接近的高句丽接受汉字最早，汉文化水平也最高。[3] 而新罗、百济则有时需要通过高句丽来接受汉字、汉文化，发展也相对滞后。

可见，根据《三国史记》的记载，朝鲜半岛接受并使用汉字的时间当在西汉末年，而且至魏晋时期已经具有较高的水平。但这种说法也仅能说明朝鲜半岛当时使用汉字水平的大致情况。一方面，《三国史记》中的一些记载虽然不至于失实，但不免有美化的成分。如学者常引百济盖卤王十八年（472，北魏延兴二年）上孝文帝表文，说明此时百济的汉文化水平。《三国史记》所录表文共两篇，一篇为《百济遣使朝北魏表》（新罗崔致远《孤云集》称“为百济代作”），一篇为《百济上魏主请伐高勾丽表》（《东文选》称此文为佚名所作）。前一篇当然是后人所作。第二篇也应当是后人代笔，如其中所引典故“信陵不食”，其具体内容虽载于汉代刘向的《列士传》，但此书久佚，被南北朝以来的书籍引用。[4] 另一方面，三国时期能够使用汉字的应该主要是当时的王室、贵族、官吏等上层人士，一般民众应当不具备这样的条件。不

[1] ［朝鲜］李瀷：《星湖僿说》卷18《经史门·首露许后》，韩国国立中央图书馆藏抄本，第26b页。

[2] ［高丽］金富轼撰、杨军校勘：《三国史记》卷1《新罗本纪二·脱解尼师今》，第8页。

[3] 从好太王碑、集安高句丽碑等碑文来看，高句丽的汉文水平比较高。

[4] 王叔岷先生《史记斠证》注《魏公子列传》“公子为人，仁而下士”，也引《论衡·书虚篇》及《艺文类聚》，说明“信陵不食”是对“仁而下士”的附会。另外，此说又见于《白氏六帖》《太平御览》，所引出处也都是《列士传》。《列士传》已佚，其佚文见南北朝以来书籍所引。（参见饶道庆《刘向〈列士传〉佚文辑校增补》，《文献季刊》，2007年第1期）

过，当时以汉字撰写文献的情况比较多见，也出现了以汉字记录汉文与朝鲜语的吏读、乡札等[1]，以及根据汉字造字方法形成的“吏读字”[2]。《三国史记》载薛聪以方言读九经，此方言当即“吏读”。薛聪曾对前代吏读进行整理，说明此类内容在7世纪之前已经存在了。[3]

二、《史记》《汉书》初传朝鲜半岛的时间探析

三国至南北朝时期的一段时间内，中原王朝与朝鲜半岛的交往也比较频繁。“魏时，朝鲜以东马韩、辰韩之属，世通中国。自晋过江，泛海东使，有高句骊、百济，而宋、齐间常通职贡。梁兴，又有加焉。”[4]

1.“五经三史”说辨析

“一种文明或文明部件总是具有某种功能，而作为受体的人群、民族又总是具有其需要的，只有当前者的功能能满足后者的需要时，传受才能实现。”[5] 因此，朝鲜半岛在接受与使用汉字之后，也接受了汉文化、汉籍，并不断提出新的要求，向中国请求更多汉籍。如南朝宋元嘉二十七年（450），百济王馀毗上表求《易林》《式占》等书籍，[6]《三国史记》中也记载了新罗、高句丽、百济诸国进行占卜的事迹。《南齐

---

〔1〕 初期吏读只是按照朝鲜语词序使用汉字，后来则不改变汉语词序，只是加入吏读助词。乡札则完全以汉字记录朝鲜语，最早用来记载新罗乡歌。（李岩、徐健顺：《朝鲜文学通史》，北京：社会科学文献出版社，2010年，第182—184页）一然的《三国遗事》记录了“新罗乡歌”“均如乡歌”等乡札，其时间均比较早。（金喜成：《试论古代朝鲜的“吏读”》，《满族研究》，1989年第4期）

〔2〕 朱松植：《汉字与朝鲜的吏读字》，《延边大学学报（社会科学版）》，1987年第4期。

〔3〕 《三国史记》卷46《列传第六》，第657页。［朝鲜］高士褧等：《大明律直解》跋称：“薛聪所制方言文字，谓之吏道。”《朝鲜通史》也认为是新罗创制“吏读”。但这些说法并不准确。

〔4〕 《梁书》卷54《东夷传·序》，第800—801页。

〔5〕 周农建：《人类意志的现实化》，北京：学林出版社，1991年，第221页。

〔6〕 《宋书》卷97《百济传》，北京：中华书局，1974年，第2394页。

书》载南齐永明（483—493）中，高句丽“知读五经”，[1] 学者常引此句说明当时高句丽对儒家经典的熟悉程度已经比较高。不过，这四个字处于“高丽俗服穷袴，冠折风一梁，谓之帻”与“使人在京师，中书郎王融戏之曰”两段之间，文义与前后不搭，行文稍显突兀。而且，唐杜佑《通典》、北宋徐兢《宣和奉使高丽图经》、南宋郑樵《通志》等唐宋文献引及两段时，均没有这四个字。如我们在四库全书、中国基本古籍库电子版中检索，也仅见此一处，故稍显孤立。或者“知读五经”四字为衍文。而且，《南齐书》又载南齐永明六年（488），宕昌王使求军仪及杂伎、书籍。南齐朝廷回答说，军仪之类图书种类太多，一时不好置办。内伎又不堪长途跋涉。又因为“秘阁图书例不外出。《五经集注》《论语》今特敕赐王各一部”[2]。这说明此时南齐朝廷对于秘阁所藏书籍，并不是随意借出，赐书或许只是一种特殊状况。不过，若此四字并非衍文，则“知读”二字也不能解释为“知道阅读”，而应当为“知晓句读”，[3] 时间大概在5世纪末6世纪初，也符合此时朝鲜半岛对儒家经典接受的程度。

梁大同七年（541），百济遣使“请《涅槃》等经义、《毛诗》博士”[4]。又求讲礼博士，陆诩少习崔灵恩《三礼义宗》，得以被选中。[5] 到了贞观十年（636）成书的《周书》，始称高句丽“书籍有五经、三史、《三国志》、《晋阳秋》”[6]，这是中国史书第一次记载朝鲜半岛有“三史”。贞元十七年（801）完成的《通典》，又增加了《玉

[1] 《南齐书》卷58《东南夷传》，北京：中华书局，1972年，第1010页。

[2] 《南齐书》卷59《羌传》，第1032页。

[3] “知读”若仅是“知读书”，则可以解释为知/读书。若与具体经传相联系，则应当为“知晓句读”。如《颜氏家训》卷3有“知读《论语》《孝经》者”，与“不晓书记”相对。明末清初人李邺嗣所撰《送范国雯北行序》中有“少时知读五经，略解章句”，“知读”与“略解”相对应。见《杲堂诗文集·杲堂文钞》（张道勤校点）卷3，杭州：浙江古籍出版社，2013年，第462页。

[4] 《梁书》卷54《东夷传·百济传》，第805页。

[5] 《陈书》卷33《儒林传·郑灼传附陆诩传》，北京：中华书局，1972年，第442页。

[6] 《周书》卷49《异域传上·高丽传》，北京：中华书局，1971年，第885页。

篇》《字统》《字林》。[1] 而后晋开运二年（945）完成的《旧唐书》，则把前文的三史具体列举出来，并称“又有《文选》，尤爱重之”[2]。《旧唐书》则称百济“其书籍有五经、子史。又表疏并依中华之法”[3]。

五经三史当然各有所指。五经即《易》《诗》《书》《礼》《春秋》，三史最开始指《史记》《汉书》《东观汉记》，在唐代以后，则以《后汉书》取代《东观汉记》。不过，在魏晋至唐代的一些文献中，五经、三史经常连用，用来泛指经史著作。如晋葛洪云“或曰：‘鄙人面墙，拘系儒教，独知有五经、三史、百氏之言，及浮华之诗赋’”[4]，南朝陈徐陵说“或有渔猎三史，纷纶五经”[5]，刘知几称“故世之学者，皆先曰‘五经’，次云‘三史’，经史之目，于此分焉”[6]。所以，前文所说的朝鲜半岛书籍有五经三史，或许并非实指，或者作为经学与史学的代名词，或者仅用来表达学问或文化达到了较高水平。

从汉唐以来三史流传的过程来看，要想传播至更大范围，也需要时间的积累与空间的扩展。如《史记》，《隋志》称隋以前“《史记》传者甚微”。相比之下，《汉书》则在南北朝至隋期间得到了更为广泛的传播。至于《后汉书》，从产生后到萧梁前期，都处在一种被抵制的境

〔1〕〔唐〕杜佑撰、王锦林点校：《通典》卷186《边防二·东夷下·高句丽》，北京：中华书局，1988年，第5013页。

〔2〕《旧唐书》卷199上《东夷传·高丽传》，第5320页。

〔3〕《旧唐书》卷199上《东夷传·百济传》，第5328页。“子史”似是“三史”之误。

〔4〕王明：《抱朴子内篇校释（增订本）》卷19《遐览》，北京：中华书局，1985年，第331页。

〔5〕〔清〕严可均：《全陈文》卷7徐陵《在北齐与宗室书》，北京：中华书局，1958年，第6880页。

〔6〕〔唐〕刘知几撰、〔清〕浦起龙通释：《史通通释》卷6《内篇·叙事》，第165页。也有学者认为，刘知几这种说法反映了魏晋时期经学对史学之影响。（参见涂耀威：《〈史通〉“三史”“五经”句考论》，《人文世界——区域·传统·文化》，成都：巴蜀书社，2009年）

地，直到北魏时期（约5世纪中叶），才被广泛传播。[1] 至于其他几种书，如孙盛（约302—373）的《晋阳秋》、顾野王（519—581）的《玉篇》、阳承庆（约6世纪初期至中期）[2] 的《字统》、晋吕忱（魏晋之际）的《字林》，其产生的时间最晚到了南北朝末期。像孙盛的《晋阳秋》，在产生不久就在桓温威胁下遭到了删改。于是，孙盛“写两定本，寄于慕容儁”。至太元（376—396）中，东晋孝武帝从辽东得到一个《晋阳秋》版本，“以相考校，多有不同，书遂两存”[3]。

所以，虽然在汉武帝时已经立五经博士，但“五经三史”的说法却起源比较晚。若以“三史”说中《东观汉记》的出现时间为例，已经到了三国时期。若以《后汉书》为例，则还要晚一个世纪左右。并且，“三史”从产生到传播至朝鲜半岛的过程，在当时的社会条件下，受到诸多限制，不可能在短时间内完成。所以，《周书》中称高句丽有“五经三史”的说法，或许是对“知读五经”之类记载的一般叙述，并非对历史事实的完全描述。

2. 初传时间与存在方式

朝鲜文人成海应（1760—1839）曾提及高丽本《说苑》的流传情况，或许能为我们理解《史记》《汉书》向朝鲜半岛的传播提供一些启示。成海应先引了陆游《跋说苑》一文，然后又说：

> 余尝见古今书目，古之经籍，一经兵乱，便已遗佚散落，无复存者。如汉末黄巾、董卓之乱。及夫晋时，刘、石之祸最甚。观夫《前汉·艺文志》所载，今不传者十之六七，典籍之灾，不独秦火为然也。当乐浪朝贡时，或有《说苑》之秘本东来，得至高丽（指高句丽），及宋时复进欤。昔孙盛作《晋春秋》，详记桓温枋头事，潜送辽东，为传后计。东国想有是本，而今乃无有，何哉？古

[1] 全亮：《论范晔〈后汉书〉在南北朝的传播与影响》，博士学位论文，上海师范大学，2014年，第491页。

[2] 阳承庆生卒年不详，但其祖父阳尼同时代的高闾、李冲约生活在5世纪末6世纪初，故阳承庆应该生活在6世纪初至中期的某一个时间段。

[3] 《晋书》卷82《孙盛传》，第2148页。

人所著所以凋零磨灭者，只传写缣素，故不能继而力焉，则一坏而不能及远。然如《说苑》者，词雄意深，不可以不存。故虽当濊貊、勾丽荒陋之时，不随以亡佚欤。〔1〕

成海应认为，《说苑》可能由中原传至乐浪，又经乐浪传至高句丽。或许孙盛《晋阳秋》的传播路线也是如此。在写本时代，典籍通过传写的方式流布，而且载体为简牍、纸张、缣帛，不仅文本内容不易完整保存，典籍自身也往往随着时间的流逝残损破灭。但是，《说苑》传入朝鲜半岛之后，经历了濊貊、高句丽时代并没有消亡，其原因在于此书“词雄意深，不可以不存”。在高丽宣宗八年（1091）李资义带回的宋朝求书目录中，就有《说苑》二十卷。

故而，结合前文对《史记》《汉书》传播过程的考察，说明汉籍向朝鲜半岛的传播，应该具备时间积累与空间扩展两方面的条件。在朝鲜半岛接受《史记》《汉书》等汉籍的过程中，中国的魏晋时期是一个重要的阶段。〔2〕此时，“三史”之类可能随着儒家经典、佛典、字书等汉籍，传播至朝鲜半岛。当时的人们可能会利用与辽东接壤的便利条件，接受早已流布至北方的《史记》《汉书》。从《周书》以来关于朝鲜半岛汉籍收藏情况的记载来看，应该是对同一段文本记载的不同书写，并不断加入新的内容，其中有合理的成分。在隋以前，朝鲜半岛接受的汉籍，如《论语》《诗经》《玉篇》《晋阳秋》《字统》《字林》等，要么是儒家经典，要么是字书，或者是个别已经流传至辽东地区的汉籍，基本上都是字数较少、当时比较流行的文献。而对于“三史”来说，动辄百卷的内容，在当时的书写条件和传播情况下，不太可能完整地传至朝鲜半岛。即使到了唐代，如武则天垂拱二年（686）二月，新罗王金政明“遣使来朝，因上表请《唐礼》一部并杂文章，则天令所

〔1〕［朝鲜］成海应：《研经斋全集》续集册十一《文三·说苑高丽本说》，《韩国文集丛刊》第279册，第226页。

〔2〕韩国学者诸海星认为，《史记》传入韩国的时间不晚于中国的东晋时期（317—420），见《〈史记〉在韩国的流传及影响——以翻译介绍与研究现状为中心》，《国际汉学》，2004年第4期。

司写《吉凶要礼》，并于《文馆词林》采其词涉规诫者，勒成五十卷以赐之”[1]。

3. 朝鲜半岛对汉籍的需求

朝鲜文人李种徽（1731—1797）所撰《东史》中提及中国赐予高句丽文献的情况，认为高句丽文化的发展促进了其对中国书籍的需求。

> 勾丽之兴，闾巷里落，莫不有学。其学士大夫日游学于中国，而中国书籍已与之日东。而魏晋之间历代赐书，又复相继而至。秘府所积，盖亦多矣。[2]

这一时期朝鲜半岛对汉籍的搜求有力地促进了当地汉文化水平的提高。如《周书》称百济“俗重骑射，兼爱坟史。其秀异者，颇解属文”[3]。真兴大王六年（545），伊飡异斯夫奏请纂修国史，认为“国史者，记君臣之善恶，示褒贬于万代。不有修撰，后代何观?”[4] 于是命居柒夫等人修撰国史。这种修史观明显是受当时中国史学思想的影响。《隋书》则称辽东诸国“好尚经术，爱乐文史”[5]。开元二十五年（737），唐玄宗对邢璹说：“新罗号为君子之国，颇知书记，有类中华。”[6] 如金仁问（629—694），“幼而就学，多读儒家之书，兼涉庄老浮屠之说”[7]；与他同时代的强首“遂就师读《孝经》《曲礼》《尔雅》《文选》”，薛聪“以方言读九经，训导后生”。[8] 说明经过魏晋南北朝时期与中国

[1] 《旧唐书》卷199上《东夷传·新罗传》，第5336页。

[2] ［朝鲜］李种徽：《修山集》卷12《东史志·高勾丽艺文志》，《韩国文集丛刊》第247册，第554页。

[3] 《周书》卷49《异域传上·高丽传》，第887页。

[4] ［高丽］金富轼撰、杨军校勘：《三国史记》卷4《新罗本纪·真兴王》，第49页。

[5] 《隋书》卷81《东夷传》史臣曰，第1828页。

[6] 《旧唐书》卷199上《东夷传·新罗传》，第5337页。

[7] ［高丽］金富轼撰、杨军校勘：《三国史记》卷44《列传四·金仁问》，第628页。

[8] ［高丽］金富轼撰、杨军校勘：《三国史记》卷46《列传六·强首、薛聪》，第653页。

长时间的文化交流，到新罗统一（668—901）时，朝鲜半岛的汉文化已发展到了很高的水平。李滉（1501—1570）也认为“新罗统三为一，高丽五百余年间，世道向隆，文风渐开，士多游学中原。经籍兴行，易乱为治，慕华变夷。诗书之泽，礼义之风，箕畴遗俗，犹可渐复。故吾东见称为文献之邦、君子之国，有由然矣”[1]。不过，此时的朝鲜半岛，佛教盛行，儒家与道家文化也受到推崇，而且文风尚骈俪，《文选》也得到了重视。相对来说，《史记》《汉书》等中国史书虽然传入朝鲜半岛，但传播并不广泛，基础也不牢固。

《三国史记》记载新罗元圣王四年（785—798），“始定读书三品以出身”。除以《左传》《礼记》《文选》《论语》《孝经》《曲礼》等定高下之外，若“若博通五经三史、诸子百家书者，超擢用之”。[2] 新罗文人崔致远（857—924）也云：“是惟烈祖以四术开基[3]，先王以六经[4]化俗，岂非贻厥之力？”[5] 似乎三史已经进入科举，成为取士的一种手段。

这段记载也被后代朝鲜学者所沿用。如柳馨远（1622—1673）在论述朝鲜科举制发展时，同样肯定了元圣王定读书出身之法对于文风转变的作用。

> 按本国在箕子设教八条之时，其选众用贤，必有简实之法，而上焉无征。逮至三国，日事侵争，荒蒙无足论。然其大概，选人以骑射，用人以材略战功。新罗并合后，至元圣王，始定读书出身之法。（读《春秋》《左传》，若《礼记》《文选》兼明《论语》《孝

---

〔1〕［朝鲜］李滉：《退溪集》续集卷 8《回示诏使书》，《韩国文集丛刊》第 31 册，第 207—208 页。

〔2〕［高丽］金富轼撰、杨军校勘：《三国史记》卷 10《新罗本纪一 · 元圣王纪》，第 135 页。

〔3〕原注：武烈王（654—661）使金春秋统合三韩，始开诗书礼乐之教。一云元圣王以五经三史、诸子百家，分上中下而用人。

〔4〕原注：《诗》《书》《易》《礼记》《春秋》《周礼》。

〔5〕［新罗］崔致远：《孤云集》卷 3《大嵩福寺碑铭并序》，《韩国文集丛刊》第 1 册，第 185 页。

经》为上，读《曲礼》《论语》《孝经》者为中，读《曲礼》《孝经》者为下。若博通五经三史、诸子百家者擢用之。）高丽太祖首建学校，而未有科举之制。光宗用双冀言（冀本五代周人，来仕高丽），始以科举选士。自是文风稍兴，而倡以浮华之文，遂成弊习。[1]

金允植（1835—1922）的记述则更为详近：

昔箕圣东来，化民礼让，易榛狉之俗。当时必有文字之教，而世远言湮，后世无得而述焉。高句丽俗本犷悍，人尚武力，虽邻比中国，未闻文教之渐染。百济开国三百年，未有书记。至近肖古王，始置博士，圣王时始请《毛诗》博士于萧梁，盖与佛氏《涅槃》经义同来矣。尝怪夫二国享祚，俱至六七百年，安有不识文字而能享国久长者乎？又按高句丽婴阳王时修国史，初有《留记》百卷，至是约而修之。夫史至百卷之多，则其间岂无贤王教令名臣章奏之可称者哉？百济世通中国，梯航相接。尝见盖卤王《上元魏表》，文辞雅驯，举一脔而可知全鼎之味。又唐太宗时，三国皆遣子弟入学，观礼辟雍，讨论讲习，其文物风采，可以想见。是知丽、济二国，未尝无文献。盖缘藏本不多，没于兵火，遂使寥寥无征。惜哉！新罗于三国最称为文献之邦。然风气简朴，久而渐开。其初以射选人，或取于花郎之徒。至元圣王时，始定读书出身科，以博通五经三史为隽，而尤用力于《文选》，盖六朝以来交邻事大之文，专尚骈俪故也。[2]

不过，至元圣王时设立读书出身科，即以五经三史选拔人才，也并非确凿无疑。“三史”在科举中得到提倡是在唐代发展起来的，而且经

---

〔1〕［朝鲜］柳馨远：《磻溪随录》卷12《教选考说下·本国选举制附》，首尔：韩国东国文化社，1959年，第246页。

〔2〕［朝鲜］金允植：《云养集》卷10《东鉴文钞序》，《韩国文集丛刊》第328册，第394页。

历了一个较长的过程。在科举取士中加入对“三史”的要求，是唐代科举发展过程中的一个重要转变。唐代初期，科举考试特别是进士科，对史学并不重视。后来，策文中加入以史资治的内容。到了玄宗时期，又从登科后的出身方面对进士读史给予鼓励，要求通一史。宝应二年(763)，礼部侍郎杨绾上疏称，进士“递相党与，用致虚声，六经则未尝开卷，三史则皆同挂壁”[1]。大历（766—779）中，洋州刺史赵匡提出在科举中加入史学为必修科目。睿宗景云元年（710）十二月，开“一史科”。长庆二年（822)，“三史科”设立。其标准为“凡史科，每史问大义百条、策三道，义通七、策通二以上为第。能通一史者，白身视五经、三传，有出身及前资官视学究一经。三史皆通者，奖擢之”[2]。

新罗科举制度是对唐代的学习与模仿，元圣王四年（788）规定的人才选拔制度，最后是不成功的，也说明了当时实施条件并不成熟。《三国史记》中关于“若博通五经三史、诸子百家书者，超擢用之”的记载，或许不是现实情况，其选擢人才仍是以儒家经典为标准。

第三节 《史记》《汉书》向域外传播的特点及方式

一、《史记》“不宜在诸侯王”

南北朝至隋的一段时间内，《史记》《汉书》传播至朝鲜半岛，其具体时间和一些细节，由于资料阙如，已经很难考证。不过，从对现有资料的分析来看，汉唐之间，《史记》《汉书》的空间传播，必须具备一些条件：《史记》《汉书》文本的形成；政治环境的变化，如《史记》从“谤书”到被列为“三史”之一；学术水平的发展，《史记》在六朝时“传者甚微”，到唐代则出现了《正义》《索隐》两部重要著作；书写方式从简牍到纸本的过渡，也极大方便了《史记》《汉书》的传写。中国历代疆域中，一直存在着“核心区”，并随着历史的进程不断转移

[1] 《旧唐书》卷119《杨绾传》，第3430页。

[2] 《新唐书》卷44《选举志上》，北京：中华书局，1975年，第1461页。

扩展。该区域是政治、经济、文化最发达的空间，《史记》《汉书》的传播，也随着“核心区”的转移扩展而进行。这个过程是缓慢而明显的。与此同时，朝鲜半岛也为接受《史记》《汉书》积累了条件。如汉字的接受与使用；以学习汉字与汉文化为目的，朝鲜半岛诸国要求中国王朝赐予儒家经典、字书、佛经等汉籍。或者在这一书籍和文化传播过程中，《史记》《汉书》也随之传播到了朝鲜半岛，并被接受、理解甚至是利用。[1]

然而，唐代文献中对《史记》《汉书》向朝鲜半岛传播情况的记载，基本是静态的，而且在史实方面没有更新的内容，只是在文本描述上有所变化。由于史实表达不够直接，我们对《史记》《汉书》传播的具体时间及细节无从得知。从相关史实来看，在南北朝时期，朝鲜半岛各国从中国得到《史记》《汉书》的条件已经具备。其方式有很多种，如遣使求书、接受经典、与辽东地区进行书籍交流等。对于朝鲜半岛各国来说，向中国求书，一方面是文化原因，如对儒家经典、佛经的需求，与这一时期各国对中国先进的政治制度、儒家文化的向往及佛教的发展有很大关系，至于史书应该不是必需的；另一方面，当时朝鲜半岛各国通过求书活动，向唐朝表达臣服，以求得唐朝的庇护，也应当是一个重要原因。所以，这一时期汉籍向朝鲜半岛的传播，以涉及制度、思想文化的书籍为主，史书并不被重视。

对于唐朝来说，向周边国家赐予汉籍也更偏重于儒家经典、文学作品，而对史书则较为谨慎。如开元十九年（731）正月二十四日，吐蕃使臣求《毛诗》《礼记》《左传》《文选》等书。秘书正字于休烈上表称：

> 臣闻戎狄，国之寇也；经籍，国之典也。戎之生心，不可以无备；典有恒制，不可以假人……所以格其非心，在乎有备无患。昔东平王入朝求《史记》、诸子，汉帝不与。盖以《史记》多兵谋，诸子杂诡术。夫以东平，汉之懿戚，尚不欲示征战之书；今西戎，

[1] 最初《史记》《汉书》可能不是以完整形态向域外传播，而仅是某些篇章甚至某一卷。这从日本所藏的十余种古写本可以得到证明。即使在中国，写本时代的文献也往往以篇章传播。

国之寇仇，岂可贻经典之事？且臣闻吐蕃之性，慓悍果决，敏情持锐，善学不回。若达于书，必能知战。深于《诗》，则知武夫有师干之试；深于《礼》，则知月令有兴废之兵；深于《传》，则知用师多诡诈之计；深于《文》，则知往来有书檄之制。何异借寇兵而资盗粮也？……若陛下虑失蕃情，以备国信，必不得已，请去《春秋》。当周德既衰，诸侯强盛，礼乐自出，战伐交兴，情伪于是乎生，变诈于是乎起，则有以臣召君之事，取威定霸之名。若与此书，国之患也。[1]

于休烈上疏后，"疏奏，不省"。这段文字又见于《新唐书·于志宁传附休烈传》与《唐会要》，两处记载均说明，此次上疏后，玄宗诏门下讨论。侍中裴光庭认为，吐蕃不识礼经，可"渐以《诗》《书》，陶一声教，斯可致也。休烈但见情伪变诈于是乎生，不知忠信节义亦于是乎在"[2]。于是，玄宗下令赐给吐蕃儒家经典。与儒家经典能够教人知忠信节义相比，《史记》"有战国从横权谲之谋，汉兴之初谋臣奇策，天官灾异，地形厄塞"，故而这种书"皆不宜在诸侯王"。[3] 作为诸侯王，正如王凤所说，应当是多赐予圣人五经，"诸益于经术者，不爱于王"[4]。

关于《旧唐书》中的这段记载，高丽人安轴[5]（1282—1348）在1324年的一次对策中，有一番评论。[6] 这段文字很长，从经史关系到对于休烈、裴光庭二人做法的评价，再到结合高丽社会情况，都做了评论，不失为一篇策论佳作。

关于经史关系，安轴认为"经载道，所以平理天下之大具也；史记

---

〔1〕《旧唐书》卷196上《吐蕃传上》，第5232页。

〔2〕《新唐书》卷104《于休烈传》，第4007页。

〔3〕《汉书》卷80《宣元六王传》，第3324、3325页。

〔4〕《汉书》卷80《宣元六王传》，第3325页。

〔5〕［朝鲜］郑麟趾等撰、孙晓主编：《高丽史（标点校勘本）》卷109《安轴传》，重庆：西南师范大学出版社，2013年，第3423页。

〔6〕以下安轴引文，均见［高丽］安轴：《谨斋集》卷3《制策（泰定甲子）》，《韩国文集丛刊》第2册，第479—481页。

事，所以劝戒后世之大法也。古之圣贤作经修史之意，其为用也不在彼此之殊，而与天下共之者也”[1]。这里表达的经史关系，有一定的思想渊源。经史关系经历了不断变化的过程。最初“六经皆古史也”[2]，如《春秋》记事，《尚书》记言。至《汉书·艺文志》把《太史公书》等史书附于“六艺略”中“春秋经”下，司马迁也称其书比之于《春秋》。此时，史附于经，又与经存在区别。魏晋时期，史学摆脱了经学的依附，经史开始分离。这不仅表现在目录学分类中出现了史部（或作乙部），而且在教育、学术领域，史学也受到了更多关注。[3]在唐代，经学与史学都得到了官方的提倡，如经学出现了官定的《五经正义》，科举中则把三史科列入取士的标准，经史并重。对于宋代的经史关系，有一种观点认为是“荣经陋史”，但这种说法并不全面。程朱理学认为，经学是理，史学是事，所以要以经为本，先经后史。[4]宋代理学对于历史，大多关注兴衰成败的“理”，而较少从史学方面进行研究。他们以会通意识来编纂史书，以“天理”来划分历史，从“天理”的角度总结历史，讲究学术道统、历史正统，提倡“春秋笔法”。吴怀祺先生称作“史学义理化”，以朱熹为集大成者。明清到近代则比较关注“六经皆史”这类的命题。[5]由此可以看出，安轴的这种认识，与宋人的说法比较相近。

在安轴看来，经史均是“吾儒之业”。经史各有其作用，如《诗》能“因其邪正，或美或刺”，《春秋》“或褒或诛，然后乱臣贼子惧”，

---

〔1〕这种对经史关系的认识，在朝鲜时代也比较流行，如“每于召对时，必以经史为之似好矣……编〔遍〕览群书，亦可为淹博之工，而此不过韦布士子之所可为也，一时讲读，未为不可。而帝王家典学之工，经史为主，书筵既以经为之，召对则以《史记》《纲目》等书为之。然后古今治乱自可晓然，可以羽翼于睿学矣”。（见洪敬谟《冠岩全书》册8《侍讲日记·胄筵讲说》，《韩国文集丛刊续编》第113册，第219页）

〔2〕蒙文通：《中国史学史》，上海：上海人民出版社，2006年，第7页。

〔3〕胡宝国：《汉唐间史学的发展（修订本）》，第31—33页。

〔4〕吴怀祺主编、汪高鑫著：《中国史学思想通论·经史关系论卷》，福州：福建人民出版社，2011年，绪论第38—42页。

〔5〕吴怀祺主编、汪高鑫著：《中国史学思想通论·经史关系论卷》，绪论第17—19页。

《礼记》则能“辨上下，定民志”，所以“举此圣经，行于内则孝敬立而家道正，行于外则忠信礼义兴而天下平，行于四裔则声教广而蕃夷化矣”。唐玄宗赐予吐蕃五经，“教以礼义，而扩充其本然之性，则尊君亲上之心益固，而不复离叛矣”。于休烈用汉东平王的例子来反驳，是“不知圣经之大义，徒以浅见举权略变诈之语，欲沮感化迁善之心，非但昧天下之理体，适足以示中国之隘也”。经史中都有权略变诈，但一来这种做法终取灭亡，二来经史之中保存此类记载，是古代圣贤给后世提出的告诫。至于东平王求书没有成功，主要还是因为“时以王数犯于法，有权谲之谋，遂不与之”。这种心术不正的人求诸子异端之书，与吐蕃求圣贤之书，当然不可同语。况且，吐蕃来求圣贤书，必是抱着学习忠信礼义的目标而来，否则当时经史之书并不难得，何必要来唐朝求取。比较而言，裴光庭的做法就显得更加合理，可以使“渐陶声教，化流无外”。这也符合《诗》《春秋》《礼记》等经典的思想。最后，安轴希望高丽忠肃王（1294—1339）“特著令典，不问华夷，凡有经明行修者皆所试焉，斯乃圣人宽广无外之意也”。当然，这种策论大多就事论事，只停留在纸上谈兵的阶段，很少会得以施行。而且，安轴与裴光庭一样，只看到圣贤书能教化的作用，而对于休烈“经籍，国之典也”，以及防患于未然的做法，并不认同。

不过，唐代这种重视国家所藏经籍（或称作典籍）的做法自古有之，如《左传》载昭公十五年，“且昔而高祖孙伯黡，司晋之典籍，以为大政，故曰籍氏”〔1〕。昭公二十六年，“召伯盈逐王子朝，王子朝及召氏之族、毛伯得、尹氏固、南宫嚚奉周之典籍以奔楚”〔2〕。逃跑时不忘带着周朝的典籍，说明当时人对典籍的重视程度。更重要的原因在于，“王子朝本以天王自居，而乃以典籍奔走夷狄，其不知耻辱，至于如此”〔3〕。与安轴所处时代相差不远的南宋王与之，在其《周礼订义》中论及“职方氏”时，引北宋陈偁的说法，“职方长天下之图而隶司马

---

〔1〕《春秋左传正义》卷47昭公十五年，十三经注疏本，北京：中华书局，2009年，第4512页。

〔2〕《春秋左传正义》卷52昭公二十六年，十三经注疏本，第4590页。

〔3〕傅隶朴：《春秋三传比义》，台北：台湾商务印书馆，2006年，第1218页。

者，谨之也”。接着又说：“战国策士每言窥周室，则可案图籍以争天下。故萧何入秦，独收图籍。以此，自汉守之司空，浸以泄布。当时如江都、淮南诸王皆案舆地谋变。而王凤亦云：《太史公书》有地形厄塞，不宜在诸侯王。然则古图志虽司徒掌之，而藏在司马，秘不得见，先王所以弭奸消患者，其虑远哉!”[1] 这里所说的图籍（舆地、古图志）之类，均属于具有重要的军事资料，而《太史公书》因为有地形厄塞，也应该秘不示人。这种做法与一般的藏书者珍惜图书，不予人阅读，又有所不同。

二、唐代以后《史记》《汉书》向朝鲜半岛传播的途径

在唐代科举考试中，由于认为三史可以“劝善惩恶”（《新唐书·选举志上》），故在三史科中，希望能得到三史皆通的人才。这是为国家选拔人才考虑，使他们能够从史书中得到经验。但这种做法要以学习儒家经典为前提，否则并不适宜。

《史记》《汉书》在朝鲜半岛的早期传播，是伴随着儒家经典、佛经等汉籍的东渐进行的，并且以中国向朝鲜半岛传播为主。但由于这一时期《史记》《汉书》的文本以写本形态存在，故而即使传播到了朝鲜半岛，其流布范围也是很小的。受当时航海水平的限制，这一时期《史记》《汉书》传入朝鲜半岛的路线也以通过辽东的陆路为主。[2]

这种情况在宋代得到了较好的改观，《史记》《汉书》的文本形态从写本发展到了印本。有学者总结道：“雕版印刷在宋代之崛起，形成印本书化。于是宋代之图书传播，除隋唐以来传统之写本、抄本、藏本外，又有‘易成、难毁、节费、便藏’之印刷传媒，其字体美观大方，装帧赏心〈悦〉目，其数量化身千万，对于阅读、创作、评论、著述

---

〔1〕〔宋〕王与之：《周礼订义》卷56，文渊阁四库全书第94册，台北：台湾商务印书馆，1986年，第1页。

〔2〕黄建国：《古代中韩典籍交流概说》，《韩国研究》，1996年第3辑。该文总结了中韩典籍交流的特点，也同样适用于《史记》《汉书》的传播。

必有影响。"[1] 这是就文学作品而言，对于史书的影响也应当如此。

宋太宗淳化五年（994）七月，诏选官员分校《史记》、前后《汉书》，并到杭州镂板刊印。然而，新的印本"墨版讹驳，初不是正，而后学者更无他本可以刊验"[2]。宋真宗咸平（998—1003）中，命覆校《史记》。景德元年（1004）正月校毕。景祐二年（1035），余靖建言刊正《前汉书》，并取秘阁古本校对。"今之行者，止是淳化中定本。后虽再校，既已刻版，刊改殊少。"[3] 三年（1036），余靖上《汉书刊误》三十卷，并以新校本重新刊印，但《史记》《后汉书》仍有脱略，可惜此时已经没有古本进行校勘。至此，《史记》《汉书》结束了之前写本时代异本并存的情况，开始有了统一的版本。

从宋太宗时期开始的刊定《史记》《汉书》的活动，是当时右文风气影响的结果。重视书籍，讲求文治，总结前代成败，[4] 成为此时的重要表现。宋朝君臣特别重视汉唐故事，以史资治，而"采汉唐故事"，就有必要阅读《史记》《汉书》。[5] 在宋代，阅读与评论《史记》《汉书》成为上至皇帝，下至百官日常生活中必不可少的一件事。开宝六年（973）五月甲戌，宋太祖对御史冯炳说："朕每读《汉书》，见张释之、于定国治狱，天下无冤民，此所望于汝也。"[6] 端拱元年（988）三月甲子，宋太宗对户部使李惟清说："朕读《汉书·贾谊传》，夜分不倦。"[7] 天圣七年（1029）三月壬午，宋仁宗对监修国史王曾说："先朝美政甚多，可谕史官详载之。"又说"两《汉书》文辞温雅，

---

〔1〕 张高评：《宋代雕版印刷与传媒效应》，《陕西师范大学学报（哲学社会科学版）》，2011年第4期。

〔2〕 〔宋〕程俱撰、张富祥校证：《麟台故事校证》卷2《修纂》，北京：中华书局，2000年，第70页。

〔3〕 《宋会要辑稿》第55册《崇儒四·勘书》，北京：中华书局，1957年，第2230页。

〔4〕 王云海：《宋太宗的"右文"政策》，《河南大学学报（社会科学版）》，1986年第1期。

〔5〕 李峰：《北宋史学思想流变研究》，北京：人民出版社，2013年，第49页。

〔6〕 《续资治通鉴长编》卷14开宝六年，北京：中华书局，1995年，第302页。

〔7〕 《续资治通鉴长编》卷29端拱元年，第650页。

《唐书》殆不能及也”。[1] 至和二年（1055）十月丁未，宋仁宗于迩英阁读《史记·龟策传》。[2] 嘉祐八年（1063）十二月己巳，又召侍读、侍讲讲《论语》，读《史记》。[3] 在皇帝的带动下，宋代官员学者也比较重视阅读、考订与评论《史记》《汉书》，专门性著作就有90余种，为明清相关研究之先导。[4] 宋人笔记中以《史记》三家注为对象，采用随手著录的读书笔记形式，对《史记》《汉书》进行考订评论。这些内容很多为明代《史记评林》《汉书评林》、清人《史记》《汉书》考订著作所引用。[5] 宋人文集中也出现了很多关于史汉人物的史论。不过，在宋代史学日益理学化的趋势中，无论是笔记中的考评还是文集中的史论，虽然在疑古考辨方面做出了一些成绩，但不可避免地走向空疏教条。[6]

从北宋初到南宋前期，宋与当时朝鲜半岛的高丽王朝的关系比较融洽。宋朝凭借在文化和经济方面的优势对高丽施加着影响。[7] 而在“以佛教为‘理国之念’、儒学为‘治国化民’之原理的高丽时代，自高丽与宋朝通交后，因思想、学问上的需要非常活跃地从中国输入儒学”[8]。伴随着这种文化交流，《史记》《汉书》也被传播至高丽。大中祥符九年（1016）正月丙寅，高丽使臣郭元请辞，宋真宗“赐王询诏书七函、衣带、器币、鞍马、九经、《史记》、两《汉书》、《三国志》、《晋书》、诸子、历日、《圣惠方》，从其请也”[9]。宋神宗熙宁七

---

〔1〕《续资治通鉴长编》卷107天圣七年，第2504页。
〔2〕《续资治通鉴长编》卷181至和二年，第4380页。
〔3〕《续资治通鉴长编》卷199嘉祐八年，第4839页。
〔4〕燕永成：《宋人汉史学述论》，《史学月刊》，2007年第7期。
〔5〕张自然：《宋明时期笔记中的〈史记〉考评述论》，博士学位论文，河南大学，2008年，第169—171页。
〔6〕王东：《宋代史学与〈春秋〉经学——兼论宋代史学的理学化趋势》，《河北学刊》，1988年第6期。
〔7〕孙建民：《略论宋文化对高丽的影响》，《解放军外国语学院学报》，1996年第3期。
〔8〕［韩］李元淳：《朝中图书交流瞥见》，《韩国研究论丛》，1997年第3辑。
〔9〕《宋会要辑稿》第42册《礼六二·赉赐》，第1712页。

年（1074）二月，“诏国子监许卖九经、子、史诸书与高丽国使人”[1]。另据苏轼《论高丽买书利害札子》称，还有淳化四年（993）、天禧五年（1021）曾两次赐《史记》《汉书》给高丽。苏轼对朝廷赐予高丽书籍的做法是反对的。元祐四年（1089），苏轼上《论高丽进奉状》，认为高丽人来购买书籍，大多给了当时的契丹。元祐八年（1093），他又列举高丽入贡有五害，除“今高丽使，契丹之党，而我之陪臣也”的原因之外，也引了《汉书》东平王刘宇求书的例子。[2]

在宋代，《史记》《汉书》从文本形态到内容都形成了定本，而且得到了宋代君臣的极大关注、研究和评论，并形成了理学化的特色。史汉文本与理学思想通过宋朝与高丽的文化交流，传播到了朝鲜半岛。不过，宋代赐予高丽的书籍数量并不多，而且如“事体不便”的编敕，与国防、军事、朝政、治道有关的著作、奏议、史书等，均在禁止传播的范围内。[3] 宋朝与高丽的书籍交流仍以儒家经典为主。不过，除了官方赐予之外，汉籍买卖、互赠等方式也比较通行。由于北方道路被辽金占据以及造船业与航海的发展，这一时期书籍传播的途径以海路为主。[4]

元世祖忽必烈至元二十六年（1289），高丽儒学提举安珦求六经、诸子史等书。[5] 这是文献记载中关于元代书籍传播的情况，其中是否有《史记》《汉书》等并不清楚。此前至元二十五年（1288），彭寅翁本《史记》刊行，安珦所求的书籍里有没有此本，我们不得而知。不过，在日本庆应义塾大学藏有朝鲜古活字本《史记》，据张兴吉先生的研究，最早是日本水泽利忠先生指出此书应该是以元刻彭寅翁本为蓝

---

〔1〕《续资治通鉴长编》卷250熙宁七年，第6100页。

〔2〕张志烈、马德富、周裕锴主编：《苏轼全集校注》第14册《文集一》卷35，石家庄：河北人民出版社，2010年，第3532页。

〔3〕周彦文：《宋代以来中国书籍的外传与禁令》，《韩国学论文集》第3辑，北京：东方出版社，1994年。

〔4〕黄建国：《古代中韩典籍交流概说》，《韩国研究》，1996年第3辑。

〔5〕［朝鲜］郑麟趾等撰、孙晓主编：《高丽史（标点校勘本）》卷105《安珦传》，第3235页。

本。日本学者林立之亦明确说明“朝鲜国刊本及今行活字板，俱原此本”[1]。陈正宏先生则在见到该书之后，肯定了这种说法。我们可以认为，元代彭寅翁本《史记》应该在此后传入朝鲜半岛，引起了后来朝鲜文人学者的关注，并在世宗年间（1397—1450）以铜活字摆印。但由于此次赐书距离彭寅翁本的刊印只有一年时间，而且彭寅翁本的刊印地点距离当时元代大都也比较远，应当不太可能被作为赐予高丽的书籍。高丽忠肃王元年（1314）七月，元仁宗赐书4371册，共17 000卷，均是宋秘阁藏书。这其中或许有宋版《史记》《汉书》。

洪武二年（1369），明太祖朱元璋又赐高丽六经、四书、《通鉴》、《汉书》等。[2] 当时，明朝虽然建立政权，但尚未完全控制全国。明朝以及北元政权都希望争取高丽的支持。洪武元年（1368）十二月，明朝遣偰斯向高丽通告建元“洪武”。二年四月，又遣偰斯赐玺书及纱罗、缎匹。[3] 五月，高丽不再用“至正”年号。[4] 八月，高丽开始称逃至北方的元政权为“北元”。[5] 洪武三年（1370）朱元璋的赐书行为或许是对高丽相关表现的肯定，也可能通过所赐书籍向高丽宣示正统。不过，洪武七年（1374）以后，明朝与高丽以及后来的朝鲜之间关系有过曲折。但随着明朝政权的稳固，高丽、朝鲜与明朝的“事大关系”逐渐确立。在这一过程中，丽末鲜初文人权近起到了很大作用。[6]

---

〔1〕［日］森立之：《经籍访古志》卷3，贾贵荣辑：《日本藏汉籍善本书志书目集成》第1册，北京：北京图书馆出版社，2003年，第177页。

〔2〕《明太祖实录》卷46洪武二年冬十月壬戌，“中央”研究院历史语言研究所1961年校印本，第909页。

〔3〕至于明初多次遣偰斯出使高丽，有学者认为，与元代以来偰氏在高丽的良好声誉有关。参考屈广燕：《历史传统与现实战略的融合——明朝前期与朝鲜半岛国家关系的构建（1368—1450）》，博士学位论文，复旦大学，2014年，第19页。

〔4〕［朝鲜］郑麟趾等撰、孙晓主编：《高丽史（标点校勘本）》卷39《恭愍王二》，第1206页。

〔5〕［朝鲜］郑麟趾等撰、孙晓主编：《高丽史（标点校勘本）》卷41《恭愍王四》，第1287页。

〔6〕叶泉宏：《权近与朱元璋——朝鲜王朝事大外交的重要转折》，《韩国学报》，2000年第16辑。

因此，明代与朝鲜关系比较密切，双方的书籍交流不仅数量多，品种全，而且无论是官方还是民间的书籍交流都很频繁，但以《史记》《汉书》为代表的史书仍不是书籍交流的主体，更多的是当时流行的性理学书籍、文集、小说、医书、地理书以及汉译西书。〔1〕

明代向周边朝鲜、安南等国赐书及书籍交流，虽然比较频繁，但也有大臣提出要对书籍的对外传播严格控制。如丘濬（1418—1495）在《大学衍义补》中论及苏轼关于高丽人购书的札子时，加按语说：

> 臣按今四夷之好书籍者，惟安南与朝鲜。朝鲜恭顺朝廷，岁时觐聘，礼节无失，所经过郡县无多，而货买止于京师。安南入贡虽疏，然经行道路几至万里，沿途随处得以市买。且宋朝书籍版本，俱在国子监，今书籍处处有之。请自今外夷有来朝贡者，非有旨不得与交易，而于书籍一事，尤宜严禁。彼欲得之，许具数以闻，下翰林院看详可否，然后与之。〔2〕

自汉代以来，官方对于诸侯、“四夷”等求赐、购买书籍的做法，并不支持。他们更提倡书籍由朝廷赐予，并且希望所赐书籍的种类和数量由官方来掌控。这种观念自汉代开始，历经唐、宋、明等朝，一直是官方对待求赐、购买书籍的基本态度。明末，提督何三省对于朝鲜使臣金堉（1580—1658）的求书要求，做了如下答复：

> 昔宋苏文忠公在礼部时，尔国请《汉书》，竟引汉藩王例，执不与。圣朝推恩外藩之义，何如哉？鲜国岂无图籍，来使岂无见闻可述者？若可歌可播之事，逸文藻思之属，不妨共赏，何以私秘，

〔1〕季南：《朝鲜王朝与明清书籍交流研究》，博士学位论文，延边大学，2015年，第66—69页。

〔2〕〔明〕丘濬：《大学衍义补》卷145《治国平天下之要·驭外蕃·译言宾待之礼》，郑州：中州古籍出版社，1995年，第1864页。

不使尔东土之美，流声中朝也。[1]

由于何三省的著作大多佚失，这段文字赖朝鲜文集得以保存。在文中，何三省也是举了宋苏轼的事迹，说明圣朝不与外藩书籍，不仅有史书上的先例，而且符合朝聘的礼义。在明朝廷没有赐予书籍的情况下，朝鲜就不应该求书，而应该以本国图籍进于“中朝”，才符合“圣朝推恩外藩之义”。

明崇祯九年（1636），金堉随团出使明朝，于十一月初八日与何三省见面。这段文字交流应该发生于这次见面之后。对于何三省提出的朝鲜图籍“不妨共赏”的要求，金堉答道：“大人之留心文雅，不鄙外国，意甚盛也。苟有赍持，则何敢私秘而不进哉？但涉海万里，行色艰危，祗奉方物，惟恐失坠，念不及他。偏邦朴陋，固无图籍，设或有之，何暇持来，又何敢自多而夸耀于上国哉？若使大人奉命东出，求诸小邦，则亦或有可备风谣之采者矣。”就是说，朝鲜使臣如果携带书籍，肯定不敢不进献。只不过一来路途艰难，不便携带，二来朝鲜本国图籍在上国也不值得夸耀。紧接着，金堉又提及近来明朝对于朝鲜使臣求购书籍的禁令：

小邦屡经兵患，书籍散失，学士大夫之以文翰自任者，每因贡使之来，求买欲见之书。而近年以来，防禁极严，前代史书、皇朝文字一切不许，未知小邦何以得罪于天朝，而乃至此耶？[2]

朝鲜使臣来明朝所求之书中，明朝学者文人的文章著作是求购的重点。金堉特意提到了王世贞的著作，“而至于弇州有大焉，四部之稿，凌驾汉唐，其他家数之擅名天下者，不可胜计”。他认为明朝应该把这

---

〔1〕［朝鲜］金堉：《潜谷遗稿》卷8《答提督主事何三省谕帖》，《韩国文集丛刊》第86册，第161页。金堉，字伯厚，号潜谷、晦静堂，谥文贞。李氏朝鲜中期文臣及实学者，大同法的施行者。

〔2〕［朝鲜］金堉：《潜谷遗稿》卷8《答提督主事何三省谕帖》，《韩国文集丛刊》第86册，第161页。

些文章著作赐予朝鲜，以供朝鲜模仿学习。明朝自太祖开始，至万历年间，多次赐予朝鲜各类书籍，这种事实使得金堉对近年来的书禁感到非常意外，“岂意到今有此防禁之事，乃至于不许其买去哉？”

对于何三省所提及的苏轼及汉藩王例，金堉也有不同看法。他认为，高丽之于宋朝，与朝鲜之于明朝，无论是来往次数还是亲疏关系，不可同日而语。所以，对于外国求书，应该“优暇而快许之，以示中国广大之意”，苏轼的前例不符合现在的情况。至于苏轼，以“枉死市叔孙通”讥讽程颐，引荐又多浮妄之辈，其人品为朱熹所深恶。苏轼抄《汉书》，有“贫儿暴富”之说，说明此人有嫉妒心。所以不值得效法。[1]

金堉自称来明朝时，所带的书只有《近思录》数卷，自己并不打算再买书籍。至于其他随行人员所购买的书籍，都是明朝当时社会上所流行的，并没有违禁书籍，所以请何三省上报，放松这种禁令。[2]

乾隆四十五年（1780），朴趾源（1737—1805）出使清朝，也与接待他的清朝官员王鹄汀辩论苏轼高丽买书札子事。朴趾源认为苏轼反对赐书给高丽，有几个方面的原因。一是苏轼认为高丽在路过杭州时，不受约束，所上表文不奉宋朝正朔。二是苏轼认为高丽勾结契丹。宋朝赐予高丽的物品，高丽又分给了契丹。但这些说法有一些是误解，有的与高丽“慕华”赤心相比，并不能成为阻挠赐书的理由。朴趾源还提及高丽人“每得宋之士大夫文字，则焚香敬读”[3]。这明显有夸大之嫌，只不过是将高丽与宋朝的关系比附为朝鲜与明朝的关系。朝鲜末文人金允植《八家涉笔》逐条辩驳了苏轼的“论高丽买书利害札子”[4]。

---

〔1〕〔宋〕苏轼：《答程全父推官六首（之五）》云：“儿子比抄得《唐书》一部，又借得《前汉》欲抄。若了此二书，便是穷儿暴富也。”仅是出于得到好书之后的调侃之辞，似乎并没有金堉所说的嫉妒之说。

〔2〕［朝鲜］金堉：《潜谷遗稿》卷 8《呈文答提督主事何三省谕帖》，《韩国文集丛刊》第 86 册，第 162 页。

〔3〕［朝鲜］朴趾源：《燕岩集》卷 15《别集・热河日记・铜兰涉笔》，《韩国文集丛刊》第 252 册，第 326 页。

〔4〕［朝鲜］金允植：《云养集》卷 15《八家涉笔下》，《韩国文集丛刊》第 328 册，第 502—503 页。

由此可以看出，汉东平王的例子经常成为历代禁止外国从官方购买、求赐书籍的经典依据。但这种做法不仅显得牵强附会，而且蛮不讲理。然而，这种理论自古有之，从文献缺乏时典籍为国之大政，到文献相对丰富的汉代变成“不宜在诸侯王”，而“不宜”仅是不适合的意思，与古代以典籍由天子、中华传入诸侯、夷狄为耻又不太一样。而且，王凤批评东平王求书“非朝聘之义也”，而朝聘讲究的就是诸侯来朝，天子赐予，并不允许诸侯向天子提出别的要求，否则即是有非分之想。苏轼则更多是从国家安全和军事的角度考虑。至于金堉所说的禁令，在当时书籍流行的时代，这种做法不仅不可理解，也并没有什么作用。朝鲜使臣有更多的途径获取书籍，如在出使途中向民间及书商购买，再就是通过打通关节（如贿赂序班等）购买书籍。[1] 明朝廷并没有这种禁令，或许是出于当事官员为了索贿故意提出的刁难。入清之后，朝鲜与清朝的官方书籍交流活动渐渐式微，民间的双向交流成为主要方式。除了搜集当时出版的各类书籍之外，朝鲜人士出于“小中华”意识，对在清代被禁毁的书籍也主动购求。[2]

《史记》《汉书》产生的时间与背景有所不同，影响了两书在汉唐时期的空间传播。如《史记》直到西汉末年才稍稍广布，而《汉书》则在产生之后就得到了较多关注。不过，《史记》《汉书》也同当时其他书籍一样，以简牍或纸张抄写，很少以全帙流行。两书的空间传播与汉唐时期核心区域的发展变动有密切关系。如《史记》，魏晋以前主要集中在关中地区，之后则北至北州，南至建康，西至巴蜀，都有研究、讨论《史记》的例子。这一时期，中国与朝鲜半岛都处于一种不统一的局面。一方面，南北朝时期的中国缺乏统一政权，与朝鲜半岛诸国的联系比较频繁，或许通过此时的书籍交流活动，《史记》《汉书》开始传入朝鲜半岛。另一方面，朝鲜半岛此时结束了中原郡县体制，也处在

---

〔1〕 杨雨蕾：《燕行与中朝文化关系》，上海：上海辞书出版社，2011 年，第 112—113 页。

〔2〕 季南：《朝鲜王朝与明清书籍交流研究》，博士学位论文，延边大学，2015 年，第 88—92 页。

一种混乱无序的状态。[1] 或者，在这种国家控制力较弱的背景下，文化的发展与传播往往会具有较强的动力。不过，由于当时朝鲜半岛各国的汉文化发展程度不一，对汉籍的需求也不同，更倾向于儒家经典、字书、佛经等，所以《史记》《汉书》即使通过此时的书籍交流传入朝鲜半岛，也只能是作为儒家经典等书籍的附属，不可能是全帙。至于唐代编纂的《周书》中提及当时高句丽已经有“五经三史”，应当是对当地汉文化发展程度的一种概括性描述。

最重要的是，纵观从唐代至明清时期《史记》《汉书》向朝鲜半岛的传播历程，我们可以发现，虽然宋代以后史汉文本的定本被确定，并大量刊印，但是文献中对于儒家经典向周边国家传播的记载，还是远远多于《史记》《汉书》。我们要了解史书传播的相关情况，还必须借助于朝鲜汉籍，然而资料也不是很多。这种现象的出现，与《史记》《汉书》文本的横向传播有关，也与其文本的形成过程有关。最根本的原因在于，中国历代王朝出于史书不宜在诸侯王、华夷界限等观念，对《史记》《汉书》等史书向周边国家的传播并不支持。与传播史书相比，中国历代王朝更倾向于向周边国家输出代表忠信礼义的儒家经典。这种表现与儒家经典、史书文本所具有的不同作用有很大关系：儒家经典是中国的，传播至周边国家后，经过各国文人学者的理解与诠释，产生了各种不同观点。但作为汉文化圈共同性的一个重要标准，儒家经典所提倡的“王道”、忠孝仁义、礼制道德等观念，是一个具有共同价值理念的思想系统，在各国都有一定的普适性。从儒家经典文本影响东亚各国关系的力量的具体表现来看，对于中国历代王朝来说，儒家经典是维护华夏与夷狄、天朝与藩邦关系的重要理论根据，对于东亚各国来说，儒家经典也是维护国家正统、宣扬教化的权威文本。所以，儒家经典在汉文化圈得到了广泛的传播与认同。

但是，史书则很少具有这种普适性。首先，中国与周边国家的文化交流，尽管存在天朝与藩邦、中华与夷狄等区别，但毕竟仍是一种官方层面的往来。从中国历代王朝的立场来看，包括《史记》《汉书》在内

[1] 杨军：《4—6世纪朝鲜半岛研究》，长春：吉林大学出版社，2015年，第183页。

的史书很少被作为赐予诸侯及周边国家的书籍。唐代以后，《隋书·经籍志》将正史类作为史部第一类。宋代，开启了官方“钦定”正史的先河，《史记》《汉书》被列入正史，拥有了官方正统地位。[1] 清人认为，“盖正史体尊，义与经配，非悬诸令典，莫敢私增”[2]，故正史拥有与经典同样的地位和作用。一个新的王朝可以借修纂正史体现其正统性。所以，中原王朝赐予诸侯及周边国家“正史”，或许意味着将这种正统性进行传递，这显然不是中原王朝所希望看到的。其次，相对来说，中国正史所载的“事、文、义”等内容，对周边国家的利用价值，明显不如儒家经典。从中国传统史学思想对周边国家的影响来看，正史的作用不仅不如《春秋》等经典，甚至不如《通鉴》《纲目》等宋儒史书。

至于文献明确记载的几次官方赐予《史记》《汉书》的事件，基本上发生在王朝初年，如宋初与明初。宋初应当是出于拉拢高丽、孤立契丹的考虑。而明初朱元璋赐《汉书》等书籍给高丽，可能是为了巩固与高丽的关系，使其断绝与北元的联系，由亲元转变为亲明。明朝通过赐书活动，将高丽、朝鲜纳入明朝的宗藩体系中，从而确立了明朝在当时东亚国际关系中的“上国”地位。此后直至明朝中期，明朝对朝鲜的赐书活动比较频繁，且往往发生在明朝新帝即位或者朝鲜国王新立时，以作为一种政治礼遇；所赐书籍以程朱理学类为主。赐书涉及纪传体正史的情况，均是出于朝鲜的请求。如景泰五年（1454），明朝应朝鲜的请求，赐予《宋史》一部。起因是世宗年间本国书籍缺少《宋史》，故派使臣前往明朝，希望通过求赐、购买的方式获得，但一直未能如愿。对此，明朝方面给出的理由是此时《宋史》尚需要刊补完善。[3] 朝鲜使臣并未放弃，而是一再请求。于是，明朝在完成了《宋史》刊板的修补之后，赐予朝鲜一部。但嘉靖年间，由于朝鲜使臣金利

---

〔1〕 王锦贵：《中国纪传体文献研究》，北京：北京大学出版社，1996 年，第 53—54 页。

〔2〕 魏小虎编撰：《四库全书总目汇订》卷 45《史部一·正史类一》，上海：上海古籍出版社，2012 年，第 1443 页。

〔3〕《明英宗实录》卷 165 正统十三年夏四月十四日己巳，“中央”研究院历史语言研究所 1961 年校印本，第 3197 页。《明实录》亦称《宋史》“板本复毁，当厘正传布，不可或缓”，可见是事实。

锡购买《大明一统志》，明朝官员认为“此非外人所当买也”〔1〕，因而形成了“门禁”政策，这代表了当时明朝对待史书向域外传播的官方态度。明朝后期及清朝时期，朝鲜使臣私下购买与民间书籍交流成为史书传播的主要途径。

〔1〕［朝鲜］鱼叔权：《稗官杂记》一，《大东野乘》卷4，首尔：韩国古典翻译院，1971年，第728页。

第二章 《史记》《汉书》在朝鲜半岛的刊印

从南北朝至清代约一千五百余年，文献记载的中国本《史记》《汉书》向朝鲜半岛传播的次数和数量都十分有限，而且受到很多限制。《史记》《汉书》传入朝鲜半岛的时间比较早，但在相当长的一段时间里，两书在书籍和文化交流活动中的表现并不显眼，直至宋代才出现高丽人主动购求史汉的记载。史汉文本是人们接受、评论《史记》《汉书》的基础，如果仅有传入的中国本，并不能满足朝鲜半岛人士的需求，故而朝鲜半岛通过抄写、刻印等方式将中国本《史记》《汉书》"本土化"，使文本得以普及。高句丽、百济、新罗三国时代的《史记》《汉书》文本，应当以抄本的形式存在，但由于史料阙如，我们并不能了解更多细节。故本节根据文献记载与实物资料，重点探讨高丽时代与朝鲜时代《史记》《汉书》的刊印情况，并考察史汉文本的存在方式及其特点。

第一节 从写本到刊本
——高丽时代的《史记》《汉书》文本

高丽时代比较重视文献的整理工作。成宗六年（987）八月，下教"于十二牧，各差遣经学博士一员，医学博士一员，勤行善诱，好教诸生"[1]。高丽朝开始加强地方教育，乡校得以普及。九年（990），下教：由于"国家草创之始，罗代丧亡之余，鸟迹玄文烬乎原燎，龙图瑞牒委于泥途。累朝以来，续写亡篇，连书阙典"。成宗即位以来，益以崇儒，所以"欲收四部之典籍，以畜两京之府藏，青衿无阅市之劳，绛

[1] ［朝鲜］郑麟趾等撰、孙晓主编：《高丽史（标点校勘本）》卷3《成宗》，第67页。

帐有执经之讲……宜令所司于西京开置修书院，令诸生抄书史籍而藏之”。[1] 可见，此时高丽的书籍仍不是很完备，而且大多没有刊印，只能以抄写本的形式存在，并不便于大量传播。而且，成宗好儒，虽然说要收四部典籍，但可以确定的是，抄写的这些典籍当以儒家经典为主，目的还是为了宣扬儒家思想与文化。

靖宗八年（1042）二月，东京副留守崔颢、判官罗旨说、司录尹廉、掌书记郑公幹等奉制新刊两《汉书》与《唐书》。此三书刊成后，上呈靖宗，三人因此被赐爵。[2] 这是文献中有关朝鲜半岛刊刻《汉书》的最早记载。所刊两《汉书》应该是依据宋朝赐予的文本，或许是大中祥符九年（1016）宋真宗所赐的版本。由于该《汉书》并没有实物遗留下来，我们很难确定是覆刻本还是依活字重新摆印。不过，我们可以通过与这一时期相近的几种文献的刊刻方式，来推测一下这里所刊的两《汉书》及《唐书》的情况。在靖宗之前的穆宗十年（1007），高丽总持寺宝箧印《陀罗尼经》。显宗二年（1011），为抵抗契丹军的入侵，显宗发大誓愿刻造大藏经，其主体完成于显宗二十年（1029）。后又经过文宗（1047—1083）、宣宗（1084—1094）两代的增补，形成了《高丽大藏经》初刻本六千余卷的规模。[3] 佛经以经折装或卷轴装为多，而且均为雕版印刷，大多是每版 23 行，每行 14 字。这些佛经印本都有实物流传下来，可以为我们了解这一时期高丽刻书情况提供一些帮助。尽管佛经与《汉书》等史书的刊印形式并不完全一致，但从高丽大藏经的遗存来看，此次刻印的《汉书》《唐书》为雕版印刷应当是确定的。而且，当时高丽也完全有能力刻印全帙的两《汉书》及《唐书》。至于其装帧形式，或者是比经折装和卷轴装更进一步的蝴蝶装。[4]

---

〔1〕［朝鲜］郑麟趾等撰、孙晓主编：《高丽史（标点校勘本）》卷 3《成宗》，第 73—74 页。

〔2〕［朝鲜］郑麟趾等撰、孙晓主编：《高丽史（标点校勘本）》卷 6《靖宗》，第 168 页。

〔3〕翟金明、孙晓：《试论〈高丽藏〉初刻本与〈开宝藏〉相关问题》，《形象史学研究》，北京：人民出版社，2012 年，第 301—310 页。

〔4〕高丽时代已经发明铜活字，只不过尚未广泛地使用。

但是，高丽时代刻印的《汉书》等并不是很普及。如文宗十年（1056）八月，当时京城国子学所列的科目有九经、律学、书学、算学等，并需要读《孝经》《论语》《国语》《说文》《字林》《三仓》《尔雅》等书，汉晋唐书等史书也应该是需要读的。《高丽史·乐二》中记载了一首《翰林别曲》，其中也有“唐汉书”这样的书名。之后的文宗十七年（1063）夏四月，赐太子秘阁九经及史传百家书。[1] 肃宗六年（1101）春正月，以九经子史各一本，分置台省枢密院。[2] 说明秘阁所藏诸书，数量并不少。这些书基本为高丽刊本，册板就藏在秘阁之内，一次印刷的数量也不在少数。这些册板除了秘阁所藏之外，还有很多是地方向秘阁进贡的，如文宗十二年（1058）九月，忠州牧进《新雕黄帝八十一难经》等医籍99板。十三年（1059）二月，安西都护府使都官员外郎异善贞等进《新雕肘后方》等94板，知京山府事殿中内给事李成美进《新雕隋书》680板。四月，知南原府事试礼部员外郎李靖恭进《新雕三礼图》《孙卿子书》等145板。所进的册板，有个别注明“新雕”，应该是册板由这些地区雕刻完成后，再运到秘阁等中央藏书机构，由中央来印刷并向外颁布。可见，高丽时代所刻书籍中，仍以儒家经典、字书韵书、医籍算学等为主，《汉书》的刊刻与普及并没有得到足够的重视。

《史记》《汉书》文本在宋代完成了从抄本向刻本的过渡，由此改变了之前典籍不易复制、不便流传的状况，使典籍能够化身千万，在更大范围内流布。而在朝鲜半岛的高丽时代也完成了这样的过渡，只不过与《史记》《汉书》在宋朝被重视、校勘、刊印的情形相比，两书在高丽时代似乎不具备像儒家经典、佛教典籍那样强大的力量。

---

〔1〕［朝鲜］郑麟趾等撰、孙晓主编：《高丽史（标点校勘本）》卷8《文宗二》，第225页。

〔2〕［朝鲜］郑麟趾等撰、孙晓主编：《高丽史（标点校勘本）》卷11《肃宗一》，第322页。

第二节 《史记》《汉书》在朝鲜时代的刊刻

史汉文本刊刻的情况在李氏朝鲜时代得到了很大程度的改观。韩国学者金昭姬从版本及文本比较方面，依产生的时间为序，对朝鲜时代《史记》《汉书》及史汉选本有比较全面的研究，对本章有很多启发与参考。故本章在此基础上，重点探讨朝鲜本《史记》《汉书》的刊印及版本情况。[1]

早在高丽末年，太祖李成桂就“素重儒术，虽在军旅，每投戈之隙，引儒士刘敬等，商榷经史，尤乐观真德秀《大学衍义》，或至夜分不寐，慨然有挽回世道之志”。宋代真德秀的《大学衍义》对朝鲜时代影响较大。此书的编纂是为了人君“治国平天下”，其内容“每条之中，首以圣贤之明训，参以前古之事迹，得失之鉴，炳然可观”。[2] 这种经史互相发明的著作方式，代表了宋儒以经说理、以史论事的经史观，也影响了朝鲜时代的经史观念以及对待史书的态度。

一、朝鲜时代早期对《史记》《汉书》的重视

朝鲜太祖三年（1394），谏官全伯英等上疏：“今殿下受命开国，运值升平，宜敞经筵，讨论经史，何者可法，何者可戒，事必师古，以资治道。”[3] 其后，《论语》《大学》《大学衍义》《贞观政要》等经典成为经筵上经常讲论的书籍。

定宗元年（1399），门下府上疏，认为除了儒家经典以外，历代史书中所载王朝兴衰更替的史实也值得鉴戒。

> 臣等窃闻，经筵之制，非惟讲明道学，历代兴替之迹，无所不讲。故善可为法，恶可为戒，足以耸动其善心，惩创其逸志。今者

---

〔1〕 金昭姬，「중국본『史記』·『漢書』의 조선 유입과 編刊에 관한 연구」，博士學位論文，韓國學中央研究院，2012。

〔2〕《太祖实录》卷1辛禑十四年二月，第21a页。

〔3〕《太祖实录》卷6三年八月二日，第7a页。

> 经筵官但知句读，不讲道学之宗，不陈历代之迹，故虽殿下日御经筵，无补于圣学，殊失经筵讲官之职。愿自今每御经筵，令台谏一员，更迭入侍，又令经筵官，讲论治道，至于日昃乃罢。[1]

此后，经筵所讲的书籍，增加了《通鉴节要》《通鉴》《纲目》等史书，并且汉唐史实也成为朝鲜君臣讲论与评价的重要内容。如定宗二年（1400）的一次经筵，李詹（1345—1405）以《史记》萧何为百姓请上林苑空地的史实，劝定宗归还所夺平民土地。[2]

这种讲明道学、知历代兴替的读史方式，明显是受《大学衍义》的影响。太宗好读《大学衍义》，以此书了解相关史实，评论时政得失。但是，此书记载史实较为简略，因此太宗还需要通过《纲目》《十八史略》等书了解更多内容。不过，虽然这两种书的记载比《大学衍义》要更为详细，但所载史实按编年排列，仍不够详尽，故太宗需要了解相关正史，于是“命注书往问柳观之第，曰：‘此史外，详密者何史?’观曰：‘《汉》《唐书》及《马迁史》有之’”[3]。

至于世宗时刊印《史记》《汉书》，与世宗个人的读书喜好有很大关系。史称世宗不仅好读书，而且识治体，读书讲求实效，故而想在经筵上讲读史书。一次，世宗曾问尹淮：“吾欲使集贤殿儒士，分授诸史而读之。”淮对曰：“不可。大抵经学为先，史学次之，不可专治史学也。”上曰：“吾于经筵，问以《左传》《史记》《汉书》《纲目》《宋鉴》所记古事，皆曰：‘不知。’若令一人读之，其不得遍览必矣。今之儒者名为治经学，而穷理正心之士，未之闻也。”[4] 于是，世宗七年（1425）十一月，经大提学卞季良的推荐，令郑麟趾、偰循、金镔分别读诸史。故此次刊刻《史记》，应该是为以后的经筵讲读做准备。如世宗十年（1428）七月十五日的一次经筵，讲《史记》，至汉高祖责萧何建未央宫甚盛，世宗评论道：

---

[1] 《恭靖王实录》卷 1 元年五月一日，第 10a 页。

[2] 《恭靖王实录》卷 5 二年九月十九日，第 12b 页。

[3] 《太宗实录》卷 33 十七年五月十二日，第 49b 页。

[4] 《世宗实录》卷 30 七年十一月二十九日，第 18b 页。

高祖责何之意甚善。何治功甚盛，已非矣，又从而为之辞曰：“毋令后嗣有以加”，是既失于事，又失于言也。[1]

萧何建未央宫，历来有很多评论，大多数观点认为，这一做法是为汉朝巩固关中起到了很大的作用。如《史记集说》就认为“萧何治未央宫之意深远矣。时帝都关中之意未决，盖嫌残破故也。何欲顺适帝意，以就大事，不欲令人窥其秘也，故托辞云尔。史氏见何之意，不欲明言之，乃书‘高祖乃说’四字，以见帝在何术中，而因乐都关中也”[2]。

与这种观点不同，宋人司马光在《通鉴》此条下也有一番评论，认为“王者以仁义为丽，道德为威，未闻其以宫室填服天下也。天下未定，当克己节用以趋民之急，而顾以宫室为先，岂可谓之知所务哉!”至于“无令后世有以加”显然是荒谬的说辞。这种做法开启了武帝时期建宫室以疲弊天下的先河。

吕思勉先生在氏著《秦汉史》中也认为萧何建未央宫所说“无令后世有以加也”这句话，并没有什么道理。

何之言，实文过免罪之辞。闻安民可与行义，劳民易与为非矣。未闻天下匈匈，可因之以兴劳役。昧旦丕显，后世犹怠，岂有先为过度之事，而冀后世之无所加者乎？论史者多称何能镇抚关中，实则其为茧丝殊甚。[3]

文中的“茧丝”，《通鉴》胡注“谓浚民之膏泽，如抽茧之绪，不尽则不止”。历史上劳民兴役、大兴土木的事情，并不会因为前代已经

[1] 《世宗实录》卷41 十年七月十五日，第4a 页。“毋令后嗣有以加”，《史记》卷8《高祖本纪》作“无令后世有以加也”。

[2] 〔清〕程馀庆：《历代名家评注〈史记集说〉》，西安：三秦出版社，2011年，第176页。

[3] 吕思勉：《秦汉史》，上海：上海古籍出版社，2005年，第50页。

存在，就会有所鉴戒，并能与民休息，甚至会变本加厉，反而使百姓的负担更重。

相比而言，李贽在《读通鉴论》中对此事的评论则比较中肯。他首先肯定了萧何这种做法符合人之常情，只有如此才能让新兴的汉朝为百姓所折服。其次，自古帝王创制的各种建筑，都有更深层次的意义，如圜丘、宗庙、两观、灵台、两阶的建设，无不有其作用，只不过这种含意只有贤者才能领会。故而，对于萧何的这种做法，要批评的不是“治宫室过度”，而是他只建了宫室，却没有完善礼乐制度。

对于萧何建未央宫，从儒家传统思想“节用而爱人”的角度来看，当然是一件很不好的事情。作为王者，应该如司马光所说，以仁义道德施加于百姓，而非以华丽的宫室来宣示自己的威权。而从历史及政治的角度考虑，此事对于汉朝定鼎关中，镇服天下，都是值得肯定的，对于汉朝巩固政权具有重要意义。而世宗从奢与俭的角度肯定了高祖对萧何“治宫室过度”的批评，并认为萧何的解释有文过饰非的嫌疑。可见，世宗与文臣讨论史实的方式，一方面以儒家的仁政、王道思想来衡量萧何修建未央宫的做法，另一方面，希望此事能够给朝鲜君臣提供历史借鉴，为儒家思想提供验证。

成宗时期还刊印了《后汉书》。成宗五年（1474）十一月，同知事李承召在讲筵结束后，上奏说：此前世宗时想刊印诸史书，而只印了《史记》与《前汉书》。所以，现在《史记》《前汉书》在士大夫家里稍稍普及，而其他史书仅藏于秘阁，民间并不易获得，想读史书的人也看不到，请继续刊印《后汉书》等。

二、庚子字本《史记》与彭寅翁本的关系

朝鲜早期多以木活字印书，如太祖四年（1395）印行的《大明律直解》。早期木活印本的技术与印刷质量都不是很好，如韩国高丽大学六堂文库所印《释氏要览》（定宗二年，1400），字体大小不一，参差不齐，墨色不均。太宗三年（1403），太宗认为朝鲜缺少书籍，不便于儒生读书，于是设立铸字所，“出内府铜铁，又命大小臣僚自愿出铜铁，

以支其用”[1]。这时的铸字背面如锥形，印书时将铸字排列在镕有黄蜡的底板上。[2] 这种做法也存在问题，不能保证铸字平整，也比较费时费力，“后改铸字，四隅平正，其铸字体制二样矣”[3]。此后铸字的水平与效率大大提高，印刷质量也有保证。太宗十五年（1415），置造纸所，统一纸张制作，使纸张厚薄均匀，便于管理。

在此之前，太宗十二年（1412）八月七日，史官金尚直进忠州史库书册，其中包括《前汉书》。此外，其他多为医书、字书及子史，有些早在高丽时代就已经刊印，如《说苑》就见于李资义的书目中。史库所藏为历代实录、档案、书籍等，其中就有之前元明两朝赐予，以及高丽、朝鲜购买的中国书籍。这些书籍由于来自中国，数量较少，比较珍贵。因此，忠州史库所进的《前汉书》应是中国刊本。

朝鲜时代初期，经筵所用的书籍如《纲目》《性理大全》《大学衍义》等，有很多来自明朝的赐予，数量不多，多为一种书一部，十分不便于使用。如世宗十七年（1435）八月二十四日，刑曹参判南智赴明朝贺圣节，世宗要他买四书、五经、《性理大全》、胡三省《音注资治通鉴》、赵完璧《通鉴源委》、金履祥《通鉴前编》、陈桱《历代笔记》、《纲目》、书法、《国语》等书籍，并嘱咐“凡买书，必买两件，以备脱落”[4]。

至此，印书的条件基本完备，朝鲜君臣也有读经史的需求，所以朝鲜开始自己刊刻相关史书。世宗三年（1421），命刊印《纲目》。[5] 世宗五年（1423），礼曹据司译院牒呈启：“《老乞大》、《朴通事》、前后《汉》、《直解》、《孝经》等书，缘无板本，读者传写诵习，请令铸字所印出。”从之。[6]

世宗七年（1425）一月，命忠清、全罗、庆尚道监司准备册纸，

---

[1] 《太宗实录》卷 5 三年二月十三日，第 7a 页。

[2] ［韩］曹炯镇：《中韩两国古活字印刷术之比较研究》，北京：学海出版社，1986 年，第 106—107 页。

[3] 《世宗实录》卷 69 十七年八月二十四日，第 18b 页。

[4] 《世宗实录》卷 69 十七年八月二十四日，第 18b 页。

[5] 《世宗实录》卷 11 三年三月二十四日，第 15b 页。

[6] 《世宗实录》卷 20 五年六月二十三日，第 26b 页。

由铸字所印刷《马迁史》颁布。[1] 十一月八日，《马迁史》刊成，并向文臣颁布。此次刊印的《史记》，即庚子字本。

陈正宏先生在检阅了日本庆应大学图书馆所藏朝鲜铜活字本《史记》之后，认为该本为全帙庚子字本。该书为研究庚子字提供了珍贵的实物。首先，从该书内容与版式来看，与元刻彭寅翁本一致，如卷六十一的《老子伯夷列传》卷首有一段小注，这一现象在南宋黄善夫本与元刻彭寅翁本都存在；其次，该书一些文字删节与增加的位置也与彭寅翁本一致，甚至一些明显的误字也继承了下来。不过，该书与彭寅翁本也有一些差异，如彭寅翁本中《吴太伯世家》脱落“伯仲雍之后得周章周章已君吴因而封之乃”十八字，而该书并不缺少，只不过“因”字作“乃”。该书还保留了很多批注及《史记正义》佚文。[2] 至于该书与元彭寅翁本的关系，陈正宏先生只说源于一系，还是比较审慎的。要想弄清二者之间的关系，必须把两个版本完整地进行比较，或许能得出更确定的结论。

陈正宏先生认为，此庚子字本刷印的时间是1425—1428年之间，而《世宗实录》明确记载世宗七年（1425）一月，令忠清、全罗、庆尚道监司准备纸张，印《马迁史》。十一月，颁铸字所印《马迁史》给文臣。故庚子字本的印刷时间应该可以确定是在1425年。韩国国立中央图书馆藏《史记》卷41《越王句践世家卷十一》，明确著录为1425年庚子字本。陈正宏先生认为庚子字本与彭寅翁本排次和版式几乎完全一致，然而比较《中华再造善本》所收彭寅翁本与韩国国立中央图书馆的这一卷，两个版本有一个最大区别在于，庚子字本为每半叶十一行，行二十一字，而元彭寅翁本为每半叶十行，行二十一字。庚子字本每半叶比元彭寅翁本多出一行。这就造成同一卷内容，庚子字本只有二十五叶，彭寅翁本有二十八叶。或许由于庚子字本是活字印本，字距与彭寅翁本相比要更为紧密一些。而且由于一些原因，如庚子字本第二叶第五行注“不可强成”后缺圈点，造成之后的数叶每行都比彭寅翁本提

〔1〕《世宗实录》卷27七年一月二十四日，第13b页。

〔2〕陈正宏：《日本庆应大学图书馆藏朝鲜铜活字本〈史记〉初探》，见氏著《东亚汉籍版本学初探》，第179—192页。

前一个字。二者在一些文字的字形上也有差别，如羣与群，國与国，樵与櫵，珍与玠，禮与礼，寶与宝，職与耺等，彭寅翁本使用俗体字的情况比较多。但可以看得出，庚子字本的文字内容是同彭寅翁本一致的。

从庚子字本产生的过程来看，庚子字是由世宗命李蒇所铸，“以中国善书字样改铸，比旧尤精”[1]。这里所说的中国善书，应该是当时传入朝鲜的中国古籍。这些古籍的版本时间应当在明初之前。这一时期，中国古籍刊刻的字体以赵体字为突出特点。从庚子字本来看，也与此相近。只不过，庚子字“样小而得正”[2]，比较“纤密”[3]，这或许是庚子字本比彭寅翁本每半叶多一行的主要原因。从以上的分析来看，二者在版本上不仅是源自一系，庚子字本以彭寅翁本为底本的可能性也非常大。[4]

三、庚子字本《汉书》与元大德九年本的关系

目前，庚子字本《汉书》比较罕见。韩国学者金昭姬论及清州古印博物馆编《“癸未字诞生 600 周年”朝鲜初期金属活字特别展》(2003 年) 图录中提及庚子字本。[5] 金昭姬认为 15 至 16 世纪朝鲜活字本《汉书》是以北宋本为底本的文本，删削了南宋黄善夫本所添加的刘攽的注释。这种说法值得商榷。据日本学者尾崎康《正史宋元版之研究》所列宋元版《汉书》，按时间先后，共有景祐本，湖北提举茶盐司刊本，两淮江东转运司刊三史本，建刊十二行本，黄善夫、刘元起刊

[1] [朝鲜] 徐居正:《笔苑杂记》卷 1,《大东野乘》卷 3,《朝鲜群书大系》第 3 辑，朝鲜古书刊行会，1910 年，第 295 页。

[2] [朝鲜] 成伣:《慵斋丛话》卷 7,《大东野乘》卷 2,《朝鲜群书大系》第 3 辑，朝鲜古书刊行会，1910 年，第 180 页。也有可能是庚子字本为了节省纸张，因而字距紧密且行数多一行。

[3] [朝鲜] 成海应:《研经斋全集》外集卷 57《笔记类 · 兰室谭丛 · 聚珍字》,《韩国文集丛刊》第 278 册，第 37 页。

[4] 有学者认为，日本吉田素庵刊活字本《史记》，又称嵯峨本，即以朝鲜重刊元彭寅翁本为底本，是日本刊行《史记》的开端。[梁容若:《〈司马迁传〉与〈史记〉研究》,《师大学报》(台湾)，1956 年第 1 期]

[5] 金昭姬,「중국본『史記』·『漢書』의 조선 유입과 編刊에 관한 연구」, 博士學位論文，韓國學中央研究院，2012，27。

本，蔡琪一经堂刊本，白鹭洲书院刊本、太平路儒学刊本等版本。金昭姬比较诸本之后，发现一个特点，即可以按有无刘攽注把现存宋元版《汉书》分为两类：一类有刘攽注，如景祐本、北宋递修本、福唐郡庠本、湖北提举茶盐司本、元太平路儒学本；一类没有刘攽注，如黄善夫本。这种分类方式并不符合《汉书》版本流传的基本情况，而且元太平路儒学本并没有刘攽注。

依据上文所论庚子字本《史记》与元彭寅翁本的关系可以看出，朝鲜活字本翻刻中国本时，由于字体、字号与原书有差别，摆印时会出现字距加大的情况，造成翻刻本比原书行数增加，文字位置也可能与原书差别较大。但朝鲜翻刻版本对原书标题、版式、文字等基本不会改变，也不可能对原书小注逐一删节。据此，我们可以初步判定朝鲜本《汉书》与景祐本、北宋递修本、建刊十二行本、黄善夫本、福唐郡庠本、蔡琪一经堂本、白鹭洲书院本等版本的关系比较疏远。(见下表2-1)

表2-1　宋元版《汉书》与朝鲜本《汉书》比较表[1]

版本	行字数	有无刘攽注	衔名	时间
景祐本	10行19字	无	秘书监上护军琅邪县开国子颜师古注	北宋末南宋初
福唐郡庠本	10行19字	无	秘书监上护军琅邪县开国子颜师古注	南宋后半期
湖北提举茶盐司本	14行26—29字	无	正议大夫行秘书少监琅邪县开国子颜师古注	南宋绍兴
两淮江东转运司刊三史本	9行16字	无	正议大夫行秘书少监琅邪县开国子颜师古注	南宋前期
建刊十二行本	12行22字	有	正议大夫行秘书少监琅邪县开国子颜师古注	南宋前期

〔1〕所引宋元版《汉书》情况，均来自日本学者尾崎康的《正史宋元版之研究》，乔秀岩、王铿编译，北京：中华书局，2018年，第298—346页。

（续表）

版本	行字数	有无刘攽注	衔名	时间
黄善夫、刘元起本	10 行 18 字	有	正议大夫行秘书少监琅邪县开国子颜师古注	南宋中期
蔡琪一经堂本	8 行 16 字	有	汉护军班固撰 唐议大夫行秘书监少监琅邪县开国子颜师古集注	南宋嘉定
白鹭洲书院本	8 行 16—19 字	有	汉护军班固撰 唐议大夫行秘书监少监琅邪县开国子颜师古集注	嘉定十七年（1224）
太平路儒学本	10 行 22 字	无	正议大夫行秘书少监琅邪县开国子颜师古注	元大德九年（1305）
庚子字本	11 行 21 字	无	正议大夫行秘书少监琅邪县开国子颜师古注	朝鲜世宗（1419—1450）
甲寅字本	10 行 17 字	无	正议大夫行秘书少监琅邪县开国子颜师古注	朝鲜明宗（1546—1567）

我们再将湖北提举茶盐司本、两淮江东转运司刊三史本、太平路儒学本与朝鲜本进行比较。三史本正文卷首题“×帝纪第一（空 5 字）汉书×”，朝鲜本多“班固”二字，与之不同。这样就只剩下湖北提举茶盐司本与太平路儒学本。湖北提举茶盐司本始刊于宋绍兴年间，完成于孝宗淳熙二年（1175）。[1] 元大德九年（1305）太平路儒学刊本作为当时刊印的十七史之一，其数量和普及程度可能更加广泛。从文献记载来看，宋元明三朝赐予朝鲜半岛《汉书》的最晚记载，当属洪武三年（1370）明太祖朱元璋赐予的那一次。此时，明朝尚未迁都北京，其统治的核心区域与元代太平路的范围相当，或许朱元璋所赐《汉书》即此版本。另外，目前知见的《汉书》版本中，距离庚子字本时间最近的就是此本。所以，朝鲜所印庚子字本《汉书》应该是以内府所藏较

〔1〕 赵惠芬：《〈汉书〉知见版本考述》，《书目季刊》，2003 年第 3 期。

易找到、版本较新的中国本为底本。

四、甲寅字本《史记》《汉书》

朝鲜活字本《史记》《汉书》自庚子字之后，《史记》又出现了甲寅字（中宗年间，1506—1544）、显宗实录字（肃宗十五年，1689）等，《汉书》有甲寅字、正祖十四年（1790）戊申字、显宗实录字、改铸甲寅字、戊申字覆刻本等。这些版本中，除了甲寅字本以庚子字本为底本以外，其余均是在覆刻《史记评林》《汉书评林》的基础上，删去相关评语而形成的。[1] 故丁若镛认为，他所处的时代，朝鲜“《史记》虽无批评，呼之曰《史记评林》。吾东所刻非评林”[2]。

关于甲寅字，我们所知的只是“甲寅，世宗命为善阴阳字样改铸，极为精致，是谓甲寅字。庚子字小而甲寅字大，其所印书册极好”[3]。成海应的记载稍为详细：“甲寅，以庚子字纤密，出经筵所藏《孝顺事实》《为善阴骘》等书为字范，命金墩等铸二十余万字，是为甲寅字。”[4] 甲寅字又被称作卫夫人体，“我国铸字大者，卫夫人体，时带草气，然匀谓可用”[5]。但甲寅字本《史记》《汉书》并非这一时间印行的。日本国立国会图书馆藏《史记》，据其解题称此书为宣祖七年（1574，癸酉年）铸造的癸酉字（再铸甲寅字）铜活字本，汉阳府校书馆印行，作为《高丽史》改撰的参考资料。此本与庚子字本内容一致，卷六十一的《老子伯夷列传》也保留了卷首的一段小注，但文字、版式差别比较大。与甲寅字本《史记》一样，甲寅字本《汉书》应该也是据庚子字本《汉书》重新摆印。

---

〔1〕 金昭姬，「중국본『史記』·『漢書』의 조선 유입과 編刊에 관한 연구」，博士學位論文，韓國學中央研究院，2012，58—73。

〔2〕 ［朝鲜］丁若镛：《与犹堂全书》第一集《杂纂集》卷24《雅言觉非》卷2《史记、通鉴》，《韩国文集丛刊》第281册，第523页。

〔3〕 ［朝鲜］徐居正：《笔苑杂记》卷1，《大东野乘》卷3，第295页。

〔4〕 ［朝鲜］成海应：《研经斋全集》外集卷57《笔记类·兰室谭丛·聚珍字》，《韩国文集丛刊》第278册，第37页。

〔5〕 ［朝鲜］李德懋：《青庄馆全书》卷61《盎叶记八·清劁》，《韩国文集丛刊》第259册，第95页。

第三节 《史记评林》《汉书评林》在朝鲜时代的流传

庚子字本与甲寅字本《史记》《汉书》为朝鲜早期活字印本中的精品。之后，朝鲜本《史记》《汉书》则是在史汉《评林》基础上形成的版本。明代凌稚隆的《史记评林》产生之后，又有李光缙增补本。该书在上栏增补吴国伦、徐中行、黄洪宪、卢舜治、屠隆、袁黄、李廷机、焦竑、陈懿典等人的评语，以加圈“增”字标明，并有“光缙曰”自评。除此之外，该书对《史记评林》正文及注并没有变动，故称为《增补史记评林》。而且，受《史记评林》的影响，明代出现了大量模仿著作。

《史记评林》在文本校勘方面有很多可取之处，被后来明毛晋、陈仁锡，清武英殿、梁玉绳、钱泰吉、金陵书局，日本《史记会注考证》及《订补》等参考和利用。[1] 与宋元时代的《史记》《汉书》相比，明代史汉《评林》存在着明显的差异。这种差异不仅表现在文本字句和版本形式等方面，还包括与前代相比，史汉《评林》的编纂目的并非出于“训诂考索”文字史实，或“取事属辞，以发其意，而求备一家言”，而是受明代中后期古文风气的影响，为了学习“良史至文”，使文章叙事有“至法”。有学者总结《史记评林》的功用为：一、可以使读者熟知历史，培养史识；二、为士子文章写作提供参考；三、推广明代“秦汉派”古文的文学理论。[2]

目前，学者对于史汉《评林》的研究集中在对其文学、史学价值的评论上，至于其在周边国家的传播情况，则关注较少。朱志先在《明人汉史学研究》一书中对史汉《评林》有专门一章讨论，但没有涉及两书在域外的传播。周录祥《凌稚隆〈史记评林〉研究》提及朝鲜本《史记评林》，只是涉及清代道光年间的版本。[3] 杨海峥则探讨了《史

---

〔1〕 贺次君：《〈史记〉书录》，北京：商务印书馆，1958 年，第 167—170 页。

〔2〕 陈民裕：《凌稚隆〈史记评林〉研究》，博士学位论文，高雄师范大学，1995 年，第 371 页。《史记评林》对史实的评论，也以义理批评为主要方式。

〔3〕 周录祥：《凌稚隆〈史记评林〉研究》，博士学位论文，南京师范大学，2008 年。

记评林》在日本传播与接受的情况。日本最早刊刻的《史记评林》为宽永十三年（1636）八屋助左门卫本。这个版本完全覆刻了李光缙增补本，是和刻《史记评林》中的善本。[1] 日本学者以此本为基础，加上训点，使人们更容易理解，也让《史记评林》更为普及。朝鲜显宗四年（1663），日本向朝鲜求购《史记评林》等书籍。[2] 而到了宽政年间（1789—1800），日本出现了删除《史记评林》评语，回归《史记》本书的现象。这与日本的“古文辞派”有密切关系。到了明治时期，《史记》成为重要的汉文教育教材。《史记评林》也重新被重视，出现了很多增补校订的版本，如有井范平的《补标史记评林》。明治时期的教育改革，促进了更为浅显易懂的《史记读本》《史记正本》等著作的出现。[3]

与日本相比，史汉《评林》在朝鲜的传播，则呈现出另外一番景象。文献记载的史汉《评林》传入朝鲜半岛的时间是宣祖三十三年（1600）。《宣祖实录》载：

> 奏闻使南以信启曰：“臣等还越江。翌日，伏闻大行王妃升遐之奇。成服前登程未安，与本州留在使臣等相议，成服后发程，今始入京。且臣等一行，盘缠用余银两不多，还为赍来，亦似零星，与书状官曹倬相议，换得《汉书评林》五十本、《史记评林》三十本以来。敢此并启。”[4]

此事距明代凌稚隆的《史记评林》刊行（万历四年，1576），不过

〔1〕［日］池田四郎次郎、池田英雄：《〈史记〉研究书目解题》（稿本），东京：明德出版社，1976 年，第 78 页。

〔2〕《显宗实录》卷 9 四年八月二十一日，第 29a 页：“对马岛太守，以江户执政之求，请贸四书五经、《史记评林》、《朱子语类》，朝廷不许，只《语类》《评林》许贸。”

〔3〕杨海峥：《从〈史记评林〉到〈史记读本〉——作为教材的〈史记〉与日本汉学教育》，《文学遗产》，2015 年第 4 期。

〔4〕《宣祖实录》卷 127 三十三年七月二十日，第 27b 页。南以信（1562—1608），宜宁郡人，字子有，号直谷，宣祖时文臣。

二十余年的时间，距《汉书评林》的刊行（万历九年，1581），只有十余年的时间。史汉《评林》问世时，获得了极大的社会反响，受到“学士大夫好其书者”的追捧。从现存史汉《评林》的版本来看，以私人及民间书坊刊刻居多，这就使得两书能够存世数量较多，并得到广泛传播。这里朝鲜使臣购买的史汉《评林》属于使臣私下行为，所购是当时比较流行的李光缙增补本。至于所购数十本，并非指史汉《评林》的数量，主要是因为史汉《评林》卷帙较多，一套书有三十四本之多。不过，朝鲜使臣能够在盘缠银所剩不多的情况，购买大部头的史汉《评林》，也体现了当时朝鲜对书籍的重视。

这种情况的出现，也与朝鲜经历壬辰倭乱之后，图书典籍多被损毁有很大关系。同知事李好闵（1553—1634）曰：“经乱已十年，平时学者皆老，其存者且无几矣。后进之士，闻某家有书籍，则必都会于有书者之家，旋看旋罢，自无熟读之理。户曹经费荡然，公家印出，势所难能，若合私力，则庶几可印矣。如下三道虽产楮，办纸亦极难云。”[1]当时，朝鲜不仅面临书籍损失，而且印书用的纸张、经费等也严重不足。所以，宣祖三十六年（1603），李好闵就向宣祖建议印书。宣祖问及《史记评林》，李好闵回答道：

> “亦有《汉书评林》《汉史评林》。”上曰：“若合两书，卷帙必多。”好闵曰：“有紧处，有孟浪处。聪睿者自当涉猎，但书籍充栋汗牛，不可遍观。须于所见书册上，着力熟读，取其善者而为法，舍其不善者而为戒，则必有一分所得。”上曰：“卿言是。”[2]

在这段对话之后，有一段“史臣曰”，可以看出朝鲜君臣对史汉《评林》之类书籍的看法，认为在经筵中只是谈及文章，这些只是区区小技，而没有提及经世之学。即使是学习文章之学，也应该以四书五经、《小学》、《近思录》等为标准，这些书籍才是修身、齐家、治国、

---

〔1〕《宣祖实录》卷160三十三年七月二十日，第10a页。李好闵，延安郡人，字孝彦，号五峰。

〔2〕《宣祖实录》卷160三十六年七月二十日，第10a页。

平天下的大文章。总之，史臣以为史汉《评林》之类的书籍只是“文章杂书”。

光海君二年（1610），校书馆李廷龟（1564—1635）提出，“兵乱以后，大小书籍，荡然无存，紧关之书及我国史集，不可不及时刊刻，以为传后之计”[1]。然而，此时校书馆的人力、物力并不能满足刊印书籍的需求。为此，李廷龟提出以校书馆为书籍校印都监，调集人力、物力，以有助于刊印书籍。都监是自高丽时代就已经出现的官职，往往是为了处理涉及王室的国家大事临时而设。以校书馆为都监，显示了此时朝鲜对于刊印书籍的重视程度。

光海君八年（1616），明辽东都司求《通鉴》《史略》，但书籍校印都监（即校书馆）却没有这两种书籍，于是官员向光海君询问如何应答。光海君下令：“《通鉴》《史记》（应为《史略》）非我国书籍也。以乱后无有之意，直为回答。如曰不可不送，则某司所储册量送。”[2]书籍校印都监作为专门的印书机构，却连《通鉴》《史略》这种比较常见的书籍也没有，也反映了当时书籍印行困难、十分缺少的状况。

朝鲜时代缺少《史记》《汉书》的原因，还在于此时官方致力于儒家经典的印行，无暇顾及印行史汉《评林》，故两书仍以中国本为主。朝鲜国王赐予大臣的史汉《评林》，也是中国本，故两书在朝鲜文人眼中是十分珍贵的。如金时敏（1681—1747）写诗吟诵自己家藏的唐本《汉书评林》，云“汉书唐本百朋珍，藏在宗家六十春”[3]。此诗除了感慨父辈受到的荣恩之外，还表明了唐本《汉书评林》在朝鲜文人心目中确实为稀见书籍。

肃宗三年（1677），下令以显宗实录字印行前后《汉书》，而所印数量比较少。

---

〔1〕《光海君日记》卷 13 二年十一月二十日，第 61 页。

〔2〕《光海君日记》卷 37 八年八月四日，第 10 页。

〔3〕［朝鲜］金时敏：《东圃集》卷 6《宗家〈汉书评林〉，归从侄善行，感而有作》，《韩国文集丛刊续编》第 62 册，第 443 页。金时敏，安东人，字士修，号东圃。

> 此铸字并下校书馆，以为书册印出之地，而前后《汉书》之在玉堂者，只是一件，士夫家则绝无而仅有，不可不印出广布，故敢此仰达矣。始大曰："此乃公子王孙家弊〔藏〕中物也，虽给价，必不受云。以其字所印之册，随所印，每给一件，何如？"上曰："实录完毕后，并下校书馆，使之印出前后《汉书》，而随所印每给一件事，亦依为之。"〔1〕

至肃宗十五年（1689），闵黯（1636—1693）上疏称："《史记评林》既已印出，则《汉书评林》亦不可阙，似当一体印出，故敢达矣。"〔2〕此前，《史记评林》已经由校书馆印出，故而肃宗也批准了闵黯的请求。十月二十三日，右参赞闵宗道（1633—1693）认为，《汉书评林》虽然不是紧要书籍，但若是用作御览之书，则应该印行。不过，印书所用的纸张并不充足，所以分于三南地方（指庆尚道、全罗道、忠清道）置办，经费由户曹及宣惠厅各自承担一半。〔3〕十一月四日，左议政睦来善认为，如果要印《汉书评林》，需要纸一万卷。这些纸张的置办，虽说会以一定的价格购买，但如同白征，会引起民怨。所以，他建议只印御览、元子宫、弘文馆、成均馆、校书馆五件。

但是，肃宗十六年（1690），兵曹判书闵黯又认为，《史记评林》《汉书评林》"非但为御览而已，其意实在于广布也"。而且，两书均为铸字印本，若只印五件，有些可惜。故应由校书馆准备纸张，先印四十件，只需用稍厚一点的白纸即可，这样既便于阅读，也容易置办。〔4〕

---

〔1〕《承政院日记》第261册肃宗三年八月十九日，第108a页。

〔2〕《承政院日记》第337册肃宗十五年十月三日，第101b页。

〔3〕《承政院日记》第337册肃宗十五年十月二十三日，第147b页。宣惠厅，宣祖四十一年（1608），由领议政李元翼建议设置，"今宜别设一厅，每岁春秋收米于民，每田一结两等例收八斗，输纳于本厅，本厅视时物价，从优勘定，以其米给防纳人，逐时贸纳，以绝刁蹬之路。又就十六斗中两等，各减一斗，给与本邑，为守令公私供费。又以路傍邑多使客，减给加数，两收米外，不许一升加征于民。惟山陵、诏使之役，不拘此限，请划一施行"。见《光海君日记》卷2元年五月六日条，第1a页。宣惠厅一直存在，直至1894年。

〔4〕《承政院日记》第340册肃宗十六年三月二十六日，第92a页。

四月三日，闵黯又建议只印三十件。肃宗认为，除重要的五件之外，其余可以用较厚的纸张印行。[1]

由于战乱等原因，朝鲜时代早期刊刻的《史记》《汉书》大多散乱不全，而官方又一直有重视史书的传统，故迫切需要印行史汉，使之广布。但对史汉《评林》的内容，朝鲜君臣的意见比较一致，认为并不足取。如正祖二年（1778），祭酒宋德受召见于熙政堂，与正祖就经筵册子展开一番讨论。

> 上曰："近以日寒，例停讲筵矣。卿今上来，可以频开讲筵。而经筵册子则《论语》，召对《史记评林》，夜对《陆宣公奏议》也。先儒以为，'看史亦为穷格之一端，然《史记》若不如濂洛文字，则合讲何书?" 德相曰："法讲《鲁论》果好。而至于《评林》，则不过文章家类。而其在讲究治乱，讨论得失，似不如汉、唐、宋正史矣。"[2]

朝鲜王朝经筵讲《论语》，早在太祖七年（1398）就开始了。当时经筵读《论语》，"史官请入侍经筵，不允"[3]。定宗时，开始加入《通鉴》《纲目》等史书。世宗时，经筵中讲论史汉，也成为比较普遍的事情。正祖本人非常重视《论语》，在《弘斋全书》卷71—75、122—125（《鲁论夏笺》）中都有关于《论语》的著作。[4] 同时，正祖也比较重视史书，在《弘斋全书》卷110—119中有关于《纲目》的史论。《论语》是四书之一，《纲目》则是朱熹史学的代表作。正祖认为"看史亦为穷格之一端"，[5] 但又认为《史记》不如濂洛等理学经典。所以，宋德对《史记评林》的评价，一方面认为"不过文章家类"，另一方面

〔1〕《承政院日记》第340册肃宗十六年四月三日，第111b页。

〔2〕《正祖实录》卷6正祖二年十二月十二日，第70a页。

〔3〕《太祖实录》卷15太祖七年十二月九日，第11a页。

〔4〕［韩］郑一均：《正祖的经学思想：以〈鲁论夏笺〉为中心》，黄俊杰编：《朝鲜儒者对儒家传统的解释》，台北：台大出版中心，2012年，第317—335页。

〔5〕《近思录》中有"读史须见圣贤所存治乱之机，贤人君子出处进退，便是格物"。

又重视借鉴史书。这种既从史书角度重视《史记评林》，又认为该书仅作为“文章家类”的矛盾，使得朝鲜文人对史汉《评林》进行处理，删掉相关评语，形成了“《史记》虽无批评，呼之曰《史记评林》”的现象。[1] 对于朝鲜君臣来说，从理学的角度出发，只有史汉原文才有助于格物，以史为鉴，故对其中文章类评语不予保留。

朝鲜本《史记评林》底本采用的是李光缙增补本。[2] 从现存显宗实录本《史记评林》与增补本比较来看，朝鲜本缺《三皇本纪》，删掉了上栏的诸家评语，《读史总评》部分删去卢舜治评语，删去王世贞《史记短长说》，《史记评林姓氏》部分删去增补吴国伦等九人，卷前与卷后的“史记评林卷之×”改为“史记卷之×”。朝鲜本对《史记评林》的改造，或许是出于此书为“文章家类”的考虑，因此尽量删节，以保留《史记》本来的内容。但又删节不彻底，在正文保留了《史记评林》所辑各家评语。由于朝鲜本与李光缙本差别比较大，日本学者山城喜宪讨论《史记评林》各种版本，并没有认识到这两个版本之间的关系。[3]

在朝鲜文人的日常生活中，史汉《评林》成为程朱理学著作以外常读的书籍。朝鲜文人徐宗玉[4]（1688—1745），1727 年曾任全罗道观察使、咸镜道观察使等。其子徐命膺记载他的日常读书生活，“公好看书，朝退客散，必明灯扫案，阅数十叶。在本兵半年，犹读尽《史记评林》一部”[5]。徐宗玉所读的《史记评林》应当是朝鲜本。

在清代，史汉《评林》并不被官方重视，官修《明史·艺文志》

---

〔1〕［朝鲜］丁若镛：《与犹堂全书》第一集《杂纂集》卷 24《雅言觉非》卷 2《史记、通鉴》，《韩国文集丛刊》第 281 册，第 523 页。

〔2〕金昭姬，「중국본『史記』·『漢書』의 조선 유입과 編刊에 관한 연구」，博士學位論文，韓國學中央研究院，2012，62。

〔3〕［日］山城喜宪：《〈史记评林〉诸版本志稿》，《斯道文库论集》，东京：庆应义塾大学附属研究所斯道文库，1983 年，第 354—356 页。

〔4〕徐宗玉，徐命膺（1716—1787）之父，字温叔，号讱斋、鹤西，谥文敏。徐命膺为朝鲜正祖朝文臣、学者，字君受，号保晚斋，于易学颇有造诣。

〔5〕［朝鲜］徐命膺：《保晚斋集》卷 14《先考文敏公府君行状》，《韩国文集丛刊》第 233 册，第 365 页。

中，关于凌稚隆的著作，只有一部《左传测仪》。[1] 不过，清康熙五十一年（1712），朝鲜使臣金昌业（1658—1721）出使清朝时，所买书册有"《朱子语类》《（大学）异同条下》《汉书评林》《杜工部集》《剑南诗抄》《本草纲目》《农政全书》《奎璧四书五经》《文选》"[2] 等。金昌业所买的各类图书，除了理学著作之外，就是文集及实用医书、农书，这些书在当时属于比较畅销的。《汉书评林》与这些书一起出现在书市上，说明此书虽然没有受到官方太多重视，但在民间很有销路，所以朝鲜使臣能够轻易买到。不过，这个版本可能是清代刊刻的。

《史记评林》《汉书评林》是朝鲜时代中后期收藏的中国本《史记》《汉书》的主要版本，其他版本情况仅见于一些零散记载。如南公辙（1760—1840）曾提及明代陈仁锡所撰《史记》笺注四十卷，称刻于金陵聚奎楼，认为此本"最为善本"。该书原为其父南有容（1698—1773）所藏并批点，后归朝鲜王朝内府，经正祖手圈。[3] 南公辙提及的陈仁锡《史记》笺注四十卷，除此处记载之外，并不见于其他文献著录。至于金陵聚奎楼刻书的情况，张秀民先生考订为"金陵聚奎楼李潮"，为明代南京书坊之一。[4] 李潮，字少泉，明末金陵人。其所刻书

[1] 《四库全书总目提要》除著录此书外，在"类书类存目二"中有"《五车韵瑞》一百六十卷"。清梁玉绳撰《史记志疑》，以《评林》最盛行，因以为底本。钱泰吉认为《史记评林》胜过明监本。(《甘泉乡人稿》卷5《校史记杂识》，《续修四库全书》第1519册，上海：上海古籍出版社，2003年，第283页）说明此书虽然不受官方重视，但由于比较流行，容易获取，并且有一定的校勘价值，因此受到清代一些学者的关注。

[2] ［朝鲜］金昌业：《老稼斋燕行日记》卷1《往来总录》，《燕行录全集》第32册，首尔：东国大学校出版部，2001年，第337页。金昌业，字大有，号稼斋、老稼斋，朝鲜中期文学家、书画家。

[3] ［朝鲜］南公辙：《金陵集》卷11《史圈序》，《韩国文集丛刊》第272册，第215页。陈仁锡（1581—1636），即陈明卿，其关于《史记》的传世著作有评点《史记》130卷，明崇祯元年（1628）刊本；《史记奇钞》14卷，明刊本；另有《陈明卿史记考》不分卷，日本宽文十二年（1672）刊本，实为汇集其评点本卷末校勘记而成。

[4] 张秀民：《张秀民印刷史论文集》，北京：印刷工业出版社，1988年，第146页。

现存著录有二十六种，多为通俗类书、科举用书等，并不见有《史记》。[1] 可见，南公辙所称或有错误，并非有新的《史记》版本。沈定镇（1725—1786）记载了一个用中国本《史记》教授儿童的例子。其外孙徐某读《史记》，用朝鲜中期名臣金尚宪曾读过的中国本，并且已被污损。沈定镇建议更换，却由于没有其他版本，只得作罢。沈定镇对待中国本《史记》的这种态度，不是因为版本珍贵，而是此本为名人所藏，故拿来作为训蒙之用，并不合适。不过，他也为这种做法找了一个借口，认为此书"假使不读，岂传无穷乎？此儿读以弊之，何妨也？"[2] 尹行恁（1762—1801）提及明末朝鲜陪臣李尚吉自东江留守毛文龙处得到一部《史记》。据毛文龙自称，这部《史记》是崇祯帝赐予他的。[3] 毛文龙这次赠书的具体细节，我们不得而知。尹行恁推测，或许是出于崇祯帝的授意。金鑢（1766—1821）曾以很低廉的价格购买过唐本《史记》，并有诗曰："龙门太史书，何似香山集？廉价买唐潢，只今惭李及。"[4] 所购唐本或许不是全帙。以上所举南有容、沈定镇、尹行恁、金鑢四人，均为理学家或文章家，其读《史记》的目的不外乎两个方面，即"识其治乱安危、兴废存亡之理"，并学习《史记》文章的"风神笔力，雄健遒逸"。除此之外，朝鲜文人认为汉史有很多可取之处，如南公辙就建议正祖圈点《史记》时，"岂独爱其文章也哉？将以为心法之传，贻之后昆也"[5]。

自《史记》《汉书》最初传入朝鲜半岛，至高丽时代初期，其文本

---

〔1〕杜信孚、杜同书：《全明分省分县刻书考·江苏书林卷》，北京：线装书局，2001年，第8页。

〔2〕［朝鲜］沈定镇：《霁轩集》卷6《渼湖金先生语录》，《韩国历代文集丛书》第2453册，第533页。

〔3〕［朝鲜］尹行恁：《硕斋稿》卷11《烈皇帝钦赐毛文龙史记序》，《韩国文集丛刊》第287册，第185页。

〔4〕［朝鲜］金鑢：《藫庭遗稿》卷4《万蝉窝剩稿·众器五绝》，《韩国文集丛刊》第289册，第446页。

〔5〕［朝鲜］南公辙：《金陵集》卷11《史圈序》，《韩国文集丛刊》第272册，第216页。

形式一直为写本，且基本为中国本，并没有引起当时人们的太多重视。高丽时代比较重视佛教，刊刻了大量佛经，并覆刻宋代的《开宝藏》六千余卷，说明当时有能力刊刻全帙的《史记》《汉书》。但与佛经、儒家经典相比，史书的刊刻并不普及，即使如高丽正史《三国史记》，金居斗（1338—？）跋称此书，“印本之在鸡林者，岁久而泯，世以写本行”。不过，由于此前三国文献缺失，所以比起本国历史，高丽士大夫更熟悉五经诸子、秦汉历代史，也有对《史记》《汉书》的需求。

高丽时代雕版印刷的《史记》《汉书》，以宋代所赐版本为底本，仍不是很普及。朝鲜时代初期印行的《史记》《汉书》则均是金属活字本，以当时比较容易获取的元代刊本为底本，并赐予文臣，试图广布。由于受当时社会条件的限制，早期朝鲜本《史记》《汉书》并没有得到普及，版本数量也比较少。世宗时期所印版本并未得到有效的保存，中国本也已经散失，故成宗时只得据庚子字本重新印行。17 世纪初，《史记评林》《汉书评林》传入朝鲜之后，成为朝鲜时代中后期史汉版本的主要底本。朝鲜本史汉《评林》的出现，使得相关文本更为普及，为一般文人阅读史汉及史汉选本提供了条件。

高丽、朝鲜时代刊印的《史记》《汉书》，以宋元明三朝的中国本为底本，其中彭寅翁本与元大德九年本还是比较重要的版本，史汉《评林》也具有较高的版本与学术研究价值。但是，高丽、朝鲜时代对印行《史记》《汉书》底本的选择，或许事先并未经过多个版本的比较，而仅是取当时最容易得到的中国本。更重要的一点，朝鲜本《史记》《汉书》只是试图保留史汉原文及原注，并且相关史料中关于朝鲜本《史记》《汉书》印行的记载，也较少提及校勘、研究的做法。这种现象与朝鲜时代人们关注史汉文本的方式有关。

朝鲜时代世宗、成宗、肃宗时期，以中国本为基础印行《史记》《汉书》，目的在于为经史兼读提供一个较为易得的文本。朝鲜本《史记》《汉书》的印行与朝鲜国王的个人喜好有很大关系，由官方组织，以铜活字印行，其流布范围也局限于朝鲜王室及部分文臣。同时，如世宗读史，为防止空谈性理，除了《史记》《汉书》，同时在经筵讲读的史书还有《通鉴》《纲目》等。这些史书与经传一起，用于经筵讲读，以便于经史兼读，互相发明。在这一点上，《史记》《汉书》与《通鉴》《纲目》具有同等的文本力量，并借助儒家经典的影响力得到发挥。这决定了朝鲜君臣对《史记》《汉书》的关注，有借鉴历史经验，学习两汉“治道”的需求，对相关史实的讨论，也以儒家伦理道德为评判标准。同时，《史记》《汉书》作为秦汉古文的重要著作，也成为朝鲜文人学习古文写作的参考，出现了一些选本，如正祖时编选的《史记英选》《两京手圈》等。《史记》《汉书》还作为儿童学习文章写作的常用书籍，不过也多为选本。所以，以往我们只是探讨史汉文本对朝鲜半岛的影响，但从其存在方式以及过程来看，这种影响的实现是需要一定条件的。这些条件决定了史汉文本的被接受与印行，也决定了史汉文本产生影响的各种表现。

第三章 《史记》《汉书》在朝鲜时代的存在方式

第一节 朝鲜时代书目概况

《史记》《汉书》传入朝鲜半岛并形成了“本土化”的版本，但在高丽时代，其传播与影响还只是在很小的范围内。进入朝鲜时代，由于以世宗为代表的朝鲜国王对两书的重视，史汉文本得到刊刻，文本数量大大增加。此后，朝鲜时代出现了多个《史记》《汉书》版本，而且其底本情况比较明确，如庚子字本、甲寅字本与元代刊本有密切联系，具有较高的研究价值。朝鲜时代中期开始，经过胡乱与倭乱，伴随着《史记评林》《汉书评林》的传入，以两书为基础，删掉评语而形成的史汉文本成为之后朝鲜《史记》《汉书》的主要形式。以上这些朝鲜本《史记》《汉书》通过赏赐、传抄、赠送、购买等方式，广泛地存在于朝鲜王室、文人士大夫以及民间的藏书机构中。我们可以通过朝鲜时代书目的记载了解其收藏情况及特点。

一、朝鲜时代书目的特色

关于朝鲜时代书目，张伯伟先生有专门的搜集与研究。朝鲜时代的书目起源比较早。早在高丽时代即有大藏经目录，但其他书籍的书目不仅没有留存下来，相关文献记载也很少。不过，梁诚之《弘文馆序》中提到了高丽肃宗时的两方藏书章，或许亦有书目编成。而朝鲜时代（1392—1896）的书目，据张伯伟先生统计，数量当在八十余种。张伯伟先生从中挑选了二十六种，编成《朝鲜时代书目丛刊》九册（其中索引一册）。这些书目按照收藏地，可以分为王室书目、地方书目、私家书目，另外有一类史志书目。[1] 这种分类方式，前三种依收藏者来分，最后一种史志书目，即为一般史书、方志中的“艺文志”“经籍志”之类。这四类书目各有其特点。王室书目收书比较完备，且大多以传统四部分类，并有所改进；地方目录以册板目录为主，还包括书院和乡校书册目录；私家书目数量较少，但著录文献比较丰富，多作提要，并不尽依四部分类，更多显示了书目编纂者的读书喜好；至于史志书目，不同于中国正史的“艺文志”“经籍志”之类，而基本上存在于别史、纪事本末、政书中。史志书目都有关于中国与朝鲜半岛书籍交流的内容，而且也有中国文献中有关朝鲜半岛的记述。从这些书目中，我们可以看出朝鲜社会的读书风气、区域文化等方面的特点。[2]

朝鲜时代书目编纂的目的是“资问学、决是非、辨议论”（《奎章总目》凡例），对“文风世教”的改善起到作用。这与学术意义上的目录学研究有所区别，也就达不到辨章学术、考镜源流的效果。其所收书籍多重视儒家经典，尤其以朱子书为重点。另外，朝鲜时代书目还著录了大量中国古代小说，收入了许多遭清人禁毁的明末文人文集。[3]

朝鲜时代书目大多经史子集俱全，即使是以明道学为目的的书院也是如此。书院藏书中，四书五经为教学用材料，而文集等则是为了表彰先贤，学习文章做法。朝鲜后期文人郑元容认为书院“藏经书、通史、仪礼、小学、八家文。凡人生日用，礼为大，而修身之道自小学始，经纬经史而发挥文章，则学者之事备矣”[4]。在程朱理学的影响下，经史子集在朝鲜时代具有各自的功能，但大多“为文章，成经术”。

相对于王室、书院书籍数量的丰富，乡校藏书往往多有残缺。朝鲜

---

[1] 韩国朴卿希把朝鲜时代书目分为版刻目录、藏书目录（官藏与私藏）、文献目录、官撰书目。见氏撰《韩国朝鲜时代的目录学》，《传统文化与现代化》，1998年第6期。

[2] 张伯伟：《二十六种朝鲜时代汉籍书目解题》（上、下），《中国学术》，2004年第3、4合辑。

[3] 姚丽：《朝鲜李朝时代书目研究》，硕士学位论文，北京师范大学，2011年，第62—63页。

[4] ［朝鲜］郑元容：《经山集》卷11《仁贤书院藏书记》，《韩国文集丛刊》第300册，第266页。郑元容（1783—1873），字善之，号经山，朝鲜后期文臣。

时代末期，《赤城志》载有一篇府崔瑗在1849年写的《藏书记》，记载了当时乡校藏书的情况。

> 予莅茂丰，索书籍于学宫。经有《周易》《尚书》《论语》，而俱缺数卷。史有《纲目》，而亦缺几卷，卷之存者，又多缺板。索于闾里，闾里之藏七经者仅二三家。史则惟《少微通鉴》，而亦全帙无几矣。茂士之治，举业得辨，亥豕鲁鱼，亦难矣。居三年，建时术斋以养士。养士而无书籍，奚异教射而投弓，教御而舍策也。乃取学宫藏用之余万余钱，易纸得八千枚，遣吏完城印《七经具解》八十卷，《礼记》十二卷，《春秋左传》十卷，《史记》三十三卷，就岭南之达城印《八大家文抄》四十卷，又印完城板补《纲目》之缺者六卷四板。以吏书依板缮写卷之补缺者一百七十五枚。印写讫，并黄帙之。凡新印者一百八十一卷，旧印新帙者六十八卷，并旧贮经书之缺卷者而藏之学舍。[1]

乡校藏书多有缺损，赖崔瑗的努力，有的书得以补缺，有的则重新装帧。崔瑗通过补缺书籍，使当时的乡校“经而具九经，史而该编年、传记，集而兼唐宋之文。古所称四部，惟阙子书耳”。由此可见，崔瑗认为乡校图书不仅要完整无缺，而且经史子集都要齐备，方有助“习于词章，深于道学”。书院、乡校等机构的藏书有一部分是来自赐予，有一部分则是如崔瑗一样自己出资购买、印行。至于如何保证乡校书籍的完备，崔瑗也采取了一些措施，如制定乡校书册管理者应该遵守的《典守节目》。

> 自今以往，首齐任掌其出纳，虽官所索，必待印迹而纳之。待其还出，乃纳印迹，切勿借人。人若强求，使之入校而看读。新旧校任交递，则必照数传掌。如或缺一卷坏一册，即闻于官，征诸旧任，如是不已，则必无散亡破坏之患，可以供无穷之求矣。兹以成

---

〔1〕［朝鲜］赵秉瑜：《赤城志》卷2《学校》崔瑗撰《藏书记》，韩国学中央研究院藏书阁1898年笔写本，第39页。

节目，依此永久遵行，宜当者。[1]

朝鲜时代一般文人虽然好读书，也喜欢藏书，但限于各种条件，书籍往往搜集不易，能够编制书目存世的更是少见。《朝鲜时代书目丛刊》仅收三种朝鲜文人编纂的书目，其中《海东文献总录》是关于“壬辰倭乱”之前朝鲜文献的“艺文志”，《洪氏读书录》中有一部分书籍是洪奭周并不收藏的，而李仁荣的《清芬室书目》从书志学的角度编纂而成，又离朝鲜时代稍远。故朝鲜时代一般文人藏书书目情况，我们只能从一些零散记载中作简单了解。如金纽（1527—1580）[2]曾以其家藏图书编成《藏书录》，在序中谈及其先祖金宗直[3]（1431—1492）的藏书情况，并感叹藏书散失殆尽。

> 我先祖占毕斋先生，天性澹泊。虽位至宰相，而常如寒素，不营产业。唯耽于书史，手不释卷。平生博聚群书，凡经传子集，历代诸史，与夫奇书异录，无不购得，所藏者几至数万余卷。盖将欲遗诸子孙，以为世守之青毡也。惜乎再经家祸，散失殆尽，今存者不能万分之二也。[4]

文中所说的“家祸”，指的是金宗直过世后，由其作品《吊义帝文》导致的燕山君四年（1498）的“戊午士祸”。这次士祸由《吊义帝文》而起，金宗直在文中描写梦到楚怀王孙熊心自言被项羽投于水而死，故撰文凭吊。这篇文章被金宗直的一个学生金驲孙编入《成宗实录》，后被柳子光等人解读并向燕山君告发，认为金宗直假托项羽弑义帝之事，诋毁世祖篡位。这次事件背后反映的是当时朝鲜内部士林派与

---

〔1〕［朝鲜］赵秉瑜：《赤城志》卷2《学校》崔瑗撰《典守节目》，韩国学中央研究院藏书阁1898年笔写本，第40页。

〔2〕金纽，字子固，号琴轩、翠轩、双溪斋、观后庵、上洛居士。

〔3〕金宗直，字季温、孝盥，号占毕斋，朝鲜早期朱子学者。

〔4〕［朝鲜］金纽：《璞斋集》卷5《藏书录跋》，《韩国历代文集丛书》第1485册，第235—236页。

勋旧派的争斗，以士林派被驱逐诛杀告终。[1]

金宗直是朝鲜早期名儒显宦，为了藏书“常如寒素，不营产业”，这种做法是主动为之。但对一般朝鲜文人来说，藏书就不是一件容易的事情。朝鲜后期文人李源祚（1792—1872）有感于藏书之难：

> 书之藏难矣。藏则借瓻者，或不能遍，而与无书等。不藏则散逸揉坏，而亦终于无书。余观世之蓄书者，必严其条法，谨其出纳，以遗后人，而往往为不肖子孙束阁，而弁髦之水火虫鼠之且不保，甚则质钱货，偿酒博，讵不悲哉？故善藏书者，不藏于室而藏于人，不藏于法而藏于教知，斯二者藏之道庶几焉。[2]

李源祚指出的藏书过程中存在的问题具有普遍性。至于他提出的所谓善藏书者二法，则虽然有利于学问的传播，却不利于实物书籍的搜集和庋藏，这或许是朝鲜文人藏书目保存较少的一个原因。这种对待藏书的思想，与朱熹在《建宁府建阳县学藏书记》中所说的“读圣贤之言而不通于心，不有于身，犹不免为书肆”有相似之处。

朝鲜末期文人金麟燮（1827—1903）家传仁智堂所藏书籍，由其先祖“广筑书舍，藏万卷书。其后八君子生学问日就，杰然称东方名家”，然而“遗文尽逸，家声日替”。后经过近二十年的辛苦搜集，经史子集粗具规模，并由其从侄金基周编成目录。[3] 又权泰容（1874—?）所编《家藏书目》，有书八十余种，崔琡民（1873—1959）序说：“敬夫少从吾兄弟游，性好书。世乱家卒，窘身系事育，不能大肆力于书，而所好

---

[1] 士林派是高丽时代遗留下来的，以高丽时代理学家吉再（1353—1419）及其弟子为主，坚持儒学正统。勋旧派，又称功臣派，是世祖时期协助篡夺王位的官僚学者。

[2] ［朝鲜］李源祚：《凝窝集》卷14《瞻敬斋藏书条约记》，《韩国历代文集丛书》第928册，第144—146页。

[3] ［朝鲜］金麟燮：《端磎集》卷10《仁智堂藏书籍记》，《韩国历代文集丛书》第611册，第258—259页。

弥笃。凡此皆其节衣缩食，费心力得者也。”[1] 故对朝鲜一般文人来说，要想搜集一定规模的书籍，可能需要节衣缩食，甚至几代人的努力，才可能完成。

二、对朝鲜时代书目的评价

余嘉锡先生把目录之书分为三类：一种是部类之后有小序，书名之下有解题的；二种是有小序而无解题的；三种是只著录书名，并无小序与解题的。[2] 依此标准来看，朝鲜时代的书目（或称目录）中，部分王室书目、私人书目有小序、解题，而册板目录、书院及乡校书目则仅有书名。完备的书目必有篇目、叙录、小序、版本序跋等信息。按照这个标准，只有几种朝鲜时代的书目符合，其余很多书目属于登记簿，不仅只列书名，而且杂乱无章。[3]

朝鲜时代书目不仅记载了朝鲜时代上至君臣，下至地方书院、乡校等地方的藏书与读书活动，而且还著录了朝鲜历代文献源流及中国与朝鲜半岛书籍交流情况，兼有藏书目录与艺文志的双重作用。不过，也有如《洪氏读书录》与《内阁访书录》这样比较例外的情况。《洪氏读书录》编著的目的，“取凡余之所尝读而有得，与夫所愿读而未及者，列其目，议其概而告之”[4]，是作为一部推荐读书目录。故其所列书籍中，有一部分既非洪氏所藏，甚至有的书洪氏并未见到过。不过，从《洪氏读书录》对每种书所作解题及每一类书后的小序等，我们可以看出洪奭周个人的读书偏好与学术水平。而至于《内阁访书录》，有学者认为此书为清代《浙江采集遗书总录》的节抄，故此书并不能反映朝鲜时代藏书的情况。但可以反映朝鲜王室求购中国书籍的倾向，即以宋

---

[1] ［朝鲜］崔瑆民：《溪南集》卷23《权敬夫家藏书目序》，《韩国历代文集丛书》第503册，第171页。

[2] 余嘉锡：《目录学发微》，北京：商务印书馆，2011年，第8页。

[3] 不过，也有《家藏书籍簿》把书籍分为内赐秩、家印秩、借来秩、不秩类、书帖秩等。见孫桂榮（2007），「동춘당 후손가 가전『家藏書籍簿』의 작성 시관에 대한고찰」，『書誌學研究』38。

[4] ［朝鲜］洪奭周：《渊泉集》卷18《洪氏读书录序》，《韩国文集丛刊》第293册，第399页。

明理学著作为主，并作为科举考试用书的参考目录，与四库馆臣“右汉左宋”形成鲜明的对比。[1]

基于以上讨论，说明朝鲜时代书目对《史记》《汉书》的著录，并非其重点内容。除了比较完备的《奎章总目》记载较为详细，其他书目并没有给予史汉太多关注。《史记》《汉书》不仅被儒家经典、诸子文集淹没，在一些书目中竟排在朝鲜历代史书与朱子《纲目》等书的后面。本节以张伯伟先生《朝鲜时代书目丛刊》所收书目为基础，再增以其他朝鲜时代书目文献，依时间为序，列举其中所著录之《史记》《汉书》及相关书籍，以有助于分析史汉文本在朝鲜时代的存在方式。

第二节　书目著录《史记》《汉书》的特点

正如张伯伟先生所说，朝鲜时代书目的数量有八十余种，本书附录表 1 与表 2 所收录的，仅是其中一部分，共 58 种。有个别书目并不见于《朝鲜时代书目丛刊》前言所列目录中，如本节从《古文书集成》[2] 与藏书阁收录的几种“书册目录”（或称书册置簿）属于私人藏书目录，大部分只有数页，著录的书籍不过十余种，大多简单列举书名、卷数、册数等信息，书籍分类也杂乱无章。朝鲜时代很多书目是这种情况，无论王室、地方还是私人，都有这种登记簿似的书目，《史记》《汉书》并非按四部分类有序地著录，而是比较随意。故本节在以表格整理朝鲜时代书目中著录的《史记》《汉书》情况时，只能按照其在书目中出现的顺序。还有一些书目并不见于《朝鲜时代书目丛刊》，应该是此类书目与丛刊收录的书目属于同一个系统，如属于奎章阁系统的《奎章阁书目》《集玉斋书籍目录》等。因此，以表 1、表 2 的著录内容来了解朝鲜时代《史记》《汉书》的收藏情况，可能会有重复统计，但从中总结其收藏特点还是比较合理的。

---

〔1〕 赵望秦、蔡丹：《〈内阁访书录〉为〈浙江采集遗书总录〉之节抄》，《文献季刊》，2012 年第 2 期。

〔2〕 ［韩］国学振兴研究事业推进委员会编辑：《古文书集成》，首尔：韩国学中央研究院，2005 年。

正如前文所说，16 世纪初，朝鲜在经历胡乱与倭乱之后，文献的保存情况受到了严重的破坏，很多藏书机构被毁，书籍荡然无存。《史记》《汉书》文本当然也包括在内，不仅此前从中国引进的版本极为缺乏，即使朝鲜时代印行的庚子字本与甲寅字本，也多残缺不全。之后，史汉《评林》的传入，为朝鲜时代史汉文本数量的恢复提供了重要条件。肃宗时期，闵黯主持印行《史记评林》《汉书评林》，之后两书成为朝鲜时代史汉文本存在的主要版本。因为两书卷帙较多，以当时的财力物力，闵黯只得首先印五件，要想达到肃宗要求的广泛传布的目标，需要经过许多周折。不过，史汉《评林》最终还是形成了较大的规模，并通过赏赐官员、赠送学校等方式广布开来。故在朝鲜时代公私书目中，多数都有《史记评林》与《汉书评林》，其中有个别只题《史记》《汉书》，也应当是史汉《评林》的零本。但朝鲜本史汉《评林》并非原本，如《镂板考》中所说，“东刻本之刊，略评语，亦犹《史记评林》”，“独冒其名尔”。[1] 从现存朝鲜本题为《史记评林》《汉书评林》的各版本来看，不仅是评语被删除了，而且原书序、版心、标题中的“史记评林”“汉书评林”，都被删去了“评林”二字。

书目中有所谓唐本（又称唐板，即中国本）与东本（朝鲜本）《史记》《汉书》的区别，其中唐本仅《隆文楼书目》与《摛文院目录》有著录。虽然其他书目中或许有唐本，但我们仍可以想见唐本史汉数量不仅与儒家经典、诸子文集无法相比，就是与东本《史记》《汉书》相比，数量也是很少的，并不是主要版本。

自世宗十四年（1432），就规定各道刊印书籍“自今必令启闻刊行”[2]。朝鲜时代几次印行的《史记》《汉书》，也都是由王室下令，以自上而下的方式进行的。这种做法一方面能够保证所印行的史汉版本是完整的，质量也比较高；另一方面，这种不惜工本的印行大部头《史记》《汉书》，也造成财力、物力方面的困难，使印行的数量较少，过程也比较缓慢。故朝鲜本《史记》《汉书》在当时是比较珍稀的书籍，很难做到

---

[1] ［朝鲜］徐有榘：《镂板考》卷 3《史部・通史类》，《朝鲜时代书目丛刊》第 4 册，北京：中华书局，2004 年，第 1799 页。

[2] 《世宗实录》卷 57 世宗十四年八月三日，第 17a 页。

广泛传布。从以上目录可以看出，王室所藏《史记》《汉书》数量较多，也比较完整，但也有残缺。其他地方、私人书目中收录的《史记》《汉书》，则很多仅有二三十卷（或者更少），有的直接标明缺多少册（本）。故朝鲜时代公私藏书机构所藏的《史记》《汉书》，并非全帙甚至残损缺失的情况比较多。个中原因如前所述，本来《史记》《汉书》印行的数量有限，再加之天灾人祸，流通不便，书籍难免不全。

不过，以上书目中著录的部分卷数较少的《史记》《汉书》，虽然不是全帙，但并没有标明缺失的册数、卷数，如《阅古观书目》中有《史记》九卷、《史记》十五卷、《史记评林》十七卷，均注明不佚。对于这种情况我们该怎样理解呢？或者在书目编纂者看来，其收藏的一些《史记》《汉书》文本，尽管卷数不是全帙，但并非是缺失的。即在他们看来，这些《史记》《汉书》文本已经是完整的，故没有必要注明缺失。那么他们为什么认为这些史汉文本已经是完整的呢？其原因在于，《史记》《汉书》在朝鲜时代传播与接受的过程中，其文本并非一直以全帙形式存在，有时只是其中一部分内容。这一部分内容是由接受者根据自己的需要选择、编辑的。这种经过编选的史汉文本已经能够满足阅读者的需要，并被其收藏、著录在书目中。在附录表 1、表 2 中有很多这样的史汉文本，如《史记英选》《史汉一统》《史记列传》《汉书列传》《史汉列传》《马史》《史记纂》《汉书纂》《马史抄》《汉书抄》《两京手圈》《汉草》《西汉诏书抄》《两汉词命》《史汉略选》等。这些都是以《史记》《汉书》文本为基础，经过选择、编辑形成的史汉选本，本书简称为“史选”。

然而，在传统四部分类法中，并没有一类“史选”，只有“史钞”与之相似。关于“史钞”，徐蜀先生认为在战国时已经出现，如《史记·十二诸侯年表序》中提到的《铎氏微》与《虞氏春秋》，但这两部书并非只是抄撮《春秋》，而是既有其他书的内容，也有自著的内容。史钞真正得到发展，还是在纪传体史书出现之后，主要原因在于，纪传体史书卷帙繁多，且不便于传播阅读。东汉出现的几部史钞，都以《史记》《汉书》为基础，如卫飒的《史要》、杨终的《节本太史公书》和应奉的《汉事》。东汉末年荀悦的《汉纪》，则不限于删节《汉书》，而是重新编排，把史钞作为一种编纂方式。魏晋隋唐时期，史钞则不限于《史记》《汉书》，还包括合抄其他史书。在《宋史·艺文志》中，史钞成为一个独立的门类。宋代袁枢的《通鉴纪事本末》，则是在史钞基础上形成的一种新的史书体例。宋代以后至清代，史钞著作的数量大大增加，所抄史书也不限于纪传体正史，而是扩展到通鉴与纲目类史书。[1]清代四库馆臣对史钞类书籍的评价并不高，虽然《史钞类序》认为此类书籍可以“博取约存，亦资循览”，但同时也认为明代史钞著作“趋简易，利剽窃，史学荒矣”，故《四库全书总目》中只收录三种，其余列为存目，在各书提要中也多有贬低之语。

对于史钞类书籍的作用，学者往往认为此类书对史学普及与教育有很大作用，但此类书中也有一部分并非为阅读史书而编纂。如宋代的《史记法语》《南朝史精语》《东汉精华》《汉隽》，明代的《左国腴词》《太史华句》等，就只是摘抄史书中有关词句，“以备文章、议论之用”（《东汉精华》提要）。朝鲜时代的史汉选本，则很少见只是寻章摘句的做法，而是以摘选《史记》《汉书》文本为主，类似于文选，故本书称之为“史选”，而并非“史钞”。以正祖的《史记英选》为例，该书有六卷三册、八卷四册、八卷五册三种版本，以八卷五册本为最终版本，所收内容也最完整。其中卷一收《项羽本纪》《萧相国世家》《留侯世家》，卷二收《伯夷传》《管仲晏婴传》《伍子胥传》《苏秦传》《孟尝君传》《平原君传》，卷三收《信陵君传》《范雎传》《乐毅传》《鲁仲连传》《屈原传》《张耳陈馀传》，卷四收《淮阴侯传》《郦生陆贾传》《袁盎传》《吴王濞传》，卷五收《魏其侯武安侯灌夫传》《汲黯传》《李将军传》《刺客传》《游侠传》，卷六收《滑稽传》《货殖传》《太史公自序》，卷七收《苏武传》《李陵传》《霍光传》《匈奴传》《夏侯胜传》，卷八收《魏相丙吉传》《萧望之传》《赵充国传》《梅福传》。有些篇名与《史记》相比，有所改变，如《管晏列传》改为《管仲晏婴传》，一些篇目只是《史记》《汉书》合传的一部分，如《范雎传》取

[1] 徐蜀：《史钞的起源和发展》，《史学史研究》，1990 年第 2 期。

自《范雎蔡泽列传》，《刺客传》只选聂政、荆轲。[1] 但总体上来说，《史记英选》收录的史汉篇目比较多，内容也比较完整，故称之为“史选”更为合适。

无论是王室还是地方、私人藏书书目中，都有大量史汉选本存在。从附录表1、表2中所列史汉版本来看，史汉选本比较广泛地分散于朝鲜时代书目之中，甚至可以说已经成为史汉文本在朝鲜时代存在的重要形式，而且这一特点在地方及私人书目中更加明显。另外，从《韩国所藏中国汉籍总目》《奎章阁韩国本图书解题》等现代书目来看，一些史汉选本并没有被列入朝鲜时代书目中。故本书根据现代书目及其他资料，搜集了部分史汉选本，整理为《朝鲜时代史汉选本书目》（附录表3），所收史汉选本依《史记》选、《汉书》选、史汉合选分类，末尾附录两种关于两汉诏书的选本。由于大部分史汉选本并不能明确刊写时间，故本书无法依时间顺序排列，只能依史汉抄选及本纪、表、志、列传的抄选为顺序。

朝鲜时代的史汉版本与史汉选本之间又有显然的区别。朝鲜本《史记》《汉书》的印行与著录情况，可以作为我们研究史汉版本及其对朝鲜时代产生影响的重要内容。而史汉选本则与之不同。虽然史汉选本的文本内容来源于《史记》《汉书》，但从其形式上来说，是朝鲜儒臣、文人自己编选的文本，从实质上来说，是朝鲜时代接受《史记》《汉书》的重要表现之一。这种现象与《史记》《汉书》在朝鲜时代的传播和影响有一定联系，但朝鲜文人对史汉文本的喜好与选择才是其产生的真正动力。而且，这些史汉选本虽然以印本或者写本的形式存在，但与《史记》《汉书》的晋唐古写本或某个残本是完全不同的概念，也就不能被纳入史汉版本系统中，所以不具有版本校勘与史学研究的价值和意义。当然，朝鲜时代史汉选本产生的原因和具体表现还需要我们进一步讨论。

---

〔1〕 孙卫国、张光宇：《〈史记〉对朝鲜王朝政治文化的影响——以〈史记英选〉之编选与刊印为中心》，《中国高校社会科学》，2014年第1期。

本章对《史记》《汉书》文本在朝鲜时代存在方式的考察，可以从两方面考虑：首先，我们需要了解朝鲜时代《史记》《汉书》版本的情况。关于这一点，我们在上一章已经有比较充分的论述。朝鲜汉籍对中国本《史记》《汉书》传播及影响的记载大多语焉不详，使我们很难确定早期朝鲜本的底本来源，只能作初步推断。而史汉《评林》对朝鲜中后期史汉版本的影响是明显的。所以，朝鲜本《史记》《汉书》只有几种官方活字本，印行的数量不足，也不够普及。这种情况受朝鲜时代印行史书为经筵进讲、经史兼读情形的影响。由于官方意识中对史汉文本的重视程度不够，再加之当时几乎没有民间书肆、书坊，史汉文本的普及受到很大限制。其次，朝鲜时代公私书目中对《史记》《汉书》的收藏著录情况，也体现出当时人对待史汉文本的态度。史汉并非朝鲜时代公私书目著录的重点，而且大多以朝鲜本为主，中国本比较少见，这也说明中国本的影响是有限的。只有当朝鲜时代印行的《史记》《汉书》文本出现之后，才在一定程度上促进了朝鲜时代人们对史汉的关注与接受。故而，我们在讨论史汉文本对朝鲜时代的影响时，必然不能简单地将之表述为中国史书与朝鲜社会的关系，毕竟此时史汉文本已经转变为朝鲜汉籍。而且，此时《史记》《汉书》对朝鲜时代的影响，受到朝鲜君臣对两书文本关注程度的制约。

第四章　朝鲜时代对《史记》《汉书》的接受

从上文所论《史记》《汉书》在朝鲜半岛的存在方式来看，其表现往往受到主观与客观条件的影响。其中主观条件就包括朝鲜时代书目中著录史汉的特点，以及朝鲜文人编选史汉选本过程中对史汉文章的选择与评价。这是朝鲜文人接受史汉文本的两种重要方式。而且，史汉选本这一现象比较突出，且形成了各种写本、活字印本等。除此之外，朝鲜时代人们对史汉文本的接受，还存在其他一些表现。这需要结合当时的社会背景以及人们接受《史记》《汉书》的相关史实，进行更为全面的探讨。

第一节　朝鲜时代之前《史记》《汉书》的受容情况

在朝鲜半岛的三国时代，社会上流行的是儒释道三教。儒家典籍“五经”等早已传入朝鲜半岛，高句丽设太学，教育子弟，而儒家伦理道德也成为社会行为的准则，进而影响了相关礼仪制度。小兽林王二年(372)，秦苻坚遣使送佛经给高句丽。五年（375)，创建肖门寺与弗兰寺。道教则在唐太宗时传入。盖苏文对高句丽宝藏王说三教“譬如鼎足，阙一不可”[1]。这种情况随着高句丽的对外战争、文化交流，也影响了百济、新罗。与儒释道相比，史学典籍的传播与接受相对来说比较薄弱，史料记载也比较缺乏。本节以《高丽史》及高丽文人文集为主要资料，探讨《史记》《汉书》在高丽时代的受容情况。

---

〔1〕 耿铁华：《高句丽儒释道“三教合一”的形成与影响》，《古代文明》，2007年第4期。

一、史汉典故与儒家思想

新罗时期，因宪德大王（809—825）之弟秀宗[1]感疾，召集国医诊治。国医称病在心脏，需要服龙齿汤。因此，秀宗告假二十多天，不见宾客。执事侍郎禄真求见，遭到拒绝。经过再三请求，终于获准。于是，禄真以梓人为室举例，批评了当时“徇私而灭公，为人而择官”的现状，提出正是由于这种情况使人“亦劳且病”。所以，要求“当官清白，莅事恪恭，杜货赂之门，远请托之累，黜陟只以幽明，予夺不以爱憎”，只有这样才会“刑政允穆，国家和平”，即便是“开孙弘之阁，置曹参之酒”，也是可以做到的。[2] 这里所引的公孙弘与曹参的典故，分别见于《汉书·公孙弘传》与《史记·曹相国世家》。《公孙弘传》称公孙弘“开东阁以延贤人”[3]，《曹相国世家》则以曹参日夜饮醇酒的记载，形象地说明曹参“一遵萧何约束”的做法。

唐将李勣征高句丽，高句丽将领高延寿等迎战，对卢高正义对延寿说：“秦王内芟群雄，外服戎狄，独立为帝，此命世之才”[4]，明显是引用秦统一六国的相关史实。再如实兮，“性刚直，不可屈以非义”，由于遭到奸佞珍堤的谗言，被贬谪。有人问他为什么不辩解，实兮以“屈原孤直，为楚摈黜；李斯尽忠，为秦极刑”[5] 的史实所答，并称这种事情自古有之，何必悲伤。

以上是《三国史记》中关于朝鲜半岛三国时期君臣引用《史记》《汉书》的记载。在儒释道盛行的背景下，史汉的接受与引用，往往有赖于文人个人的关注。这种关注稍显孤单。不过，从另一个角度来说，禄真与实兮也只有在熟悉相关史汉文本并充分理解文义的前提下，才能将有关史实运用得恰如其分。或许，在当时汉文化程度较高的高句丽文

---

[1] 秀宗，即兴德大王，又名秀升、景徽，826—835 年在位。

[2] ［高丽］金富轼撰、杨军校勘：《三国史记》卷 46《列传五·禄真》，第 641 页。

[3] 《汉书》卷 58《公孙弘传》，第 2621 页。

[4] ［高丽］金富轼撰、杨军校勘：《三国史记》卷 21《本纪二十一·宝藏王上》，第 258 页。对卢，原称大对卢，是高句丽最高官职名称，意即摄政、宰相或国相。渊盖苏文夺权后，改为莫离支。

[5] ［高丽］金富轼撰、杨军校勘：《三国史记》卷 48《列传八·实兮》，第 675 页。

人中，引用史汉典故如同引用儒家经典一样，成为文人之间较为共知的事情。

新罗人崔致远在唐咸通九年（868）入唐，中和四年（884）离开。在其文集《桂苑笔耕集》和《孤云集》中，就有直接引用《史记》《汉书》的内容。如：

> 谨按《史记》释云：天子车驾所至，则人臣为侥幸。赐人爵有极数，或赐田租之半，故因谓之幸也。[1]

这一段文字，见于《史记集解·孝文本纪》引“蔡邕曰：‘天子车驾所至，民臣以为侥幸，故曰幸。至见令长三老官属，亲临轩，作乐，赐食帛越巾刀佩带，民爵有级数，或赐田租之半，故因是谓之幸’”[2]。这段文字节录《集解》原文，并非崔致远误记，应当是由于所省略文字与奏状要表达的意思并没有太大关系。又“昔汉朝匈奴叛党来附，景帝便欲与之封。周亚夫曰：‘彼背其主而见赏，何以责人臣之节？’”[3]以汉周亚夫事，讨论处理临淮叛卒的问题。又“意得《西汉书·留侯传》尻云：‘良所与上从容言天下事甚众，非天下所以存亡，故不著’，则大师时顺闲事迹，荦荦者星繁，非所以警后学，亦不书，自许窥一斑于班史然”等。[4] 这一处引用，也是借汉初张良的事迹，褒扬碑铭所记人物。

崔致远文集中除直接引用《史记》《汉书》文字外，还常常将史汉

---

[1] ［新罗］崔致远：《桂苑笔耕集》卷5《奏论天征军任从海等衣粮状》，《韩国文集丛刊》第1册，第28页。

[2] 《史记》卷10《孝文本纪》，第425页。崔致远所引的这段文字，将“民臣”“民爵”作“人臣”“人爵”，与今中华本不同。《汉书·文帝纪》作“民臣”“民爵”。

[3] ［新罗］崔致远：《桂苑笔耕集》卷11《浙西周宝司空书》，《韩国文集丛刊》第1册，第61页。《史记·绛侯周勃世家》作“彼背其主降陛下，陛下侯之，则何以责人臣不守节者乎？”

[4] ［新罗］崔致远：《孤云集》卷2《无染和尚碑铭并序》，《韩国文集丛刊》第1册，第168页。尻，末尾之意。

人物、史实化用到骈文中，作为历史典故。如“虽汉代诸侯，亦流恩于异姓”（即汉高祖封异姓王事）；“张良正遇于汉恩，敢言绝迹；范蠡未除其越耻，讵欲逃名”[1]；“是故汉代微臣，有倾产助边之请”（事见《史记·平准书》《汉书·卜式传》）[2]；“日磾载美于《汉书》”，“时和而罢问喘牛”（汉相丙吉事）[3]。以上仅是对崔致远文集中比较明显地引用《史记》《汉书》相关内容的简单列举，其中关注的《史记》《汉书》人物有汉高祖、汉文帝、范蠡、张良、周亚夫、金日磾、卜式、丙吉等。

《桂苑笔耕集》《孤云集》是崔致远在淮南节度使高骈幕府四年间所作诗文汇编而成。而且，崔致远入唐时只有十二岁，在唐僖宗乾符元年（874）进士及第，此时“三史科”早已施行了半个多世纪。崔致远应该在这段时间的学习与应付进士科考试时，对“三史”有较熟练的掌握，因而在文章中广泛地运用史汉典故。此时《史记》三家注已经形成，但仍各自单行。

二、经史并重，古为今用

金富轼在《三国史记序》中评论当时的高丽士大夫，对“秦汉历代之史”能够比较熟悉，但对高丽本国历史则茫然不知，这种情况“甚可叹也”。金富轼的说法有些夸张。不过，当时朝鲜半岛古代史书基本上没有留下来，金富轼撰《三国史记》时，涉及各国早期历史，也不得不利用中国史书的记载。当时高丽通过与宋朝的交流，获得了汉籍，并且已刊刻《汉书》。徐兢称当时高丽有“临川阁，藏书至数万卷，又有清燕阁，亦实以经史子集四部之书”[4]。因此，高丽君臣对中

---

〔1〕［新罗］崔致远：《桂苑笔耕集》卷9《护军郄公甫将军（第三）》《前左省卫增常侍》，《韩国文集丛刊》第1册，第50页。

〔2〕［新罗］崔致远：《桂苑笔耕集》卷11《告报诸道征促纲运书》，《韩国文集丛刊》第1册，第60页。

〔3〕［新罗］崔致远：《桂苑笔耕集》卷12《淮口镇李质》《大嵩福寺碑铭并序》，《韩国文集丛刊》第1册，第72—73页。

〔4〕〔宋〕徐兢：《宣和奉使高丽图经》卷40《同文·儒学》，《丛书集成初编》，北京：中华书局，1985年，第139页。

国经史文献应该是比较熟悉的。

有学者认为，从唐至宋，出现了唐代文人喜《文选》，宋代文人嗜《汉书》的区别。具体表现在，宋人对唐人喜读《文选》，提出了批评，以苏轼的观点为例，认为《文选》代表了“齐梁文字衰陋”。唐人喜《文选》与唐代科举重诗赋、重文采密不可分。而宋代科举则重视策论，重视文人气节与品德的修养。所以，与《史记》相比，宋人嗜《汉书》，崇尚儒学，借鉴其中人物的气节与品德。〔1〕不过，在诏书、书信等实用文体中，唐宋人都十分重视儒家经典与史汉典故的运用，这明显不同于一般的文学创作。这一点，在高丽时代的官方文书与文人著作中也有很多事例。

高丽建国之初的诏书中有很多内容先以史汉典故开头。如太祖元年（918）八月诏：“朕闻，昔汉高祖收项氏之乱后，令民保山泽者，各归田里，减征赋之数，审户口之虚耗。又周武王黜殷纣之虐，乃发巨桥之粟，散鹿台之财，以给贫民者。”〔2〕对此，诏书评论说，这些做法是因为战乱之后，人不乐其生。于是，太祖下令免民三年租役，让流离四方者，回归田里，与民休息。汉初与高丽建国之初的情况有些相似，都是战乱后需要社会安定，恢复生产。太祖十一年（928），王建在给甄萱信中，希望双方息兵，结束战争，其中以“仗义尊周，谁似桓文之霸；乘间谋汉，唯看莽卓之奸”来比喻此时双方所处的位置。王建早已获得后唐的册封，自认为尊周攘夷的齐桓公，而把甄萱比作篡汉的王莽、董卓之流。这种写法除了显示仁义与残暴的对比之外，更在于使自己的做法符合《春秋》大义中的“尊尊”原则，从而使对方陷入理论劣势。诏书在列举了大量高丽军队战胜的事例后，表示“必期泜水营中，雪张耳千般之恨；乌江亭上，成汉王一捷之功”〔3〕。以汉代张耳、刘邦最后

〔1〕张海沙：《唐人喜〈文选〉与宋人嗜〈汉书〉——论唐宋人不同的读书趣向》，《文学遗产》，2009年第1期。

〔2〕［朝鲜］郑麟趾等撰、孙晓主编：《高丽史（标点校勘本）》卷1《太祖一》，第29页。

〔3〕［朝鲜］郑麟趾等撰、孙晓主编：《高丽史（标点校勘本）》卷1《太祖一》，第29页。

成功的关键史实，说明自己取得胜利是必然的，有“天之所助”，并且抬出了吴越王对王建平定战乱的要求，自诩为正统。太祖二十六年（943）夏四月，王建亲授大臣朴述希《训要》，其中说“朕闻大舜耕历山，终受尧禅；高帝起沛泽，遂兴汉业”[1]，认为自己统一三韩的过程，与舜受禅让、汉高祖起布衣一样，创业艰难，希望后世子孙以《训要》为龟鉴。太祖末年，王建引汉文帝遗诏“天下万物之萌生，靡有不死。死者，天地之理，物之自然，奚可甚哀”，称自己“视死如归，有何忧也”。[2] 景宗元年（976）冬十月，加政丞金傅为尚父，制曰：“姬周启圣之初，先封吕望；刘汉兴王之始，首册萧何。”[3] 成宗九年（990）十二月，以侄诵为开宁君，教曰：“周开麟趾之封，礼崇藩屏；汉叙犬牙之制，义笃宗支。”同月，出于对当时高丽书籍缺失情况的考虑，教曰：“秦皇御宇，焚三代之诗书；汉帝应期，阐五常之载籍。”[4] 成宗以“崇儒”为出发点，令人搜集四部典籍，藏于两京，所以有令诸生抄书史籍的做法。《高丽史》中所收的教、制等文字，其行文首句往往引用有关经义、史书，其中引《史记》《汉书》的不在少数。这种情况出现的前提是，当时教、制等的撰写者，对史汉内容比较熟悉，并能够恰当地引用。同时，史汉相关内容与教、制要表达的意思之间有着紧密的联系，所以能够类比。这种做法在以史为鉴的同时，还在于古为今用，将古代史实视作与经义具有同样的权威性与说服力。

这种做法在高丽大臣的奏疏中也有相关事例。如睿宗年间（1106—1122），郑克永（1067—1127）上表认为，当时高丽社会的情形危机四

---

〔1〕［朝鲜］郑麟趾等撰、孙晓主编：《高丽史（标点校勘本）》卷1《太祖一》，第42—43页。

〔2〕［朝鲜］郑麟趾等撰、孙晓主编：《高丽史（标点校勘本）》卷1《太祖一》，第42—43页。

〔3〕［朝鲜］郑麟趾等撰、孙晓主编：《高丽史（标点校勘本）》卷1《太祖一》，第55页。

〔4〕［朝鲜］郑麟趾等撰、孙晓主编：《高丽史（标点校勘本）》卷3《成宗》，第73—74页。

伏，如同《汉书》中徐乐所说的“天下之患，在于土崩”[1]，希望睿宗重视历史教训，延请大臣，共同商议对策。恭愍王元年（1352），李穑上疏论御倭事，认为文武不可偏废，称“唐虞三代，遐哉邈乎！且以两汉言之，高祖之与楚角也，有如萧何者，运筹而无汗马之功，此文也；有如韩信者，分兵而有攻战之劳，此武也。光武中兴之时，投戈讲艺，息马论道，则其文武并用，经纬俱张，而为后世之不可及也”[2]。对于高丽文人而言，唐虞三代的史实并不如两汉更为详尽。而且，《史记》《汉书》对汉初史实的全面记载，使得有关人物的事迹充实且特点显明，具有强烈的影响力。

有一个事例可以说明当时高丽大臣对史汉的熟悉程度。显宗五年（1014），上将军金训、崔质等作乱，造成“武臣用事，悍夫凶竖，并带文官，羊头狗尾，布列台阁，政出多门，朝纲紊乱”的局面，时任和州防御使王可道对日直金猛说：“王何不效汉高云梦之游乎？”即以汉高祖伪游云梦而斩韩信的史实，作为应对办法。金猛把这个办法密奏给显宗。显宗采纳，并任王可道为书记，授西京留守判官。第二年，显宗至西京，设宴招待群臣，并趁机率兵擒击了金训、崔质及其同党等。[3]

刘勰在论“诏策”中说，策制诏敕“并本经典以立名目”，所以，引经据典是此类文献常用的套路。同时，这种做法也符合经史之学经世致用的要求。儒家经典自然不必说，其本身就具有教化的特性与作用。而对于史书来说，通过以史为鉴，了解历史，使人们避免重蹈历史的覆辙，以史为鉴，古为今用，并增强论证的说服力。当时高丽君臣在引用史汉文本的内容，以史为鉴的同时，很多人也能熟悉并理解相关史实，运用到教、制或者奏疏里，作为经典论据，借以增强言说的权威性与说

---

[1] ［朝鲜］郑麟趾等撰、孙晓主编：《高丽史（标点校勘本）》卷98《郑克永传》，第3034页。郑克永，字师古，树州金浦县人。明敏好学，擢魁科。睿宗时，累迁左谏议大夫、中书舍人。

[2] ［朝鲜］郑麟趾等撰、孙晓主编：《高丽史（标点校勘本）》卷115《李穑传》，第3521页。

[3] ［朝鲜］郑麟趾等撰、孙晓主编：《高丽史（标点校勘本）》卷94《王可道传》，第2931页。王可道，初名子琳，清州人，本姓李。成宗朝擢魁科，补西京掌书记。

服力。

三、征诸人事，将施有政

高丽文人对历史史实的古为今用，当然不限于寻找历史依据，借鉴历史经验，还在于如同杜佑在《通典》序中所说的“征诸人事，将施有政”，即在具体施政过程中，直接援引《史记》《汉书》的相关记载，古为今用。

成宗九年（990）七月，下教褒奖金审言（？—1018）所上封事二条，其中一条全引《说苑》“六正六邪”与《汉书》“刺史六条”〔1〕。成宗命将“六正六邪”及“刺史六条”文，“于二京六官诸署局，及十二道州县官厅堂壁，各写其文，出入省览，以备龟鉴”〔2〕。德宗（1032—1034）初，崔冲再次建议并揭示书写这两段文字。〔3〕到了朝鲜仁祖二十三年（1645），右议政李景奭也提出将《周礼》“荒政”、《说苑》“六正六邪”、《汉书》“刺史六条”附于所上奏札。孝宗朝，执义沈之汉又书写这两段文字呈进。可见，在高丽与朝鲜两个时代，这两段文字作为对官员道德与行为的要求，不断被重提和强调。如丁若镛就认为，“凡行台察物，唯汉刺史六条之问，最为牧民之良法”〔4〕。

成宗十二年（993）二月，置常平仓，“昉于汉唐”〔5〕，具体来说，就是对常平仓的运作，参照《汉书·食货志》中提到的管仲相齐采用的方式，“以年丰歉，行粜籴，民有余，则敛之以轻，民不足，则散之以重”的原则，具体措施是“以千金准时价，金一两直布四十匹，则

---

〔1〕汉设刺史，以六条问事。见《汉书》卷19上《百官公卿表上》颜师古注引《汉官典职仪》。

〔2〕［朝鲜］郑麟趾等撰、孙晓主编：《高丽史（标点校勘本）》卷93《金审言传》，第2901页。

〔3〕［朝鲜］郑麟趾等撰、孙晓主编：《高丽史（标点校勘本）》卷95《崔冲传》，第2939页。

〔4〕［朝鲜］丁若镛：《与犹堂全书》第五集《牧民心书》卷4《吏典六条·察物》，《韩国文集丛刊》第285册，第384页。

〔5〕“汉唐”在某些特定的语境中，并不是汉代与唐代的合称，而更偏重于表示自汉代以来。

千金为布六十四万匹，折米十二万八千石。半之为米六万四千石，以五千石，委上京京市署粜籴，令大府寺、司宪台，共管出纳。余五万九千石，分西京及州郡仓一十五所，西京委分司司宪台、州郡仓，委其界官员管之，以济贫弱”。[1] 高丽通过与宋、辽、金、元、明几朝的交流，借鉴和学习了各朝的制度与文化。但在某些方面，却又像中国很多朝代一样，在制度设计时仿照汉唐故事，引用相关文本记载作为参考依据。这次引用《汉书·食货志》也是如此。因为在此前两年，宋太宗淳化二年（991），宋朝已经设置常平仓，更不用说之前的历朝，常平仓制度一直存在。所以，高丽以《汉书·食货志》的记载作为常平仓制度设计的范本，其经典意义要大于具体措施的参考价值。如忠宣王元年（1309），置典农司，也宣称效法汉常平仓。

仁宗即位时（1123），因为外祖父李资谦在朝廷的班次礼数问题，让大臣商议办法。宝文阁学士郑克永、御史杂端崔濡按照“天子有不臣者三”的原则，认为仁宗外祖父李资谦属于不臣者之一的“后之父母”，应不称臣，不与百官一样在殿廷朝贺，应该直接“诣幕次拜，上答拜而后坐殿”。这个建议得到了大多数人的赞同。但是宝文阁待制金富轼却不这样认为，他举了汉高祖尊太公为太上皇、东汉不其侯伏完、东晋穆帝母褚太后、魏帝父燕王宇的故事，并认为，按《仪礼》五服之制，仁宗的外祖父并不属于需要特别尊亲的人。所以，李资谦应该上表称臣，在王庭行君臣礼，在宫闱则行家人礼。仁宗同意了这种做法。金富轼所依据的事例有两汉、东晋、曹魏等，但作为根本原则的，仍是汉高祖拜其父为太上皇的例子，并认为“以此论之，虽天子之父，若无尊号，则不可令人主拜也”[2]。

熙宗四年（1208）十月，“改定昭穆位序，有所乖戾”，令大臣等据典籍与高丽礼制，展开讨论。一时众说纷纭。有人就举了《汉书》“父昭，子穆，孙复为昭”与《公羊传》“父为昭，子为穆，孙从王父”

---

[1] ［朝鲜］郑麟趾等撰、孙晓主编：《高丽史（标点校勘本）》卷 80《食货三》，第 2557—2558 页。

[2] ［朝鲜］郑麟趾等撰、孙晓主编：《高丽史（标点校勘本）》卷 98《金富轼传》，第 3017—3018 页。

的例子，说明昭穆的顺序应该是固定的，只有这样才合乎礼法。[1] 此前的靖宗二年（1036）十二月，徐讷、黄周亮等曾经讨论过昭穆的问题，以与始祖亲疏远近来确定昭穆，这种做法可能会造成一些比较疏远的先祖被毁庙。现在按照《汉书》与《公羊传》的提法，就不存在这种问题。

恭让王三年（1391）三月，中郎将房士良上书，首先引《货殖列传》“用贫求富，农不如工，工不如商，刺绣文不如倚市门”，强调当时的四民之中，以农最苦，工次之，而商人则“游手成群，不蚕而衣帛，至贱而玉食，富倾公室，僭拟王侯，诚理世之罪人也”，[2] 应当将商人经营的纱罗、绫缎、绡子、棉布等，施以官印，并根据其重量长短收税。如有逃税者，按律治罪。这次上书或许是针对高丽末年严重的社会问题。高丽末期，土地兼并严重，大司宪赵浚等上书，称此时出现了“跨州包郡，山川为标”的私人农庄，许多良人农民沦为其奴婢。这样，国家正常的租税收入受到了很大影响。或许出于这种原因，只能通过向商人征税的方式，增加国家的收入。

不过，在高丽时期，君臣引用《史记》《汉书》作为廷议论证与典章制定的依据，这种情况并不是绝对普遍的，只能说是相对于其他中国史书来说比较突出。与引用儒家经典相比，引用《史记》《汉书》不仅有经典权威的意义，更有可以参考的具体措施。以上所举的高丽君臣利用《史记》《汉书》的例子，其所引文本与原文相差比较大，多数情况下只能算作义引。甚至如“刺史六条”这样著名的文献，高丽所引的也并非今本《汉书·百官公卿表》注中的内容，而是引《文选》卷五十九《齐故安陆昭王碑文》注引《汉书音义》所列的六条。这六条据《九朝律考》考证，为曹魏时贾逵任豫州刺史所定。金审言、沈之汉等引“刺史六条”时，明确说引自《汉书》，或许是受《文选》记载的影响，产生了错误的认识。

---

〔1〕［朝鲜］郑麟趾等撰、孙晓主编：《高丽史（标点校勘本）》卷 61《礼三》，第 1959 页。

〔2〕［朝鲜］郑麟趾等撰、孙晓主编：《高丽史（标点校勘本）》卷 79《食货二》，第 2524 页。

四、文章当须慕班马

高丽时代，人们除了在诏书奏疏中引用相关史汉史实，以作为廷议论据与典章参考之外，也对《史记》《汉书》在文学方面的价值给予了较多关注。

应该说，《史记》《汉书》的文学经典性，很早就为古代学者所重视。汉魏时期，因将司马迁当作文章家，从而对《史记》文章叙述多有赞扬。唐代则出现了把《史记》当作“古文”典范的古文运动。宋代则开始从文学创作及人物描写角度对《史记》进行评论和研究。明清时期则看重《史记》的文章结构、写作艺术等方面。[1] 而历代对《汉书》文学性的考察，则不如《史记》丰富，主要原因在于《汉书》叙事工简，体例严整。[2] 史汉作为史学名著，其文章风格也得到了历代文人的推崇与品评，如论《史记》多以“文质”“雄奇”称许，而对《汉书》的评价，则是“博厚”“高简”“严整”。清代学者总结史汉的区别，认为《史记》“圆而神”，《汉书》“方以智”，被后世学者认为是精到之论。这是就《史记》《汉书》文学对中国古代影响的时代特色而言，而对高丽文人的影响，则可以具体到文章风格方面。

有学者认为，高丽时代早期，文人专习四六骈俪文，中期渐渐崇尚汉文与唐诗，末期兼习宋文。[3] 如林椿在其《东行记》中记载自己在游历南国及溟原二州之后，认为“向之所历者，宜皆逊让屈伏，无敢与抗矣”，感叹风景“奇胜绝物”，“恍然若别造一世界”，以为《史记》的文章风气，与司马迁游历四方奇景有很大关系。

昔司马太史尝游会稽，窥禹穴，以穷天下之壮观，故气益奇

---

〔1〕 可永雪：《〈史记〉文学成就论衡》，北京：中央民族大学出版社，2012年，第12—17页。张大可先生将《史记》的文学特质归结为四点，见氏著《司马迁评传》，可参看。

〔2〕 潘定武：《〈汉书〉文学论稿》，合肥：安徽大学出版社，2008年，第6—8页。

〔3〕 ［韩］金台俊：《朝鲜汉文学史》，张琏瑰译，北京：社会科学文献出版社，1996年，第39页。

伟，而其文颇疏荡而有豪壮之风。则大丈夫周游远览，挥斥八极，将以广其胸中秀气耳。余若桎梏于名检之内，则必不能穷其奇，掺其异，以赏其雅志也，有以见天之厚余多矣。[1]

林椿是郑仲夫武臣之乱后出现的“海左七贤”之一。在乱中，林椿仅以一人幸免，又不应科举，故其为文常常悲叹科场困厄的境遇。[2]如他在与人信中，论及自己科举不中，以项羽“天亡我，非用兵之罪”作比，写道：“求试于有司，凡二举而不中。后遭难依违，迁就至今，才三举而须鬓几白。又辄废以疾病，则彼漠漠者，固有使之然耳。此项羽所谓天亡我，非战之罪也。”[3] 又借史汉人物事迹，说明“将以有为，必资知己”的观点。

冯唐不遇于三世，空叹为郎。其或张子房贱为布衣，万户封侯足矣；金日磾出于降虏，七叶内侍盛哉！以李广猿臂善射也，困于数奇；虽韩愈虎跃高文也，犹以贬老。苟无相拯而相援，安免自衒以自媒？是以毛遂为平原而请行，譬以处囊之颖；冯驩与孟尝而求见，乃悲弹铗之歌。[4]

在评论司马迁文风的同时，林椿以自己能感受司马迁的文风为庆幸，也不免为自己不第做一番解释。他以唐韩愈文章为典范，作品多关注社会问题。[5] 韩愈是唐代古文运动的代表人物，为文仿先秦两汉，

---

〔1〕［高丽］林椿：《西河集》卷5《东行记》，《韩国文集丛刊》第1册，第259页。

〔2〕［韩］李家源：《韩国汉文学史》，赵季、刘畅译，南京：凤凰出版社，2012年，第140—141页。

〔3〕［高丽］林椿：《西河集》卷4《与赵亦乐书》，《韩国文集丛刊》第1册，第246页。

〔4〕［高丽］林椿：《西河集》卷6《上某官启》，《韩国文集丛刊》第1册，第266页。

〔5〕尹勇植，「西河林椿文學研究」，博士學位論文，檀國大學，1993，39。《西河集》卷2《次韵李相国见赠长句》（《韩国文集丛刊》第1册，第218页）中有“文止退之，书止颜真卿”，可见林椿对韩愈的推崇。

尤其重视《史记》，其《张中丞传后叙》历来被认作韩文继承《史记》的代表作品。不仅如此，在朝鲜文人中也有相同的认识，如南公辙称“《张中丞传后叙》似子长”[1]，蔡济恭以“昌黎文百世师也。《张中丞传后叙》，尤奇壮悲惋，尽是太史公亚匹”[2]。故而林椿对《史记》文风的欣赏，除了读《史记》原文之外，也应该与韩愈文章有关。

朝鲜中期文人申维翰（1681—1752）在为林椿《西河集》所作的跋中说：

> 不佞少读太史氏书，夫固以彼其才，落魄罹殃，至欲述空言而藏之名山大川，希觊夫不必然之境，其叙致胡伤而志胡迂也……先生视太史犹贤。[3]

林椿的个人遭遇与司马迁有相似之处，故申维翰以司马迁与林椿作比。至于申维翰认为林椿贤于司马迁，或许在于《西河集》被发现时的神话色彩。申维翰在跋中讲述了《西河集》被发现的过程：1716 年，云门寺僧印淡梦见一个道士指点，在若耶溪旁松石间掘得一铜塔，内有铜盎，其中有《西河集》。由此，《西河集》便被赋予了灵性，成为天地万物、山川鬼神都护佑的神物，这当然比《史记》要高明得多。

高丽末安辅（1302—1357），史称其人“性刚直廉洁，喜读史汉，为文章，去华取实，达而已矣”[4]。安辅的事迹见于《高丽史》，附于《安轴传》，其文章著作并没有保存下来，风格是否与史汉相同，也就无从比较。不过，李穀（1298—1351）《稼亭集》中有《送安员之曝史南归》诗，首句称“文章当须慕班马，事业亦可窥伊吕”，应该是对安

---

[1] ［朝鲜］南公辙：《金陵集》卷 24《书画跋尾 · 柳公权兰亭书帖墨刻》，《韩国文集丛刊》第 272 册，第 466 页。

[2] ［朝鲜］蔡济恭：《樊岩集》卷 59《书张中丞传后叙后》，《韩国文集丛刊》第 236 册，第 583 页。

[3] ［朝鲜］申维翰：《青泉集》卷 5《林西河集跋》，《韩国文集丛刊》第 200 册，第 329—330 页。

[4] ［朝鲜］郑麟趾等撰、孙晓主编：《高丽史（标点校勘本）》卷 109《安轴附安辅传》，第 3339—3340 页。

辅文章风格的真实写照。

《史记》《汉书》也成为高丽文人教授生徒的重要书籍，李仁老（1152—1220）在《破闲集》中记载了黄彬然向金莘尹学习《汉书》的逸事。

> 江夏黄彬然未第时，与两三友读书湍州绀岳寺。时金东阁莘尹名士也，醉发狂言，忤当时贵幸，徒步出城归绀岳，自云："老兵将还乡，请寄宿。"彬然悯其老且困，许焉。终日在床下无一言，偶取火箸画灰成字势，座皆指目："这老汉颇解文字也。"诘朝，公之子蕴琦，已登第也，率苍头两三人，负酒壶往寻及门。问于人曰："昨者家公出都门抵此，今在否?"答曰："但有一老兵来宿，安有金东阁耶?"蕴琦突入拜庭下，彬然伏地愧谢。公笑曰："措大尔，安得知范雎之已相秦耶?"相与登北峰，坐松下石，共饮极欢。命座客赋松风各一韵："断送玄猿啸，掀扬白鹤冲"，彬然；"厌喧欹枕客，怕冷拾枯童"，宗昤；"冷然姑射吸，飒尔楚台雄"，无名；"鹤寒难得睡，僧定独如聋"，东阁也。是夕，剧饮而罢，彬然叩头愿受业。留数月，读《前汉书》毕，方还。士林至今以为口实。[1]

金莘尹是高丽时代中期诗人，官至左谏议大夫等，其作品收入《东文选》。黄彬然，事迹不详。从以上事迹可以看出，金莘尹对《史记》《汉书》应当比较熟悉，可以很恰当地运用《范雎传》的典故，并且家有藏书，可以教授学生读《汉书》。

五、成一家之史

朝鲜半岛早期史书如"留记""古记""传记""别记""乡传""别传"等，大多是故事体或传记体。新罗、高句丽时期出现了以儒家思想为指导，并参考中国史书重修的史书，但带有很强的神话色彩。[2]

---

〔1〕［高丽］李仁老：《破闲集》卷中《江夏黄彬然未第时，与两三友读书湍州绀岳寺》，韩国国立中央图书馆藏显宗元年（1660）刊本。

〔2〕徐健顺：《朝鲜早期史书辨析》，《东疆学刊》，2006 年第 2 期。

不过，这些史书也体现了当时官方修史的努力与国家意识的增强。

高丽仁宗时期（1122—1146），金富轼撰《三国史记》，徐居正（1420—1488）称“富轼祖马史而编摩，所失者缀拾苴补”〔1〕，评价并不很高。所谓“缀拾苴补”，即《笔苑杂记》卷二中所说“掇拾《通鉴》《三国志》《南（史）》《北史》《隋（书）》《唐书》为传记表志”，似不涉及史汉。不过，从前文所涉金富轼在仁宗外祖父李资谦问题上引用中国史书作答来看，他对《史记》《汉书》等书应当比较熟悉，在史书编纂过程中，对两书有所参考。

高丽之前的修史体裁多是编年体或传记体，而金富轼撰《三国史记》采用了《史记》《汉书》的纪传体。这种做法除了金富轼本人比较熟悉《史记》《汉书》，希望借鉴纪传体之外，还在于当时纪传体是中国历代正史的主要体裁。高丽时代的史书，在《三国史记》之前，只有几种，且大多佚而不传。故金富轼认为当时士大夫“至于吾邦之事，却茫然不知其始末，甚可叹也”〔2〕。这是就因为史书缺乏，从而对史实不明，不利于了解历史而言。另外，《三国史记》的编纂出于仁宗的授意，由金富轼撰进，属于官修史书。同时，金富轼还认为，《三国史记》的编纂，为“克成一家之史”〔3〕。所谓“成一家之史”，与《史记》“成一家之言”并不一样。《三国史记》不仅记载了前代史书所缺的相关史实，为当时人们了解前代历史提供了一部史书，更重要的是，从当时高丽国家层面考虑，也需要编纂一部官修正史。一然的《三国遗事》将《三国史记》称为“国史”，也是出于这种认识。所以，高丽时代出于“慕华”的需要，建立史馆，又由于“事大”的考虑，将“史馆”改名为“春秋馆”。但从另一个角度来说，史馆、史官等机构的设置，“慕华”只是其中一个方面的原因，更重要的是，这些是属于高丽时代国家制度的组成部分。而高丽时代纂修实录、起居注、日历、史

---

〔1〕［朝鲜］徐居正：《四佳文集》补遗二《杂著类·进三国史节要笺》，《韩国文集丛刊》第11册，第305页。

〔2〕［朝鲜］徐居正等编：《东文选》卷44《表笺·进三国史记表》，首尔大学奎章阁藏朝鲜训炼都监字印本，第13a页。

〔3〕［朝鲜］徐居正等编：《东文选》卷44《表笺·进三国史记表》，第13a页。

稿、史草及其他官修史书，更体现了其国家意识。[1]

至于《三国史记》对《史记》《汉书》的具体模仿，则更多集中在体裁方面，同时又有一些变化。如都有本纪、年表、志、列传，史料的安排也同于《史记》《汉书》；本纪中对三国诸王的叙述，采用编年体；对于三国年表的处理，同于《十二诸侯年表》《六国年表》等，所不同的是，加入了对应的中国王朝年号；志称为“杂志”，其中祭祀、乐、色服、车骑、器用、屋舍按典章制度分类，地理则先新罗后高句丽、百济，职官则叙述其设置、沿革，这应当更多是受后世纪传体史书的影响；列传则有专传与合传；同“太史公曰”一样，《三国史记》也有以“论曰”开头的史论。[2]

《三国史记》中的史论有 31 篇，大多从“春秋笔法”与儒家伦理的角度评论三国历史，不过其中也有评论《史记》《汉书》史实的。如沾解尼师今（247—261）即位年七月，谒始祖庙，封父骨正为世神葛文王。[3] 对此，金富轼认为非礼，不可法，不符合《礼记》“为人后者，为之子”的经义，并列举汉宣帝即位时，欲封自己的父母，被大臣劝阻的史实。这段史论重点在于以汉宣帝史实来强调儒家伦理，也显示出金富轼对史汉相关文本的熟悉程度。

由于三国时期相关资料的缺乏，金富轼在撰《三国史记》时，对于涉及中国的记载，基本以中国史书为基本资料。不过，《三国史记》参考中国史书的部分，有些内容并没有保持原貌，而是经过了修改。李大龙先生在对比了《三国史记》与《汉书・王莽传》对高句丽早期历史的描写之后认为，《三国史记》对王莽改王为侯、高句丽军队被征调进攻匈奴、严尤的奏言、高句丽侯驺被杀及传首京师等记载，都有文字

---

〔1〕崔岩：《慕华与事大背后的“国家意识”：高丽王朝的史馆与修史》，《史学史研究》，2013 年第 4 期。李润和认为，《三国史记》的编纂，还在于高丽为应对女真威胁的自我意识。（《中韩近代史学比较研究》，北京：社会科学文献出版社，1994 年，第 16 页）

〔2〕周海宁：《中国文化对高丽、朝鲜时代史学之影响研究——以史学体例和史学思想为中心》，博士学位论文，上海师范大学，2013 年，第 36—44 页。

〔3〕［高丽］金富轼撰、杨军校勘：《三国史记》卷 2《新罗本纪二・沾解尼师今》，第 25 页。

改动或者故意省略的问题存在。[1] 高丽时代的另外一部史书《三国遗事》在撰写过程中也参考了《史记》《汉书》等中国史书，同时对新罗、高句丽始祖诞生的描写，与《史记》中对商、周始祖诞生的记载如出一辙。

所以，对《三国史记》《三国遗事》来说，两书的编纂者确实需要学习当时比较发达的中国文化与史学思想，《史记》等中国史书也起到了参考作用。但是，我们应当看到，这种影响主要表现在史书体裁方面。那种认为两书的编纂是为了“事大主义”的考虑，显然是不合实际的。反而在两书编纂过程中，在建立古史体系，呈现史实叙事的表达方式、对外关系的倾向性等方面，无不宣示着独立自主国家的意愿，体现了较强的民族意识与国家意识。[2]

六、理学影响下的高丽文人史论

高丽辛禑十四年（1388）初，辛禑发兵攻辽东，大将李成桂回军，废辛禑。典校副令尹绍宗[3]通过郑地求见李成桂，献《霍光传》。李成桂令赵仁沃读而听之，仁沃极言应复立王氏为高丽国王。[4]

尹绍宗所献的《霍光传》，应当是单抄本。因为《汉书》以霍光和金日磾同传，若是刊印本，一册最少一卷，且一册不只有《霍光传》，所以为单抄本的可能性最大。而且，尹绍宗出于引起李成桂重视的考虑，也不会随便找一册《霍光传》，而是应该认真地书写一篇，作为谏书。其目的当然是想借用霍光废昌邑王立昭帝的史实，希望李成桂做霍光。因为当时已经有大臣提议让李成桂做高丽国王。《汉书》以霍光和金日磾同传，也有着明确的思想倾向。《汉书·叙传下》评论霍光“权

---

〔1〕 李大龙：《〈三国史记·高句丽本纪〉研究》，哈尔滨：黑龙江教育出版社，2011年，第54—64页。

〔2〕 [韩] 李载浩：《〈三国史记〉与〈三国遗事〉所显出之国家意识——对过去的事大主义史观之批判》，李凤圭译，《中兴史学》，1997年第3期。

〔3〕 著有《桐亭集》。

〔4〕 [朝鲜] 郑麟趾等撰、孙晓主编：《高丽史（标点校勘本）》卷120《尹绍宗传》，第3651页。

定社稷，配忠阿衡”，这是肯定的方面，但同时也有“怀禄耽宠，渐化不详，阴妻之逆，至子而亡”的批评；而对金日磾的评价，则全是肯定，认为他“秺侯狄孥，虔恭忠信，奕世载德，貤于子孙”。〔1〕故此传的主要目的在于强调忠信。

尹绍宗曾任史官，后转为正言，即谏官。他多次上疏陈时事，在疏中经常引用宋儒的言论，如天位天民说，“天命之性本善无恶”，“天性之真得其养”，“纲常天下国家之大本”等，并希望“凡宫人内臣亦用程子经筵之奏”。恭让王时，欲读《贞观政要》，尹绍宗认为当讲《大学衍义》。《大学衍义》的内容均“征引经训，参证史事”〔2〕。尹绍宗之弟会宗，上疏论辛禑嗣高丽王位，举汉王莽、曹操事迹，认为“作史者皆书曹丕之年以帝魏矣，独朱文公修《纲目》，黜曹丕之年，而特书昭烈皇帝章武元年，以正汉家之统”〔3〕。说明尹氏兄弟接受了宋儒及其史学思想。而宋儒史学存在理学化的趋势，这一特点在朝鲜时代得到了继承与加强。

宋儒史学的理学化趋势与宋代庆历年间兴起的怀疑汉经师说，以己意说经有关。在这种风气之下，学者批评汉儒的注疏、训诂，重新考辨先秦以来的典籍，进而推动了宋代史学疑古的思潮。宋儒对于《左传》这部之前并不偏重于微言大义的史书，注重其“笔法”，使之变成宋儒心目中的“经世之大法”，并影响着史学义例的创立。《春秋》大义与正名思想，反映到宋代史学上，就表现在儒家伦理与正统观念。宋代史学的理学化过程，至朱熹为集大成者。〔4〕宋儒对于史学的观点是，史学应当以明义理为第一要务，包括朱熹道学派与浙东学派在倡导“史以明义”这一点上有共通之处。这种史学方法不再满足于以实录为主要目标的史书编纂方式，转而追求历史现象中的“理”或者“道”，并推动

〔1〕《汉书》卷100下《叙传下》，第4259页。

〔2〕魏小虎编撰：《四库全书总目汇订》卷92《子部二·儒家类二》，第2876页。

〔3〕［朝鲜］郑麟趾等撰、孙晓主编：《高丽史（标点校勘本）》卷120《尹绍宗附会宗传》，第3658—3659页。

〔4〕王东：《宋代史学与〈春秋〉经学——兼论宋代史学的理学化趋势》，《河北学刊》，1988年第6期。

了讲求义理、进行思辨的史论的发展。[1]

高丽中后期，《纲目》《大学衍义》等宋儒著作逐渐为高丽文人所接受。宋代史学注意史论、讲求义理的特点，也在高丽文人及其著作中开始出现。尹绍宗献《霍光传》，是想借史书中的微言大义达到进谏的目的，这种方式比起长篇大论的奏疏要有效得多。这一时期，高丽文人的著作中也出现了一些史论，如李奎报（1168—1241）的《为晁错雪冤论》《韩信传驳》《唐书杜甫传史臣赞议》《屈原不宜死论》《卫鞅传论》《秦始皇不焚周易论》，李齐贤（1287—1367）的《范增论》《伍员、苏不韦论》，李穀的《赵苞忠孝论》《后汉三贤赞》《吊党锢文》《杯羹说》，李詹的《霍光论》等。[2] 这些史论以汉唐人物为主，评价标准的基础当然是儒家伦理与道德。如李奎报的《卫鞅传论》认为，按《史记》载卫鞅先遗书魏公子卬，称两国不相攻，可相聚乐饮而罢，以安秦魏，但当宴饮时，卫鞅以伏甲灭魏军，这种做法"非义"。战场上的兵不厌诈，如声东击西、左实右虚之类，属于权谋，而卫鞅的做法，属于无信。最终得出"夫诈者，一时之利也。信者，久长之计也"的结论。[3] 再比如李穀的《杯羹说》。楚汉相争时，刘项对峙于广武，项羽将太公置于高俎，欲烹之。刘邦称与项羽为兄弟，"吾翁即汝翁。必欲亨乃翁，幸分我一杯羹"。此为"杯羹说"的由来。李穀甚至因此怀疑历来关于刘邦"宽仁大度"的说法，认为刘邦仅考虑胜负，不顾及太公的安危，而且"杯羹说"出于人子之口，与项羽杀义帝一样，同属违背礼义。或者有人认为，刘邦为夺取天下，不会放弃取胜的机会，更显示其大度。况且，刘邦也认为项羽不会加害太公。对此，李穀认为，项羽不杀太公，可能是偶然情况，故刘邦虽然最终成功了，但取天下并非以仁义，否则"汉道之盛，岂止几于成康乎"[4]。以儒家伦理与道德标准来评论相关人物史实，避免功利，是高丽文人史论的主要

---

[1] 刘连开：《理学和两宋史学的趋向》，《史学史研究》，1995 年第 1 期。

[2] 分别见《东国李相国全集》卷 22、后集卷 12，《益斋乱稿》卷 9，《稼亭集》卷 1、7，《双梅堂箧藏集》卷 23 等。

[3] ［高丽］李奎报：《东国李相国集》卷 12《卫鞅传论》。

[4] ［高丽］李穀：《稼亭集》卷 7《杯羹说》，《韩国文集丛刊》第 1 册，第 114 页。

特点。因此，秦统一六国，汉唐之治道，在后世史学家看来，有重大的历史意义，但在高丽文人看来，却是违背仁义，“惭德于父子间”的做法。可见，高丽文人的史论，并非以史实本身为关注点，而是将史实作为表现儒家伦理道德的论据。

不仅是史论，这一时期高丽文集中还出现了大量以中国史书为体裁的咏史诗，长篇的如李承休《帝王韵纪》、李奎报《开元天宝咏史诗四十三首》。李縠、李齐贤、李詹等人的文集中，也出现了大量咏史诗。这些咏史诗很多直接以中国史书中人物的名字为题，涉及先秦、秦汉、唐代等众多人物。[1] 高丽文人不仅史论有明显的理学化现象，在咏史诗中也表达了对朱子史学的推崇之情。如李穑的《咏史有感》：

> 公羊清映《春秋》传，司马豪留《史记》篇。笔削作经麟自出，考亭纲目日行天。

与《公羊传》《史记》《春秋》这些经典相比，朱熹的《纲目》如同挂在天上的太阳，成为必不可少、永恒的标准。

郑梦周（1337—1392）被推为“东方理学之祖”。恭愍王二十一年（1372），他出使明朝，一路所作诗文收在《圃隐集》卷一至卷二。其中《韩信墓》[2] 一首：

> 嗣子孱柔诸将雄，高皇无复念前功。楚王饮恨重泉下，千载知心只晦翁。

郑梦周认为，只有朱熹才能了解韩信。确如郑梦周所言，朱子对韩信给予了较多关注和评价，如以“韩信反，无证见”；又论项羽垓下之败，朱子以此前韩信“左取燕齐赵魏，右取九江英布，收大司马周殷，

---

〔1〕 师存勋：《李奎报咏史诗研究》，博士学位论文，中央民族大学，2011 年，第 195—197 页。

〔2〕［高丽］郑梦周：《圃隐集》卷 1《诗・韩信墓》，《韩国文集丛刊》第 5 册，第 571 页。原书注：韩信墓在淮安府城西四十里。

而羽渐困于中，而手足日蹲”，垓下之败只不过是大势所趋；又认为，读史书对于精彩之处要背诵，其中即有“韩信初说汉王处”。[1] 由此可见，在评论历史人物方面，高丽文人对朱熹及其史学思想的推崇程度。

而且，以上这些人除了儒学与诗文之外，还参与过史书编纂，如李齐贤、李穀曾参与增修闵渍的《编年纲目》，李詹曾以“史官近侍”。李齐贤不仅自己关注史学，编纂史书，而且以《史记》《汉书》教授学生。韩修（1333—1384）十余岁的时候，“以门荫再为真殿直别将，以故不永仕。讨论坟典，从益斋先生读《左传》《史》《汉》”[2]。

以上是高丽时代及之前《史记》《汉书》在朝鲜半岛接受的基本情况。这种情况与当时史汉版本的存在方式有关。这一时期存在多个版本，包括宋元明三朝赐予的中国本及高丽刊本等，可能会有一些时间更早的抄本。由于没有实物流传下来，而且文献中相关记载也较少，我们对这些版本的细节并不了解。只能通过三国、高丽时代相关人物及著作对史汉的引用和评论，了解史汉传播的大体情形与特点。高丽时代虽然已经有了雕版印刷，并能印行大型书籍，但以这种方式印刷的书籍，数量十分有限，并不利于书籍的普及。高丽末期文人郑道传指出，“所恨东方典籍少，读书无人满十箱”，因此他建议“置书铺铸字”，使“凡经史子书、诸家诗文，以至医方兵律，无不印出。俾有志于学者，皆得读书，以免失时之叹”。[3] 可见，高丽时代虽然有《大藏经》这样大规模的书籍，但其他经史子集诸书仍比较稀见，故史汉版本也存在流布不广的现实情况。这一时期人们对史汉的接受并不是很普及，基本集中于王室与中央官吏，一般文人与普通民众的相关事例则较为少见。

同时，从三国时代至高丽末期，中国经历了唐、五代、宋、元、明初等历史时期。其间中国历代思想、史学、文学的发展变化，也一定程

---

〔1〕 分别见《朱子语类》卷11《学五·读书法下》，北京：中华书局，1986年，第197页；卷135《历代二》，第3220、3223页。

〔2〕［高丽］李穑：《牧隐稿》文稿卷15《碑铭·韩文敬公墓志铭》，《韩国文集丛刊》第5册，第135页。

〔3〕［高丽］郑道传：《三峰集》卷1《置书籍铺诗并序》，《韩国文集丛刊》第5册，第296页。

度上影响了朝鲜半岛。如在史学方面，汉唐史学长于著述，重视以史为鉴、经世致用，而宋代史学除了这两点以外，在初期继承中唐以来师法《春秋》义例，在史书中寓褒贬笔削之意的做法，后来受儒学发展变化和理学思想的影响，表现出援经入史、以史学阐释义理的特点。[1] 特别是《通鉴》《纲目》等宋儒编撰史书的传入，对高丽末期文人的史学观念产生了较大的影响。因此，《史记》《汉书》在三国时代至高丽末期的接受，也出现了从以史为鉴、经世致用向以史学阐释义理、重视史论的转变。高丽末期文人也同宋儒一样，撰写了与史汉人物有关的史论，以儒家伦理与道德标准来评论人物史实。三国时期编纂的史书，基本上是以故事传说为主的传记体，高丽时代则出现了参考《史记》纪传体的《三国史记》《三国遗事》。而且，《三国史记》的编纂，最重要的意义在于，高丽时代有了自己国家的官修正史。在文学方面，三国时期文人如崔致远等，受晚唐骈俪文风的影响，“殊不类古作者”[2]，对于史汉的接受，仅限于有关典故的引用，而高丽时代则出现了金富轼、李齐贤、林椿、安辅等人对史汉文章风格的学习。这些表现都为朝鲜时代所继承与发扬，并呈现出新的特点。

第二节　朝鲜时代接受《史记》《汉书》的表现

朝鲜时代《史记》《汉书》文本的刊印情况，可以分为两个时期。这两个时期大致以“两乱”（中国历史上的明末清初，朝鲜光海君、仁祖时期）为界。其中前一个时期，《史记》为三家注本，与元代彭寅翁本关系密切，《汉书》则是对元大德九年（1305）太平路儒学刊本的翻刻；而后一个时期，随着明代《史记评林》《汉书评林》等的传入，朝鲜时代印行的史汉版本，基本以两书为底本来源。与高丽时代相比，朝鲜时代的史汉版本情况，不仅文献记载较多，而且有实物流传下来。因此，朝鲜时代对史汉的接受，在前代基础上又有新的发展，也受到朝鲜

---

〔1〕 李峰：《北宋史学思想流变研究》，第 7 页。

〔2〕［朝鲜］洪奭周：《渊泉集》卷 19《桂苑笔耕后序》，《韩国文集丛刊》第 293 册，第 422 页。

本《史记》《汉书》时代特点的影响。本节将重点讨论《史记》《汉书》在朝鲜时代接受的相关情况，并总结其特点。

在上一章论述朝鲜时代刊印《史记》《汉书》的情况时，对朝鲜早期自太祖至世宗等人关注史汉的表现略有涉及。但该章的重点在于论述朝鲜时代史汉刊印情况，故对此没有展开。孙卫国先生的《〈史记〉对朝鲜半岛史学的影响》〔1〕一文，从《史记》对朝鲜时代日常生活、史书编纂的影响及朝鲜文人对《史记》的批评等方面展开论述，不过有些问题还可以再进一步探讨。

一、与性理之书相为体用

朝鲜早期对史书的看法，仍是希望从中寻求“可法”“可戒”的内容，以服务于现实统治。《通鉴》《纲目》成为经筵上常讲读的书籍，并且十分关注汉唐史实。世宗明确提出在所讲读书籍中加入《史记》《汉书》，进而促成了庚子字本《史记》《汉书》的印行。从《朝鲜实录》《承政院日记》《日省录》等文献记载来看，在经筵上讲读《史记》《汉书》，主要集中在世宗、成宗、英祖、正祖初期等时段。这种现象的出现，也与朝鲜本《史记》《汉书》刊印的时间基本吻合。故本节对朝鲜经筵讲读《史记》《汉书》的考察，也大部分集中于这几个时期。

太祖七年（1398），撰成《四书节要》，众臣在进书笺文中明确提出，“人主之治，系于心学，当精一执中，涵养扩充，以为修齐治平之本。历选圣贤之书，《语》《孟》《庸》《学》，盖尽之矣”〔2〕。即以程朱理学的圣贤王道来规范人君的言行。尽管太祖李成桂本人对历史也比较熟悉，如恭让王三年（1391），以五军为三军都总制府，统中外军事，以李成桂为都总制使。李成桂上表辞谢，表文中不仅以汉高祖与汉光武对待功臣的事迹作比喻，希望恭让王学光武帝保全功臣，而且引用了《尚书》“臣罔以宠利居成功”及《史记·范雎蔡泽列传》“四时之序，成功者去”等文字。当然，这种上表并非李成桂真心的流露，但作为一篇文章来说，能够引经据史，也说明李成桂本人对经史的熟悉程

〔1〕 孙卫国:《〈史记〉对朝鲜半岛史学的影响》,《社会科学辑刊》,2010 年第 6 期。
〔2〕《太祖实录》卷 15 七年十二月十七日，第 11b 页。

度。英祖时期，曾提及太祖读《汉书》：

> 太祖尝阅《汉书》，谓侍臣曰：汉文恭俭则有之，用人则未尽。初即位，首拜宋昌为卫将军，张武为郎中令，其余公卿，皆在所缓，非所以示至公也。有一贾谊而不能用，欲相广国，而以嫌不用，此其用人之道所以未尽也。至于人主不以独见为明，而以兼听为明，通于人情，察乎是非，则聪明得其正等语，可谓迥出百王矣。[1]

此事《太祖实录》中并没有记载。不过，太祖时朝鲜大臣经常以汉文帝恭俭事作为上疏的内容，或许太祖因此肯定汉文帝恭俭的优点，同时对其用人不周提出批评。汉文帝拜宋昌、张武事在《文帝纪》，而贾谊、窦广国事则散在各传中，故太祖不仅针对《汉书》某一卷内容提出批评，而且还能根据相关史实综合评价，显示出较高的水平。

定宗年间，开始在经筵上讲读史书，仅限于《通鉴》《纲目》等。世宗七年（1425）十一月，庚子字本《史记》《汉书》印行，为经筵讲读提供了较为便利的条件。于是世宗命大提学卞季良从大臣中选择可以读史者，以备召对。卞季良选择了郑麟趾、偰循、金镔三人。但尹淮认为“经学为先，史学次之”[2]，世宗则认为当时朝鲜大臣不了解史实的人很多，通过经筵读史，他们不得不对史书加强学习。尹淮的看法代表了高丽末期至朝鲜初期很多大臣、学者的观点。不过，在世宗至成宗前的很长一段时间里，经筵讲读的史书仍是以《通鉴》《纲目》为主。都承旨金锡胄（1634—1684）则提出，世宗酷好《纲目》，并召集儒臣校正版本。以后的朝鲜历代国王，都十分崇尚此书。如肃宗元年（1675），对皇帝初即位时经筵讲读的书籍，领议政许积认为“《纲目》，史家之宗，召对时宜讲《纲目》”，而且“崇尚《纲目》，自是殿下家法也”。[3]

---

〔1〕《承政院日记》第634册三年三月十七日，第122a—122b页。

〔2〕《世宗实录》卷30七年十一月二十九日，第18b页。

〔3〕《肃宗实录》卷1元年十二月二十五日，第43a页。

世祖初年，定文武科法，其中文科除四书五经外，还包括《左传》《史记》《通鉴》《宋元节要》《三国史记》《高丽史》等史书。[1] 世祖十年（1464），梁诚之上书，认为经与史的关系应该是“经以载道，史以记事。非经无以澄出治之源，非史无以考理乱之迹。一经一史，不可以偏废也”[2]。经史并重，古为今用，各自有不同的功能，这是自高丽时代就已经出现的一种观点。在这种观点之下，经与史的关系并不密切，甚至是分离的。经主要用来宣扬圣贤王道的理论，而史则通过书写治乱成败来为统治者提供鉴戒。因此，梁诚之认为成均馆讲官所讲的书籍应该分为理学与史学两种，其中史学部分主要有《胡传春秋》《左传春秋》《史记》《前汉书》《纲目》《通鉴续编》《宋元节要》《三国史记》《东国史略》《高丽全史》等，并且要求他们兼治四书、《诗》、《书》、《礼记》等儒家经典。[3] 十二年（1466），梁诚之又上疏，认为“史记所以考前代之善恶，为万世之劝戒，最切治体，与性理之书相为体用者也”[4]。这种说法比此前又有进展，从经史各自发挥作用，变成“相为体用”，经史之间有了理论上的联系。至成宗时，不仅对文臣提出了这样的要求，还令武臣“庶读史记，知故事，足矣。然理学亦不可不知也”[5]。

上文的“史记”，在梁诚之看来，是指《史记》《汉书》《纲目》《续编纲目》《东国史略》《高丽史》等中国及朝鲜史书，并非专指司马迁的《史记》。孙卫国先生在讨论朝鲜士人在日常生活中阅读《史记》时，引用了朝鲜中期文人郑克后（1577—1658）与李縡（1680—1746）的两条史料，如“先贤性理文字及史记，年三十以下背讲”，“凡为学者，从师受业，必自史记始”，[6] 进而认为“史记”是朝鲜时代乡塾

---

[1] 《世祖实录》卷 3 二年三月二十八日，第 24b 页。

[2] 《世祖实录》卷 33 十年六月二十九日，第 31a。

[3] 《世祖实录》卷 33 十年六月二十九日，第 31a。

[4] 《世祖实录》卷 40 十二年十一月四日，第 12b 页。

[5] 《成宗实录》卷 160 十四年十一月七日，第 6b 页。除圣经贤传之外，成宗还提出读《老子》《庄子》《列子》等诸子书，目的也是为了别善恶。

[6] 分别见于李尚斗《双峰集》卷 3《〈帝王历年通考〉东方国都考识》、李縡《陶庵集》卷 25《龙仁乡塾节目》。

讲读及教授生徒的重要书籍。但是，这两条史料中的“史记”并非司马迁的《史记》。关于前一条，朝鲜文人在对后人的教育中也经常用到，希望他们能够经史兼读。如郑宗鲁（1738—1816）提出，“末儿方读《大学》。而欲其知历代事迹，使之兼看《四传春秋》，此似太早计。然经书外则史记尽切，而欲看史记，恐莫先于此。盖此又是《纲目》之祖故也。未知盛意以为如何”〔1〕。这里的史记指《四传春秋》。至于所谓“必自史记始”，其文是为《帝王历年通考》所撰，故也并非指司马迁《史记》。因此，以前文两条史料来论证《史记》在朝鲜士人日常生活中的接受与阅读，并不够充分。

所以，对朝鲜时代接受《史记》《汉书》情况的考察，首先，要区分相关史料中的“史记”与司马迁的《史记》。如有朝鲜文臣称“如欲观史，莫如《资治纲目》。《纲目》即史记之宗也，最宜览阅，何必枉费精神于无用之书乎?”〔2〕这是针对郑麟趾等人的《治平要览》一书而言，原因在于这本书编纂水平不高。其次，对于朝鲜君臣来说，《史记》《汉书》作为史书，与《通鉴》《纲目》等书一样具有与经书相为体用的功能。但《史记》《汉书》与《通鉴》《纲目》等在体例、内容上还是有差别的，故相关研究应该考虑这两方面的特点。

成宗五年（1474），在世宗朝的基础上，再次刊印诸史书。成宗十二年（1481），传教于弘文馆，称“朝讲《资治通鉴》，讲毕后讲《性理大全》。昼讲《前汉书》，讲毕后讲《近思录》。夕讲《孟子》，讲毕后讲《高丽史》”〔3〕。之后，成宗朝讲读以《汉书》次数最多，偶尔讲读《史记》。

成宗朝，在经筵讲读《史记》《汉书》，一般由文臣读史汉某一卷。当读至一些关键文句时，成宗会进行点评，然后文臣进一步解读。如成宗十二年（1481）八月十七日昼讲，至《汲黯传》“陛下用群臣如积薪”，成宗评价说：“黯，量浅人也。”侍讲官李佑甫进一步解释：“黯

〔1〕［朝鲜］郑宗鲁：《立斋集》卷10《答南宗伯（辛亥）》，《韩国文集丛刊》第253册，第186页。

〔2〕《孝宗实录》卷12五年四月二十九日，第22a页。

〔3〕《成宗实录》卷127十二年三月二十三日，第7a页。

以直，不得久在朝廷。包容狂直，人君之美德。使武帝听黯之言，必不至末年轮对之悔。"[1] 在这一次讲读过程中，朝鲜君臣不仅评论史汉人物，同时不忘强调“人君美德”，而且对于史汉人物的评论，同样出于是否符合儒家伦理道德的标准。再比如讲《苏武传》，苏武在匈奴二十余年不降，参赞官李孟贤认为“节义之士，世不常有”，并据此提出应对高丽时代的郑梦周进行褒奖，其后人当予以录用。[2]

除了借史实强调儒家伦理道德之外，朝鲜君臣还希望在经筵上读史书，能够为治理国家提供经验，避免重蹈历史上的覆辙。成宗十四年(1483) 八月十六日夕讲，读《儒林传》，至公孙弘为学官时的上书，朝鲜君臣总结为“风化由内而及外。建首善，兴学校”。检讨官宋轶进而指出，当时郡县乡校“守令慢不之察，学舍颓敝。儒士无教，而士习日坏。且释菜之时，牺牲、蔬果，徒为文具”的弊端。侍讲官金宗直则强调了释菜、乡饮、乡射等对民间风化的重要作用。成宗十六年(1485) 八月二十六日夕讲，读《汉书·食货志》。同知事金宗直引其中“三年之畜曰登，六年曰平，九年曰泰平”的说法，向成宗强调蓄积的重要性。[3] 成宗二十一年（1490）二月十二日昼讲，读《谥法解》。侍讲官李承健提出当时奉常寺定谥不能公正，希望会同其他官员共同议定谥号。但成宗否定了这种做法，认为如果奉常官员“明正”，就不会再出现类似事情。[4]

成宗二十三年（1492）二月二日昼讲，读《史记·梁孝王世家》，至景帝遣田叔、吕季主往治，二人烧梁王反辞，空手返回一节，成宗让文臣讨论这种做法是否为善举。同副承旨曹伟认为这种做法使梁王得以保全，并避免令太后伤心，值得肯定。检讨官权五福认为这种做法也符合先儒的标准。成宗进而批评说“失在景帝”。据曹伟的解释，景帝的过失在于作为人君，友爱兄弟并无可厚非，关键在于这种友爱没有建立

---

[1] 《成宗实录》卷 132 十二年八月十七日，第 11a 页。

[2] 《成宗实录》卷 133 十二年九月二十日，第 9b 页。

[3] 《成宗实录》卷 182 十六年八月二十六日，第 9b 页。

[4] 《成宗实录》卷 237 二十一年二月十二日，第 5b 页。《谥法解》非《史记》本书，而见于唐张守节《史记正义》。

在“礼”的基础上。景帝与梁王出入同辇，甚至示称在死后把帝位传于梁王。这种做法在曹伟看来，“轻发其言，使梁王致怨，至杀袁盎”，造成了严重的后果。《汉书》中对此事的记载，也强调二人“通经术，知大礼”，并评论说“不通经术，知古今之大礼，不可以为三公及左右近臣”。[1]“通经术，知大礼”是处理涉及国家大事的重要原则。由此可见，在对这一史实的评论上，《汉书》与朝鲜君臣有一些共通之处。

成宗之后，关于朝鲜经筵上讲读《史记》《汉书》的记载很少。这并非说明朝鲜君臣对史书不再重视，只不过以别的书籍替代了《史记》《汉书》，如《大学衍义》《通鉴》《纲目》《大学衍义补》《十九史略》《少微通鉴》《高丽史》等，而且其讲读目的与此前并无二致。如燕山君三年（1497），讲《纲目》，领事鱼世谦“进讲史记，欲观古人已行之事，法其善，戒其恶也”[2]。六年（1500），侍读官姜澄称“《大学衍义》乃圣经根本，如史记则皆枝叶，而近不御昼、夕讲，未便”[3]。

其间，朝鲜君臣对于经史关系产生过辩论。如中宗八年（1513），有朝鲜文臣提出，之前“废主”燕山君的事迹见于史书记载，会产生不好的影响，所以人君应该读四书五经，不当读史。不过，这种观点并未得到认同。如领事宋轶认为，史书记载的人物事迹有好就有坏。好的可以借鉴，坏的方面则能对人君言行进行告诫，因此“史记亦不可不观也”[4]。十一年（1516），中宗提出“凡史记，读之易解，唯此性理之书（指《近思录》），非沉潜反复，莫之能解”[5]。所谓性理书难解，原因在于圣贤王道不容易体会，也不容易实现；至于史书易解，则在于只需要观其成败，以为鉴戒。如中宗二十年（1525），对于世子的教育问题，朝鲜文臣提出，“世子天性早悟，然《大学》《论》《孟》语皆深微，其于通晓文理，恐其迟也。臣于前日，请昼讲《十九史略》者，

---

〔1〕《汉书》卷 58《梁孝王世家》，第 2092 页。

〔2〕《燕山君日记》卷 25 三年七月十九日，第 33b 页。

〔3〕《燕山君日记》卷 39 六年十一月五日，第 18a 页。

〔4〕《中宗实录》卷 17 八年一月二十二日，第 47b 页。

〔5〕《中宗实录》卷 26 十一年九月二十九日，第 28b 页。

欲其观古人之事，如见目前所为。若过今明年，则自然解悟也”[1]。由于性理书不仅难以理解，而且十分重要，因此应当以经为本，以史为末，“先读圣经贤传，而讲明道义，涵养德性者，本也；历览史记，通达古今事变者，末也”[2]。“经筵常进讲史记，其闻古今治乱甚好。然经学乃本根也。”[3]

不过，我们也不能把朝鲜君臣这种对史书的认识，归结为“荣经陋史”。关于“荣经陋史”，是学者总结宋代经史关系的一种说法，以清人钱大昕为代表。钱氏认为宋代“荣经陋史”风气是随着宋代王安石新学和理学的兴起开始出现的。事实上，宋代学者确有“经精史粗”“经正史杂”的观点，但就此认为宋代“荣经陋史”，也有失偏颇。二程认为以经为本，经先史后。朱熹也有这种观点，同时还认为读史书是“格物致知”并获得启发的一种学问，所以在朱熹的著作中，对史学也比较关注。[4] 这是就义理派史学而言。蒙文通先生认为，“北宋三家，惟苏氏能不废史学”，并引苏洵所作《史论》，其中说“由是知史与经，皆忧小人而作，其义一也。其义一，其体二：故曰史焉，经焉”。[5] 由此可见，所谓“荣经陋史”并不能准确概括宋代经学与史学的关系。

从上文朝鲜君臣讨论经史关系的观点可以看出，受程朱理学的影响，他们认为性理之书是根本，而史书则不过是了解“古今事变”“治乱兴衰”，借鉴历史中善恶事迹的书籍。评价历史成败善恶的标准仍是“经传”。从这个意义上讲，有时《史记》《汉书》反而不如其他史书的作用更大。但朝鲜文人对待经史关系的态度与宋代学者的观点更为接近。宣祖年间，柳希春（1513—1577）与宣祖在经筵上对史书有过一番评论，虽然不很全面，但还是很有代表性。对于《左传》，柳希春认为该书“是非论议不正，好以成败祸福为是非”，且“议论浮夸”，并把《左传》与《史记》《汉书》相比较。

---

[1] 《中宗实录》卷55二十年八月八日，第3b页。

[2] 《中宗实录》卷64二十三年闰十月三十日，第13b页。

[3] 《中宗实录》卷96三十六年十一月二十三日，第59b页。

[4] 吴怀祺主编、汪高鑫著：《中国史学思想通论·经史关系卷》，第36页。

[5] 蒙文通：《中国史学史》，第80页。

上曰："《左传》何非之至此耶?"对曰："《左传》所载事实，可考者甚多，文字亦艳丽。但议不正，其书不及于司马迁《史记》。但迁史亦有浅陋不学、疏略轻信之失。班固《汉书》文字典实温润，但有左氏之病，议论多计利害。"上曰："学文章者多学之。"对曰："然。固以同翟义讨王莽者事不成，乃目为盗贼，此识见之甚卑处。"上曰："班固断王莽处却好。"对曰："此则诚善。"〔1〕

柳希春认为，对于史书议论正与不正的评判，不应以成败而论，而应以是否符合义理为标准。因此，他肯定《汉书·王莽传》把王莽比作"乱臣贼子无道之人"的论断。以此为基础，《汉书》把当时随东郡太守翟义起兵诛王莽的那些人称为"盗贼"，显得"识见甚卑"。并且，对于《汉书》文字"典实温润"的特点，宣祖也认同，并了解到人们以《汉书》来学习文章写作。

对于《十九史略》《少微通鉴》等史书与《史记》《汉书》的比较，柳希春也有自己的见解。

"《十九史略》与《少微通鉴》孰善?"臣对曰："各有所长。《通鉴》初数卷，用迁《史》《汉书》，文章甚伟，于作文可用之语甚多，而笔法有未明未备处。《史略》依朱子《纲目》而略节之，故笔法大义甚明。而文字好简太局涩，令儿童文气蛰而不进。"〔2〕

这里对于两书的评论，柳希春肯定了《通鉴》利用史汉文字取得的成就，同时认为《史略》文字太过简略艰涩，但由于《史略》依据朱子《纲目》的笔法，故能"大义甚明"。而《少微通鉴》在文章方面

〔1〕［朝鲜］柳希春：《眉岩集》卷18《经筵日记·甲戌》，《韩国文集丛刊》第34册，第501页。
〔2〕［朝鲜］柳希春：《眉岩集》卷18《经筵日记·丙子》，《韩国文集丛刊》第34册，第503页。

的优点，用于作文的意义要比史学意义更大。柳希春并非不重视史书，相反他十分推崇《通鉴》《纲目》，认为两书是“史家之规范”，并且认为“以成败决是非，史家之陋也”[1]。与《通鉴》《纲目》的义理严明相比，《史记》《汉书》在文章方面的成就更大，在义理笔法方面，反而有不明确甚至是错误的地方。

同时，由于经筵读史的目的并非为了研究史学，而是如朝鲜中期理学家崔有海（1588—1641）所讲的那样，“至于史记则乃治乱安危之所载，人君必讲以明之，乱世则警戒于心，治世则体行于事，乃人君出治之最切者也”[2]。他还提出了读史书的方法：

> 一、数人共看一史。既看之后，一人先言文字，一人次言事实。文字事实之遗漏者，一一追思而共言之。
>
> 一、窒而不得思者，更为开卷详见之。
>
> 一、一人先言是非，一人言其处置之道，所言处置者，或是或非，共思而论之。
>
> 一、既思之后，各书所见。乃考古人所论，见其所见之得失。
>
> 一、以史记事实，验于经传。则此事出于私乎，出于公乎，出于王道乎，出于伯道乎？成者或出于诈力，败者或〈出〉于忠义，并思其得失可也。[3]

读史书包括文字与事实两方面，但目的并不在于研究历史，而在于评价史实的是非与处置之道，并与古人的论点相比较，讨论其得失，最终是为了“以史记事实，验于经传”。或者，就是以经传所代表的价值观念如礼义、伦理、道德等，作为历史事件和人物成败、善恶等评价的

---

〔1〕［朝鲜］柳希春：《眉岩集》卷20《谥状》，《韩国文集丛刊》第34册，第537页。

〔2〕［朝鲜］崔有海：《默守堂集》卷6《经筵记·经筵奏辞》，《韩国文集丛刊续编》第23册，第200页。

〔3〕［朝鲜］崔有海：《默守堂集》卷12《读史法》，《韩国文集丛刊续编》第23册，第299页。

标准。在这种关系中，史书记载的史实只是用于验证经传的道理，还是为经传服务。吴熙常（1763—1833）也有类似的看法，“史事而经理也。故凡读史者，于善恶是非治乱得失，要须将经传义理作权衡看，乃有相发而见理事之一致，不尔则只觉胸次热闹而无得于己也”〔1〕。因此，从这一点来看，《史记》《汉书》与《通鉴》《纲目》《十九史略》等相比，作为史书来说，所起的作用是一致的，尤其是朱子《纲目》最符合要求。显宗十年（1669）的一次经筵上，朝鲜君臣认为应当进讲《纲目》。

> 敏迪曰：“史记最切于人主之观览，而史学中朱子《纲目》宜先进讲。《纲目》乃朱子晚年法《春秋》而作者也。”时烈曰：“《心经》虽甚切要，而史记所载，皆历代兴亡治乱之迹，推而行之，则乃格物致知之事，不可不兼讲也。今后进讲之时，玉堂持两册入侍，《心经》则减读行数，兼讲《纲目》，何如？”上曰：“此言甚好矣。”
>
> 古有《史记》《汉书》，君臣事实各异，司马公始为编年，犹不如《纲目》之井井不紊矣。〔2〕

宣祖年间，《史记评林》《汉书评林》传入朝鲜，肃宗年间被翻刻，是为显宗实录字本。但是，此时的经筵进讲册子中，《史记》《汉书》很少出现，更多还是《通鉴》《纲目》《宋元通鉴》甚至是《皇明通鉴》等。以至于1731年（英祖七年），英祖问修撰李东衡：“先朝有《汉书》进讲事乎？”李东衡回答：“考见进讲册置簿，则无《汉书》进讲之事矣。”〔3〕英祖朝开始在经筵上读《史记评林》，始于1745年（英祖二十一年）。

---

〔1〕［朝鲜］吴熙常：《老洲集》卷23《杂识》，《韩国文集丛刊》第280册，第488页。

〔2〕［朝鲜］宋时烈：《宋子大全·拾遗》卷9《经筵讲义·显宗庚寅正月》，《韩国文集丛刊》第116册，第196页。

〔3〕《承政院日记》第724册英祖七年六月五日，第97a页。

锡祥读《诗传》至《生民章》。上曰：“后稷是尧时后稷耶?”锡祥曰：“然矣。”上命持来《史记评林》。臣景祖承命持来，锡祥进读《周世系》。上曰：“‘欲践’云者，可谓野俗矣。朱子大旨所谓郊媒事，极为稳籍矣。”益三曰：“有理学而为文章则无弊，若徒事文章，则不免有弊矣。”[1]

这次进讲《史记评林》是为了解读经传，而且提出理学重于文章的说法。对于周始祖弃的出生，《史记》书作“姜原出野，见巨人迹，心忻然说，欲践之，践之而身动如孕者”，而朱子则提出“郊媒”的说法。比较而言，后者要比前者更加符合义理。此后，直到英祖三十九年（1763），才命儒臣上下番以《史记评林》入侍。[2] 至于为什么《史记评林》印行后，在很长时间内没有在经筵上讲读，或许如英祖认为，由于《史记评林》最难读，故在之前很长时间，能够读此书的人很少。但后来随着该书的传播渐广，能读该书的新进士也越来越多，在经筵上讲读也有了必要的条件。[3]

相关文献对英祖时讲读《史记评林》的细节记载较简略。不过，从仅有的几处内容来看，英祖对《史记评林》的评价并不很高。如英祖三十九年（1763）十二月二十三日讲读《武帝本纪》：

上曰：“《史记》所载，无非记当时求仙用兵事矣。”儒臣曰：“然矣。”上曰：“太史以仙术荒诞之事，归之于其君，可怪，太史甚非矣。”上番曰：“以此之故，后世之人，只称其文，而不称其人矣。”上曰：“太史之被祸宜哉? 以臣诬君如是矣。且其本记云：孔子后几百年乃生。其意隐然自居，甚可憎也。”诸臣读讫。上曰：“其文章虽可贵，嘲诬其君之意，甚不佳矣。”[4]

---

[1] 《承政院日记》第 1133 册英祖三十二年七月十七日，第 99b 页。
[2] 《承政院日记》第 1224 册英祖三十九年十一月二十九日，第 133a 页。
[3] 《承政院日记》第 1225 册英祖三十九年十二月二十一日，第 109b 页。
[4] 《承政院日记》第 1225 册英祖三十九年十二月二十三日，第 118a 页。

英祖认为，司马迁不为君讳的做法是不对的，这也影响了后人对他的评价。英祖甚至认为司马迁后来受腐刑，也是由于这一原因。《太史公自序》中所说“孔子卒后至于今五百岁”云云，英祖甚至评价为“可憎”。可见，作为一部史书，《史记》记载一些史实，在英祖看来都不符合义理的要求，甚至有些记载在英祖看来是不实的，如英祖与儒臣关于尧舜封禅的辩论，英祖认为“此等封禅，其必虚言矣”。儒臣解释说：“实非虚言矣。太史公之记，岂有虚事乎？”英祖曰：“其止之。”〔1〕

不过，英祖还是肯定了《史记》文章有可取之处。英祖四十年（1764）八月二十一日，读《夏本纪》，时为世子的正祖认为“文则好，而文理太简，故看甚难矣。上曰：‘《范雎传》甚好。范雎拜，秦王亦拜等处，其文好矣。然其所为极不美矣。处人骨肉之间，岂忍如是乎？不测不测矣。’”〔2〕还认为，若以文章水平而言，“唐晋书不如汉矣”。校理洪检也指出，“文章随世级，秦汉后渐下矣”。〔3〕

英祖时期讲读《史记评林》，主要是由儒臣轮番进读。正祖即位后，这种情况发生了改变，自己亲自参与到讲读中。如正祖元年（1777）三月二十五日讲《五帝本纪》，读“自黄帝者”至“是为帝颛顼也”。与英祖时一次读一卷甚至数卷相比，此时所读的内容只是某一卷中的一段文字。

> 在学曰：“黄帝本纪，文随世高，而循〔徇〕齐、敦敏、聪明三件事，不过日用间事为，而圣人之德，于是焉至矣尽矣。司马迁循序书之者，足为范于后世故也。伏愿殿下于斯三者体念焉。”在源曰：“司马迁赞黄帝之德曰：‘幼而徇齐，长而敦敏，成而聪明。’大凡世人，以圣人之事，为高远难行，此乃古今人通患。惟此三者，特不过日用应行之事，元非高远不可行者。若体认此义，力行不已，则可至圣人地位。伏愿深加体念焉。”上曰：“上下番文义俱好矣。”亨逵曰：“上下番已陈，别无可陈矣。”上曰：“生

〔1〕《承政院日记》第1348册英祖五十年二月二十九日，第178a页。

〔2〕《承政院日记》第1233册英祖四十年八月二十一日，第106b页。

〔3〕《承政院日记》第1284册英祖四十四年九月二十三日，第145a页。

而神灵，自初生时神灵云乎?”在学曰：“似然矣。”上曰：“执中两端，用其中于民，中既在我，则何以用其中于民也?”在源曰：“推而用之矣。”[1]

此时讲读《史记评林》的特点，不同于之前以史为鉴，以史书验于经传，以义理来评论史实，而是转变为以《史记》文本来解读经传。或者可以说，在朝鲜君臣心目中，《史记》文本一定程度上已经脱离了史书的意义，变成对经传的另一种角度的表述。《史记》文本记载的史实已经不再重要，“文义”表达是否完备才是他们最关心的。因此，当儒臣说“文义”已别无可陈时，正祖又提出了两个问题，使之更加完备。

正祖时期讲读《史记评林》一直持续到正祖二十一年（1797）。自此以后，文献记载的讲读活动渐少。这一年，正祖的《史记英选》书成。对于当时“经筵册子则《论语》，召对《史记评林》，夜对《陆宣公奏议》”的情况，儒臣宋德相提出：“而至于《评林》，则不过文章家类。而其在讲究治乱，讨论得失，似不如汉唐宋正史矣。”[2] 这里所谓的“汉唐宋正史”，与我们认为的“十七史”“二十四史”等正史并不一样。作为召对所用的书籍，《史记》《汉书》只是众多史书中的两种，主要在于朝鲜君臣认为的正史，应该是《通鉴》《纲目》之类。史记与经传的关系，首先是经传为本，史记为末，或者是体用的关系。从这一点上来说，《史记》《汉书》并不如《通鉴》《纲目》。其所谓的“正”，要符合朱子《纲目》规定的义理，而“史”则能知兴衰成败，对当时统治与治理国家有一定的鉴戒意义。从这两点来说，《史记》《汉书》并不明显，甚至只能作为文章学习的参考。

可见，对于朝鲜君臣来说，经体史用是一种比较普遍的认识。这种认识决定了朝鲜君臣并不会特别重视作为史书的《史记》《汉书》所记载的史实内容，反而将这些史实“经典化”，或者将其“义理化”，从而使史书与经传在某种程度上具有“同质化”。这种变化削弱了《史

---

〔1〕《承政院日记》第1396册正祖元年三月二十五日，第197a页。

〔2〕［朝鲜］宋德相：《果庵集》卷6《筵说》，《韩国文集丛刊》第229册，第102页。

记》《汉书》的史书色彩。但是，《史记》《汉书》的这种转变还是需要外力的作用，而《通鉴》《纲目》本身的“经典化”“义理化”色彩比较浓厚，这也决定了其被接受的程度要高于《史记》《汉书》。

即使不考虑经体史用的关系，或者仅从史书体裁的比较来看，作为纪传体经典的《史记》《汉书》也没有获得应有的重视。如崔汉绮（1803—1877）关于纪传体与编年体的讨论，就具有很好的代表性。崔汉绮是朝鲜末期的实学家，其学说比较著名的是气学思想。这一思想融合了与堪舆理学相匹配的气学，又大胆吸收西洋科学与经验论。[1] 他对于史书的认识，既不同于理学家的“经体史用”观念，也不同于一般儒者评论古今成败、人物得失的认识。

> 史者，后世之经也。载籍浩瀚，体例不一。纪传表志，虽为网罗事实之良法；参酌时势，不如年经事纬之要领。后之读史者，采博于纪传表志，守约于年经事纬，庶无博约之欠阙。若夫遇事劝惩，举事论评，苟可一得者所可能也。至于断人邪正，辨事得失，乃是洞悉其时朝章国典，君心臣意，而又虑举此而触彼，除害而养患者之所可能也。岂可谓古昔之人今无报答辨白，而有所轻说哉！[2]

在崔汉绮看来，以年系事的编年体，要比纪传体更有利于“遇事劝惩，举事论评”，更容易使后人了解历代典章礼仪等。或者，是先通过编年体对史实提纲挈领，再通过纪传体了解详细内容，使博约互补。但是，他又不赞成那种以评论成败得失为目的的传统史论。

> 欲观诸史之因袭损益者，先从其志典礼规模，国势强弱，民习

[1] ［韩］朴熙秉：《运化与现代——对崔汉绮思想的吟味》，转引自东亚出版人会议主编《当代东亚人文经典 100》，台北：联经出版事业股份有限公司，2011 年，第 425 页。

[2] ［朝鲜］崔汉绮：《气测体义 · 推测录》卷 6《推物测事 · 论史审慎》，《明南楼丛书》第 1 册，成均馆大学大东文化研究院，1971 年，第 41 页。

> 劳逸，而后可论其余，而所谓博者自有脉络矣。循时察机，温习肯綮，编年本末之所以不可阙也，而所谓约者自有其方。随事劝惩，娴习之实功；就辞论评，讲究之要诀。至于摘其差失，而断其人平生邪正，见一事之偾败，而决其人之贤愚，恐非审慎之道，易致管窥之偏。[1]

可见，无论从经史关系的角度考虑，还是将史书编年体、纪传体进行比较，朝鲜君臣、文人、学者等对《史记》《汉书》文本都没有足够重视。其主要原因在于，他们关注的并非《史记》《汉书》文本及所载史实，而更加重视史书的现实意义。

二、纪传体史书与正史观念

学者关于《史记》《汉书》对朝鲜半岛史学影响的研究，主要集中在高丽、朝鲜编纂史书过程中对纪传体的借鉴以及作为史料来源两方面。朱云影先生论述了中国史学对日本、朝鲜、越南的影响，如高丽时代仿照宋制设立史官，金富轼《三国史记》参考中国史书，但记载多有失实之处。并且特别指出，《三国史记》没有采用《春秋》规定的新王以前王薨去之次年称元年的说法，而是以前王薨年为新王元年。这种说法为后世朝鲜儒者及史学家所批评。中国史书体裁对朝鲜史书编纂的影响比较全面，朝鲜时代出现了以纪传体《高丽史》、编年体《东国通鉴》、纪事本末体《燃藜室记述》、政书类《东国文献备考》及李朝实录等各种体裁的史书。朱子《纲目》及其代表的史学思想对朝鲜时代史学思想的影响非常大。[2] 孙卫国先生讨论了朝鲜儒士对《史记》史学成就的评价与肯定，如朝鲜儒士肯定《史记》纪传体的开创之功。高丽金富轼的《三国史记》和朝鲜郑麟趾的《高丽史》等纪传体史书是对《史记》的效法，并且《史记》对编年体史书《历代年表》《东国通鉴提纲》也产生了重要影响。朝鲜儒士如安鼎福、李晬光等从史

---

[1] ［朝鲜］崔汉绮:《气测体义·推测录》卷6《推物测事·论史审慎》,《明南楼丛书》第1册，第41页。

[2] 朱云影:《中国文化对日韩越的影响》，第11—17页。

实、文章等方面对《史记》提出了批评。[1] 周海宁论述中国文化对高丽、朝鲜时代史学的影响，如《三国史记》本纪、年表对《史记》《汉书》的借鉴，同时讨论了该书的史学思想，如正统观念、事大思想及以儒家伦理道德评论人物和史实等。至于中国纪传体史书对朝鲜时代史书的影响，则重点讨论了《高丽史》编纂过程，及朝鲜君臣对《高丽史》的编纂体例是用纲目体还是纪传体的争论。[2]

前文讨论《史记》《汉书》对高丽时代史书编纂的影响时，重点以金富轼的《三国史记》为例，说明这一时期史书在体裁上对纪传体的借鉴，在史料方面对以《史记》《汉书》为代表的中国史书的选择，及在史论当中以“春秋笔法”与儒家伦理来评价相关史实。因此，我们在讨论《史记》《汉书》对朝鲜时代史书编纂的影响时，也应该从这三个方面考虑。

1. 纪传体史书的影响

孙卫国先生认为，朝鲜学者肯定了《史记》纪传体的开创之功，称《史记》为“良史”。但是，如果具体分析朝鲜学者对《史记》的评论，可以发现这种肯定并非绝对的，而是有一定的语境，需要更为全面的考虑。如孙卫国先生所引徐居正对《史记》与《春秋》关系的评论，徐氏在肯定《史记》创立纪传体的同时，也指出纪传体意味着“《春秋》之法始坏”。另外，朝鲜学者普遍认为《史记》为“良史”，其原因主要在于《史记》“雄深雅健，疏荡奇伟”（尹淮），“学识宏深，辞气雄浑”（朴承任），这明显是从文章风格的角度来说。俞汉隽（1732—1811）也称“故天下文章之士，苟志于史传，自古及今，未有舍太史公者也”，肯定了后世史传文学对《史记》纪传体的借鉴。在肯定《史记》文章成就之后，尹淮也批评《史记》“唯不法乎《春秋》，故事多抵牾，是非颇谬，君子恨焉”[3]。

---

〔1〕 孙卫国：《〈史记〉对朝鲜半岛史学的影响》，《社会科学辑刊》，2010年第6期。

〔2〕 周海宁：《中国文化对高丽、朝鲜时代史学之影响研究——以史学体例和史学思想为中心》，博士学位论文，上海师范大学，2013年，第55—60页。

〔3〕 ［朝鲜］权近：《阳村集》卷16《送裴仲员修撰晒史七长寺序》，《韩国文集丛刊》第7册，第168页。

至于孙卫国先生在文章中引用的一些史料，则明显存在误读，有些文献并非朝鲜文人的观点，而是引用中国学者的说法。如所谓“后世作者，一遵史迁规制”（安鼎福），是指后世中国诸家正史仿《史记》纪传体而言，并非指朝鲜史书。而所引李睟光论《史记》语，实为李圭景（1788—1863）引宋末元初人刘因《叙学》中的“二十一史论”。[1]以“信《汉志》，不如信《史记》。信《史记》，又不如信经文”来说明“《史记》是仅次于经文的，故而在史书里面也被认为是最真实的”,[2]这段文字确实出自李圭景的著作，但为李氏《历代甲子辨证说》所引黄宗羲《历代甲子考》的内容，并非李氏自己的见解。而且，这一论断是针对历代甲子而言，并非为评论《史记》而发。通过前文对丁若镛《史记选纂注》的评价，也可以看出，朝鲜文人对于《史记》的一些认识，往往出于中国学者的研究成果。这样，学者如果通过这些观点来研究朝鲜文人对《史记》的态度与认识水平，就需要更加审慎。另外，有些观点是针对某一个具体问题而阐发，有一定的文本语境，如果脱离了这一背景，就会得出以偏概全的结论。

无论编年体还是纪传体，均是史书对史实的叙事方式，即“史体”。《史记》《汉书》的纪传体“史体”对朝鲜时代史书编纂的影响是显而易见的。如《历代年表》对《史记》年表的效仿，《东国通鉴提纲》等对《史记》断限的借鉴，均是对《史记》纪传体“史体”的部分参考。而《三国史记》《高丽史》则从编纂意图、史书体例两方面参考了《史记》《汉书》。不过，这种结论仍缺乏对细节的关注。因为朝鲜时代编纂史书时，参考的资料很多，不仅是《史记》《汉书》。而且，虽然《三国史记》《高丽史》在所处时代是比较重要的纪传体史书，但相对于自三国至朝鲜时代的众多史书而言，只占总数量的很少一部分。

---

[1] ［朝鲜］李圭景：《五洲衍文长笺散稿》卷5《经史篇·经史杂类·史籍总说·史论》，首尔：韩国古典刊行会本，1977年，第45页。题目“二十一史论”为李圭景所加。此条或转引自明唐顺之《稗编》卷77。刘因（1247—1293），字梦吉，号静修，雄州容城（今河北保定徐水）人。有《静修集》22卷（四部丛刊初编本）。明万历年间，方义壮增编为《刘静修先生集》（畿辅丛书初编本），内容多于四部丛刊本，且辑《叙学》。

[2] 孙卫国：《〈史记〉对朝鲜半岛史学的影响》，《社会科学辑刊》，2010年第6期。

从目前相关研究来看，《三国史记》《高丽史》等史书对《史记》《汉书》的参考，总体来说，主要还是在纪传体“史体”方面。

据《韩国史学史年表》[1]的统计，自三国到朝鲜末年所编史书，其中纪传体仅有《旧三国史》（高丽初）、《三国史记》、《高丽史》、《宋史筌》（李德懋，1780、1791）、《东史》（李种徽，1780）、《海东绎史》（韩致奫、韩镇书，1814—1823）、《东史聚要》（安钟和，1878）等，其余史书以编年体、纲目体居多。不过，一些非纪传体史书与《史记》《汉书》也有一定的联系，并受其影响，表现在以下两个方面：其一，对史汉体裁的模仿。洪汝河的《汇纂丽史》（1640）被认为是自《春秋》《纲目》之后，“得笔削之正”的一部史书。虽然是编年史，但其“首尾体裁，匹似摸〔模〕仿于班史氏”[2]。俞汉隽拟撰《东传标目》，将朝鲜开国以来四百余年间人物以类相从，分为“道学先生、节义诸公、将相大臣，以至于文章技艺、孝子烈女、高僧异人”，由于《史记》“刘向称迁史不虚美不隐恶。又其文辞凌驾横越，驰骋恣睢，以颠倒后世。故天下文章之士，苟志于史传，自古及今，未有舍太史公者也”。[3]因此，仿照《史记》列传的体裁，评判人物的标准则完全依据经传。纲目体《东史会纲》（林象德，1771）的编纂，其序首先批评此前诸家史书的问题，如纪传体《三国史记》《高丽史》“事迹丛荟，使人难究竟而易厌倦”，编年体《东国通鉴》“务详而少要”，《东国史略》《三国史节要》《东史纂要》“病乎太略”，纲目体《丽史提纲》“恨其提头无始，体段不完”，认为《东史会纲》应该“因乎通鉴、编年，本乎本记〔纪〕、世家。纲会诸家之史笔，以参定其予夺；目摭群书之典故，以该载其始终。而至其权度绳墨，则一皆禀之纲目”。[4]当

〔1〕［韩］朴仁镐：《韩国史学史》，全莹、金锦子、郑京日等译，香港：香港亚洲出版社，2012年，第204—215页。

〔2〕［朝鲜］郑宗鲁：《立斋集》卷26《汇纂丽史序》，《韩国文集丛刊》第253册，第444页。

〔3〕［朝鲜］俞汉隽：《自著》准本一《东传标目序》，《韩国文集丛刊》第249册，第511页。

〔4〕［朝鲜］林象德：《老村集》卷3《东史会纲序》，《韩国文集丛刊》第206册，第61页。

然，所谓“本乎本记〔纪〕、世家”或许是一种泛泛的说法，史汉对《东史会纲》的影响并不如编年体史书那么明显。而且，史汉对朝鲜编年体、纲目体史书编纂的影响与《春秋》《纲目》是有区别的，《东国史略》称“公是公非，本《春秋》之笔削；系年系事，仿班马之规模”〔1〕，表达了史汉对该书在叙事体裁方面的影响。《东史纲目》缺檀君、箕子二代，详高丽而略新罗，是仿照“孔子能言夏、商之礼，而宋、杞无文献，乃曰不征则言不信。太史公博于载籍，而虞夏之文，仅考于诗、书之缺而知之”〔2〕。《尊周汇编》“殉难之人，依《史记》卫青裨将例，类附之。又如斥和疏之人，不甚可取，语或有可采，则仿《史记》主父偃、严安、徐乐同传例，皆合列而互见”〔3〕。裴象铉的《东国十志》则完全仿照《汉书》十志，只不过根据朝鲜实际对某些篇名进行修改，如“郊祀”改为“禋祀”，“沟洫”改为“堤堰”，“食货”附以“三政”，“地理”附以“城堡”。〔4〕“其门类、义例，悉遵班氏。”〔5〕金泽荣在编撰《韩史綮》《校正三国史记》《韩国历代小史》等朝鲜历史书籍时，采用《史记》“实录”法进行撰写，对李氏朝鲜统治者的残暴、荒淫进行揭露，并指出郑麟趾所纂《高丽史》的错误。〔6〕其二，对史汉所载某些史实的辨析。如《东史会纲》对“箕子封朝鲜之辩”，认为《史记·微子世家》所载“多驳杂，未可笃信”，而应该以《汉书·地理志》为正。并且，朝鲜史书对箕子史实的辨析，存在于有关中国史、朝鲜史的各类书籍中。《史记》《汉书》也是朝鲜时代史书编纂的重要史料来源，尤其是在涉及朝鲜半岛早期历史方面。

〔1〕［朝鲜］徐居正等编：《东文选》卷41《拟请刊行东国史略笺》，第27b页。

〔2〕［朝鲜］林象德：《老村集》卷3《东史会纲序》，《韩国文集丛刊》第206册，第61页。

〔3〕［朝鲜］成海应：《研经斋全集》续集册十五《风泉录·答梁园李公书》，《韩国文集丛刊》第279册，第362页。

〔4〕［朝鲜］李晚寅：《龙山文集》卷6《东国十志序》，《韩国历代文集丛书》第696册，第92—94页。

〔5〕［朝鲜］姜晋奎：《栎庵集》卷10《东国十志跋》，《韩国文集丛刊》第132册，第442页。

〔6〕参见王成：《朝鲜金泽荣对司马迁〈史记〉的批评与接受》，《殷都学刊》，2019年第3期。

很多史书将史汉列入参考书目，有的甚至以史汉为基础编纂，如《周书国编》“本之以马迁，实之以《左传》，参之以《国语》，补之以诸子”[1]。

因此，对朝鲜时代接受《史记》《汉书》有关史实的研究，不仅应当关注纪传体史书，还要扩展到其他体裁；不仅应当关注史汉纪传体“史体”的影响，还要关注义例、史料方面的表现，以及史书编纂过程中对《史记》《汉书》的评价及其变化。

2. 正史观念与《高丽史》的编纂

朝鲜时代《高丽史》的编纂过程，就存在选择纪传体还是编年体的争议，修史义例的确定也并非一次性完成。朝鲜太祖四年（1395），郑道传、郑总等将《高丽史》进呈，此时只有37卷，内容自高丽太祖至恭让王。太祖在给二人的教书中称赞此书“不待游、夏之赞，蔚有班、马之风”（与郑道传），“议论无愧于《唐鉴》，鄙吝不生于《汉书》”（与郑总）。[2] 此时《高丽史》仍为编年体，与史汉纪传体并不同。那么，为什么太祖会以史汉来称赞《高丽史》呢？主要在于太祖认为此书“事该其本末而不至于繁，文贵乎简质而不至于俚”，“虽华不繁，虽质不俚，可谓有良史之才”，[3] 这是就《高丽史》的史实叙述而言。至于所谓“有变有常，去就实关于大体；或褒或贬，是非不缪于曩贤”，“有变有常，笔削之精著矣；可法可戒，善恶之效昭然”，[4] 这明显是取法《春秋》严于褒贬，《通鉴》“鉴于往事，有资于治道”的史法。由此可以看出，太祖对《史记》《汉书》《春秋》《通鉴》等中国史书的评价，各有侧重：对于史汉，更加重视其文章叙事质而不俚、华而不凡的特点；而对于《春秋》《通鉴》，则更重视其表达褒贬大义与以史为鉴的意义。

太宗时，以《高丽史》中关于太祖记载有不实内容，命河仑等改

---

〔1〕［朝鲜］朴泰辅：《定斋集》卷3《周书国编凡例》，《韩国文集丛刊》第168册，第59页。

〔2〕《太祖实录》卷7四年一月二十五日，第2b页。

〔3〕《太祖实录》卷7四年一月二十五日，第2b页。

〔4〕《太祖实录》卷7四年一月二十五日，第2b页。

修。世宗时，又命韩尚敬、卞季良、柳观等改修，仍以订正相关史实为主要目的。太宗十八年（1418），柳观提出将《高丽史》中一些僭拟的称号官制按朱子《纲目》进行修改。对于这一建议，卞季良最初认为“不可轻改”。但是，卞季良还是根据《纲目》正名分、改僭拟的原则，将高丽职官中的太子太傅、少傅、佥事改为世子太傅、少傅、佥事，太子妃改为世子嫔，制敕改为教，赦改为宥，奏改为启。这种改法并不符合当时的史实，因此遭到其他史官的反对，希望直书其事。这一观点也得到了世宗的支持。[1] 世宗六年（1424），柳观等进《雠校高丽史》，其序文仍强调“据事直书，褒贬自见，足以传信于后”[2]。世宗十四年（1432），对于《高丽史》采用编年体还是纲目体，朝鲜君臣之间又有一番讨论。世宗认为“以纲目法修撰，则于小事重迭，难以悉记，然便于观览；以编年法修撰，则观览虽难，叙事则详”。史臣提议用编年体。世宗也认为“宁失于烦，毋令疏略没实”，也倾向于用编年体。[3] 但是，世宗二十年（1438），承旨许诩建议《高丽史》仿史汉采用纪传体。他认为：

> 自古作史有二体，左氏年经国纬，班马国经年纬。历代作史者，皆仿班马，独温公依左氏者，以其有本史也。高丽李齐贤修国史，名曰《史略》，乃略述理乱兴衰之大概，欲为当世之龟鉴耳。然具藁而书未成。至国朝，郑道传、权近、河仑、尹淮等相继撰修，皆袭齐贤之旧，失于疏略，故更命增添。然犹未免疏略之弊，且不似历代修史体例。乞依班马，更作纪传表志，以为本史。仍将尹淮所撰，以为《史略》，则庶合古人作史体例。[4]

史书二体的说法，源自唐刘知几的《史通》。刘知几对纪传体与编年体优劣得失的评价，比较明确：纪传体内容全面，然失于繁复，史实

---

〔1〕《世宗实录》卷 22 五年十二月二十九日，第 26a 页。

〔2〕《世宗实录》卷 25 六年八月十一日，第 16a 页。

〔3〕《世宗实录》卷 57 十四年八月十日，第 18b 页。

〔4〕《世宗实录》卷 80 二十年三月二十一日，第 32a 页。

前后重出，割裂文字；编年体则叙事简明，但易于缺漏史实。对纪传体与编年体的这些特点，许诩并非没有了解。只不过他认识到纪传体内容全面的优点，有利于尽可能多地保存前代史实，避免疏略。所谓“本史”，应当指正史。当时中国的正史已经有二十史，均为纪传体史书，故许诩或许出于编纂高丽朝正史的考虑，认为纪传体才是史书的标准体例。对于许诩的这种建议，权踶认为，“《丽史》本草疏略，若分于纪传表志，则殊不似史记体例”。[1] 这里的“史记”并非指司马迁《史记》，而是对史书的称呼。由此可见，权踶也认为史书体例应当以纪传体为准，只不过此时《高丽史》内容缺略情况严重，并不适合改为纪传体。因此，增补《高丽史》相关史实，成为权踶等朝鲜史臣的重要工作。不过，权踶等人在增补史实的过程中，又出现了“笔削不公”的情况，于是世宗三十一年（1449），又命改撰。同年，世宗确定以纪传体为《高丽史》体裁。对此，朝鲜史臣之间又有一番争论，如史官辛硕祖等人认为：

> 作史之体，必有纪传表志，备载事迹，各有条贯。迁、固以来，皆袭此体，无有改者。若编年之法则概括本史，以便观览耳。今不作本史，乃于编年，欲令备载，铺叙甚难，至别有世系地理，赘莫甚焉。且凡例内，如朝会、祭祀、街衢经行、春秋藏经道场、生辰受贺、王子诞生、赐教礼物、人日颁禄、燕享中国使臣之类，皆以常事，略而不书，只书初见。若有本史而作编年则可也，今无本史而略之如此，殊失史体。乞依历代史家旧例，作纪传表志，无遗备书。然后就令已撰编年，更加删润，别为一书，与本史并传，庶合古人修史之体矣。或以为高丽事迹，本多疏缺，欲为纪传表志，难以就绪。然前史列传，有一人之事，只书数行，亦有当立传而史失行事，不得立传者。事迹不备者，虽阙之，亦未为害，苟制作得体，事之难易迟速，不必复论。[2]

[1]《世宗实录》卷 80 二十年三月二十一日，第 22a、22b 页。
[2]《世宗实录》卷 123 三十一年三月五日，第 15b 页。

可见，在当时朝鲜史官的观念里，受中国历代正史皆为纪传体的影响，认为朝鲜时代“本史”也当以纪传体为编纂凡例。编年体虽然有概括史实、叙事简明的特点，但不能成为正史的编纂体裁，只能是便于人们读史的辅助史书。正史具有体例完备、内容齐全的优点，能够专门记载除史实之外的世系、地理、典章等资料，这是编年体史书所不具备的。编纂国家正史是首要的，编年体只能是在正史形成之后，作为补充而存在，才符合“古人修史之体”。因此，《史记》《汉书》作为中国历代正史的典范，自然成为朝鲜史官编纂国家正史的模板。

但是，另一些大臣如鱼孝瞻等虽然也承认编纂纪传体正史的重要性，对于以纪传体改编《高丽史》，又提出了两点疑虑：首先，纪传体史书内容丰富，体例全面，以当时朝鲜史官的编纂水平而言，实现起来比较困难，需要较长时间；其次，当前《高丽史》的内容体例都还不是很完备，并不适合改为纪传体。他希望仿照《宋史全文》来改编《高丽史》，然后颁行。而将《高丽史》改编为纪传体，只能留待以后条件成熟了再进行。鱼孝瞻等人所举的《宋史全文》，原名《续通鉴长编》，为编年体宋史。可见，鱼孝瞻等人仍想以编年体改编《高丽史》。金宗瑞、郑麟趾将双方争论的观点通过世子汇报给世宗，希望依照辛硕祖等人的意见。不过，世宗同意以纪传体改编《高丽史》。最终，《高丽史》由郑麟趾为总纂，以纪传体编成，分为世家、志、表、列传。

在《高丽史》编纂过程中，朝鲜君臣针对该书采用编年体、纲目体还是纪传体方式展开了争论。无论是朝鲜君臣的选择倾向，还是《高丽史》的文本特点，都显示出编年体更为合适。即使世宗最终决定采用纪传体，也有大臣对此产生了疑虑。这种疑虑出于对《高丽史》内容缺略及纪传体史书编纂不易的认识。可见，朝鲜君臣对三种史书体裁的优点与缺点的认识，都比较清楚。而最终选择以纪传体来改编《高丽史》，并非以三种史书体裁的优劣为标准。我们认为，除了要考虑世宗本人对《史记》《汉书》的喜好因素之外，朝鲜初期编纂国家正史（本史）的需求，也是最终《高丽史》在条件并不成熟的情况下采用纪传体的重要原因。高丽时代，金富轼认为当时士大夫熟悉四书五经、中国历史，而对高丽及此前的历史知之甚少，因此编纂《三国史记》，“以垂劝戒，宜得三长之才，克成一家之史，贻之万世”[1]。朝鲜时代编纂《高丽史》也应当出于相似的考虑。然而，当时中国纪传体正史有二十部之多，朝鲜史臣在讨论纪传体的优点时，也仅以《史记》《汉书》为例，这主要还在于两书是中国纪传体正史的源头和经典。

作为官修正史，《高丽史》从一开始就是集体修史。还有一点，与中国历代编纂正史“垂训鉴戒”“鉴往察来”的目的相似，《高丽史》的编纂，也希望实现“盖已往之兴亡，实将来之劝戒”。卷首列《高丽世系》，称“自古论人君世系者，类多怪异，而其间或有附会之说，则后之人不能不致疑焉”，因而朝鲜史臣以《太祖实录》所载为“正”。既然如此，高丽被朝鲜所取代，“历数竟归于真主”，也就实现了正统的交接。所以，《高丽史》的编纂，其目的还在于通过书写正统谱系证明和宣示朝鲜王朝的正当性与合法性，从而把握对前代历史的解释权，确立新的政治、文化秩序。[2]

在《高丽史》编纂过程中，存在据实直书与笔削不当的争论。前者主要针对高丽时代太子太傅等称号，后者则涉及高丽末期有关朝鲜太祖李成桂史实的记载。这种争论并非一种矛盾，但也显示出朝鲜君臣对前朝史与本朝史书写的不同态度。对于前朝史，强调“当据事直书，褒贬自见，足以传信于后。不必为前代之君，欲掩其实，轻有追改，以丧其真也”[3]。而对于本朝史，特别是涉及丽末鲜初太祖的相关史实，则一再强调笔削要正。这样，《高丽史》中同时存在直书与笔削。如世宗二十年（1438），对于郑道传在《高丽史》中对辛禑父子直呼其名的做法，史臣认为不妥，当以《通鉴》《纲目》对汉惠帝、宋苍梧王的记载为标准，提出应将辛禑父子称为废帝，而在本传叙事中，按照当时事实书写。《通鉴》《纲目》对汉惠帝、苍梧王有关史实的书写方式，仍以正名分、重正统、严褒贬为中心，故据实直书的同时，又通过称号的改

---

〔1〕［朝鲜］徐居正等编：《东文选》卷 44 金富轼《进三国史记表》，第 13a 页。

〔2〕这种观念是唐宋以来官修正史的普遍认识，同样也适用于高丽、朝鲜时代对正史的修纂。［参见尤学工：《论易代修史》，《廊坊师范学院学报（社会科学版）》，2013 年第 6 期］

〔3〕《世宗实录》卷 25 六年八月十一日，第 16a 页。

变来达到贬低僭拟的目的。但是，世宗三十一年（1449），史官再次论辛禑父子的称号问题时，标准又发生了变化。史官认为《纲目》对汉惠帝、苍梧王的记载，并不适用于辛禑父子，而应当以《汉书》降王莽至列传为例，将辛旽置于《叛逆传》，将辛禑置于列传最末。对于高丽末期涉及朝鲜太祖的相关史实的书写，当时则存在两种书写文本，一个即郑道传所撰，另外一个应当是世宗组织史官重新整理的。世宗要求对这段史实同样要据实直书，不过这种"实"只能是保留那些有利于太祖的记载，消除负面影响。

朝鲜史官编纂《高丽史》时，依据《春秋》以来形成的"书法不隐"的原则，对相关史实据实直书，但在涉及名分、正统等问题时，褒贬却十分严格。与《三国史记》称"本纪"相比，《高丽史》又严格遵循了"天子曰纪，诸侯入世家"的名分观念，并对保留高丽时代"僭逾"称号加以说明，体现了程朱理学对当时史书编纂的影响。《高丽史》根据《汉书・王莽传》来确定高丽末辛禑父子相关史实的书写方式，看似参考《汉书》，实际仍是对《春秋》《通鉴》《纲目》名分、正统观念的继承与发挥，更多是为褒贬人物提供经典依据。

3. 史体与"书法"

至于《宋史筌》《东史》《海东绎史》《东史聚要》等朝鲜时代的纪传体史书，体裁与《史记》《汉书》相同，但在具体编纂过程中是否受到史汉的影响，还需要具体分析。如《宋史筌》是正祖时期在元修《宋史》的基础上改编而成，十分强调尊正统、正名分、辨华夷、标不臣的"义例"[1]，以此为标准删改史实。尽管此书记载宋代历史，但从其"义例"具体内容仍可以看出《史记》《汉书》的影响。"义例"评价史汉义例有失，"马班之书，虽为记传之史所推宗，然马迁则高帝、项羽并立本纪，班固则平帝、王莽分年系事，此皆失例之大者"，但也

---

〔1〕 季南：《朝鲜正祖李祘的〈宋史筌〉对〈宋史〉的改编》，《黑河学刊》，2015年第7期。

肯定“马班所记最得其体，而后史皆不及焉”。[1] 同时，“义例”的一些条目往往首先肯定史汉作为纪传体史书的开创作用。很多篇目也依史汉而设立，如《五贤传》最初为世家，仿《史记·孔子世家》，后改为列传。李种徽的《东史》收在《修山集》卷11—13中，洪良浩为此书所作序称“纪传表志诸篇，质而不俚，详而不繁，得史汉之体”。其《古史古今人表》仿照《汉书·古今人表》，并且批评班固“创立古今人表，而汉人不载，其意欲借古人以寓衮钺，而今人不敢论，则于汉史无关，此其所以为迂也”。[2] 至于韩致奫的《海东绎史》，虽然为纪传体，分为世纪、志（有天文、地理、礼乐、兵、刑、舆服、艺文诸志）、考（有肃慎氏考、本朝备御考、人物考等），但李圭景称其书仿于明马骕的《绎史》。而且，《海东绎史》中并没有采用“本纪”“世家”等纪传体史书常用的带有名分观念的用词，而代之以较为中立的“世纪”，并将“事大”“朝贡”改为“交聘”，体现了一种国家平等的意识。[3] 不过，《海东绎史》引用书目中列有司马迁《史记》、司马贞《史记索隐》、张守节《史记正义》、班固《汉书》、颜师古《汉书注》等，可见此书体裁并非仿效史汉，而仅是以史汉作为参考资料。

通过以上具体分析，本书认为，目前学者对于史汉影响朝鲜时代史书编纂的相关研究，仍属于比较笼统。虽然《史记》《汉书》在体裁、史料方面对朝鲜时代史书编纂有一定的影响，如《高丽史·方技传》的设置，“自迁史立《日者》《龟策》《仓扁传》，而后之作史者，皆述方技传，岂非是意耶？作《方技传》”[4]，就认为继承了自《史记》以来立《方技传》的传统。但在涉及史书编纂最重要的义例问题时，朝鲜史臣想到的往往是《春秋》《纲目》等史书，即郑麟趾在《进高丽

〔1〕［朝鲜］尊贤阁编：《宋史筌》卷首《御定宋史筌义例》，《域外所见中国古史研究资料汇编·朝鲜汉籍篇》史编史传类第9册，重庆：西南师范大学出版社，2013年，第375页。

〔2〕［朝鲜］李种徽：《修山集》卷12《东史表·古史古今人表》，《韩国文集丛刊》第247册，第536—537页。

〔3〕［韩］李润和：《中韩近代史学比较研究》，第56页。

〔4〕［朝鲜］郑麟趾等撰、孙晓主编：《高丽史（标点校勘本）》卷122《方技传》，第3699页。

史笺》中所谓“凡例皆法于迁史，大义悉禀于圣裁”。所谓圣裁，并非指朝鲜太祖至世宗，而是指《春秋》大义以及正统史学观念。至于“避本纪为世家，所以示名分之重；降伪辛于列传，所以严僭窃之诛。忠佞邪正之汇分，制度文为之类聚。统纪不紊，年代可稽。事迹务尽其详明，阙谬期就于补正”等做法，〔1〕很显然并非《史记》《汉书》的影响所能包括的。

纪传体史书资料详赡、内容全面，并且作为中国历代正史的体裁，这一特点在《高丽史》编纂过程中不断被强调。朝鲜君臣甚至明知《高丽史》编纂并不适合纪传体的情况下，仍然坚持并最终采用了纪传体。这种做法除了《史记》《汉书》作为纪传体经典的影响力之外，更多在于朝鲜时代君臣很清楚中国历史上易代修史的传统及其意义，因而希望编纂朝鲜自己的国家正史，以此宣示正统。朝鲜时代编纂《高丽史》的过程，也符合正史编纂的一般特征，如官方主持，集体修史，如希望“勒成一代之史”。因此，《高丽史》对《史记》《汉书》的参考，更多不是史学层面的行为，而是政治与社会层面的行为。而在所谓“本史”出现之后，不仅是《史记》《汉书》，甚至是纪传体史书都比较少见了。《高丽史节要》的编纂，“务取纲要，事有关于治乱兴亡，可监〔鉴〕戒者，悉参录之。余则既正史在，略之”〔2〕。所谓正史即指《高丽史》。取而代之的是受《通鉴》《纲目》影响编纂的编年体和纲目体史书以及相关史论。朝鲜中期之后，纪传体史书的优点也变成了缺点，如金宗瑞认为史汉虽然是后代纪传体正史的源头，“以规模宏博，而著述得以该备也。然不免冗长难究之患”〔3〕。所谓“冗长难究”，在于《史记》虽然史料丰富，但并非如《春秋》《纲目》一样义例严明。因此，作为史书来说，一方面，朝鲜文人肯定编年体与纪传体各有特点及作用，如南公辙指出“二者皆不可废也”：

---

〔1〕［朝鲜］郑麟趾等撰、孙晓主编：《高丽史（标点校勘本）·进高丽史笺》，第12页。

〔2〕［朝鲜］金宗瑞：《高丽史节要·高丽史节要凡例》，首尔：明文堂，1991年，第2页。

〔3〕［朝鲜］金宗瑞：《高丽史节要·进高丽史节要笺》，第1页。

> 史有二道，编年与纪传是也。编年祖于《春秋》，而纪传则始自迁创之。将正其一统，分代以纪年，因年以系月日，制度沿革，忠邪刑赏之是非，错出而互见，则编年为谨于法；代各有纪，人各有传，以专其行治得失之故，叙次该洽，则纪传为详于事。[1]

另一方面，朝鲜时代人们心目中关于史书好坏的评价，重点并不在于史料是否丰富，文笔是否精彩，而是能不能继承“春秋笔法”，义理严明，褒贬恰当。如安鼎福认为，“大抵史家大法，明统系也，严篡贼也，褒忠节也，正是非也，详典章也”[2]。以这个标准来评价历代史书，大多并不符合要求，或失于冗繁，或笔法乖张，或史实有误，或义例不明。故安鼎福的《东史纲目》不仅在名称上模仿朱子《纲目》，而且遵循《纲目》义例。

因此，《纲目》成为朝鲜中后期史书编纂的重要标准。这种认识在朝鲜时代起源比较早，如世宗十八年（1436），《纲目通鉴训义》编成，柳义孙（1398—1450）序称历代史书“莫详于《通鉴》，而莫要于《纲目》”，故“读者苟能仰体圣训，先明经学，然后博之于《通鉴》，约之以《纲目》，则本末兼该，内外融贯，而庶不谬乎明体适用之学矣”[3]。金安国（1478—1543）认为，司马光《通鉴》不以蜀汉为正统，是昧于纲常大义，朱子《纲目》“直绍《春秋》，实万古史家之准绳”[4]。黄俊良（1517—1563）评价《春秋》《史记》《汉书》《通鉴》《纲目》诸史书，认为《春秋》“是诚史家之指南，而非可以史才名言也”。即“春秋笔法”是“至公之心”，褒贬自见，而《史记》“善叙事理，质而不俚”，《汉书》“赡而有法，华而有体”，有史才而无史学。《通鉴》用编年体，便于人们了解治乱得失，但不当以曹魏、武周纳入

---

〔1〕［朝鲜］南公辙：《金陵集》卷11《史圈序》，《韩国文集丛刊》第272册，第215页。

〔2〕［朝鲜］安鼎福：《顺庵集》卷18《东史纲目序》，《韩国文集丛刊》第230册，第163页。

〔3〕《世宗实录》卷74十八年七月二十九日，第10a页。

〔4〕［朝鲜］金安国：《慕斋集》卷10《策题·撰修国史》，《韩国文集丛刊》第20册，第190页。

正统。只有朱子《纲目》能够采众家之长，继承“春秋笔法”，义例严明，褒贬恰当，所谓“秉至公之心而兼三者之长者”。[1] 所谓“三者之长”，即史书应当兼有史才与史学。史才即史料丰富，叙事详明。而史学则指编纂史书时依据的义例。朴承任（1517—1586）把这两点总结为道与才，以《纲目》“既深于道，故不患于才者也”，即史书首先要确定义例，然后按照义例编纂安排史料，具体的做法是“使其本之《春秋》，以立其标准。参之迁、固，以助其辞气，而斟酌涵泳于诸儒之法度，则无者有，而不赡者赡矣。道之不直者得其直，才之不赡者得其赡”。[2] 姜锡圭（1628—1695）也以《纲目》“继《春秋》而作，史之体当如是也”[3]。

三、文当期于班马

朝鲜君臣普遍有一种观点，就是《史记》《汉书》在文章写作方面有很好的参考价值，朝鲜经筵召对上讲读史汉，只是集中在成宗、英祖、正祖、纯祖等几朝，而《通鉴》《纲目》等史书则从初期到末期都普遍存在。这种讲读只是在朝鲜国王及重要儒臣之间展开，其范围十分有限。对于一般朝鲜文人的情况，孙卫国先生有较为全面的研究。不过所引资料中的“史记”，有的并非指司马迁的《史记》，而是朝鲜文人对于史书的一般提法。其实，史书还可以包括《通鉴》《纲目》《十九史略》等书。有相关研究引孙仲子、柳梦寅、尹根寿等人读《史记》的相关资料，认为《史记》是朝鲜士人必读的史学经典及科举考试的重要门径。这种提法的问题在于，没有明确这些人所读《史记》文本的情况及读书目的。对于一般文人来说，日常所读《史记》多为选本，且基本上是为了学习文章之用。这种情况在 16 世纪中期以后，在朝鲜

---

〔1〕［朝鲜］黄俊良：《锦溪集》卷 8《外集 · 对策 · 问史才得失纯驳》，《韩国文集丛刊》第 37 册，第 197 页。

〔2〕［朝鲜］朴承任：《啸皋集》卷 4《续集 · 史记》，《韩国文集丛刊》第 36 册，第 369 页。

〔3〕［朝鲜］姜锡圭：《聱齖斋集》卷 8《万古全史序》，《韩国文集丛刊续编》第 38 册，第 151 页。

古文风气影响之下，更为突出。本节关注朝鲜一般文人日常生活中接受《史记》《汉书》的表现。

1. 金得臣读书辩

学者涉及朝鲜时代《史记》《汉书》在日常生活中的表现时，常引金得臣（1604—1684）读《伯夷传》一亿一万三千遍的例子，说明朝鲜文人对《史记》的重视。其实，金得臣日常所读书并不止《伯夷传》一种，除此书之外，“自甲戌至庚戌，而其间《庄子》《马史》《班史》《学》《庸》，非不多读，不至于万，则不载读数记尔”[1]。即读一种书如果不满一万次，就不在统计之内。因此，《伯夷传》只是金得臣为学习古文所读过的书籍中超过万次的三十六种书籍之一。

朝鲜文人读书千遍乃至亿遍的事迹有很多，如据黄德吉（1750—1827）所记，除金得臣之外，还有“金濯缨读韩文千遍；尹醒夫读《孟子》千遍；卢稣斋读《论语》《杜诗》二千遍；崔简易读《汉书》五千遍，《项籍传》又倍之；车沧洲读《周易》五千遍；柳於于读《庄子》、柳文千遍；郑东溟读《马史》数千遍；权霞溪读《纲目》全部千遍”[2]。这种读书方式也是朝鲜时代教授学生的主要途径，朝鲜著名学者安鼎福（1712—1791）读书时，也采用抄读或者诵读数十上百遍的方式，并举金得臣与郑斗卿的例子，说明“能多读而成文章”，如果不能多读，“无以知其义，不博观，无以通其变”。[3]

金得臣的读书方式虽然具有一定的代表性，但次数达到上亿次的情况，应该属于比较夸张的说法。如丁若镛就对金得臣读《伯夷传》的事迹提出了怀疑，认为《读数记》所载的事迹，为其后人依据传闻所记，而且“所谓韩文、马史，亦其选本，非全部也”[4]。金得臣自己

---

〔1〕［朝鲜］金得臣：《柏谷集》册5《古文三十六首读数记》，《韩国文集丛刊》第104册，第164页。

〔2〕［朝鲜］黄德吉：《下庐集》卷11《书金柏谷得臣读数记后（丁卯）》，《韩国文集丛刊》第260册，第447页。

〔3〕［朝鲜］安鼎福：《顺庵集》卷13《橡轩随笔（下）·读书》，《韩国文集丛刊》第230册，第49页。

〔4〕［朝鲜］丁若镛：《与犹堂全书》第一集《诗文集》卷12《文集·金柏谷读书辩》，《韩国文集丛刊》第281册，第257页。

的诗中也称“韩文马史千番读，仅捷今年进士科”，这应当是其读书遍数的实际情况。不过，我们对朝鲜文人读书次数的认识，重点并不在确定具体次数的多少，而在于弄清楚这种读书方式产生的原因，以及朝鲜文人通过这种方式读书，特别是读《史记》《汉书》的目的是什么。从以上所引资料来看，采用这种读书方式的朝鲜文人并非个案。再比如，李植（1587—1647）在给儿孙所列书单中，往往规定某书“限百读”，某书需“读数十番”。对于金得臣来说，或许读书能力不高，如年少时“始受曾先《史略》于其先大夫，天皇一章，三日而不成句读”〔1〕，只能通过增加读书次数来加强学习。金得臣读《伯夷传》的目的，是为了“搜罗汉宋唐秦文，口沫读过一万番。最嗜伯夷奇怪体，飘飘逸气欲凌云”〔2〕，即为学习古文写作的需要。

成海应虽然对金得臣的读书方式表示怀疑，但还是肯定了这种读书精神。与之相反，林象德对这种读书方式提出了批评。他认为读书“最忌贪多，要须潜心求见古人用心之处。初虽黑暗，看来看去，积久究索，自然渐见通处”。在他看来，古人的好文章水平要高于今人，所以读书次数的多少，并不代表对古人文章理解程度的高低。当时动辄读书成千上万次的做法，虽然也认识到古人的“义理玄远，文章高妙”非今人所及，但他们采取的是寻章摘句的方式，而不是领会古人的“心意妙处”。〔3〕这种批评与前文所论朝鲜文人中“唐宋派”对“秦汉派”的批评相似，或许是二者在读书方式上的分歧所致。

金得臣日常读韩文、马史千余遍，是出于对学习汉唐古文的喜好。至于所读皆是选本，一方面与当时史汉等书籍不够普及有关，一般朝鲜文人很难获得全本；另一方面，对于一些朝鲜文人来说，这种读书千百遍的做法，出于“书读百遍，其义自见”的考虑，是学习和模仿汉唐

---

〔1〕［朝鲜］金得臣：《柏谷集》附录李瑞雨《柏谷集序》，《韩国文集丛刊》第104册，第234页。

〔2〕［朝鲜］金得臣：《柏谷集》附录《终南丛志》，《韩国文集丛刊》第104册，第239页。

〔3〕［朝鲜］林象德：《老村集》卷4《杂著·通论读书作文之法》，《韩国文集丛刊》第206册，第89页。

文章的有效方法。由此可见，书籍的缺乏并没有阻挡朝鲜文人日常读史汉的热情。

2. 抄书与借书

金得臣所处的时代，史汉选本产生比较多，与当时书籍缺乏有很密切的关系。比较而言，由于朝鲜世宗、成宗时期比较重视史汉的印行，常在经筵上讲读，并赐予群臣，使当时《史记》《汉书》流布较为广泛，一些朝鲜文人有机会获得全帙的史汉版本，如俞好仁（1445—1494）赴松都（高丽古都）游山玩水的旅途中，不忘“簏载《史记》、两《汉书》各一部”[1]。俞好仁是朝鲜时代“士林派”的代表人物，朱子学者、古文家金宗直的弟子。他外出游玩的这一年，是成宗八年（1477）。此时士林派正得势，俞好仁被成宗召入朝中。而且，此时很多朝鲜士大夫家里收藏有世宗朝印行的庚子字本《史记》《汉书》。成宗五年（1474），又命颁印《史记》《汉书》等史书。因此，俞好仁外出游玩所载的《史记》《汉书》《后汉书》各一部，应当是全帙，故需装以书簏，以便于携带。

但是，俞好仁拥有全帙《史记》《汉书》的情况，不仅在当时比较少见，即使把时间扩展到整个朝鲜时代，也属于比较特殊的个案。一般朝鲜文人日常收藏、阅读史汉，显然不能同俞好仁一样。在讨论朝鲜时代史汉选本形成的原因时，本书指出，朝鲜时代的《史记》《汉书》文本情况，在经历了世宗、成宗时期的繁荣之后，至16世纪中期，由于朝鲜书籍印行的逐渐没落，以及“两乱”对书籍收藏的破坏，受到严重的影响。因此，朝鲜一般文人要想获得《史记》《汉书》文本比较困难，其方法不外乎两种：借书与抄书。当然，这种情况并非仅存在于这一时期，即使是世宗、成宗时期，一般朝鲜文人要想获得史汉文本，也不是一件容易的事情。如成伣（1439—1504）记载的真逸先生“常购

---

〔1〕［朝鲜］俞好仁：《㵢溪集》卷7《游松都录》，《韩国文集丛刊》第15册，第181页。簏是装书的竹制箱子。

《史记》不得，闻孝宁大君有善本，躬谒白其所以。大君嘉其笃学而与之"[1]。权得己（1570—1622）的儿子"因有志于西汉之文，不得书册。从人借《史记》《汉书》各数卷而读之，文理稍长进"[2]。任叔英（1576—1623）从某官处得到《汉书》一帙，不由发出"册出高门，恩加陋巷"的感叹。[3] 朝鲜文人之间经常相互交流日常读书的心得，如许篈（1551—1588）在与人的信中提及读《前汉书》，称自己"平生酷嗜史汉。顷者购得迁史，而班书则尚未之获，日夜耿耿。想兄承借书香，必有此帙。如蒙辍赠，则百朋之锡，何足以喻其万一！用是祈恳，伏望曰俞可否何如。灼艾之献，何劳俯谢"[4]。那种想得到《汉书》的迫切心情，跃然纸上。河弘度（1593—1666）从别人手中借到《马史抄》一帙，以苏轼"贫儿暴富"的典故作比喻，[5] 说明得到此书的感激心情。宋时烈（1607—1689）作为朝鲜大儒，也曾向人求"华本《语类》、前后《汉书》、《纲目发明》、《纲目书法》"等书，[6] 其中《纲目》还是朝鲜时代比较流行的书籍。一般朝鲜文人很少有机会看到史汉全帙，如尹拯（1629—1714）因为"不曾见《马史》全帙"，欲向人借，又怕借书人不许，提出"闻方事韩文云，可以挟而见过耶？虽不能久会，数夕亦佳。企企"。[7] 如前文所论朝鲜时代史汉选本而言，

---

〔1〕［朝鲜］成伣：《虚白堂文集》卷 13《真逸先生传》，《韩国文集丛刊》第 14 册，第 525 页。孝宁大君，名李补，字善叔，谥靖孝。朝鲜太宗与元敬王后闵氏所生嫡次子。

〔2〕［朝鲜］权得己：《晚悔集》卷 2《悲恸录后题》，《韩国文集丛刊》第 76 册，第 28 页。

〔3〕［朝鲜］任叔英：《疏庵集》卷 6《谢奇监司协赠前汉书启》，《韩国文集丛刊》第 83 册，第 464 页。

〔4〕［朝鲜］许篈：《荷谷集》杂著补遗《与沈进士书》，《韩国文集丛刊》第 58 册，第 394 页。

〔5〕［朝鲜］河弘度：《谦斋集》卷 3《答人疑·答金持平畊》，《韩国文集丛刊》第 92 册，第 69 页。

〔6〕［朝鲜］宋时烈：《宋子大全》卷 47《与李君美（乙巳十月八日）》，《韩国文集丛刊》第 109 册，第 442 页。

〔7〕［朝鲜］尹拯：《明斋遗稿》卷 27《与再从弟执中》，《韩国文集丛刊》第 136 册，第 52 页。

《史记》与《左传》《国语》《庄子》《汉书》及唐宋八大家文选等，都是当时文人常备的书籍。但由于当时书籍比较稀缺，故朝鲜文人对于借书给人比较慎重。因此，尹拯只能趁别人读韩文时，借别人的《史记》。而其弟尹搢（1631—1698）向人借到一部《汉书》，表示自己“遂蒙撤惠，报赐之间，感愧不已”的心情。[1] 黄胤锡有《前汉书律历志解》，见于其文集《颐斋乱稿》中。据说他在校正《律历志》时，也曾经向人借《马史》。[2]

《史记》《汉书》是朝鲜文人日常生活及出行时的常备书籍。元德徽（1647—1706）因为惩处“猾吏”得罪，被贬为三水郡（当时朝鲜最北边郡之一）郡守，后被召还。李縡所作墓碣称他“比还，橐中如洗，惟《史记》《汉书》数帙而已”[3]。赵正万（1656—1739）日常所读书籍有“四书二经及庸学或问，与《马史》三十传，李杜五七言，汉唐诸作，莫不惯诵”[4]。任适（1685—1728）以读《史记》为适意之事，“明窗静几，危坐读《太史公书》，雄放奇崛，感慨欢欣，使人气自增而声自高”[5]。史汉成为很多朝鲜文人出行必携的书籍。黄景源（1709—1787）与吴瑗（1700—1740）一同出游，诗中提及“吴子喜词章，驿亭共唱酬。据鞍读《史记》，中沚惊白鸥”[6]。

姜必孝（1764—1848）十分羡慕中国古人牛角挂书的典故，并予以实践，“今年秋，余适游东峡，道间借史汉翻去，行走不废诵。及其来归也，则亦挂于所骑之角上，快心朗诵，声满谷口，山外亦有响之者。

---

[1] ［朝鲜］尹搢：《德浦遗稿》卷下《答洪监司九言受畴书》，《韩国历代文集丛书》第2377册，第122页。

[2] ［朝鲜］黄胤锡：《颐斋遗稿》卷8《书・与柳定民书（乙巳）》，《韩国文集丛刊》第246册，第181页。

[3] ［朝鲜］李縡：《陶庵集》卷37《统制使元公墓碣》，《韩国文集丛刊》第195册，第264页。

[4] ［朝鲜］赵正万：《寤斋集》卷4《附录・行状》，《韩国文集丛刊续编》第51册，第535页。

[5] ［朝鲜］任适：《老隐集》卷2《简斋诗抄序》，《韩国文集丛刊续编》第66册，第476页。

[6] ［朝鲜］黄景源：《江汉集》卷1《诗・与伯玉东游》，《韩国文集丛刊》第224册，第14页。

余乐其不孤而有邻也。仍记余尝略涉史汉矣，骑牛之日亦多矣，每所诵不急于史篇。今偶骑牛而读史汉，诚不自期〔欺〕也”[1]。姜必孝所读史汉应当是选本，或许是《龙门史》《汉隽》之类，故能于牛背上阅读。前文我们曾经引用过他为《汉隽》写的序中对于史汉文风的评价。姜必孝对待史书的态度，与一般的性理学者并无二致，希望读史“必究观有国之治乱，人物之得失。至见树立卓然处，必击节喟然曰：使吾身当之，可能如是乎？”他自称平时略涉史汉，但又称“每所诵不急于史篇”，这看似矛盾，其实比较符合当时很多朝鲜文人对待《史记》《汉书》与一般史书的态度。

李德寿（1673—1744）为徐文裕（1651—1707）夫人李氏写的墓志铭称，有书商售卖《汉书》，徐文裕无钱购买，李氏以所穿衣服换得。[2] 朝鲜时代官方的书肆一直没有建立起来，阻碍了书籍的流通。这种游街串巷的书侩，是朝鲜时代书籍流通的主要方式。有的朝鲜文人如赵冕镐（1803—1887）尽管家里很穷，食不果腹，仍向邻人借《汉书》，并借宋人斗酒读《汉书》的典故，称“且闻新瓮熟，清浊欲何如”[3]。

3. 史汉“记事有法”

前文我们曾论及，朝鲜时代16世纪末出现一些史汉选本，主要是为便于学习秦汉古文之用。而朝鲜群臣在经筵召对时，虽然经史并重，但史书只是作为经传的辅助，甚至对史书的评价也要以是否符合经传为标准。尽管在现代学者看来，《史记》《汉书》《通鉴》《纲目》等是不同体裁的史书，但对于朝鲜君臣来说，这些都是“史记”，可以“考前代之善恶，为万世之劝戒，最切治体”。基于这种认识，朝鲜文人认为司马光的《通鉴》与朱熹的《纲目》最符合这种需求，有的朝鲜文人

〔1〕［朝鲜］姜必孝：《海隐别稿》卷6《书龙门史卷后》，《韩国历代文集丛书》第1915册，第47—48页。

〔2〕［朝鲜］李德寿：《西堂私载》卷10《赠贞敬夫人全州李氏墓志铭》，《韩国文集丛刊》第186册，第466页。

〔3〕［朝鲜］赵冕镐：《玉垂集》卷6《八柏集·访金石东家借汉书而归》，《韩国文集丛刊》第125册，第192页。

甚至提出"《纲目》即史记之宗"的说法[1]。因此，朝鲜时代在经筵上读《史记》《汉书》的次数明显不如读《通鉴》《纲目》的次数。朝鲜时代特别是17世纪之后，很多文人日常并不重视读史书，经传与程朱理学著作是必读书籍，史汉更多作为学习文章之用。如姜必孝至耄耋之年，日常所读书籍除经传理学之外，又有"左、马史若干段"，"故发之文章者，闳肆演迤，不以雕琢为务"，[2] 这也符合他对史汉文章的评价。

因此，朝鲜文人出于对史汉文章的推崇，将史汉作为日常必读书籍，史汉也影响着朝鲜文人的文章风格。如曹守元（1487—1506），年未弱冠，"学必以古人为期，耻不若也。对卷穷昼夜，淹通群书。尤好司马氏《史记》，善属文，笔滔滔不竭，气颖迈超卓"[3]。柳袗（1582—1635）在日记中称，自己早晨起床后，将要去盥洗，左手已经伸到水里，"适见案上有《汉书》一册，自渊舍来，以右手披之，见《陈汤传》，爱其记事有法，耽玩移时"[4]。这个场景描写十分细致，写出了柳袗爱读书，见到书籍时迫不及待的神态。同时，柳袗读过《陈汤传》之后，没有评论相关史实，而只是提及该传的文章叙事。申混（1624—1656）因为读《史记》而考试得中。他把自己的读书心得传授给别人，并作诗一首：

> 昔我挟史堤川村，终宵兀兀声彻天。邻家老妇不能寐，隔篱骂我何无眠。先秦西汉七十传，读或千过与半千。明年辍卷试所得，挥毫百纸如云烟。俄然得第如摘髭，满城争呼新少年。世人谁知读

---

〔1〕《孝宗实录》卷12五年四月二十九日参赞官南老星语，第22a页。

〔2〕［朝鲜］成近默：《果斋集》卷8《海隐先生遗事》，《韩国文集丛刊》第299册，第596页。

〔3〕［朝鲜］金安国：《慕斋集》卷13《有明朝鲜国承义副尉忠佐卫副司猛曹君墓表》，《韩国文集丛刊》第20册，第257页。

〔4〕［朝鲜］柳袗：《修岩集》卷4《壬子日录》，《韩国文集丛刊续编》第19册，第509页。

史好，问之功效皆茫然。今君读史当我龄，我有衣钵须相传。（略）[1]

他读《史记》的方式就属于朝鲜文人常用的朗读法，并且只读《史记》诸列传，读书次数也以千百计。该诗省略部分是对所读列传史实的概括，一句对应一篇列传。但是，申混在诗的末尾说明，教人读《史记》并非为了史学研究，而是“请君读此千万过，腹中自有文如泉”[2]，即在于通过读《史记》列传，学习文章风格与叙事方法，从而提高写作水平。

4. 作为儿童“科文”之用

朝鲜文人重视史汉在学习文章写作方面的作用，这种风气也体现在他们对于儿童所读书籍的选择上。朝鲜文人对于读书次第，基本上按照朱子《近思录》的规定为序。但一些朝鲜文人为儿童所列书目，在此基础上有所增加。如李植所列读书单，分为先读、次读、科文工夫三类。前两类包括经传、四书、《纲目》、《通鉴》及理学著作，而“科文工夫”中有班马合抄一册。[3] 洪柱世（1612—1661）认为，学问皆源于五经，他列举的童蒙入门书目，按易经、书经、诗经、礼经、春秋的顺序，其中“业文辞者，源于书也”，包括“《南华》、《史记》、《汉书》、韩文、柳文、《陆宣公奏议》、《八大家文抄》”等书籍。[4] 林象德所撰《小儿读书次第》，从学习文字开始，其次是从《小学》《孝经》《论语》《孟子》等以及汉魏六朝、盛唐五言绝句古诗等开始。这样做的目的是“养其良知良能”，“感发其才情”，以正其性情，之后需要长

---

[1] ［朝鲜］申混：《初庵集》卷 3《雪山录 · 读马史赠吴邻哉》，《韩国文集丛刊续编》第 37 册，第 33 页。

[2] ［朝鲜］申混：《初庵集》卷 3《雪山录 · 读马史赠吴邻哉》，《韩国文集丛刊续编》第 37 册，第 34 页。

[3] ［朝鲜］李植：《泽堂集》别集卷 14《示儿孙等》，《韩国文集丛刊》第 88 册，第 514 页。

[4] ［朝鲜］洪柱世：《静虚堂集》附录《入学门庭》，《韩国文集丛刊续编》第 32 册，第 398 页。

其文理。在这方面，林象德认为《史记》的效果最好，“当选十五六传授之，循环数次，限以百遍”。再读李白古诗、大历诗人名篇，以曾先之《十九史略》了解古今历代人物史实。[1]

日本学者渡部学专门研究了朝鲜时代民间童蒙初学入门书籍的情况，将此类书分为千字文类，童蒙先习、童蒙须知类，击蒙要诀类，小学类，启蒙篇类，明心宝鉴类，十九史略通考、通鉴节要类，字书、韵书类，旧韩末学部编集教科书类，诗文类，其他类等。[2] 这十余类书中，有的是专为童蒙教育编订，有的起初则不是童蒙书籍，只不过由于适合童蒙学习，如《通鉴节要》《史略》等，故被作为蒙学。与上文李植、林象德所列书单相比，朝鲜时代官方及学校等机构规定的儿童训蒙书籍内容虽然丰富，却不涉及与《史记》《汉书》有关的书籍。但是，“真正属于伟大传统的作品的挑战性在于，这些作品可以用许多方式产生一种事实上驱使我们作出反应的张力，一种亲密，一种专注”[3]，《史记》《汉书》就具备这种强大的力量，从而使人们主动地接受并喜爱。

所以，尽管《史记》《汉书》没有被作为正式的童蒙教材，但是朝鲜文人以两书作为文章训蒙之用的现象还是比较普遍。如李时省（1598—1668）12 岁时，跟随李恒福（1556—1618）学《史记》，“既而博观诸书。为文，笔力雄拔”[4]。李恒福曾编纂《史纂全选》《抄选》，申钦称其“为文，自左国至秦汉，未尝去手者二十年”。金昌协（1651—1708）是朝鲜“唐宋派”古文的重要人物，提出文章写作需要同时学习六经、《国语》、《史记》、《汉书》、唐宋八家文等经典，反对字句模拟的做法。他的六弟昌立年十五六，“尤好太史公书，每读至庆卿高渐离击筑悲歌

[1] [朝鲜] 林象德：《老村集》卷 4《杂著 · 小儿读书次第》，《韩国文集丛刊》第 206 册，第 89 页。

[2] [日] 渡部學：《朝鮮の民間流布初學入門書目録》，東京：中央大學図書館，1986 年。

[3] 张国良主编：《20 世纪传播学经典文本》，第 353 页。

[4] [朝鲜] 崔锡鼎：《骐峰集》附录《墓碣》，《韩国文集丛刊续编》第 27 册，第 586 页。

事，辄歔欷慷慨泣下”[1]，或许受其影响。金信谦（1693—1738）跟随金昌缉（1662—1713）学习《史记》，并在《韩信传》上用笔作句读。[2] 金昌缉是金昌协的五弟。金熤（1722—1790）的儿子金载瓒，日常读《史记》，因此金熤在信中告诉他，“若久留而读尽向所言诸传，尚有余日，则《留侯世家》《陈平》《吴王濞》《游侠》《儒者》《日者》《酷吏》等传及《平准书》《太史公自序》《答任安书》，俱不可不读。其中《平准书》《太史公自序》《张陈二传》，须图必读也”[3]。在给另外一个儿子载琬的信中指出，“小学若毕，则《纲目》支离难读，《通鉴》家无册子，须读《马史》《项羽本纪》《范蔡》《四君》《刺客》等传也。文理之出，此最好耳”[4]。金熤两个儿子日常所读书籍中有《马史》，这个版本并非全本，而是选本。金熤在信中提及各篇列传，说明他对这些列传比较熟悉，甚至是偏好，因此这个选本应该是由他亲自选定。朝鲜文人日常教授童蒙读史汉的现象，与这些文人比较喜好史汉文章有关。他们有很高的古文水平，家里也收藏、编选史汉文本，因此有教授童蒙的需求与条件。而且，有的朝鲜文人如金昌协兄弟等，学习史汉文章不仅在家庭内部普及，而且影响后辈，形成了家学。

程朱理学对朝鲜社会童蒙教育的重要影响，相关研究比较充分，自不用赘述，而关于史汉对童蒙学习文章的影响，学者关注较少。前文论及申维翰针对门下弟子学习古文的需求，编选各类文章选本，其中三种选自《史记》《汉书》。不过，他对于各人学习之后的效果，并没有说明。史汉对朝鲜时代童蒙文章写作的影响比较全面。如朴宗挺（1555—1597）十余岁时，“喜《太史公》及朱子《纲目》”，日后“文词日益

---

[1] [朝鲜] 金昌协：《农岩集》卷 27《六弟墓志铭并序》，《韩国文集丛刊》第 162 册，第 245 页。

[2] [朝鲜] 金信谦：《橧巢集》卷 10《农岩府君遗事》，《韩国文集丛刊续编》第 72 册，第 334 页。

[3] [朝鲜] 金熤：《竹下集》卷 14《与载瓒书》，《韩国文集丛刊》第 240 册，第 475 页。

[4] [朝鲜] 金熤：《竹下集》卷 14《与载琬书》，《韩国文集丛刊》第 240 册，第 479 页。

进。尤善于辞赋，直以相如、子云为法，汪洋大肆，名振一时”。[1] 任兖（1567—1619）少时读《孟子》和《马史》，文章“词理俱到，以明白畅达为主，无雕琢艰辛之态，下笔立就，无少留难”，反对“缀文涩迟”。[2] 许筠（1569—1618）甚至认为，“欲作文，当学司马迁《史记》也”[3]。申最（1619—1658）也是朝鲜时代“唐宋派”文人，少时读《史记》，但所学不深，故所作序记碑志等文章，被认为有“作者气”。[4] 所谓“作者气”，即写文章不自然，过于做作。有的朝鲜文人同时学习《史记》、韩文，目的是以“雄深雅健之体”去除文章“世俗陈腐卑弱气”。[5] 南有容 14 岁时，读《史记》之外，还“兼取先秦西汉之文”[6]。南龙万（1709—1784）日常史汉兼读，尤其致力于《汉书》，洪良浩（1724—1802）评价他“文极工，有东汉风”[7]。

以上涉及的相关人物，他们读《史记》《汉书》时的年龄基本上在 10 岁左右。如果按照朝鲜时代教育童蒙的一般方式，他们在这个年龄学习诗文时，使用的教材无非是《推句》《古文真宝》《唐音》等现成的训蒙书籍。他们的文字水平和读书能力也与这些书籍相适应，而阅读史汉则明显较为困难。不过，朝鲜中期以后，文人群体中存在着学习古文的潮流。在这一潮流中，虽然朝鲜文人对于如何学习古文，如何模仿史汉文章产生了很多争论，甚至有批评史汉文章的观点出现，但将史汉

---

[1] ［朝鲜］安邦俊：《隐峰全书》卷 4《朴兰溪事迹》，《韩国文集丛刊》第 80 册，第 390 页。

[2] ［朝鲜］任堕：《水村集》卷 11《先考今是堂府君行状》，《韩国文集丛刊》第 149 册，第 259 页。

[3] ［朝鲜］任相元：《恬轩集》卷 34《嘉善大夫行承政院都承旨任公行状》，《韩国文集丛刊》第 148 册，第 545 页。

[4] ［朝鲜］申最：《春沼子集》卷 7《先府君行状》，《韩国文集丛刊续编》第 34 册，第 112 页。

[5] ［朝鲜］李玄逸：《葛庵集》卷 25《亡弟通德郎李君墓志铭》，《韩国文集丛刊》第 128 册，第 286 页。

[6] ［朝鲜］南有容：《雷渊集》附录《年谱》，《韩国文集丛刊》第 218 册，第 102 页。

[7] ［朝鲜］南景羲：《活山集 · 活山先生语录》，《韩国文集丛刊续编》第 79 册，第 157 页。

文章视作古文经典，并在日常生活中阅读学习，则是很多朝鲜文人的共识。这种对待史汉文章的态度，也伴随着朝鲜文人的言传身教，影响了后辈。当然，这种存在于庭院膝前的教育行为，受到客观条件的限制，很多时候只能以史汉选本作为教材。如金熤在信中指出，其子应该读《史记》哪些列传，方才有利于文理长进。申最也指出初学者读《史记》，应该读其精华部分。

> 太史公之精者，在《游侠》《酷吏》《货殖》《平准》等书，而《伯夷》《屈原》等传，又其精之精者也。然不可遽而读也。《荆》《聂》《仪》《秦》《范》《蔡》《四君》等传，见其变化，而亦无非其精者。在初学读之，可以壮其思，昌其气，熟之于口，会之于心，以尽其精之精者。[1]

结合前文对朝鲜时代史汉选本的内容来源与篇目选择的论述，我们发现，朝鲜文人日常所读史汉篇目与史汉选本的篇目有很多一致之处。据此，可以想见史汉选本在朝鲜文人日常生活中被编选、阅读，并被用来作为童蒙学习文章之用的场景。这种做法主要还是为了应对科举考试。

但是，还是有很多朝鲜文人认为儿童不应该先读《史记》《汉书》，而是要读《小学》《论语》《孟子》《中庸》等理学书籍。如仁祖时，右赞成李贵对于世子的教育问题，提出：

> 闾阎教儿，科业为主，故必以先通文理为急。而储君之学异于是，必于知思未定之前，俾格言至论，日陈于前，而浸灌熏陶。且须左右皆正人，闻见皆正事，然后邪思杂念，自不得萠〔萌〕蘖于方寸，而德器日渐成就矣。
>
> 其教养之方，不法先圣所训，乃以闾阎家子弟之先文艺，而取科第者为法，先读《史记》等书。如是而年岁积久，习与智长，化与心成，而为外物所诱，则虽欲变化气质，扞格难入。必先读小

---

〔1〕［朝鲜］申最：《春沼子集》卷5《与表侄金锡胄书》，《韩国文集丛刊续编》第34册，第79页。

学，次读四书，次读五经，一如古学者科程可也。及其心志既正，德器已成，则不患文理之不通也。[1]

大儒宋时烈认为，读书应以义理为主，但为增长文理，史汉也可以读，只不过要先选一些篇幅较小的，如一些列传的序。他还对哪些篇目可以读、如何读，提出了自己的建议。

贵儿欲令看班马，无乃太早计耶？小学已读否？此二史选于《一统》者皆可读。然先其小者，令其文理渐通，然后可及长篇矣。然《伯夷传》则甚难看，须以典重谨严者为先可也。马之《老》《韩》《游》《刺》《胥》《屈》《范》《蔡》《自序》最可先。《货殖》虽不可已，然亦可段段教之。若直下于一番，则望洋而不知其味矣。如《秦始》《汉高纪》亦然也。所读儿力量如不及，则莫如姑以《古史品节》中所载者教之，则见功必倍矣。《班史》亦先其少者，而后可及《羽传》等也。然而何不于小学之后，即学《论》《孟》耶？为士者不可不以义理为主。[2]

所以，朝鲜时代童蒙日常所读书籍，其中性理书籍是首先必读的，史汉文章也受到很多朝鲜文人的喜好，很多人幼时往往是既“受读性理诸书，又旁通马史、韩柳等文字”[3]。其中，学习史汉更多是为了学习文章，“欲效其雄深雅健之体”[4]。有的文人甚至提出“文章本之六

---

〔1〕《仁祖实录》卷 17 五年八月五日，第 2a 页。

〔2〕［朝鲜］宋时烈：《宋子大全》卷 70《答宋道源（庚戌七月七日）》，《韩国文集丛刊》第 110 册，第 352 页。文中所指“一统”即崔岦《史汉一统》十六卷，详见后文。

〔3〕［朝鲜］宋时烈：《宋子大全》卷 211《户曹佐郎赠左承旨赵公行状》，《韩国文集丛刊》第 115 册，第 118 页。

〔4〕［朝鲜］李玄逸：《葛庵集》卷 28《通政大夫行清州牧使茅村李公行状》，《韩国文集丛刊》第 128 册，第 354 页。

经，而得于史传者亦多云"[1]，如南公辙"十六自奋为古文，读经传，通大义。常言文者载道之器，不由六经，非文也。旁窥左国、史汉、唐宋诸大家文，以扩其气。酷好欧阳子，以其淳正典雅，性相近也"[2]。

可见，史汉既不是朝鲜时代童蒙教育的官方教材，也并非朝鲜文人教育儿童的首选读物，只不过出于"科文"的现实需要，以及"文理"兼通的个人追求，朝鲜文人抄选《史记》《汉书》中的部分篇目，作为儿童日常阅读和学习写作之用。

5. 文理兼通

朝鲜文人认识的理学与文章之间的关系，以朱子理学"立其基本"，以《史记》文章"得其体裁"。[3] 这种文理关系与朝鲜文人认为的经史关系相似，即以经为体，以文史为用。如韩百谦（1552—1615）认为，"夫文者，载道之器，未有不深于道而为文者也。六经之文，皆圣人所以明天理，正人伦，致治之大道。道为文之体，文为道之用，体用相须，万世利用"[4]。六经之文是治世之文，从这种观念出发，韩百谦评论了自先秦《国语》《战国策》至明代的文章风格后，认为只有二程、张子、朱子四人的性理之文能够与六经相表里，是"真治世之文"。在朝鲜文人看来，六经之文是评价历代文章的唯一标准，这种观点很具有代表性。李宜显（1669—1745）批评明代王世贞、李攀龙的文章，认为"专力于先秦诸子、左国史记，而不本于六经，故识见无可取"[5]。但李宜显对唐宋八大家的文章则比较肯定，主要原因在于韩愈、柳宗元等人的文章既本于六经，又避免了字句模拟于先秦秦汉文

---

[1] [朝鲜] 赵持谦：《迂斋集》卷8《先府君言行总略》，《韩国文集丛刊》第147册，第534页。

[2] [朝鲜] 郑元容：《经山集》卷17《领议政文献南公墓志铭》，《韩国文集丛刊》第300册，第380页。

[3] [朝鲜] 金道和：《拓庵文集》卷24《月梧金公墓碣铭并序》，《韩国文集丛刊续编》第138册，第515页。

[4] [朝鲜] 韩百谦：《久庵遗稿》上《送芝峰李润卿令公朝京序》，《韩国文集丛刊》第59册，第182页。

[5] [朝鲜] 李宜显：《陶谷集》卷27《云阳漫录》，《韩国文集丛刊》第181册，第428页。

章。因此，很多朝鲜文人学习古文往往兼顾“左国、史汉、唐宋诸大家文”，甚至包括《文章轨范》《古文真宝》《古文奇赏》《文章指南》等文章选集。

朝鲜文人认为，六经之文与“左国、班马、唐宋八大家文”等诸家文章都可以对文章写作有参考价值，而且六经、左国、唐宋八大家文都可以弥补史汉文章的不足。洪汝河认为“左精而马粗，马疏爽而左工致。读左而不读马，必有涩滞之患；读马而不读左，则踔厉壮浪而欠裁约”〔1〕，故需要左马同读，互相结合。这种对左马文章叙事特点的评价，直到朝鲜末期曹兢燮（1873—1933）仍有类似观点。他形容左氏如“端委佩玉，雍容庙堂”，《史记》如“猛将劲卒，叱咤原野”。以《左传》与《史记》文字为例，如描写子西对楚公平说“胜如卵，予翼而长之”，这一句在《史记》中变成“胜如卵耳，何足畏哉”，就显得较为粗疏。〔2〕《史记》文章叙事的一个很重要的特点是“奇”，行文纵横捭阖，读之令人酣畅淋漓。比较而言，《左传》虽然文辞简略，但叙事细密，富于文采，能够比较准确地把握人物和事件的重点。还有的朝鲜文人以韩愈文章与《史记》相比较，如李光庭（1674—1756）认为，韩愈的文章可称文从字顺，是“古文正法”，因此他建议“须更读昌黎文、司马史。韩得其体，史得其髓，而字与句必从六经中流出，始脱俗儒科臼，而于古文庶几近之”〔3〕。所谓“体”应当指文章的词句结构，而“髓”则属于精神气势方面，而这两者都需要以六经为源头。

既然六经之文为作文的根本，后世文人若学习文章写作只需参照六经就可以，似乎不必再涉及有各种不足的左国、班马、唐宋八大家之文。然而，朝鲜文人并没有这样做，一方面，六经之文“其旨奥，其理

〔1〕［朝鲜］洪汝河：《木斋集》卷 4《答李九成》，《韩国文集丛刊》第 124 册，第 392 页。

〔2〕［朝鲜］曹兢燮：《岩栖集》卷 8《与金沧江》，《韩国文集丛刊》第 350 册，第 111 页。

〔3〕［朝鲜］李光庭：《讷隐集》卷 5《书・与人》，《韩国文集丛刊》第 187 册，第 228 页。

微，其为辞简严，其为体典雅”，使后人难以模仿，稍有不慎则有偏失。[1] 故六经之文只能是写作文章过程中需要依据的一个标准，却难以达到。它如同日月，高挂在天际，使人们充满希望，同时又遥不可及。另一方面，人们也可以感受到昭若日月的六经之文的光辉。“日月”普照下的左国、班马、唐宋八大家等，都可以为人们所利用，如柳梦寅（1559—1623）历数自《孟子》至柳宗元的各家文章，并总结其特点：

> 《孟子》《尚书》，顺理也，故虽高于《马史》，而其功易成。《汉书》，朴实也，故下于《马史》，而学者不病。《国语》赡而奇也，故语繁而不觉其支离。左氏简而详也，故语约而不遗纤微。《庄子》善新其语而善更其端也，故谈锋层现，愈出而愈新。韩文窃古意，削支辞，拔其粹，促其节也，故不善于学之，则流于宋文之无味。柳文命意明，立语精也，故语虽涩，而趣则畅，文章之快捷方式也。此学者不可以不察也。[2]

这是抛开六经之文为文章根本的前提，仅就文章的形式而言。朝鲜文人对六经之文的评价，仍是传统的“文本于经”的观念。这种观念起源很早，汉代扬雄已经表达了“五经之含文”的观点。[3] 王充提出“尊五经六艺为文”[4]。至刘勰《文心雕龙》系统地阐述了依经立义的文章创作原则，认为很多文体自五经中产生出来。这种文学理论对后世产生了较大影响。至唐代古文运动，强调文统与道统的统一。至宋代，则出现了被朝鲜文人称为最符合“治世之文”的性理文章。但是，这种“文本于经”的文学观念在明清时期已经发生了变化，如明代复古

[1] ［朝鲜］李献庆：《艮翁集》卷13《与岭中士人论文书》，《韩国文集丛刊》第234册，第269页。

[2] ［朝鲜］柳梦寅：《於于集》卷5《与尹进士》，《韩国文集丛刊》第63册，第417页。

[3] 杨明照等：《增订文心雕龙校注》卷1《宗经》，北京：中华书局，2000年，第27页。

[4] 黄晖：《论衡校释》卷20《佚文篇》，北京：中华书局，1990年，第867页。

派李攀龙、王世贞提出的“视古修辞，宁失诸理”，“辞不胜，跳而匿诸理”，[1] 清代袁枚提出了“六经皆文”的观点[2]。这两种观点将六经视作文章之祖，但把文道（道可以是六经、理学或者心学）关系分开，否认文以载道，甚至认为六经得以流传是因为其文学价值。

李攀龙、王世贞、袁枚等人的观点在明清时代即有与之辩论的声音，在朝鲜时代也遭到了激烈批评，如崔昌大（1669—1720）批评李攀龙、王世贞“剽剟以为古，仆亦尝深疾而力排之。数子之终于险僻剽剟，盖亦不知本之过也。本者，何也？向所谓明理择术修辞也，见本源而举体要也”[3]。李宜显也评论道，“大抵此数公文章，专力于先秦诸子、左国、史记，而不本于六经，故识见无可取”[4]。丁若镛批评尤侗、钱谦益、袁枚、毛甡之等“似儒似佛，邪淫谲怪，一切以求眩人之目者。是宗是师，其为诗若词，又凄酸幽咽，乖拗荦确，壹是可以销魂断肠则止。遂以是自怡自尊，而不知老之将至，其为吾道之害”[5]。崔昌大、丁若镛的批评主要是从文道关系的角度出发。

在朝鲜文人的“文道关系”中，道是文的根本、是源头，文章不管文词结构如何，都要以辅助“道”为目的，以道为体，以文为用。否则，如李植批评当时朝鲜文人“本经者苍卤而近俗，骋辞者钩棘而类俳”，故需要合二者为一，融会贯通。[6] 这种观念也影响了朝鲜文人在学习古文时对六经、左国、班马、唐宋八家文的态度。虽然《史记》《汉书》作为朝鲜文人日常所读书籍，并被编选为史汉选本，评论史汉的文章也是肯定多于批评，还出现了所谓“秦汉派”与“唐宋派”的

---

〔1〕李思汪：《明代复古派文章论与文道关系的新变》，《中山大学学报（社会科学版）》，2013 年第 2 期。

〔2〕傅道彬：《六经皆文与周代经典文本的诗学解读》，《文学遗产》，2010 年第 5 期。

〔3〕［朝鲜］崔昌大：《昆仑集》卷 11《答李仁老（德寿癸未）》，《韩国文集丛刊》第 183 册，第 213 页。

〔4〕［朝鲜］李宜显：《陶谷集》卷 27《云阳漫录》，《韩国文集丛刊》第 181 册，第 428 页。

〔5〕［朝鲜］丁若镛：《与犹堂全书》第一集《诗文集》卷 11《五学论三》，《韩国文集丛刊》第 281 册，第 242 页。

〔6〕《溪谷集·序（李植）》，《韩国文集丛刊》第 92 册，第 11 页。

区别，但由于朝鲜文人对文道关系的认识并没有像明清时代那样出现较大的分歧，所以即使是“唐宋派”与“秦汉派”存在争议，也并非截然分明。如崔岦（1539—1612）曾编选《汉史列传抄》，同时又著有《昌黎文口诀》，并且在论及文道关系时，也承认文与道“本末一贯”。

> 文章孰如六经，亦孰出六经外哉？第去圣益远，而文与道离，始有本末可言耳。而志专研理者，则惟泥于本。治举子业者，则末且不暇。其欲学为文章者见其然，以为文章不在是也，而从事于百家焉是急，惑也。然六经之文，大抵简奥，初学便欲由之以寻作文门户，则亦难矣。先儒以四子为六经之阶梯，盖非独造，道之序然也。而即四子中，《孟子》之文，汪然有波澜，又百家之不能伦也。从事于是，流而为韩、欧之文章，溯其源则六经之文章，孰曰非要也耶？[1]

与崔岦相似，“秦汉派”文人尹根寿（1537—1616）也同样在学习、抄选史汉时，编有《韩文吐释》。因此，朝鲜文人对待六经以及先秦、秦汉、唐宋、明代文章的评论，很少能摆脱“文本于经”的窠臼，甚至更加强化，认为与先秦史汉文章的质朴近古相比，唐宋文与六经相为表里，更加符合朝鲜文人的要求。或许由于这种原因，学者更重视研究韩愈、欧阳修等在朝鲜时代的传播，而对于史汉在朝鲜时代作为古文学习典范的重要表现，关注则并不充分。

但相对于与六经相为表里的唐宋文，两汉文不仅更为近古，而且距离六经的年代并不是太远。故有的朝鲜文人认为，“两汉以来，文章盛矣。独西京之文，号称尔雅。尔雅为其近正也。曷之为近正，为其六经之余也”[2]。文章正与不正，在于是否本于六经。六经为孔子所传，但孔子之后，经历诸子百家争鸣，礼崩乐坏，秦焚诗书，使六经之“正”

---

〔1〕［朝鲜］崔岦：《简易集》卷3《平壤刻板孟子大文跋》，《韩国文集丛刊》第49册，第306页。

〔2〕［朝鲜］成大中：《青城集》卷6《尔雅堂记》，《韩国文集丛刊》第248册，第465页。

遭到破坏。汉代“罢黜百家，表章六经”，故其文章与六经最接近。故六经是必读文章，史汉则是六经之外最需多读的。不过，朝鲜文人的这种观点又有细微的差别。如金昌协认为“经传以外，惟史汉尚堪多读。其余虽韩、欧文，亦不耐数十读。唯曾文最耐多读，以其质厚而致深尔”[1]。而正祖则认为“经传以外，惟史汉最堪多读。以其质厚而致深，意味无穷。然汉则终是为绳墨拘束，故文字外，不见余地，不如子长之豪宕隽洁也”[2]。在对待史汉文章的态度上，金昌协认为史汉“尚堪”多读，而以曾巩的文章为最佳。正祖则以史汉“最堪”多读，《汉书》不如《史记》。金昌协以文章是否本于六经为标准，史汉文章只是可读，并非最佳，主要还是从“唐宋派”古文的角度考虑。而正祖本人比较偏爱《史记》，故认为史汉“最堪”多读，并评论了史汉文章的不同风格。但金昌协与正祖在“文章本于六经”这个观点上，并没有分歧，只不过在对待史汉文章的态度上，稍有不同。

因此，朝鲜文人日常读史汉时，往往会与六经、性理书一起读，如李元培（1745—1802）让玄翊洙“上半日读《中庸》，下半日读《马史》”，其依据是朱子“经史兼看”，朝鲜大儒李滉有“半日读圣贤之书，半日读文章之书”的说法。[3] 朝鲜末期文人崔铉弼（1860—1937）抄写崔岦的《史汉一统》后，讨论经传与文章的关系时，也提出对孔孟与班马应该同样重视。

> 虽然，每独处深念，窃以为学当志于孔孟，文当期于班马。学孔孟而未及，犹可为善士；学班马而不成，亦免为迂儒矣。孔孟以下周程张朱之书，昭布方策，而其本则祖述乎孔孟也。班马以后韩

---

〔1〕［朝鲜］金昌协：《农岩集》卷 34《杂识·外篇》，《韩国文集丛刊》第 162 册，第 393 页。

〔2〕［朝鲜］正祖：《弘斋全书》卷 165《日得录五·文学》，《韩国文集丛刊》第 267 册，第 231 页。

〔3〕［朝鲜］李元培：《龟岩集》卷 14《日录》，《韩国文集丛刊续编》第 101 册，第 238 页。

柳欧苏之文，积案盈箱，而其实则慕效乎班马也。[1]

这里肯定了史汉文章对唐宋古文的影响如同孔孟之于程朱理学。但史汉、唐宋古文虽有助于“文理之大进……心胸之开发，识趣之恢广”[2]，仍需以经传理学为根本。甚至有的朝鲜文人认为，老庄、管子、韩非、史汉等虽然是古文，却非“圣贤义理之文”。故对于史汉文章，应只学其叙事方法，作为撰写史书与序记碑志等文字时的参考。[3]如任天常（1754—1822）仿《史记·循吏列传》作《罗州牧使赵公遗事》[4]，李栽（1657—1730）仿《汉书·循吏传》龚胜、龚舍传例，撰韩云翁、韩遁翁传等[5]。

四、重视两汉历史

1. 科举考试的重视

朝鲜初期的科举，有文科、武科、杂科三种。其中文科包括大科、小科（又称司马试），以两班身份为主，非两班身份无应举资格。小科分生员与进士，生员考五经义、四书疑两篇，进士考赋一篇，古诗、铭、箴各选一篇。而大科分制述、明经二科，后期废明经。[6] 此时的科举考试大体上还是以儒家经典和诗赋为主。世祖二年（1456），梁诚之上《便宜二十四事》，提出变革科举考试中的文科考试法。

---

[1] ［朝鲜］崔铉弼：《修轩文集》卷1《誊抄史汉一统后叙》，《韩国历代文集丛书》第1375册，第325—326页。

[2] ［朝鲜］崔昌大：《昆仑集》卷12《与卢生命圭（己卯）》，《韩国文集丛刊》第183册，第227页。

[3] ［朝鲜］李植：《泽堂集》卷14《作文模范》，《韩国文集丛刊》第88册，第519页。

[4] ［朝鲜］任天常：《穷悟集》卷7《罗州牧使赵公遗事并序》，《韩国文集丛刊续编》第103册，第380页。

[5] ［朝鲜］李栽：《密庵集》卷16《两韩翁传》，《韩国文集丛刊》第173册，第320—321页。

[6] 蔡茂松：《韩国近世思想文化史》，台北：东大图书股份有限公司，1995年，第223—225页。

文科则四书五经外，只讲《左传》《史记》《通鉴》《宋元节要》《三国史记》《高丽史》。中场试表笺，以习臣子事上之文。试诏教，以习君上令下之文。终场历代时务，迭出为题。如今年试历代，明年试时务，以此定制，以新科举之法。[1]

与此前相比，学习书籍增加了数种中国史书与东国史书，考试形式为撰写表笺、诏教及时务（策论）。此时的文科考试法只提及《史记》，实际情况则是史汉兼有。如李肯翊（1736—1806）《燃藜室记述别集》卷9中记录了自朝鲜太祖二年（1393）至正祖十八年（1794）的“登科总目”，韩国学者金昭姬根据其中涉及《史记》《汉书》的场次列举了相关题目。这些试题即包括表笺、诏教及策论。[2] 如成宗十七年（1486）“项羽不渡乌江赋”，宣祖六年（1573）“汉四皓谢命调护太子表”，仁祖十五年（1637）“诏求贤良方正直言极谏之士”，以及模仿汉代君臣创作的“拟汉”类诏书表笺。这类文献以《史记》《汉书》相关史实为基础，尤其关于楚汉相争及汉初的史实最多，如“项羽不渡乌江”就多次成为策论题目。最早为权五福（1467—1498）的《项羽不渡乌江赋》[3]，是一篇以议论为主的赋。文中构思了一个场景，副墨子（即作者本人）夜里读书，有感于项羽不渡乌江的史实，认为少康、勾践都可以从逆境中再起，而项羽则自刎于乌江，于是批评项羽“始诚无心于天下，何汲汲于起事，竟谁禁渡江而王，甘匹夫之自决”。进而在梦里与项羽相见，借项羽自辩，表达自己的观点。项羽自述自己起兵的原因和经历，至乌江自刎一事，项羽自称如果当时渡江，重整旗鼓，然后趁汉初诸吕乱政，也可以卷土重来。但是，“所不忍为者”，由于坑秦降卒于新安，淹汉卒于睢水，杀人太多，故以一刎而答天谴。这种与历史人物在梦境中对话的写法，在朝鲜时代史论中比较常见，如金宗直

---

〔1〕《世祖实录》卷3二年三月二十八日，第24b页。

〔2〕金昭姬,「중국본『史記』·『漢書』의 조선 유입과 編刊에 관한 연구」, 博士學位論文，韓國學中央研究院，2012，223—227。

〔3〕［朝鲜］权五福：《睡轩集》卷3《项羽不渡乌江赋》，《韩国历代文集丛书》第61册，第147—151页。

的《吊义帝文》，同样也是这种写法。

不仅科举考试中喜欢以“项羽不渡乌江”事为题，朝鲜君臣在经筵上也有以此事为题目作文的情况，如肃宗元年（1675）即以此事为御题，令群臣撰写策论。肃宗率先指出，项羽被刘邦围在垓下，突围后不肯渡江。虽然当时天时人事都对刘邦有利，但假设项羽渡过乌江，收拾人心，重新举兵，或许有转机。[1] 而金锡胄的文章则认为，“至楚汉之际，窃迹刘、项之所以成败存亡，唯在于能忍与不能忍”[2]。刘邦能忍，故能成功。而项羽虽然喑哑叱咤，英勇无双，但只不过是一员枭将。项羽由于不能忍而坑秦降卒，火烧咸阳，背关怀楚，分封诸侯，这些做法使他在秦末战争中四面树敌。至于项羽不渡乌江，也是因为不能忍。金锡胄又举五代李克用因为能忍而成事的例子，重点在于说明“迁善改过”的重要性。这种议论虽然以项羽不渡乌江的史实为题，但并不从史学的角度探讨原因，而是以项羽“能忍与不能忍”及“能否迁善改过”等来假设历史，最终目的是借此说明“能忍”和“迁善改过”的重要性。再如英祖二十年（1744）以李广“射虎石”命题，英祖说：“古语云‘诚之所到，金石可透’，观今世道，予愧不然。今者以射虎石命题者，意在此也”[3]，也是以史实来证明一种道德品质。这种证明有时出于对史实的过度解读，有时则明显是牵强附会。

因此，以上这些文章明显不是从史学的角度出发，甚至有的不是以评论人物和史实为目的，只不过借此表达文章作者的观点。这些观点基本上出于儒家伦理和道德标准。朝鲜文人不仅以此来总结古代人物和史实的成败得失，还借相关史实来说明这种观点的正确性。因此，在这种文章里，基本史实来源于《史记》《汉书》，但出于表达观点的目的，对于史实的一些细节可能会有所取舍，甚至个别地方有虚构假设的情况。如汉武帝时，大中大夫公孙卿、壶遂、太史令司马迁等人上书请改

---

〔1〕《肃宗实录》卷4元年九月十九日，第45b页。

〔2〕［朝鲜］金锡胄：《息庵遗稿》补遗《御题项羽不渡乌江说》，《韩国文集丛刊》第145册，第553页。

〔3〕《英祖实录》卷60二十年十月十九日，第31a页。

正朔，《汉书》的记载比较简略，只有“历纪坏废，宜改正朔”八个字。[1] 朝鲜文人金镇圭依据此事，拟补了公孙卿等人的上书。文章比较长，其大意为：修历纪，改正朔，以立王制，这是三代以来帝王必须要做的，目的是“应天时而明大统”。但是，春秋战国时期，礼崩乐坏，诸侯也不奉周朝的正朔，于是孔子作《春秋》，“首严于大一统之义”，说明正朔不可或缺。秦朝统一六国，尽管所作所为违背王道，但也试图改正朔，建水德，也说明正朔不可不改。汉初，诸事草创，大臣又皆出身低微，故未能改正朔。文帝时，贾谊上书，请改正朔，文帝又过于谦让，因此“受命之统，不明于世”，以汉朝上继三代，拨乱反正于秦末，应当改正朔。武帝即位之后，对礼乐制度的变更也比较频繁，唯独没有改正朔，这样并不利于使人知“大汉之受天命而为民主”，故应当以改正朔为第一要务。[2]

有的文章则完全与《史记》《汉书》所载史实无关，只是借用史汉人物重新演绎，加以评论，表达自己的观点。如南龙翼（1628—1692）所撰刘邦祭项羽文，明显出于虚构。文章假设汉高祖五年（己亥，前202）十二月，刘邦往祭项羽。刘邦自称与项羽如同兄弟，并历数项羽在秦末的各种勇武功绩。至于楚怀王与众将约定，“先入定关中者王之”，刘邦军先入咸阳，而项羽军正与秦军主力决战。对此，刘邦解释道，“君欲与我俱西，而我适承王之命，从诸老将之劝，不敢不疾足入关”，似乎是不得已而为之。项羽巨鹿之战，大败秦军，刘邦称“未尝不瞠乎心服也”。之后，刘邦在鸿门宴上逃走，是由于得到上天相助，而烧绝栈道、还定三秦，则是由于项羽负怀王之约，并非刘邦负项羽。此后二人势不两立。至于楚汉相争过程中，刘邦多次被项羽打败，却终能全身而退，认为主要是刘邦得到天助。而项羽念及兄弟之义，使刘太公及刘邦的家人也得以保全。刘邦军在固陵之役击败项羽军，是出于“念四海父子者之徒苦”。最后，总结项羽失败的原因，“不务仁义，徒恃刚强，大小之战七十余，自谓力可胜天，而终不知天不可胜，到死而

---

〔1〕《汉书》卷21上《律历志上》，第974页。

〔2〕［朝鲜］金镇圭：《竹泉集》卷7《拟汉太中大夫公孙卿等请改正朔奏》，《韩国文集丛刊》第174册，第111页。

犹怨天之亡我也。且恨君不忍小忿，不从亭长之言，不渡乌江一苇之航，更不与我赌天地于再掷也"[1]，仍对项羽不渡乌江表达了惋惜之情。这篇文章的作者对《史记》《汉书》中有关刘邦与项羽的史实比较熟悉，但这个情景又完全是虚构的。朝鲜文人站在刘邦的立场，从兄弟之义出发，说明刘邦的种种做法出于迫不得已，而刘邦取胜的主要原因在于其得到上天眷顾。

肃宗三十八年（1712）的科举考试题目为"汉渤海太守议曹王生谢拜水衡丞以褒显龚遂"，当时的考官崔锡恒（1654—1724）确定这个题目的过程，也可以看出这类题目的意义。

> 臣忝叨考官之任，进诣仁政殿试所。临当出题，臣披阅在前书册，以《左传》陈敬仲辞火事拈出，以示诸人，则多以为烛刻之科，难于制述。命官亦谓此题甚难，何以成篇云，故止而不出。故判书李墪又披一册，以示左参赞李彦纲，传于读券官金宇杭，宇杭传于臣。臣始为取见，则乃是《汉书》龚遂拜水衡都尉事也。臣以为此亦可以为题，而易出于东作。若以王生拜水衡丞为题，则似不蒙尘矣。仍即禀议于命官，则命官亦以为可，参取尾以褒显之语，定为首望，陈敬仲辞火事为副望而入启。[2]

《左传》陈敬仲辞火事，系于庄公二十二年春。陈敬仲即陈公子完，因陈国内乱奔齐，被齐桓公任为工正。一次，桓公在白天饮酒，到了晚上还想点灯继续。陈完拒绝了这种做法。《左传》评论道："酒以

---

〔1〕［朝鲜］南龙翼：《壶谷集》卷18《拟汉王祭鲁公项羽文》，《韩国文集丛刊》第131册，第414页。刘邦与项羽何时"约为兄弟"，史无明载。不过，《史记评林》引宋人罗大经《鹤林玉露》中对"吾翁即若翁"的理解，认为刘邦此语同《左氏传》：齐败于巩，晋人欲以萧同叔子为质。齐人曰："萧同叔子者，非他，寡君之母也。若以匹敌，则亦晋君之母也。"故或许刘项"约为兄弟"可以从这个角度来解释。宋人胡寅《致堂读史管见》卷1专门有"汉王以鲁公号葬羽于谷城，新为发哀哭之而去"一条。

〔2〕［朝鲜］崔锡恒：《损窝遗稿》卷9《辞职疏》，《韩国文集丛刊》第169册，第505页。

成礼，不继以淫，义也。以君成礼，弗纳于淫，仁也。”[1] 而龚遂作为汉代循吏，“生有荣号”，有“德让君子之遗风”。龚遂入宫时，得到王生指点，若天子问及如何治理渤海时，应当回答“皆圣主之德，非小臣之力也”。[2] 因此被宣帝认为有谦让之德。无论是先提出来的《左传》，还是最后采用的《龚遂传》，都可以说明，类似这种科举考试的题目以阐明儒家伦理与道德为主。

最初，梁诚之建议文科考试中加入史书的原因，在于“史学不明”，但其所谓史学并非历史研究。在梁诚之看来，“经以载道，史以记事”，经史不可偏废，这仅是对经书和史书的各自作用而言。而经学与史学，则需要将二者进行对比，如朱子认为，“以三传言之，左氏是史学，公、谷是经学。史学者记得事却详，于道理上便差；经学者于义理上有功，然记事多误”，因此“读书须是以经为本，而后读史”。[3] 这种观点也为朝鲜文人继承并发扬。张显光（1554—1637）认为，“欲求道德之本，义理之源，非经学不可得也。欲知得失之迹，治乱之鉴，非史学不可究也”[4]，经学是史学的根本，史学是经学的辅翼。治经学虽然可以使人明道德、义理，但若无史学，则不够博洽；治史学则可以知历代兴衰成败、治乱得失，但若不以经学为本，则容易用功利的标准评论历史。故文科考试中撰写表笺、诏教、时务等文章时，需要熟悉有关史实，可以为写作提供典故、论据，使叙事生动有文采。但史学只能为文章的形式和内容提供借鉴，而道德、义理才是文章需要阐发的核心思想。

不仅科举考试中常以《史记》《汉书》典故为题，对于已经通过科举考试的文臣，同样也有这方面的考察。正祖五年（1781），针对很多文臣科举及第后便不再读书作文的陋习，每月令文臣二人先讲四书、三

---

[1] 《春秋左传正义》卷9庄公二十二年，十三经注疏本，第3852页。

[2] 《汉书》卷89《循吏传·龚遂传》，第3641页。

[3] 《朱子语类》卷83《春秋》，第2152页。

[4] ［朝鲜］张显光：《旅轩续集》卷2《拟札·一筵讲》，《韩国文集丛刊》第60册，第276页。

经（《诗》《书》《易》），后讲史记。[1] 如果正祖亲自参与，则需要撰写策论、表笺、诗文等。正祖二十三年（1799），讲制文臣所讲经史子集书籍中，史书则明确有《史记》、前后《汉书》、《唐鉴》、《宋名臣录》等。其讲读方式为，由讲制文臣从经史子集中引用文字，以“臣谨按”发表议论，以“仰质”总结引文与观点。这种讲读方式“专以讲明圣贤之旨、经济民国之务为归，勿以饤饾文字、粉饰藻华为事。而逸史野乘名贤文稿，并许博考广引，要令引古鉴今”[2]。这与策论相似，不重视文章的形式，而在于实用。这种实用虽然针对现实社会问题，但解决的办法不外乎引用圣贤道理，借鉴历史经验，甚至不免陷入空论，缺少应对实际的有效措施。

2. 正统观念的转变

当然，“登科总目”中记录的朝鲜时代科举考试中表笺、诏教及时务（策论）等，不只涉及《史记》《汉书》记载的朝代，还包括唐、宋、明三朝相关史实。而且，从《文臣讲制节目》来看，所讲史书也涉及汉、唐、宋、明等朝代。可见，在以古鉴今问题上，朝鲜时代比较重视三代、两汉、唐、宋、明几个朝代，其原因与当时的正统观念有关。

朝鲜时代的正统观念，受朱子的影响最深。中国历史上的正统论，据饶宗颐先生总结，其理论依据可以分为两种：一种是邹衍五德终始说；一种则是依据《公羊传》“君子大居正”，王者“大一统”，如皇甫湜首提“大一统所以正天下之位，一天下之心”。两者的区别在于对“统”的认识，前者之“一统”是统系延续的意思，后者之“一统”是统一天下的意思，由时间转为空间，背离了《公羊传》的本意。两宋诸儒如欧阳修、司马光、苏轼等所言正统，皆是从这方面考虑。不过，由于两宋《春秋》学关注的重点不同，北宋重尊王，南宋重攘夷，造成了两宋正统观念的区别。如苏轼所言，正与统是名与实的关系，即得国之正与统一天下。北宋尊王，即重视大一统，甚至出于对统一事实的

---

[1] 《文臣讲制节目》序，韩国国立中央图书馆藏正祖五年（1781）丁酉字本。此处“史记”为史书之通称，但《文臣讲制节目》中并没有涉及史书。

[2] 《正祖实录》卷 51 二十三年六月二十五日，第 80a 页。

承认，不惜减轻道德批评。章望之则兼顾名实，创立所谓正统与霸统之类的二元说。南宋朱熹则纯粹以“春秋笔法”为褒贬。[1]

宋人的正统观念也影响了高丽时代。如高丽时代末期，李齐贤读史书，“笔削大义，必法《春秋》，至《则天纪》则曰：‘那将周余分，续我唐日月。’后得朱子《纲目》，自验其识之正”[2]。作“王统替代”策问，对于《史记》记秦纪年，《通鉴》记新莽纪年，三国、南北朝、五代、宋辽金的王统归属，《汉书》《新唐书》分别将吕后、武曌列入本纪，程颐将武曌比作女娲，而不及吕后，汉代公孙臣五德终始说等问题，令诸生讨论并提出疑问，撰写策论。[3] 李齐贤提及的这些问题，说明他对中国史书中的相关处理并不是完全认同。如认为欧阳修“笔削未免失”，两宋、辽、金朝，若按照大一统的标准，其王统都值得辩论。

朝鲜时代中期以后，朝鲜文人对于正统问题给予了比较多的关注。崔锡鼎（1646—1715）认为，欧阳修的正统论“正者所以正天下之不正也，统者所以合天下之不一也”，其思想来源于《春秋公羊传》，有其合理之处。但欧阳修所列正统朝代中，崔锡鼎认为有的并不合理。如秦朝“弃礼义，事杀戮”，“任刑法而上首功”，可称为“统”，但不可称为“正”。故若以得国之“正”来评论三代以后的各朝，则有如下论述：

> 三代以后，统合而得其正，莫如汉唐。因秦隋残虐荒淫之余，拯民于水火之中。宋氏德不及于汉唐，然其得国，因士卒之归心，与前代懿操殊科，而又能宽其政，使生民息肩，亦可为汉唐之次也。明太祖扫清腥秽，应天顺人，得国之正，远过汉唐，声教讫于滇。日本西洋，皆奉正朔，正统绝而复续。元氏虽号统合，不能革夷狄之风。清亦与元相类，而甚至举天下之人薙发胡服，合在闰统

---

〔1〕 饶宗颐：《中国史学上之正统论》，北京：中华书局，2015 年，第 81—82 页。

〔2〕 ［高丽］李穑：《牧隐稿》文稿卷 16《鸡林府院君谥文忠李公墓志铭》，《韩国文集丛刊》第 5 册，第 139 页。

〔3〕 ［高丽］李齐贤：《益斋乱稿》卷 9 下《策问・王统替代》，《韩国文集丛刊》第 2 册，第 600 页。

之例也。[1]

在崔锡鼎看来，三代、汉、唐、宋、明为正统，秦、隋、元、清等只能算作闰统。秦、隋由于不能行仁政，而元、清虽然有统一之实，却属于“夷狄”。金昌协也认为，“东坡正统论，其说最不可易”[2]。苏轼的正统论继承欧阳修，认为正与统是名与实的关系。得天下以“道”，是得其“名”；实现大一统，是得其“实”。以此论之，三代以后得正统者有尧、舜、夏、商、周、秦、汉、晋、隋、唐十朝，而只得其“实”者有魏、后梁、后唐、后晋、后汉、后周六朝。朱子《纲目》则以周、秦、汉、晋、隋、唐为正统。

但是，朝鲜文人心目中的正统朝代，又比宋儒认为的要更少。如李瀷认为，“正统之说，终有说穷处。仁义也则三代后无闻，公正也则汉犹近之。唐取于独夫，然毕竟资其力而夺之，不免为叛臣。至赵宋公肆篡贼，心迹可恶”[3]。成海应认为，“得天下之正统者，唯汉、唐、宋、明四朝”。秦为“戎狄之主夏”，唐、宋之得国都为“篡”，故又以汉、明两朝得国最正。[4] 李瀷甚至认为，当时的明朝，“其虐毒与秦始皇无异”。

这说明高丽、朝鲜文人的正统观念比起宋儒有过之而无不及。他们坚持以“春秋笔法”评论历史，严格按照名实相符的标准判定中国历代王朝正统与否。符合正统的朝代必须得国最正，行仁政，实现大一统，且非夷狄。这种评价体系结合了现实、道德、义理等多方面标准，

---

〔1〕［朝鲜］崔锡鼎：《明谷集》卷11《正统论》，《韩国文集丛刊》第154册，第62页。

〔2〕［朝鲜］金昌协：《农岩集》卷34《杂识·外篇》，《韩国文集丛刊》第162册，第394页。

〔3〕［朝鲜］李瀷：《星湖全集》卷25《答安百顺问目》，《韩国文集丛刊》第198册，第506页。

〔4〕［朝鲜］成海应：《研经斋全集》卷32《风泉录二·正统论》，《韩国文集丛刊》第274册，第222页。

更加严格。正祖甚至对三代以来唯汉得天下为正的说法也提出质疑。[1]有学者认为，这一时期朝鲜文人对正统论的认识，既没有基于华夷观、尊王攘夷的传统观念，又不以国家强弱（即统一与否）为具体标准，而是以上古三代道德、仁政为唯一的标准。[2]

不过，汉、唐、宋、明四朝仍是朝鲜时代最为推崇的朝代。所以，高丽、朝鲜时代的以史为鉴，也是努力以这几个朝代为鉴戒的对象。如成天柱（1712—1779）在为《读史要诀》作的跋中，认为读史书，以史为鉴，应当以汉、唐、宋三朝为最重要。

> 伏念邸下方讲史书，臣敢以读史鉴戒之法为献，而史书鉴戒不过汉唐宋事，为治标准当以唐虞三代为法。后世之治，非无善也。当于其善之上更求至善之道，不当便以其善谓极尽之事也。[3]

三代之治是孔子以来儒家的理想社会状态，朝鲜文人也有相同的观念。而且，朝鲜文人的正统观念里，得国最正、施行仁政是两个重要的标准。因此，朝鲜时代对汉、唐、宋、明历史比较重视，不仅在经筵讲读以史为鉴，而且以正统观念为指导编纂中国史书。朝鲜君臣尤其重视对两汉的效仿，如英祖出于对两汉治道的推崇，命徐命膺编纂《两汉词命》。正祖时期，经筵所出题目多引自《汉书·高帝纪》，有大臣对此提出意见，正祖解释说：

> 汉高之恢廓大度，启四百年基业，即三代后初出英雄，非唐宋中主所可拟议。即其规模气象之所范围，事迹好，文字亦好，如“意豁如也”四字，令人胸无芥滞，岂不是好题？[4]

---

〔1〕［朝鲜］正祖：《弘斋全书》卷111《经史讲义四十八·纲目二·汉高祖》，《韩国文集丛刊》第265册，第258页。

〔2〕［韩］李润和：《中韩近代史学比较研究》，第54页。

〔3〕［朝鲜］成天柱：《读史要诀》跋，韩国国立中央图书馆藏抄本。《读史要诀》以程颐、朱熹、张栻、吕祖谦等人评论如何读史的论断为内容。

〔4〕［朝鲜］正祖：《弘斋全书》卷164《日得录四·文学四》，《韩国文集丛刊》第267册，第208页。

洪奭周的著作中有《三汉名臣录》，仿照朱子《名臣言行录》等编纂而成。他认为“三古以后，治天下之规模法度，莫尚于汉。风俗淳厚，论议近实，而人才之杰然特出者，亦莫盛于汉”，因此“士君子之出而济时，处而求志者，欲学三代，亦必自汉始”〔1〕，希望从汉史中获得道德与治道两方面的借鉴。正祖和洪奭周的观点代表了朝鲜时代君臣的普遍看法。纯祖二年（1802），在一次经筵上，李晚秀明确认为，“史之中汉史，尤多良法美制之可观者”〔2〕。

第三节　朝鲜时代史汉选本及其特点

从第二节的相关论述来看，朝鲜时代接受《史记》《汉书》的表现，主要关注了两书“事”（如史实、“良法美制”等）、“文”（如记事有法、科文等）两方面。至于《史记》《汉书》对朝鲜时代纪传体史书的影响，则更多表现为对纪传体体裁的继承与模仿，有的纪传体史书与《史记》《汉书》的内容关系并不密切。从朝鲜时代的经史关系观念来看，“经体史用”成为朝鲜君臣的普遍认知，这也制约了《史记》《汉书》在朝鲜时代的接受程度。并且，《史记》《汉书》在“义”方面的表现，与《通鉴》《纲目》等宋儒史书相比也没有太多优势。

不过，《史记》《汉书》在“事”“文”两方面的特色还是在朝鲜时代得到了发扬，除了以史为鉴、经史互相发明、阅读与学习史汉文章等表现之外，还在于受此影响，朝鲜文人编选了大量史汉选本。这类选本的篇目数量不一，如崔岦曾单抄《项籍传》一篇，金得臣日常所读“马史”也是只有数篇的选本。史汉选本也成为朝鲜文人日常训蒙“科文”的重要教材。所以，史汉选本是朝鲜时代接受《史记》《汉书》的突出表现方式。但是，目前学者在此方面的研究并不充分，其原因在于，此类文献同史钞一样，不具有较高的文献和史学研究的价值，而且

---

〔1〕［朝鲜］洪奭周：《渊泉集》卷20《题跋（上）·三汉名臣录跋》，《韩国文集丛刊》第293册，第462页。

〔2〕《承政院日记》第1852册纯祖二年五月九日，第52b页。

比较分散，搜集不易。

韩国学者金昭姬的论文中汇集了朝鲜时代史汉选本十一种。朝鲜时代史汉选本出现的时间较早，据金昭姬的研究，16 世纪的《考事撮要·八道程途》中已经有《史记列传》《汉书列传》（海州官板），之后有安璋（1491—1563）的《汉书传抄》（中和官板），以及中宗三十六年（1541）的《汉书列传》（明礼坊刊）。在这之前，朝鲜本《史记》《汉书》已经有庚子字本，这些选本应该受此本的影响比较大。经过胡乱与倭乱，朝鲜时代的史汉文本损毁严重。17 世纪初，史汉《评林》《史记纂》《汉书纂》传入朝鲜半岛，并被官方印行，产生了很大影响，一些史汉选本的内容就从中编选。这一时期，朝鲜又出现了《汉史列传抄》《史汉一统》《史纂》《马史抄》《项籍传》《汉隽》《史记英选》等史汉选本。虽然该文涉及史汉选本只有十余种，与附录表 3 相比，数量并非很多，但该文从版本比较和文本对照两个方面探讨了朝鲜时代史汉选本内容来源及影响，总结出一些有规律的内容。本书在此基础上，进一步搜集相关文献，结合史料记载，重点讨论朝鲜时代史汉选本产生的原因、内容的形成及其特点。

一、原因探析

1. 史汉文本的缺乏

世宗时期，以庚子字印行了《史记》《汉书》，并颁赐文臣。成宗时，已经形成“今士大夫之家稍有之”的风气。而且，《史记》《汉书》成为世宗、成宗两朝经筵上经常讲读的书籍。然而，此时《史记》《汉书》在朝鲜的流传范围还是很有限的，这与朝鲜时代书籍来源途径有密切关系。朝鲜时代的书籍来源可以分为两部分，一部分是来自明朝的赐予、使臣的求购，另一部分则是以活字印行，这两个来源都是不太稳定的。前一种途径，朝鲜出于“慕华”与“事大”的思想，对明朝书籍的求购十分迫切。但明成祖时，禁止明朝与朝鲜的私人贸易。不过这一时期，朝鲜与明朝的书籍往来，赐予是主要方式，求购也是一种变相的赐予，所以这种禁令的影响并不是很大。世宗曾就明朝立法禁止私人贸易，影响朝鲜向明朝求购乐器、书册、药材等物，令大臣商量对策。[1]礼曹判书申商认为这种贸易禁令不可违背。但世宗认为，之前朝鲜太宗时，曾向明朝求购书籍，明成祖不仅没有接受购书费用，而且还赐予书籍。世宗认为，如果使臣在明朝求购书籍，也应该搜集朝鲜没有或缺少的书籍，至于朝鲜已有的四书五经及其他杂书，就不需要求购了。世宗十七年（1435），遣刑曹参判南智赴明朝贺圣节，提出求书的原则，即"理学则五经、四书、《性理大全》，无余蕴矣。史学则后人所撰，考之该博，故必过前人。如有本国所无，有益学者，则买之"[2]。

另外，朝鲜使臣赴明朝求购书籍，也面临一些困难。如明代嘉靖年间形成的"门禁"问题。这种"门禁"最早形成于明宪宗时期。《成宗实录》记载成宗八年（明成化十三年，1477），明朝在会同馆张榜，宣布"门禁"，[3] 其中规定不许出入市肆。这种禁令在嘉靖年间更加严格。万历《大明会典》也规定，各国朝贡人员只准在会同馆开市三至五日，而朝鲜、琉球则不受限制，准许入市肆，只不过禁止购买史书及其他违禁物品。中宗二十一年（1526），正朝使金谨思、先来通事安璟报告了明朝提督主事陈邦偁禁止出入与限制贸易的做法，并附录当时胡士绅弹劾主客司郎中陈九川及陈邦偁的奏本，其中也提到"如朝鲜国，礼义之邦，凡使臣欲买书籍等物，旧例许其自贸，邦偁一概禁闭"[4]。这种情况还是时有发生。如中宗三十年（1535），冬至使郑士龙使明归来，向中宗汇报他在北京的情况，提到他向明朝礼部抱怨"我国之人赴朝，则自前代任意出入。今不如古，拘束太甚。请出入无禁"。这一请求，起初并没有引起当时礼部尚书夏言的重视。经过朝鲜使臣不懈的请求，明朝廷令会同馆不必限制使臣，但"门禁如旧"，并没有改观，朝鲜使臣"欲买书册，亦不得往书肆"。夏言招来提督主事责问，之后才得以出行不禁。然而，郑士龙认为明朝对朝鲜使臣仍然存在限制，故希

---

[1] 《世宗实录》卷 56 十四年四月十七日，第 7b 页。

[2] 《世宗实录》卷 69 十七年八月二十四日，第 18b 页。

[3] 李善洪：《明代会同馆对朝鲜使臣"门禁"问题研究》，《黑龙江社会科学》，2012 年第 3 期。

[4] 《中宗实录》卷 56 二十一年三月十九日，第 59a 页。

望以后赴明的使臣要了解这种情况，以免违背礼制。[1]

故而，朝鲜书籍的重要来源——赐书与求购，均受到很大的限制：所求书籍的数量很少，种类也只限于儒家经典与文集等；史书在禁止购买之列；获得书籍的途径除了在沿途购买、明朝书商售卖之外，其他方式并不多。朝鲜使臣出入书肆，在当时受到限制，还时常受到有关官员的刁难。并且，朝鲜从明朝得到的书籍，也有很多“散逸不收”，这更限制了朝鲜书籍的这一来源。

至于朝鲜自己印行的《史记》《汉书》，也随着朝鲜书籍收藏与印行情况的逐渐恶化而遭到破坏。中宗十年（1515），弘文馆副提学金谨思等在上疏中提出了当前朝鲜所藏书籍面临的问题：

> 第以世远年久，全编整秩，所存无几，加之废朝，散亡殆尽，诚可痛惜。殿下即祚以来，锐意文治，殆将十年，购求遗书，不远上国，使臣之行，年再往返，而帑须物货，严科督纳。至于书籍，视为余事，求之不勤，此岂非贵物货而贱书籍耶？校雠失职，迩来尤甚。先朝铜字，藏守不谨，或偷或失，木补几半，字体讹鄙，至不可用。纸粗墨涴，入本模糊，字多攲斜，或舛或落，徒务其成，不复校考。印出之际，甚至于换私纸，而亦未致察。[2]

这里说的“世远年久”，其实不到一百年。金谨思等人提出的这些问题，也是从朝鲜书籍来源的两个途径引发，如赴明使臣只重视贸易，忽视求书，此前的朝鲜铜活字及印本损坏遗失。这都是当时书籍缺乏的重要原因。

至于当时弘文馆书籍缺乏的状况，金谨思称“我国书籍稀贵，秘藏所无者亦多”。有很多书如《朱文公集》等，弘文馆仅有一件，而《二程全书》则一件也没有。李敏叙（1633—1688）则以此时弘文馆印书情况与之前相比较，认为弘文馆此前印书，不仅从中国获得的书籍可以及

---

〔1〕《中宗实录》卷79三十年一月二十七日，第21a页。

〔2〕《中宗实录》卷23十年十一月二日，第28b页。

时印出，而且如《纲目》、《文章正宗》、《史记》、《汉书》、中国文人文集等，数量很多，且易于广布。但近来不仅书籍印数少，甚至数年不印一书，更谈不上广布。其原因主要在于财力物力（尤其是纸张）缺乏。李敏叙建议，先调拨物资使校书馆得以印书，再以所印书籍售卖，获取更多资金。至于纸张，他建议从两南监营所存数万卷中，暂借千余卷，用作印书之用。[1]

解决校书馆印书的困难只是一种途径，除此之外，向明朝诚心求书，仿照世宗故事，立都监负责校印书籍，向朝鲜民间征集书籍，也是必要的手段。这里所列的各种"稀贵"书籍，大多"实关于治道"，以程朱著作及后世史书为主。他希望这些书籍由各道印行，广布中外。但在当时，能够有财力物力承担印书的地区也十分有限，主要集中在岭南地区，其他各道只能量力而行。十一月四日，中宗又下旨，"欲秘府之内，无书不藏，士庶之家，无书不布"，其措施也以金谨思的上疏为基础。此后，朝鲜采取各种措施增加书籍。如中宗十一年（1516），礼曹以"中原有声息，今于圣节之行，请勿贸书册"。但中宗认为"书册宝物，不可不贸"，没有采纳这种意见。[2] 朝鲜人赴明朝贸易，书册也是"不可不贸"的物品。[3]

但是，无论是赴明求书，还是各道印行书籍，其传播还是自上而下的。中宗十四年（1519）经筵，中宗与群臣讨论师友之道，侍讲官韩忠认为，师友之道丧失的原因在于，乡射之礼不再施行。乡射"在揖让之间，皆学术之本也"，可以由此来观察人的言行。但科举只会选拔一些能诵章句，却"其行无状"的儒者。于是，中宗提出施行《吕氏乡约》并设立书肆。[4] 第二天，大臣的意见是，书肆"为之亦难。不须强为，如有为者，则不禁可也"。七月三日，侍讲官李希闵提出"外方乡校儒生，虽欲读书，书册甚少。请令广布"。中宗认为只有书肆才能

---

〔1〕［朝鲜］李敏叙：《西河集》卷10《启辞·校书馆请得米布纸地广印书籍启》《韩国文集丛刊》第144册，第178—179页。

〔2〕《中宗实录》卷26十一年九月二十四日，第24a页。

〔3〕《中宗实录》卷32十三年三月三日，第20b页。

〔4〕《中宗实录》卷36十四年六月八日，第18a页。

满足这一要求，并询问铸字印书是否可行。训炼院佥正李耔认为，校书馆所印书籍大多残缺不可读，只有铸字印行，才能真正增加书籍数量，广泛传播。中宗十七年（1522），掌令鱼得江认为当时朝鲜收藏书籍的地方只有一个校书馆，这就使其他读书人买不到书，提议设立书肆，以使人人可以买卖书籍得利。[1] 三月六日，由礼曹判书洪淑启请，中宗下令，“印册和卖，虽有国法，然不得广布于民间。今后，别定久任员，如医药转卖之例，以存其本。其有猥滥之弊，令法司纠之，何如？将此数条，更报政府，则必有当议”[2]。至此，从国法上肯定了书肆的合理存在。然而，也有大臣对书肆的设立提出反对意见，提出如寡妇开设书肆，买卖书册，也有可能出现违背伦理的事，故书肆“在所不当为也”。[3] 中宗二十八年（1533），领议政张顺孙、左议政韩效元又提出，校书馆印书售卖已经相当于书肆，只不过印书有限，不如民间书肆更为方便通行。[4]

不过，设立书肆这件事，到了中宗三十三年（1538）还在讨论中，并没有施行。中宗为此下旨：

> 书册事，中原则有书肆，故闾阎之中，欲学者求无不获。我国则未有书肆，故为儒者，亦不能皆有其书，欲借观而不可得，则亦或有因此而废业者，是弊京外皆然也。童稚所读，则如《千字》类，合《孝经》《小学》等书；及成人所学，则四书、五经与《史记》等书，皆切于学者，不可无也。虽欲买而观之，若无卖之者，则无从可得。若其本版，则或木字或铸字中，固未知何者为便也。若于某处创立书肆，使之官为买卖，则可以广布矣。此至美之事，非特当时，利及后世者也。欲令该曹，磨炼节目，为买卖之规。书册之价，若受米绵，则纸地涌贵矣。若依观象监印历之规，或受纸

---

〔1〕《中宗实录》卷44十七年三月四日，第15a页。
〔2〕《中宗实录》卷44十七年三月六日，第16b页。
〔3〕《中宗实录》卷65二十四年五月二十六日，第52a页。
〔4〕《中宗实录》卷75二十八年六月十七日，第10b页。

地，或受米绵，纸地则还印书册，米绵则易纸而印之，甚似便益矣。[1]

设立书肆对于书籍和文化的普及非常重要。因此，中宗多次下旨讨论设立书肆，基本思路是“官为买卖”，即以官方为主导，从书肆位置、书籍来源、书籍价格等多方面着手。但朝鲜当时书籍的印行并不能满足这种要求，不仅书籍印数较少，而且纸张等材料也比较珍贵。由官方设立书肆来经营，这些条件都需要具备。其实，设立书肆更多是民间行为，要由市场来调节，正如中宗三十七年（1542）行副司果鱼得江上疏中所说，“是不知一设其肆，书籍自至，如百物之辐辏于市也”[2]。

朝鲜书肆的设立，最终还是没有成功。明宗六年（1551），宪府尹春年再次提出设立书肆，使书籍易于买卖。对此，《明宗实录》此条下引“史臣曰”，称书肆为“国家二百年所无之法”，称尹春年“纷更立法”，“专擅用事”。尹春年不得不上疏，称自己建议设立书肆，只不过想申明中宗时虽已提出但没有施行的做法。[3] 至此，朝鲜君臣设立书肆的努力，完全失败了。

通过设立书肆来扩大书籍的传播，这种做法需要一些条件，其中丰富的书籍是实现的基础。但在讨论书肆设立的过程中，反对者提出的一个重要观点就是，朝鲜并没有大量书籍可以放到书肆里买卖。在官方看来，书肆只能由国家设立并提供书籍，然而这个条件很难实现。最合适的方式如鱼得江所说，只要国家给予书肆合法地位，提供场所，自然而然地就会形成一定规模的书籍交易。这种判断无疑是正确的，主要在于朝鲜上下对书籍的需求比较强烈。然而，由官方主导的搜集书籍的活动仍是主要方式。如中宗三十七年（1542），官方认为“购募遗逸书籍，治道所关”，在全国范围内要求民间献书。这种做法是在朝鲜向明朝获取书籍的途径不顺畅，历代从中国获得的书籍“散逸不收”的情况下提出来的，所求书籍也偏重于“或关治教，或切典礼，卷帙重多，中国

〔1〕《中宗实录》卷 87 三十三年三月三日，第 20b 页。

〔2〕《中宗实录》卷 98 三十七年七月二十七日，第 76b 页。

〔3〕《明宗实录》卷 11 六年五月二十六日，第 51b 页。

罕得之书”，这些都是“义理所关”之书。[1] 除此之外，天文、地理、医药、卜筮等有益实用的书籍，也在重点搜求之列。此次求书的种类很多，也从侧面反映了当时书籍缺乏的严重情况。朝鲜末期文人李圭景提出了朝鲜书籍“十厄”的说法，其中在仁祖（1623—1649）时期及此前发生的就有八次之多。[2]

2. 抄书现象的普遍

由于朝鲜书籍来源的各种途径都十分有限，故书籍并不能满足多数人的需要。对于一般文人及民间来说，抄书成为获得书籍的必要方式。有些人是因为无力购买书籍而抄书，这种情况在朝鲜时代比较多，其中不乏一些名人。如崔锡鼎称，“其时才经壬乱，书籍荡然，所存只《近思录》《朱书》各一二卷，《左传》《汉书》各数卷，《文选》三四卷而已。遂因此熟读，得缀文蹊径”[3]。正因为缺书，有限的几种书籍成为日常必读，读书的次数也渐多。星湖李瀷称“凡贫士家书籍极难得，唯有缮写可以略备”[4]。这句话是针对其家藏抄本《白虎通》而说的。李瀷借到《白虎通》一书，苦于找不到写手，于是令家人以薄纸蒙在书上抄写。这种做法能够完整抄写原书，不至于缺字少页。李瀷是朝鲜时代实学派代表人物，富于学问，终身不仕。而安鼎福虽然入仕，后被封为广成君，但仍有因无钱买书而抄书的阶段，“每闻有奇籍，多方必图致。既无买书钱，乃有钞书意”[5]。

在书籍缺乏的情况下，抄书是一种被动的选择。按照朝鲜后期文人

---

[1] 《中宗实录》卷 99 三十七年十月二日，第 36a 页。

[2] ［朝鲜］李圭景：《五洲衍文长笺散稿》卷 5《经史篇·经史杂类·典籍杂说·大东书厄辨证说》，第 127—128 页。

[3] ［朝鲜］崔锡鼎：《明谷集》卷 12《题跋·洗心录跋》，《韩国文集丛刊》第 154 册，第 82 页。

[4] ［朝鲜］李瀷：《星湖全集》卷 54《跋白虎通》，《韩国文集丛刊》第 198 册，第 489 页。

[5] ［朝鲜］安鼎福：《顺庵集》卷 1《题钞书笼》，《韩国文集丛刊》第 229 册，第 342 页。

宋焕箕（1728—1807）的说法，又可以分为选抄、节略与类编等方式，[1] 郑经世编《朱文酌海》为选抄，而李滉的《朱书节要》则为节略，李弭的《圣学辑要》则属于“类聚编成”。这几种方式都如丁若镛所说的抄书之法，“必先定己志，立吾书之规模节目，然后就彼抽出来，方有贯串之妙”[2]，都是在一定原则下编选而成。这三种方式形成的书籍，既有抄写而成，也有的以活字印行，故抄书并非指书籍存在的方式，而是指书籍编纂形成的方式。我们把通过这种方式编纂而成的书籍称为选本。

所以，书籍缺乏与人为编选，是朝鲜时代抄书与选本现象比较盛行的重要原因。基于以上因素，我们也可以想见朝鲜时代史汉文本的情况。仁祖之前，关于朝鲜向明朝求购书籍的记载中，很少涉及《史记》《汉书》。而朝鲜印行的《史记》《汉书》，其文本来源于元代刊本，可能是明代之前就传入朝鲜半岛。另外，朝鲜书籍的印行与传播以官方为主导，书肆等民间书籍流通渠道没能建立起来，也阻碍了书籍的广布。历史上发生的多次“书厄”，也使书籍残损缺失比较严重。宣祖年间，史汉《评林》出现并传入朝鲜，到了肃宗时才得以印行，但限于财力物力，数量也比较少，传播也不是很广。所以，一般人想要得到《史记》《汉书》，也只能通过抄选的方式实现。

3. 文章风气的转变

不过，抄选《史记》《汉书》的现象在高丽时代就已经存在。高丽文人李齐贤在《栎翁稗说后集》中提及高丽明宗曾经手写《汉书》，“明王手写《前汉》纪志表传九十九篇题目，曩于柳尚书仁修宅见之。万机之余，存心于典籍，而笔札之妙，不减古人，嗟叹之不足”[3]。高丽末期，尹绍宗也曾手抄《霍光传》进呈给李成桂，劝立王氏后人。

---

[1] ［朝鲜］宋焕箕：《性潭集》卷6《答南栗汝（甲寅）》，《韩国文集丛刊》第244册，第114页。

[2] ［朝鲜］丁若镛：《与犹堂全书》第一集《诗文集》卷21《文集·寄游儿》，《韩国文集丛刊》第281册，第459页。

[3] ［高丽］李齐贤：《益斋集·栎翁稗说后集一》，《韩国历代文集丛书》第13册，第129页。

这两个例子仅仅是选取史汉部分内容，以抄写的方式表现出来，并非为了编纂成书。

与高丽时代偶然出现的抄选史汉事例相比，现存朝鲜时代的史汉选本则要更为丰富（见附录表3）。其中时间较早的为《考事撮要》中记载的《史记列传》《汉书列传》，但《史记列传》已亡佚不存，《汉书列传》忠南大学藏有一卷一册，卷末有“嘉靖二十二年八月　日海州开刊”刊记，[1]《史记列传》也应在同时刊印。该书比较稀见，据韩国学者金昭姬所列该书卷三书影，卷末即有刊记与编刊人员名单，说明该书只有三卷。其中编纂人员有洪春卿、全翰、具寿延三位海州官员。[2] 我们对这三人的事迹了解并不多，如洪春卿，时称“词翰擅一时”[3]。而对于全翰，中宗评价道，“观全翰讲经，近来所稀”[4]。

附录表3中列举的朝鲜时代史汉选本，是既见于著录，又有版本存世的情况。如结合文献记载，这类书籍的数量要更多。如在《史记列传》《汉书列传》刊印之前，中宗时（1506—1544）朝鲜文人金正国编有《文范》一书，是从《史记》、两《汉书》中选出各篇序文抄写而成。其书已不存，仅有一篇序保留在其文集中。在序中，金正国首先批评了魏晋至唐宋崇尚骈俪的文风，提出“不古不下，可学而到，以变后世之文体者，其惟两汉乎”。进而他希望以两汉古文来矫正当时“学文者急于取科第，嗜俗文”的现象。[5] 此书虽然并未以史汉选本命名，但其内容选自《史记》与两《汉书》。此书认为，“如迁之文，亦可谓隽瑅拔出之材也，岂后之作者可及其万一乎”；对于两《汉书》，则认

[1] ［韩］文灿：《朝鲜时代册版目录研究——以〈考事撮要・八道程途〉所载中国册版为中心》，硕士学位论文，南京大学，2012年，第90页。

[2] 金昭姬，「중국본『史記』・『漢書』의 조선 유입과 編刊에 관한 연구」，博士學位論文，韓國學中央研究院，2012，43—45。

[3] ［朝鲜］金尚宪：《清阴集》卷38《拙翁集序》，《韩国文集丛刊》第77册，第580页。洪春卿（1497—1548），字明仲，号石壁。著有《石壁存稿》。

[4] 《中宗实录》卷45十七年六月六日，第4a页。全翰（1488—1544），字文卿，号敬斋。

[5] ［朝鲜］金正国：《思斋集》卷3《文范序》，《韩国文集丛刊》第23册，第43页。金正国（1485—1541），字国弼，号思斋，谥文穆。《思斋集跋》称其“尝以聚学徒讲论义理为乐，而至于述作则余事焉”。

为“称仿而著之，如出一手，岂亦亚于迁者欤”，但仍以《史记》为最重要，可以视作史汉选本之类。

因此，结合现存版本与文献记载两个方面的资料，我们可以发现，16世纪中期，朝鲜开始出现史汉选本，不仅数量丰富，并且持续很久，直至朝鲜末期。如附录表3所列成均馆大学藏朝鲜末期写本《汉书抄》以及金会锡（1856—1934）《愚川先生文集》中提到的《马史删节》。可见，朝鲜时代的史汉选本已经成为一种独特的文化现象。

早期史汉选本的形成，往往以《史记》《汉书》来指导“学文”为目标。这种现象并非个案，而是与当时朝鲜文学风气的转变有密切联系。朝鲜末期学者金泽荣（1850—1927）选《丽韩十家文钞》，总结自三国至朝鲜时代文风的转变时，认为“三国新罗、百济、高句丽、高丽专学六朝文，长于骈俪”。宋人徐兢出使高丽，提及其文风时，说明“视其文章，仿佛唐之余弊云”[1]。高丽中后期，文风开始发生变化，如金富轼“丰厚朴古，绰有西汉之风”，李齐贤“始唱韩欧古文，尤长于记事”，[2] 崇尚古文，林椿认为“若贾谊、司马迁、韩愈、柳子厚辈是也。以汉唐之盛，其事业之尤著显，卓然可见者，止此而已。近古又有欧阳永叔，尚古文以排诸子，至号今之韩愈。王介甫祖述坟典，明先圣之道，苏子瞻牢笼百氏，以穷著作之源，亦真名儒也”[3]。

朝鲜前期二百年的文风受李穑的影响，有“注疏语录之气”，正如金锡胄批评的那样，“肤率而不能切深，俚俗而不能雅丽，冗靡而不能简整”[4]。朝鲜中期文人李宜显对朝鲜文风的转变有更为详细的论述：

> 我东虽称右文之国，于文章效法不高，识见甚陋。自胜国以来，只学东坡，溯以上之，惟以唐为极致，岂知又复有汉魏先秦也

---

[1] ［宋］徐兢：《宣和奉使高丽图经》卷40《同文·儒学》，第139页。

[2] ［朝鲜］金泽荣：《韶濩堂集》卷8《杂言四》，《韩国文集丛刊》第347册，第322页。

[3] ［高丽］林椿：《西河集》卷4《答灵师书》，《韩国文集丛刊》第1册，第243页。

[4] ［朝鲜］金昌协：《农岩集》卷22《息庵集序》，《韩国文集丛刊》第162册，第152页。

> 哉？李文顺文章，为东国之冠，而其论文评诗，多有乡暗可笑者，况其余乎？牧隐出于其后，文章深厚，自然有不可及处。本朝诸巨公，乖崖、占毕其尤也，而不过以韩、苏为范而已。简易、月汀始以马、班揭示后学，时尚为之一变，然月汀则功力犹未深。至溪谷、泽堂继之，然后古文词路径始开。尤庵专意问学，不屑屑于古文法程，而笔力可与李文顺雁行。农岩为古文，典雅称停，深得欧、曾体制。诗则如占毕、容斋、挹翠、讷斋诸公，俱称名家，而亦苏、黄也。后来湖阴七言律、苏斋五言律，俱脍炙一世。芝川篇什散逸，传者不多，而其传者个个奇拔。简易虽以古文名，诗亦矫健有意致，足为苏老敌手。古诗选体，诸家无可传，由昧汉魏故也。申玄翁、郑东溟始宗汉魏，颇有所效作，而声响格法，全不仿佛。近来农岩兄弟刻意追古，亦多述作，未知后人尚论以为如何耳。[1]

李宜显概括了自高丽时代以来文人文章风格演变的情况，重点是古文创作特点的变化。他对高丽文人的文章水平评价不是很高，称高丽文人的文章只学唐宋，而忽视先秦、汉魏。其实，自高丽中期开始，朝鲜半岛文人对秦汉古文的学习就已经开始了，出现了如金富轼、李齐贤、林椿、安辅等一些名家。正如金泽荣所说，这些高丽文人对古文的学习，取法于唐宋诸家，同时也注重对《史记》《汉书》的学习，达到了较高水平，文章风格也为之一变。李宜显重点评价了朝鲜文人的文章风格，认为更多学习唐宋古文，只不过各有侧重及特色。这一系列变化，原因比较复杂，既有高丽中后期局势动荡、朝鲜初期对韩柳文的重视，[2] 以及朝鲜中期“两乱”等社会背景，也有当时朝鲜文人对高丽骈俪文风的反思等。

至于崔岦、尹根寿以《史记》《汉书》文章向后学传授古文方法，李宜显认为，与其他朝鲜文人以唐宋古文为学习对象相比，这种做法使

---

〔1〕［朝鲜］李宜显：《陶谷集》卷27《云阳漫录》，《韩国文集丛刊》第181册，第430页。

〔2〕如太宗时河仑（1347—1416）论及碑状撰写，认为“韩退之文章、朱文公道德，后世学者之所慕效者也”。

“时尚为之一变”。有学者认为，到了16世纪中后期，随着前后七子如李梦阳、何景明、李攀龙、王世贞等人的著作传入朝鲜，受其影响，朝鲜文人如尹根寿、崔岦、柳梦寅等人接受了明代秦汉古文派所倡导的文学理论，文章风格发生了变化，即形成所谓“秦汉派”。这一时期还有一部分朝鲜文人如李植、申最、金锡胄等，提倡唐宋散文与四书五经相结合，即形成所谓“唐宋派”。如李植认为，“大抵文章，不可别作一事看。以经书为根本，而于科文中，习其浑雅平粹之作，亦不失为壮〔状〕元，而其用大矣。学虚诞怪奇之文，虽是捷径，是有命焉，未必得也。终身面墙陷坑，不得为士矣，有何益哉”〔1〕。所谓“虚诞怪奇”之文，以《史记》为代表。在程朱理学占主导思想的朝鲜社会，唐宋派是文坛主流，故崔岦、尹根寿等人就显得与时尚不符，代表着一种变化。〔2〕

崔岦、尹根寿等人为了学习《史记》《汉书》文章，编选了史汉选本。崔岦有《史汉一统》十六卷，尹根寿也有《马汉史抄》藏于家。〔3〕《史汉一统》“即马班全史中拔其尤者，亦就评林本注，删烦取要”而成。〔4〕尹根寿的《马汉史抄》，其所据文本应该是车天辂的《史纂》。尹氏记载自己“略抄悬吐”《史记》，遇到不解之处，则向车天辂求教。〔5〕朝鲜文人赵䌹（1586—1669）曾经拜访尹根寿，尹认为

---

〔1〕［朝鲜］李植：《泽堂集》别集卷14《示儿孙等》，《韩国文集丛刊》第88册，第515页。

〔2〕鄭光輝,「17·18 세기 조선의 明代 唐宋派 수용양상 연구」, 碩士學位論文, 釜山大學, 2009, 93。

〔3〕［朝鲜］申钦：《象村稿》卷27《海平府院君月汀尹公神道碑铭并序》，《韩国文集丛刊》第72册，第94页。

〔4〕［朝鲜］洪直弼：《梅山集》卷17《答朴伯如（始愚甲戌二月）》，《韩国文集丛刊》第295册，第423页。

〔5〕［朝鲜］尹根寿：《月汀集》卷4《注解经史札》，《韩国文集丛刊》第47册，第229页。所谓悬吐，又称悬读、口诀，是在汉文词语或句读处加入口诀词尾，并不改变原先汉文的结构顺序。这不仅是朝鲜文人读汉文的方式，而且还形成了“悬吐册”。

他可以读《史记》，并赠予《史纂目录》。[1] 尹根寿还曾赠给张维《史纂》悬吐册。[2] 据李恒福跋称，《史纂》是在韩愈集印成之时，与赵维韩（1558—1613）商议后进行编选的。赵劝印《史记》，并以平时所抄选相示。此举得到了李德馨（1561—1613）、尹根寿等人的支持。于是，赵维韩以王世贞的《史记纂》为基础进行编选，分为全选、抄选两部分。全选有 53 篇，抄选有 20 篇，共 73 篇。其中《史记纂》原来的注疏文字，委托车天辂进行删定。[3] 不过，《史纂抄选》跋称，“以王弇州《史记纂》十七卷为楷模”，但今本《史记纂》有 24 卷本、不分卷本，并没有 17 卷本，也不见全选、抄选。24 卷本《史记纂》选文 102 篇，而《史纂全选》《史纂抄选》的篇目有 73 篇，数量恰好相当于其三分之二强，也大约是 17 卷的内容。

从以上论述可以看出，朝鲜半岛文人的古文风气，发端于高丽中期，至朝鲜王朝中期，出现了众多以古文知名的文人。但王世贞、李攀龙等后七子著作的传入，对朝鲜文人中所谓“秦汉派”古文产生了较大影响。如李植批评当时的文风，“而其为文，又不本于经书，如韩、欧近理之文，亦视以陈言，唯从事于马史、庄子等书，务以瑰奇相尚”[4]。朝鲜文人对于崔岦、尹根寿等人文章的评价，也是批评多于肯定。如南克宽（1689—1714）认为，“崔简易文，虽似沉实，然命辞局涩，只效古人字句小巧，不晓篇章大体，理致又无可观。比李相国不及远矣”[5]。金泽荣也认为，“崔简易之文，时时剽窃左国章句，又或减

---

〔1〕［朝鲜］赵絅：《龙洲遗稿》卷 3《月汀先生迎谥燕诗帖小序》，《韩国文集丛刊》第 90 册，第 261 页。

〔2〕［朝鲜］尹根寿：《月汀集》卷 5《答张翰林维书》，《韩国文集丛刊》第 47 册，第 261 页。

〔3〕［朝鲜］李恒福：《白沙集》卷 2《史纂后跋》，《韩国文集丛刊》第 62 册，第 196 页。

〔4〕［朝鲜］李植：《泽堂集》卷 8《丙子辞免大司成兼陈弊端疏》，《韩国文集丛刊》第 88 册，第 132 页。

〔5〕［朝鲜］南克宽：《梦呓集》坤《谢施子》，《韩国文集丛刊》第 209 册，第 320 页。

字拗句，似乎简劲。然徐而看之，实大支离、大孤陋、大窒塞之文也”[1]。柳梦寅论及尹根寿读《史记》千遍，为文章只学《史记》的做法，称“今者月汀尹府院君根寿喜读此书（指《史记》），颇着一生之力。彼特少年登科，其文早就，而及其晚年而始攻之。然其所专力，皆就中朝近世之文，学《史记》枝叶，如空同、弇州等若干文而止耳”[2]。柳梦寅并非不承认《史记》的文章水平，相反他认为，《史记》“其措语下字，纵横错杂，千变万化”。只不过后来学习《史记》文章的历代文人，大多“仅得其一端，未幻其全体”，如唐韩愈，宋欧阳修、苏轼等人，至于明王世贞，仅是模仿《史记》字句。申晸（1628—1687）也批评金宗直学《史记》，多为“吟呻”之文。申维翰的弟子孙寿玄，喜欢《史记》文章，并手抄若干篇，日夜诵读，以至“口倦事目，目倦则肘股交相舞，如是期年。百骸动静，亡不与司马氏下上者”。可以说，孙寿玄对《史记》文章的模仿达到了极致。但申维翰认为这种对《史记》亦步亦趋的做法，并不可取。他以学禅者的例子作比喻，认为学《史记》文章应当如顿悟成佛，而不是纠结于具体字句。[3] 他对另外一个弟子任师古的教导，则认为对《史记》每一篇文章应该求其“本色”，认为只有这样，“可以得司马氏声容，声容似而气相感，气相感而天机应，君固将自化”[4]。

唐宋派在批评崔岦、尹根寿等人的同时，也对明王世贞等人有类似的意见。如金昌协批评王世贞，认为他的碑志作品与宋代的欧阳修、王安石等人相比远远不及。

弇州不知古人提挈错综之妙，而只欲以句字步趣摸〔模〕拟。

---

[1] ［朝鲜］金泽荣：《韶濩堂集》续卷4《杂言十》，《韩国文集丛刊》第347册，第460页。

[2] ［朝鲜］柳梦寅：《於于集》卷5《与尹进士》，《韩国文集丛刊》第63册，第414页。

[3] ［朝鲜］申维翰：《青泉集》卷6《书孙仲深史记抄》，《韩国文集丛刊》第200册，第351页。

[4] ［朝鲜］申维翰：《青泉集》卷6《书凿龙门卷末》，《韩国文集丛刊》第200册，第360页。

故其为碑志，叙事不问巨细轻重，悉书具载，烦冗猥琐，动盈篇牍。纲领眼目，未能挈出点注；首尾本末，全无伸缩变化。其所自以为风神景色者，不过用马字班句，缘饰傅会耳。此何足与议于古人之妙哉?[1]

朝鲜文人对王世贞、李攀龙等人的类似批评集中于两方面：金昌协认为王世贞对史汉文章的学习，只是在模仿字句，并没有得到秦汉古文的妙处。这种做法在朝鲜文人看来，“终归于摹拟剿窃者也”[2]。申钦认为“诗文由乎人心而发，又恶同哉”，所以王世贞、李攀龙等人的诗文，自以为跨汉越唐，其实不过是明人诗文，甚至比宋人也不如。[3]赵龟命（1693—1737）则从文章无模拟的角度出发，认为先秦两汉的文章因为不模拟于古，而为后世所推崇。至王莽仿《大诰》作策，扬雄仿《周易》作《太玄》，仿《论语》作《法言》，遂开后世模拟之风。之后，唐宋八大家虽然也是倡导学习古文，但重在追求神似，不在于字句模拟。至于明代王世贞、李攀龙等人，以为古文，“撺掇乎《左传》《国语》之句，涂改乎马史、班书之字”[4]，与唐宋诸家又完全不同。有的朝鲜文人甚至将王世贞称作“不足为役于迁固，实韩欧之罪人也”[5]。洪直弼（1776—1852）也称王世贞文章是“古文之赝者，不免为韩欧之罪人也”[6]。另外，王世贞等人专注于对秦汉文章的模仿，

---

〔1〕［朝鲜］金昌协：《农岩集》卷34《杂识·外篇》，《韩国文集丛刊》第162册，第374页。

〔2〕［朝鲜］俞彦镐：《燕石册》十一《苍厓自著序》，《韩国文集丛刊》第247册，第233页。

〔3〕［朝鲜］申钦：《象村稿》卷55《漫稿第六·春城录》，《韩国文集丛刊》第72册，第365页。

〔4〕［朝鲜］赵龟命：《东溪集》卷1《赠郑生锡儒序》，《韩国文集丛刊》第215册，第15页。

〔5〕［朝鲜］睦万中：《余窝集》卷13《醇斋记》，《韩国文集丛刊续编》第90册，第245页。

〔6〕［朝鲜］洪直弼：《梅山集》卷52《杂录》，《韩国文集丛刊》第296册，第591页。

被李宜显认为“不本于六经，故识见无可取”[1]。不仅是王世贞的文章，朝鲜文人对于王世贞的一些史论观点也提出了批评。如王世贞的《弇州四部稿》中，有关于宋人李纲的评论，称其诛张邦昌之议，导致宋朝失去中原的支持，认为“宋之不卒复中原，岂尽小人罪”。正祖批评道：

> 王世贞文章，已无可观，而评论人物处，务为新奇吊诡。至若李伯纪，靖康中第一等人。世贞捉赃于无累之地，乃以为李纲之不见用，非徒纲之幸，即宋之幸，此何言也。若使高宗专意伯纪，宋岂止南渡而不振乎？公然厚诬伯纪于既骨之后者，可见世贞心术。[2]

故而朝鲜文人提出了对秦汉古文派的补救方法：一是要学习先秦、秦汉、唐宋诸家文章的优点。如金昌协认为，应该“上溯秦汉，下沿唐宋，以放于皇明诸大家，参互拟议，究极其变，用成一家言”[3]。柳梦寅则评价了《春秋》《左传》《国语》《史记》等经典的文章特点之后，认为不能只学《史记》，原因在于“大抵文章之就，徒博则无效，徒约则不周，必须遍读群书，专功一帙，功积而后有就。然不先其易而先其难，未有食其效者”[4]。这与金昌协的观点相近，包括六经、《国语》、《史记》、《汉书》、唐宋各家文在内的文章经典，都是需要学习借鉴的对象；二是“凡有著作，必根于六经，以求其正大”[5]。学习古文写

[1] ［朝鲜］李宜显：《陶谷集》卷27《云阳漫录》，《韩国文集丛刊》第181册，第428页。

[2] ［朝鲜］正祖：《弘斋全书》卷172《日得录十二 · 人物二》，《韩国文集丛刊》第267册，第366页。

[3] ［朝鲜］金昌协：《农岩集》卷22《息庵集序》，《韩国文集丛刊》第162册，第153页。

[4] ［朝鲜］柳梦寅：《於于集》卷5《与尹进士》，《韩国文集丛刊》第63册，第415页。

[5] ［朝鲜］许薰：《舫山集》卷23《附录 · 家状》，《韩国文集丛刊》第328册，第214页。

作，要模仿经典，如李光庭认为，“须更读昌黎文、司马史，韩得其体，史得其髓”，但同时“字与句必从六经中流出，始脱俗儒科臼，而于古文庶几近之”〔1〕。

后七子对于古文的“摹拟剿窃”是确实存在的。在王世贞等人看来，为了达到古文的“格”，就不得不“剿其语”，这只是达到学古的一种途径。王世贞等人也认识到这一问题，提出过对剽窃模拟之弊的批评。〔2〕从上文朝鲜唐宋派文人对崔岦、尹根寿、王世贞等人的批评来看，明代后七子与朝鲜秦汉派文人有着相似的问题。但是，这种问题只是在于学习古文的方法问题，并不代表秦汉派与唐宋派对待古文的态度是泾渭分明的。在对待《史记》文章的态度上，两者都承认《史记》文章的高超水平。如金昌协也曾经编选过《史记》选本，“抑余昔侍农岩先生，每见作大文字，出一编书讽玩，是即集太史公论者也。先辈盖尝为此，而其所取尚，亦可知已矣”〔3〕。只不过在秦汉派看来，只需要读《史记》千遍甚至更多，就能作好古文。而在唐宋派看来，不仅要本于六经，还要学习左国、《史记》、唐宋诸家文章等。正是出于对史汉文章的推崇，加之史汉文本卷帙较多，故需要进行编选。如赵翼（1579—1655）认为，“唐宋以来文章渊源，皆出于此也。今观二史，其文浩穰难尽观，虽观亦难熟也。以是世之治二史者，常抄择之，为其可以熟之而效法之也”〔4〕。以这种方式形成的史汉选本，卷帙合适，内容精当，十分便于朝鲜文人的日常诵读与学习。

当然，朝鲜文人也肯定了王世贞著作宏富、文章博达的优点，并注意搜求其作品。这也使王世贞在朝鲜产生了较大影响，其作品的缺点也被放大。但对于史汉《评林》而言，两书在明朝属于较易获取的书籍，

---

〔1〕［朝鲜］李光庭：《讷隐集》卷 5《书·与人》，《韩国文集丛刊》第 187 册，第 228 页。

〔2〕廖可斌：《明代文学复古运动研究》，上海：上海古籍出版社，1994 年，第 294—295 页。

〔3〕［朝鲜］鱼有凤：《杞园集》卷 21《史汉论赞跋》，《韩国文集丛刊》第 184 册，第 237 页。

〔4〕［朝鲜］赵翼：《浦渚集》卷 26《史汉精华序》，《韩国文集丛刊》第 85 册，第 468—469 页。

其产生之时，恰好处于朝鲜时代史汉版本缺乏的阶段，因此适应了官方与一般文人的需求。故《史记评林》《史记纂》等书籍传入朝鲜之后，不仅被翻刻传播，更成为朝鲜时代史汉选本的主要文本来源。有学者认为《史记评林》《史记纂》等传入朝鲜之后，受到秦汉派与唐宋派的共同关注，两者的争论也影响了朝鲜文人对《史记》的评价。朝鲜时代文风的转变受王世贞等明代秦汉派的影响，发生了转变。[1] 但是，在《史记评林》《史记纂》传入朝鲜之前，朝鲜文人就已经编选了《文范》《史记列传》《汉书列传》等选本。故而史汉选本应当是受朝鲜时代文风转变的影响，同时又对朝鲜文人学习古文起到了影响作用。至于其史汉选本的内容来源及其特点，我们还应该从现存史汉选本入手做全面考察。

4. 两汉“最为近古”

英祖三十七年（1761），徐命膺奉命编成《两汉词命》。此书抄选《史记》、两《汉书》中所载两汉诸帝诏制，也应该属于史汉选本。但此书与上文涉及的史汉选本还是有区别的：首先，此书只选两汉诏制，与当时流行的《贞观政要》《唐鉴》等一样，为国家治理决策提供借鉴，为撰写诏命策檄等提供参考，为“宸居燕闲之观览，而亦使操觚撰言之士知文章之沿流”[2]。其次，英祖重视汉唐历史，认为唐代诸帝除太宗外，均不如两汉诸帝。他对两汉诸帝的评价，也是从为人行政两方面展开。

> 于汉高祖之深伟宏大，光武之置人腹心，犹可谓后世人君之取法者。文、景、昭、宣、明、章皆胜于唐之诸君，而武帝则初虽有求仙黩武，而其所英略迈于中王，秋风悔萌，轮台一诏，识鉴通透，托孤贤辅。噫！彼两汉九帝，汉唐翘楚。予之命钞，其岂偶然哉？[3]

---

〔1〕李賢鎬，「朝鮮後期『史記』批評研究」，博士學位論文，釜山大學，2011，164。

〔2〕《两汉词命·御评两汉词命凡例》，首尔大学奎章阁韩国学研究院藏朝鲜英祖三十七年（1761）刊本，第6页。

〔3〕《两汉词命·御评两汉词命序》，第3—5页。

可见，英祖对两汉诸帝的为人行政评价比较高。诏制则是两汉诸帝个人品德与治国水平的重要表现，也是国家政令得以推行的保证。如宋刘安世认为，“礼乐刑政虽为治具，而所以行之者，特在命令而已”〔1〕。《两汉词命》的编纂也是基于这种认识。英祖也认为，文章本于六经，其中诏命策檄等来源于《尚书》。如刘勰认为“诏、策、章、奏，则《书》发其源”，颜之推也有“夫文章者，原出五经”的说法，其中“诏命策檄”源自《尚书》。一方面，这种说法肯定“诏命策檄”在文体上起源于《尚书》，另一方面也指出“诏命策檄”要符合“六经之道”。徐命膺编纂《两汉词命》时，参阅的书籍有《史记评林》《汉书评林》《后汉书》《文章正宗》《世史类编》《文体明辨》《古文奇赏》。这些书籍一方面作为两汉诏制的资料来源，另一方面，如《文章正宗》《古文奇赏》都是以编选古文为目的，而《文体明辨》则肯定了两汉诏制“深厚尔雅”的特点。故徐命膺编纂《两汉词命》时，还考虑到两汉诏制最为近古，有助于祛除撰写诏命时的浮华骈俪的文风。

> 左氏之后，两汉词命简质典厚，最为近古。自唐以后，其词浮而华，其义烦而支，其味浅而短，靡靡日趋于下，至于骈俪对偶，尤其陋者。故今取两汉以为词命之准则。〔2〕

《两汉词命》中的英祖御评及辑录的宋明诸家评语，也涉及两汉政治得失、诏制文章叙事水平等方面。此书编成之后，英祖经常命文臣讲读。英祖四十二年（1766），命徐命膺讲读。英祖又提出“文章莫如《汉书》矣”，并对汉光武帝不用严光事进行评论。〔3〕严光事迹见于《后汉书·逸民传》。英祖四十四年（1768），命校理徐浩修读《两汉词

〔1〕《两汉词命·御评两汉词命后录》，第14页。原文见〔宋〕刘安世：《尽言集》卷1《论命令数易》《景印文渊阁四库全书本》第427册。此条又被明代《性理大全》《大学衍义补》等书引用，英祖当为从明代文献中转引。

〔2〕《两汉词命·御评两汉词命凡例》，第7页。

〔3〕《英祖实录》卷107四十二年五月十日，第11b页。

命》，并讨论汉文帝。

> 至文帝事，下问曰："儒臣之意，以为如何？"浩修曰："文帝能优容汲黯，任用董仲舒，则庶可复三代之治。而自古儒者之行道甚难，似是运数所致也。"上曰："三代之治，则诚难矣。"翼谟曰："然矣，虽未及三代，其效亦不少矣。"浩修曰："庶几礼乐则可为之矣。"上曰："庶几礼乐亦难矣，岂可以玉帛钟鼓云乎哉？"翼谟曰："然矣。"上曰："虽然，文帝若光武问于予曰，礼乐可致欤云尔，则予曰不能为也，岂不愧哉？"上曰："每事王道好矣。"翼谟曰："然矣，王道则万全不败之道也，圣教至当矣。"[1]

英祖四十五年（1769），命儒臣读《两汉词命》，并讨论汉高祖与光武帝之优劣。徐浩修等认为"高帝豁达大度，诚不可及"，英祖则以光武帝"观南庑岸帻气像，从容坦荡，与踞床见英布不同"，认为光武优于高帝。[2] 由此可见，《两汉词命》的编纂与朝鲜时代推崇汉唐治世有关，同时对汉唐、两汉帝王个人品德与治国得失也有比较讨论。这种推崇和比较基于王道与圣人君子的标准，也因为两汉文章最为近古，体现了朝鲜时代史汉选本产生时将义理与文章相结合的特点。

金昌协提及柳集仲所编《西京摘言》，选取两汉大臣章奏，分为两编。金昌协对此书的评价，代表了朝鲜文人对两汉历史与文章的普遍态度。

> 余谓三代以下，治莫过汉氏，而文亦然。盖以去古近而风俗尚醇，其人皆质直浑厚。又秦火之余，古文毕出，三代六艺之遗，往往可述也。今读是集，如贾、董、刘向数君子，其言固皆本之经术，奥雅雄深，彬彬质有其文。而其他亦指事情、论利害，精核工

---

〔1〕《承政院日记》第1279册英祖四十四年四月十三日，第52a页。

〔2〕《英祖实录》卷113四十五年十二月五日，第25b页。

笃，绝不为空言，即其文，而其治可睹矣。[1]

若将《两汉词命》比作《贞观政要》，那么《西京摘言》就如同“两汉名臣奏议”，二者都有对两汉治道的推崇。至于对两汉章奏文章近古、祖述六艺、本于经术、质而有文、不为空言的评价，金昌协认为这与汉代治道有关。故《两汉词命》《西京摘言》与前文提及的各种史汉选本也有一些不同，其原因首先在于《史记》《汉书》中的诏书章奏是官方文书，有一定的实际功能；其次这些诏书章奏本身就选自本纪、列传，这使得两书兼有文章与治道两方面的作用。对于朝鲜王朝君臣来说，三代圣人之治，有些遥不可及，而两汉关于治国理政的诏书章奏则更为具体，自然成为他们求治的规范。

5. 读史与学文

《史记》《汉书》所载人物的传奇事迹与史实的精彩故事受到朝鲜各阶层人士的喜爱，如根据《西汉通俗演义》改编的《帷幄龟鉴》，这类讲史小说就比较流行。不过，朝鲜时代还有一类为读汉史而编选的书籍，如《楚汉遗事》与《汉史通鉴》。李光庭说明他编《楚汉遗事》的缘由：

谈千古英雄之迹者，必以刘项为称首，其事固甚奇，记之者乃司马子长也，故其事与文，轩赫宇宙。读史者至此，未尝不心开气厉，如身据九层之台，俯见龙跳虎跃，嘘吸风云，倏忽之间，奇变万状，何其壮也。夫士不业文则已，业文必先看刘项事，眼目不可不高，心胆不可不放故尔。然其事散出传记，必参究而后首末备，博古者以为恨，辄不自量。依月表用编年例，起二世元年，至汉祖得天下而止，其间八年事，无不备存。盖据本记、列传而采其详者，要使读之者一举而尽得其终始焉。非敢有取舍于其间也，览者

[1] ［朝鲜］金昌协：《农岩集》卷25《题西京摘言》，《韩国文集丛刊》第162册，第197页。

其有以恕之。[1]

可见，李光庭编纂《楚汉遗事》，一方面是出于对《史记》所载楚汉英雄故事的浓厚兴趣；另一方面，《史记》文章之“奇”也是吸引李光庭的重要因素。可见，《史记》之“事与文”能带给“读史”者与“业文”者强烈的感受。但是，纪传体史书的缺点是一人一事多处记载，不够集中，故李光庭自本纪、列传中选取最详细的内容，依编年体例，纂成此书。《汉史通鉴》的编纂者不详，但从仅存的卷三来看，其成书方式与《楚汉遗事》应当基本一致，也以史汉原文为基础，将《史记》的合传进行拆分，只选本纪、列传中最精彩的部分，并用朝鲜文人最易接受的编年方式呈现，如将《刺客列传》中“荆轲传”置于蔡泽、乐毅两传之间。这两种书将纪传体史书的文本借助“通鉴”编年体呈现，形成了以时间为序的秦汉人物列传选本，同时又具备史汉文章选集的特征。

如果说《御评两汉词命》《西京摘言》是对《史记》《汉书》所载文章与治道的借鉴，那么《楚汉遗事》与《汉史通鉴》则是出于对两书所载奇人、奇事、奇文的品评。两者虽然都以《史记》《汉书》的事、文为关注对象，但前者有官方以史为鉴、古为今用的实用目的，后者则包含了读者对“历史故事”与“美丽文章”倾注的个人感情，有明显的区别。相较而言，前文所论为“学文”而编纂的史汉选本，虽然也是以史汉列传为文本基础，但往往只从文章的角度选择篇目，所收内容比较有限，并不适合较为全面地了解“历史故事”。这三类史汉选本有一个共同点，那就是都对《史记》《汉书》文章给予了较高评价。无论是诏制章疏，还是奇人奇事，都必须借助一定的文本形式进行叙述，否则治道与史实的基本含义虽然可以被人们理解，但这一过程就变得空乏无味。

这类书籍与讲史小说有相似之处，都是以读史为目的。不过，讲史

---

〔1〕［朝鲜］李光庭：《讷隐集》卷9《编次楚汉遗事篇题后》，《韩国文集丛刊》第187册，第289页。

小说是对历史文本的演义，其中会有虚构、再造的成分，从而制约了人们读史的效果。《楚汉遗事》与《汉史通鉴》则是根据史汉列传编选而成，以编年的方式排序，兼顾了读史和学文的双重目的。

二、内容来源及特点

朝鲜时代中期以后出现的史汉选本，以《史记》《汉书》为文本基础，编选相关内容，形成了新的文本。这种现象的出现，一方面是由于书籍缺乏，史汉全帙不易获得，另一方面是朝鲜时代文风的转变，朝鲜文人出于学习古文的需求，并借鉴两汉治道，阅读两汉“故事”的需要，从而编选史汉文章，形成新的选本。不过，若我们对朝鲜时代史汉选本进行综合考察，可以发现其文本来源因为时代与编选者的不同，会产生一些差异。

1. 文本来源与篇目选择

较早出现的史汉选本如《文范》《汉书列传》《汉书传抄》《汉史列传抄》等，应当以当时存在的朝鲜本《史记》《汉书》如甲寅字本为文本基础编选而成，且卷帙较少。史汉《评林》与《史记纂》《汉书纂》等传入朝鲜之后，对朝鲜编选的史汉选本影响比较大，呈现出新的特点。以上各书传入朝鲜后，得到上至朝鲜王室，下至一般文人的广泛关注并印行，但大多经过改造，与原版本有了较大的差别。朝鲜显宗实录字本《史记评林》的情况已如前述。而《汉书评林》的底本是萃庆堂本，同样是删掉了上栏的各家评语，只保留下栏正文及注文。《史记纂》则被改造成了《增定史记纂》（戊申字本），删掉了中国本中上栏的评语及正文中的评论。原本凡例共七条，只保留了前四条。最重要的改变是，增入了原本中没有的《吴王濞列传》，而且是全文收录。戊申字本《汉书纂》以凌氏自刻本为底本，将原本不分卷拆分成了八卷。

这一时期，朝鲜时代的史汉选本大部分以这种被改造过的史汉文本为基础编选而成。金昭姬比较了《汉史列传抄》《史汉一统》《史纂》《马史抄》《项籍传》《汉隽》《史记英选》等几种朝鲜时代史汉选本与史汉《评林》《史记纂》之间的关系后，认为赵维韩的《史纂》以王世贞的《史记纂》为基础，并参考了《史记评林》的注文。崔岦的《史汉一统》“史记”部分，以《史纂》为底本编选而成。文中还提到了同名异书的庆州本《马史抄》与显宗实录字本《马史抄》。作为书名相同的两种书，其文本来源却不同：庆州本以《史纂》为底本，显宗实录字本则以朝鲜本《史记评林》为底本。对于单抄本《项籍传》，金昭姬没有明确指出此书内容的来源。《项籍传》是以崔岦所抄的《项上一脔》（1602）改编而成，或许与《汉史列传抄》内容来源相同。关于《汉隽》，该书的作者不明，刊刻时间较晚。[1]《镂板考》称此书或是金尚宪编选，内容包括“《汉书》列传三十二篇并著注解”，此本内容或许来自《汉书评林》。除了这些以史汉《评林》《史记纂》为底本的史汉选本之外，崔岦的《汉史列传抄》（1607）、正祖的《史记英选》（1796）则被认为完全由朝鲜文人自己编选，加以批注、句读与口诀，没有受中国本的影响。[2]

金昭姬所选的几种史汉选本，都是比较著名的，且均有印本传世，流布较广。除此之外，如附录表3所示，朝鲜史汉选本的数量并不止这几种。如英祖命徐命膺编选《两汉词命》，该书卷前所列“参阅诸书”中，有《史记评林》《汉书评林》《后汉书》，至于《文章正宗》《世史类编》《文体明辨》《古文奇赏》等，只是作为参考用书。正祖除了编有《史记英选》之外，还有《汉书列传选》（又名《汉草》，实为《史记英选》“汉书”部分单行）、《御定两京手圈》等。正祖二十二年（1798），编选《四部手圈》，令群臣分别抄誊，其中史籍取《史记》《汉书》《后汉书》，命名为《两京手圈》。纯祖元年（1801），命内阁

---

〔1〕《东国通志·艺文志》《增补文献备考·艺文考》著录崔岦所编《汉隽》四卷，应与此本同名异书。《镂板考》称崔岦《汉隽》“以方音译其口读，板在关北，今佚”。正祖二十一年（1797），编选《史记英选》时，“上曰：‘汉史印吐者见之，而《汉隽》板在于何处耶？’晚裕曰：‘印吐《史记》，未及得见，《汉隽》板亦不知所在处。而臣曾于北关，只见《史纂》板，未见《汉隽》板矣’”（《承政院日记》第1772册正祖二十一年一月十一日，第48a页）。此《汉隽》或即《汉史列传抄》。

〔2〕金昭姬，「중국본『史記』·『漢書』의 조선 유입과 編刊에 관한 연구」，博士學位論文，韓國學中央研究院，2012，43—50。李时发（1569—1626）记载崔岦曾抄《项籍传》，“颇加解释句挟音吐，名曰《项上一脔》，刊行于世”，认为崔岦的文章发轫于《项籍传》，故此单抄此篇。

刊印。该书编选所参考的资料，以秘府藏书为主。从书前所列《戊午课程日表》来看，正祖应该是通过阅读全帙《史记》《汉书》《后汉书》，手圈“其中会契于心者”，编选成书。正祖所阅《史记》《汉书》是朝鲜本史汉《评林》的可能性比较大，一方面两书在秘府藏书中比较常见，另一方面，此时全帙的《史记》《汉书》版本，也只有史汉《评林》比较流行。

以上是朝鲜时代史汉选本中比较知名的，且均为刊印本，故其文本来源相对比较容易确定。这些仅是此类书籍中的一部分，还有相当多的史汉选本以写本的形式存在，而且编选时间无从考证，形式多样，书名各异，其文本来源就不容易确定。

如《班马抄》[1]，撰者不详，抄《汉书》项籍、韩信、陈平、蒯通、伍被与《史记》范雎、蔡泽、伯夷、韩非等列传。抄《汉书》部分末尾有“壬戌五月八日始十三日毕”，或是完成于1862年（哲宗十三年）。其所抄诸传，均首尾完整。其中，项籍、范雎、伯夷三传标题抄有小注，分别是《汉书评林》《史记评林》上栏评语。故该抄本或许参考了未被删节的史汉《评林》。《汉书抄选》[2]则基本抄录了朝鲜本《汉书评林》自王世贞序至司马迁传的大部分内容，但基本上是摘抄。《货殖列传》[3]还抄有范雎、蔡泽二传及唐宋名家文章数篇。其中《货殖列传》与《范雎传》所抄评语，均来自《史记评林》上栏内容。《马史钞林》[4]节抄了《高祖本纪》至《太史公自序》的内容，末附《史记评林》序。《史记列传》[5]抄录于己丑年（纯祖二十九年，1829），除范雎、屈原、蔡泽、信陵君、乐毅、鲁仲连诸传之外，还抄有月沙先生（丁应泰）集辩诬奏及林祭酒百家衣诗笺。除蔡泽传之外，其他各传所抄评语均录自《史记评林》上栏。别本《史记列传》[6]抄录伯

〔1〕《班马抄》，韩国国立中央图书馆藏，写本，书名为后拟。

〔2〕《汉书抄选》，韩国国立中央图书馆藏，写本。

〔3〕《货殖列传》，韩国国立中央图书馆藏，写本，书名为后拟。

〔4〕《马史钞林》，韩国国立中央图书馆藏，写本。

〔5〕《史记列传》，韩国国立中央图书馆藏，写本，书名为后拟。

〔6〕《史记列传》，韩国国立中央图书馆藏，写本，书名为后拟。

夷、老子韩非、伍子胥、子贡、商君、苏秦等数传，所录评语出自《史记评林》上栏，且散入正文中。《史记》[1] 抄录范雎、蔡泽、伯夷、货殖、项羽本纪等，并附庾信《哀江南赋并序》。此书文本来源并不清楚。《马史》[2]（丁巳，1857）抄录老子、范雎、蔡泽、伍子胥、游侠、滑稽、货殖、太史公自序、信陵君、荆轲、聂政、项籍、平原君、春申君、屈原、端木赐诸篇，附唐韩愈《捕蛇〈者〉说》。其中《项籍传》文本抄自《汉书》。封面题“勉庵”，或与朝鲜末期文人崔益铉（1834—1906）有关。题安鼎福手抄的《前汉书抄》[3]（正祖年间），其目录有《汉书》十二本纪、八表、十志及唐、宋、明文数十篇。《史记抄》抄录伯夷、项羽、货殖、太史公自序、老子等数篇，其所引评语选自《史记评林》上栏。《史选》[4] 共三册，其中“天”册抄录货殖、东方朔、霍光、金日磾（后三传选自《汉书》），“地”册为秦始皇、项羽，“人”册为太史公自序、孟尝君、游侠、平原君、伯夷、信陵君、子贡、春申君、老子。其中《货殖列传》卷末评语，引自《史记评林》上栏。《天官书》[5] 单抄本，只抄正文及三家注。《史记列传抄》[6] 抄录范雎、蔡泽、货殖、游侠、滑稽诸传。《马史》[7] 抄录伯夷、货殖，卷末附《史记评林》诸家评语。《汉史通鉴》[8] 存卷三，收录苏秦、张仪、范雎、蔡泽、荆轲、乐毅、鲁仲连诸传，其批注所引评语选自《史记评林》上栏。

若就史汉选本的文本来源来说，以上虽然都属于《史记》《汉书》的选本，但根据时代的不同有所差别。金昭姬认为 15 至 16 世纪关于《汉书》的选本较多，这是因为《汉书》在朝鲜半岛刊行比较早，影响也较大。同时，如世宗、成宗在经筵上讲读《汉书》的次数也比较频

---

〔1〕《史记》，韩国国立中央图书馆藏，写本。
〔2〕《马史》，韩国国立中央图书馆藏，写本，书名为后拟。
〔3〕《前汉书抄》，韩国国立国会图书馆藏，写本。
〔4〕《史选》，韩国国立中央图书馆藏，写本。
〔5〕《天官书》，美国哈佛燕京图书馆藏，写本。
〔6〕《史记列传抄》，韩国国立国会图书馆藏，写本。
〔7〕《马史》，韩国国立国会图书馆藏，写本。
〔8〕《汉史通鉴》，韩国忠南大学图书馆藏，写本。

繁，故此时《汉书》更受重视。同时，虽然早期史汉选本对《汉书》给予了更多关注，但并非不重视《史记》，如《文范》《汉史列传抄》《史汉一统》等都是史汉并选。17 世纪初，由于《史记评林》《史记纂》等书籍的传入，并得到印行，再加上此时古文风气的影响，朝鲜更加重视《史记》。而之后的史汉选本中，即使史汉内容并存，也更偏重于《史记》。[1] 这种对朝鲜时代《史记》《汉书》接受史的考察及分析，无疑是符合历史的。

朝鲜时代史汉选本内容来源的这种特点，与中国宋代至明代思想文化的影响有很大关系。首先，宋代至明前期重视《汉书》的风气对高丽、朝鲜产生了影响，如两朝都曾赐予朝鲜半岛《汉书》，并且程朱理学关照下的宋代史学，也影响了高丽末期文人著作中对史汉相关史实的评论。其次，史汉选本的出现，明代后七子的著作及其文学理论产生了较大影响。但在此之前，朝鲜文人对《史记》《汉书》文章的关注、评论与编选，则更多与自高丽后期开始的文章风气的转变有关。此前，高丽、朝鲜文人重视史汉文章，大多通过直接阅读《史记》《汉书》来学习。但世宗、成宗之后，朝鲜的书籍收藏、印行情况大不如前代，再加上 17 世纪初“两乱”事件的破坏，书籍缺乏的情况变得更加严重。因此，抄书成为一般朝鲜文人获得书籍的重要方式。在学习古文的需求与书籍缺乏的双重因素作用下，朝鲜文人抄选了一些史汉选本。只不过在《史记评林》《史记纂》等书传入之后，更加推动了这种风气，并且为史汉选本的产生提供了比较容易获得的文本来源。不仅如此，朝鲜时代史汉选本对所选内容的评论，也基本以抄录朝鲜本史汉《评林》保留的诸家评语为主，但也有一些史汉选本抄录了中国本《史记评林》上栏才有的评语。这种情况的出现，或许是因为朝鲜文人抄选史汉选本时，所采用的底本既有朝鲜本也有中国本。如金锡胄所选《史记拔萃》，其采用的《史记》版本比较杂乱，“近者适从玉堂藏书旧阁，借得其史记乱帙而来。盖即丙丁乱后，募人收聚于官，皆污败于街路皂枥

---

〔1〕 金昭姬，「중국본『史記』·『漢書』의 조선 유입과 編刊에 관한 연구」，博士學位論文，韓國學中央研究院，2012，183—184。

之余者，字或有巨有细，简或有长有短，篇或有复有缺”[1]。所谓“字或有巨有细，简或有长有短”，应该是不同版本的《史记》。而《汉史列传抄》、《项上一脔》、《马史》（韩国国会图书馆藏本）、《史记英选》等，则是朝鲜文人自己添加评论的史汉选本。

2. 版本与内容特点

以上所列朝鲜时代史汉选本，与附录表 3 相比，只是其中一小部分，有相当一部分比较难以搜集。但由于本书所列这些选本分布的时间较广，类型也比较全，故据此来总结朝鲜时代史汉选本的特点，是比较合理的。通过附录表 3 著录的史汉选本版本信息来看，此类书籍最直接的特点主要表现在以下几个方面：一、很多选本的题名非常相似，甚至完全一样，如题为“马史”“马史抄”的就有很多种，但所收篇目差别比较大；二、即使同一种书，也可能有不同的题名，如安璋的《汉书传抄》，又作《汉史传抄》；三、有些史汉选本的编选者比较明确，如《史汉一统》《史记英选》等，但也有相当一部分的编选者并不清楚；四、大部分史汉选本只有一册数十页，且多为写本。这些特点与史汉选本的编选者有关。对于如安璋、崔岦、正祖这样的编选者而言，其选本比较容易获得印行，并受到关注。[2] 而对一般编选者而言，其选本可能仅作为个人日常诵读、学习的资料，故以写本居多，且只选择自己喜欢的部分，甚至将《史记》《汉书》列传与先秦古文、唐宋八大家文一并抄选。这种选本受到的关注较少，流传也仅限于家庭及部分亲朋好友之间。如申维翰根据门下弟子学习古文需求的不同特点，提出抄写有关文章作为日常诵读的书籍。

> 抄西汉文，命以《龙门》，与任师古。又抄汉儒章奏，命以《汾阴古鼎》，与许汝楫。抄《南华经》与典谟诸书，命以《宝筏》，与李伯深。抄《楚词》，与金思则。以《史记英选》，署曰

---

〔1〕［朝鲜］金锡胄：《息庵遗稿》卷 21《题赞 · 题史记拔萃》，《韩国文集丛刊》第 145 册，第 481 页。

〔2〕《史汉一统》在正祖年间经常被作为经筵讲读用书。

《西京一佛》，授孙仲深。以韩柳文署曰《鹅山桂石》，授张汉师。以八大家，授朴圣光。以《春秋》《左史》，授郑纺观与孙寿声。以三家《狐白》授崔天翼。以《庸》《学》授崔岱与金敬中。以《易学图说》授姜柱华、元华伯。以《邹传》授元始。其因材成业，不可殚述。[1]

其中所谓《龙门》《汾阴古鼎》《西京一佛》等书，均为《史记》《汉书》抄选本。《龙门》选项羽、张陈、吴王濞、李将军四传。《汾阴古鼎》又名《西汉文抄》，据申维翰所言，该书为申氏“手编而口肆者”，选取孝文、贾谊、东方朔、司马相如、淮南王等人诏书章奏二十余篇，内容均是节选自《史记》诸传。[2] 至于《西京一佛》以《史记英选》为基础，选范雎、蔡泽、荆轲、项羽、李广等传；在此书编选时，申维翰提出了学习史汉文章如同学禅的说法。

虽然这类史汉选本的篇目选择各有不同，但仍可以看出朝鲜文人对史汉文章的倾向性，如项羽、范雎、蔡泽、货殖、太史公自序等篇目比较频繁地出现。而这些篇目在《史记纂》中也是被作为重点内容，所以《史记纂》对朝鲜史汉选本的影响是可以想见的。同时也说明，朝鲜文人对史汉哪些篇目有助于学习古文，与明代文人有着基本一致的看法。而且，朝鲜文人对于史汉选本的编选，并不满足于选择篇目，按原顺序抄写成册，还会对文章进行重新编排，使之不仅作为史汉的节选本，甚至有可能成为一种新的文本方式。如朴胤源选《史记》二十传，对于选择哪篇及所选文章孰前孰后，有一番评论：

世所最称太史公得意之文，皆在选中，然《项羽本纪》不载焉，何也？只取列传也。自序不名为传而载焉，何也？自序实所以自传也。《平准书》非传而亦载焉，何也？以其文类乎传也。《自

〔1〕［朝鲜］申维翰：《青泉集》续集卷11附录《言行实录》，《韩国文集丛刊》第200册，第561页。

〔2〕［朝鲜］申维翰：《青泉集》卷6《书许生济西汉文抄》，《韩国文集丛刊》第200册，第359页。

> 序》之必录于首，何也？盖将先观其撰史之志也。《货殖》居第二，《游侠》居第三，何也？为其文激而尤奇也。《伯夷》列传之首，而降在第四者，何也？此非全书，故凡例变也。自是以后，不复有次序者，其法之疏也。〔1〕

朝鲜时代史汉选本大多只是因为史汉卷帙太多，抄选一部分篇目作为日常读物，并没有这样的序或者凡例。正祖的《示史记英选监印诸人》，对《史记英选》篇目的选择提出了自己的标准，对篇目的编排有一定要求。而且因为《史记英选》为官方印本，有使之广布的需求，正祖即将此书颁赐给相关大臣、官员、儒生等人。〔2〕朴胤源的《马史选》属于私人编选，却也有这样一篇序作为整本书的凡例，确实也属难能可贵。但是，其取舍标准并非固定。序中首先表明只取列传，把《项羽本纪》排除在外，这是从本纪与列传的区别来划分。同时，又把非列传的《太史公自序》《平准书》收录在内，其标准又变成了按叙事方式来划分，认为《自序》即自传，《平准书》文字与列传相类。至于篇目安排，先自序，后接货殖、游侠、伯夷诸传。这种安排与《史记英选》严格依据原书顺序的做法也不相同。至于这样做的原因，朴胤源自称此书为“一时之观”，只是选择并学习《史记》文章，所以体例不是很严格，标准也比较混乱。在编选过程中，朴胤源对于某些篇目是否入选，也有过反复。如《史记》中聂政与荆轲同属《刺客列传》，朝鲜时代史汉选本大多析为两传，顺序为聂前荆后。而朴胤源最初以《荆轲传》在前，《聂政传》在后，之后觉得这样做不妥，删掉了《聂政传》。《马史抄》成书时，又增补了《聂政传》。由此看来，朴胤源的《马史抄》对《史记》诸传的编选，虽然比较审慎，不过由于标准非一，造成主题不是很鲜明，也很难让人理解其编选的意图，所以朴胤源要在序里做一番说明。

朝鲜文人编选《史记》《汉书》，基本上是为了写作文章之用，故

---

〔1〕［朝鲜］朴胤源：《近斋集》卷21《马史选序》，《韩国文集丛刊》第250册，第404—405页。

〔2〕张光宇：《朝鲜王朝正祖时期的官方史学研究（1776—1800）》，第363页。

许多史汉选本有一些必选的篇目。至于此外的其他篇目，则可能更多出于个人喜好。如尹行恁编《太史公文钞》，把所选《史记》诸传比作饮食，需要仔细品评。

> 至若啖蔗而渐入佳境，逾入而逾佳者，《范雎传》也。若美酒十千，鳞鳞漾涛，挽斗剧饮，而犹不告其渴者，《魏公子传》也。若烹羔炰豚，剑劙而啖之，鸡冠狗屠之伍，叫呶睢盱而斗食者，《刺客传》也。清烈若琼浆珠液，人或得以尝之，而不知辛咸甘苦者，《伯夷传》也。棼然若五侯之鲭者，《滑稽传》也。[1]

这些描述基本出于感性，表达也并非直接，只是对各传文章特点的简单概括，不涉及对相关史实的评论。这些提法或许不够全面，或许不够准确。在众多朝鲜时代史汉选本中，这种文字还是比较少见。比较而言，申维翰批评弟子孙寿玄读《史记》的方法，“读《范蔡传》，即欲驾长辩。读《荆卿传》，即欲提匕首悲歌。读《项羽纪》，即欲喑呜叱咤〔咤〕。读《李广传》，即欲弯弓射单于”[2]，以及正祖肯定的明人茅坤的“善评”，就显得更为浅显且直接。

李种徽选有《秦汉文粹》，其序指出，文章需要有理致、才格、神境，而“理致生于学，才格生于人，神境生于山川风土”[3]。“学”即文章的义理格致，也就是本于六经，致知格物；“人”是文章作者的才情格调，这与作者的学识经历有关；“山川风土”则是文章描述的对象。加上文章气势，三者缺一不可。只有将三者很好地结合起来，才能使文章有一种流畅生动的美感。否则就同很多朝鲜文人的文章一样，虽然也描写山川风土人物，但由于朝鲜不如中国山川名胜之多、历史文化

〔1〕［朝鲜］尹行恁：《硕斋稿》卷11《太史公文钞序》，《韩国文集丛刊》第287册，第190—191页。

〔2〕［朝鲜］申维翰：《青泉集》卷6《书孙仲深史记抄》，《韩国文集丛刊》第200册，第351页。

〔3〕［朝鲜］李种徽：《修山集》卷2《秦汉文粹序》，《韩国文集丛刊》第247册，第313页。

之久、人物风土之盛，加之食古不化，其文章会出现语言贫乏、题材单一、字句模拟等问题。因此，朝鲜文人需要学习和借鉴中国历代著名文人及其作品。但即使是唐宋八大家，其文章也很难达到理致、才格、神境三者的统一。如韩愈仅“得其二三”，柳宗元“亦颇流动”，欧阳修、苏轼“最有神境”。至于唐宋八大家的其他人，则或有某篇文章能够接近这一标准，而明朝诸家文章，则完全不能用这一标准来衡量。所以，在李种徽看来，朝鲜文人在文章创作时，秦汉文章才是理致、才格、神境三者兼备的。

> 尝观秦汉之文，以神境而生理致，理致与神境合而才格自成。是以神境全而三者亦无不备，此其所以为至也。战国之策士，亦能鼓舞眩幻，以通其变。以至于司马子长，而逍逸跌宕，与龙门大河、禹穴江淮，争其气量。而余之所搜而为文粹者，于秦汉之际，独子长居其七八。所谓神境者，如可文字间得之，则此其门户也，基址也。[1]

出于学习文章的考虑，史汉选本比较重视列传，对于本纪、志、表，更多是选择其中的序或者部分文句。朝鲜时代史汉选本对《史记》《汉书》文本采取选抄的方式，有很多篇目为全文抄录，即使有的篇目只选部分内容或者一段文字，甚至另拟题目，也要保证文本的完整。当然抄录过程中产生的文句讹误与脱漏，属于难以免除的现象。尹凤朝曾提及其所读《史记》选本，抄书者将《太史公自序》中“历书第四”一段漏抄，从而使全篇“语意似陡”，为此需要找《史记评林》来参看。[2]

不过，这种文本缺漏也有故意为之的情况发生。英祖十二年（1736）六月十七日，持平李观厚上疏，其中有“及夫纪纲之坏也，君

---

〔1〕［朝鲜］李种徽：《修山集》卷2《秦汉文粹序》，《韩国文集丛刊》第247册，第314页。

〔2〕［朝鲜］尹凤朝：《圃岩集》卷11《与金婿（煜）》，《韩国文集丛刊》第193册，第330页。

不能使其臣，而慢蹇之习日长；下或有讪其上，而叱嗟之声四起”，及“譬若人家豪奴悍仆，目前粗可羁縻使唤，他日之欺卖，终无如之何矣”等语句。[1] 七月十一日，献纳李重庚上疏指出，“至于‘叱嗟之声’‘豪奴悍仆’等语，尤极凶惨”[2]，请定李观厚发配海岛。“叱嗟”出自《鲁仲连传》，而“豪奴悍仆”出于苏洵《高祖论》，朝鲜大臣认为这些词句，作为人臣，不应该发于口并书于纸上，况且还书写在上呈英祖的奏疏中，明显大逆不道。之后，“叱嗟”一词成为朝鲜君臣讨论李观厚罪行的焦点。

但是，朝鲜君臣并没有因此而对《史记》等书提出批评和修改的说法。英祖二十三年（1747），时为东宫的正祖搜集《汉书》《史汉一统》等书，被英祖认为读书太滥，“好著于杂技外诱”。英祖只是命他熟读《论语》《孟子》等儒家经典，并没有禁止读《汉书》《史汉一统》[3]。英祖三十七年（1761），开始命儒臣持《史汉一统》入侍，在经筵上常常讲读《鲁仲连传》等。英祖也称赞鲁仲连为“气节之士”。至英祖四十九年（1773），出现了《鲁仲连传》文本被墨抹的事件。该事件的发生比较突然，当时儒臣正读此传，见有墨抹处，不敢继续往下读。英祖询问原因，儒臣称书中有墨抹，并称此本为弘文馆书籍，应该是为该馆所抹。或许是因李观厚事件而被人墨抹，但从英祖的表现来看，他并没有下达有关的旨意。不过，儒臣虽然并未读出墨抹处文字，英祖仍知道被墨抹的四个字，原因在于“此是凶逆四字，予尝心陨胆坠，故发于梦中。而此传有此凶恶字，故予心先动，梦里微闻，即命止读，不到其行矣”，有些神乎其神。因此下旨，将《鲁仲连传》中四字，“各令墨抹，其使此等悖说自消于宇宙”。[4]

英祖认为“悖说”的四个字是《鲁仲连传》中“叱嗟”之后的“尔母婢也”。无论是从相关记载还是现存版本来看，此次墨抹《鲁仲

[1] 《英祖实录》卷41十二年六月十七日，第33a页。史臣评价，“观厚本不文，借述于裴胤命，而疏语阴凶诬悖，文字多不道”。

[2] 《英祖实录》卷42十二年七月十一日，第3b页。

[3] 《承政院日记》第1022册英祖二十三年十月七日，第52b页。

[4] 《承政院日记》第1338册英祖四十九年四月十六日，第108a页。

连传》的旨意得到了严格执行。金昭姬在文章中列举了《史纂全选》《史汉一统》《马史抄》《史记评林》的《鲁仲连传》中对“尔母婢也”四字的处理，用墨抹、刊去、刀割等方式删去。〔1〕另外，英祖时文人黄胤锡在其日记中记载了这一旨意的具体执行。

> 是日，出郊坐知艰亭皂荚树下，为捡秧役兼督小麦刈役。风宪金遂德历告自官，方有依传教传令者，乃《史记·鲁仲连传》册中四字悖说，而所在官许令搜括删洗，而莫知此册在处，亦莫知缘何事机矣。胤锡亦茫然不省何故。然亦必是齐威王所詈周天子之相，而向来胤颖、许锤辈，敢于疏中援引，以致伏罪者。近复有所怅触而然欤？俟见传令，庶几洞悉，而传令，意亦不至。〔2〕

总之，朝鲜时代史汉选本产生的原因比较复杂，但其中重要一点比较明确，就是这种现象与朝鲜时代的文风变化有紧密的联系。一方面，朝鲜文人接受和学习古文，强化了对《史记》《汉书》的关注，并由此产生了对史汉文章的品评。朝鲜文人中的秦汉派与唐宋派的最大争议在于如何学习《史记》《汉书》创作古文，而不在于《史记》《汉书》是否能够作为学习古文的参考；另一方面，受明代后七子著作及《史记评林》《史记纂》等的影响，朝鲜时代史汉选本大量出现，更便于朝鲜文人学习古文。朝鲜时代史汉选本与古文风气是相互影响的：史汉选本的出现与古文风气密不可分，不仅受其影响，而且对古文的发展起到了积极作用。这种现象是《史记》《汉书》文学经典性与其他因素共同影响的结果，是两书在朝鲜半岛传播与接受过程中的重要表现之一。

至于《两汉词命》《西京摘言》《楚汉遗事》《汉史通鉴》等，虽然与以上专为“学文”而编选的史汉选本在用途上有所区别，更多是为了借鉴与阅读两汉“故事”，但同样也强调了两汉文风与文章的“近

---

〔1〕金昭姬,「중국본『史記』·『漢書』의 조선 유입과 編刊에 관한 연구」, 博士學位論文, 韓國學中央研究院, 2012, 120。

〔2〕［朝鲜］黄胤锡：《颐斋乱稿》卷 19 英祖四十九年（1773）五月八日丙寅，韩国学中央研究院藏书阁藏写本，第 183 页。

古”与“奇”“壮”。可见，《史记》《汉书》所载“事与文”借助各种类型的史汉选本对朝鲜时代产生了影响。但两书“事与文”的影响并不具有同等的力量，其中以文章方面的表现最为突出，而“故事”则不是朝鲜文人关注的重点。

三、史汉选本之影响

本书在讨论朝鲜时代文风转变对史汉选本形成的影响时，曾以较早出现的《文范》《汉书列传》《汉书传抄》为例，说明朝鲜文人编选这些史汉选本，其目的在于学习古文之用。如崔岦刊成《汉史列传抄》之后，曾赋诗一首：“手纂雄文百事除，光阴肯惜此中徂。信知子长好游力，何遽相如非壮夫。不管班家剩奇字，那将尺浪动平湖。吾书但熟文奚有，生故翻从剥贲须。”〔1〕崔岦赞扬《史记》《汉书》为“雄文”“奇字”，因此编选《汉史列传抄》，是为了继承和发扬史汉文章的风格。〔2〕《汉史列传抄》分为甲、乙、乙二、丙四集，每集所选文章各有偏重。如甲集“主《汉书》传内节约太史文，而尤选利于初学熟读得力者”，“此集以节而选，故尤便初学熟读。其谓得力，以文理则高占门庭焉，以文气则早立筋骨焉。皆唯太史文使然，班氏得与哉”。乙篇“主《史记》传内除周秦以上，入汉事重在全看太史笔力者”，“其周秦以上传者，多出《战国策》，大抵权谋辩说之文学者，宜耻读焉。是以裁取于汉尔”。乙二篇“主益疏决，学为文章之波澜”。丙篇“主《汉书》内无论与不与太史文其可读者”。〔3〕但有些文章并不从《汉书》中抄选，如贾谊《政事疏》，依宋真德秀《文章正宗》所收文本。

《汉史列传抄》对于每集内容的选择，除从文章写作的角度考虑外，

---

〔1〕［朝鲜］崔岦：《简易集》卷8《休假录·次五峰韵赠谢金生从事纂印汉史列传讫功》，《韩国文集丛刊》第49册，第498页。

〔2〕剥，阴爻自下渐长，削剥一阳。所谓“贲须”，《周易正义》称“贲饰其须，循其所履，以附于上，与上同为兴起”（北京：中华书局，2009年，第76页）。意思是只有做了官才有车马等文饰，做官要依赖贤明的君王。

〔3〕［朝鲜］崔岦编：《汉史列传抄》目录，《域外所见中国古史研究资料汇编·朝鲜汉籍篇》史抄史选类第2册，重庆：西南师范大学出版社，2013年，第3页。

还涉及对《史记》《汉书》的评价与比较：所选《汉书》改写《史记》的文章，强调其文理、文气更加适合初学者；对《史记》则强调其笔力；至于《史记》周秦以上文章，则评论为“权谋辩说”之文。这种说法由来已久，汉王凤即评价《太史公书》“有战国从横权谲之谋”。因此，此篇只选汉代相关人物列传，目的是学习文章“波澜”，即从文章的结构、气势、情节等入手；而丙篇则选《汉书》中不见于《史记》的文章。崔岦对史汉文章的选择，虽然有一定的标准，但基本上还是史汉兼顾，并没有特别偏重于《史记》或者《汉书》。

由此可见，朝鲜时代史汉选本编选的目的是确定的，即出于学习史汉文章的需要，但在抄选文章的同时，又不可避免地对史汉进行比较、评论，甚至对文本进行取舍与校正。这种做法有从文章写作手法方面的考虑，也有以正统观念对内容、思想进行考量的选择。两方面既是史汉选本产生的重要原因，同时也是这类书籍产生影响的文本基础。

1. 振文风，矫俗习

正如前文所论，朝鲜文人出于学习古文的目的，以《史记》《汉书》作为学文的参考，并且通过编选史汉选本，对史汉文章进行选择。这种选择受统治者对《史记》《汉书》的态度以及前人著作如明代史汉《评林》《史记纂》等因素的影响，同时很多朝鲜文人也有自己的喜好。如申维翰应任师古的请求编选的《凿龙门》，选读《史记》文章，申维翰认为“吾意项羽、张陈、吴王濞、李将军，此四篇最司马本色，君盍治之?”[1] 而金熤则认为“须读《马史》项羽本纪、范蔡、四君、刺客等传也。文理之出，此最好耳”[2]。俞彦镐（1730—1796）所选以李綍选本为基础，“先书项羽纪及伯夷、屈原、范、蔡等传”[3]，后因无纸而作罢。柳徽文（1773—1827）“选读仍读《马史》，则古人文章蹊

〔1〕［朝鲜］申维翰：《青泉集》卷 6《书凿龙门卷末》，《韩国文集丛刊》第 200 册，第 360 页。

〔2〕［朝鲜］金熤：《竹下集》卷 14《与载琬书》，《韩国文集丛刊》第 240 册，第 479 页。

〔3〕［朝鲜］俞彦镐：《燕石册》三《题马选誊本后》，《韩国文集丛刊》第 247 册，第 40 页。

径略可窥见矣。”〔1〕

至于正祖所选之《史记英选》，则是出于“振文风，矫俗习”〔2〕的考虑。早在正祖为世子之时，就好搜集《汉书》《史汉一统》等书。同时，受其老师洪乐仁（1729—1777）的影响，正祖对古文也有所接触。正祖称，“予在春邸，从容叩发于燕濩之中，粗有窥于古作家藩篱者，赖于公实多”〔3〕。所以，正祖受《史记》《汉书》文章的影响，对当时的文风提出了批评。他指出，当时的朝鲜文人“于经书上，专不用工，就所谓明清文集中，枉费筋力，其发之文藻者，皆是噍杀浮靡，诚可闷也”〔4〕，又批评“文体则飘轻如飞，笔划则横斜无气，少无古意真态”〔5〕。更有甚者，正祖认为“今之文体，决非治世之音，虽谓之举一世无文，可也”〔6〕。正祖当时所选印的《朱书百选》《陆奏约选》《史记英选》《八子百选》等书“亦有深意存焉”。〔7〕正祖自述各书编选的原因时，有这样一番议论：

> 叙事之体裁，莫尚于《史记》。义理之精醇，莫京于朱书。作家之章程，莫备于八家。而全书浩汗，读者终岁浸淫，鲜有能窥其涯涘。才〈慧〉者聊且寻摘而止，思钝者望洋自沮而退。予思自博而约，圣人之教也。后世之书籍渐多，今人之精力不逮，与其惮烦而不之读，毋宁删其繁穰，简其篇牍，使皆得以实下课工之，为得反约之义，此诸选之所由作也。〔8〕

---

〔1〕［朝鲜］柳徽文：《好古窝集》卷9《寄致乔（丁卯）》，《韩国历代文集丛书》第1861册，第223页。

〔2〕［朝鲜］正祖：《弘斋全书》卷7《诗三·春秋完读日慈宫设馔识喜吟示诸臣并小序》，《韩国文集丛刊》第262册，第119页。

〔3〕［朝鲜］正祖：《弘斋全书》卷9《序引二·安窝遗稿序》，《韩国文集丛刊》第262册，第140页。

〔4〕《承政院日记》第1658册正祖十三年五月十七日，第104b页。

〔5〕《承政院日记》第1776册正祖二十一年五月三日，第18a页。

〔6〕《承政院日记》第1777册正祖二十一年六月二十四日，第135b页。

〔7〕《承政院日记》第1777册正祖二十一年六月二十四日，第135b页。

〔8〕《日省录》第559册正祖二十一年四月四日，第86—87页。

对于《史记》《朱子》《八家》文章的编选，各有重点，而《史记》则在于其“叙事之体裁”。正祖称赞《史记》文章“网罗今古，驰骋幻化。摹画之文，必如物物之各殊形色；铺叙之文，必如人人之各异气象。庄生以虚饰理，而子长取其虚以实；左氏以实论事，而子长取其实以虚”，这完全是从学习文章的角度考虑。正祖希望借鉴《史记》的文风与文法，即“奇而不诡，直而无隐”，使世人“如以诵习数十余篇，稍窥作者规模，谓足以小成，则非予由博返约之意也”[1]。正祖还从以史辅经的角度出发，认为“今人文体太嫩弱，其颠倒如风中之絮，其浮轻如沤上之花。故为此《英选》，以为词垣之赤帜”[2]。故正祖一再强调“吐音考准”，命李晚裕等人负责。李晚裕认为，校正一卷需要两三天时间；校正读音是为了便于朗读，并最终学习《史记》文章的创作方法。

丁若镛是《史记英选》的实际负责人，他在日记中记录了当时正祖与文臣就所选篇目进行的讨论，我们从中可以看出该书编纂的一些原则：

> 《越世家》中范蠡事，文法甚好，故录之。然篇名则《越世家》，而只录范蠡事，果未稳，删之无妨。判曰：“依此为之。”《窦太后世家》，汉室后妃传无一可录，而窦太后最贤，事迹亦奇，录之似好。判曰：“《高祖本纪》既拔，《窦纪》亦拔，可也。”《子贡传》，旧偶未读，选取时见而悦之，且孔门弟子传无一录者，可怅，故录之。然删亦无妨。《陈轸传》，拔之为好。《四君传》中，《春申君传》拔之无可惜，而《平原君传》事迹文法无逊于《孟尝》《信陵传》，录之似当。《李陵传》，陵虽失节，鉴戒亦好，录之似当。《大宛传》，拔之为好。《汲黯传》《苏武传》，汉家四百年名节节义，无出此两人。两人是汉家精英，文亦可读，录之似当。《赵皇后传》，拔之无疑。合传者，只录一二传，则太史公云云，果多

[1] ［朝鲜］正祖：《弘斋全书》卷56《杂著三·示史记英选监印诸人》，《韩国文集丛刊》第263册，第361页。

[2] ［朝鲜］正祖：《弘斋全书》卷164《日得录四·文学四》，《韩国文集丛刊》第267册，第219页。

掣碍处。而司马迁之文，不可删节，以全文录之。而略以数句语措辞悬注，以明其本与某某合传，故如是并论似好。如《刺客传》等各传之末，称后有某人之事者，某人传虽不录，本书不必删。判曰："已上依此为之。"[1]

从这篇日记可以看出，《史记英选》的编纂原则包括"文法""事迹""鉴戒""节义"等方面的考虑。其中所删的几篇，确实也不见于印本《史记英选》，说明这次讨论之后，篇目的编选就几近完成了。

正祖作《示史记英选监印诸人》，论述其选《史记》的目的，据孙卫国、张光宇先生分析，应该包括对《史记》文风的推崇与学习；称赞《史记》纪传体的贡献；肯定明人茅坤对《货殖传》《游侠传》《李广传》《石建传》的评价；认为《史记》把项羽列入本纪，把陈涉列入世家，是"善学《春秋》"；总结《史记》全篇的创作特点。[2] 这种分析也符合朝鲜时代史汉选本的特点，即以学习文章为目的，同时从文章与义理的角度，对《史记》有所评论。孙卫国先生认为，正祖编选《史记英选》的原因，在于元年（1777）命李在学讲读《史记评林·黄帝本纪》之后，认为卷帙太多，需要选择其中一些篇目；并引用"史记不可尽读，虽以《纲目》言之，自前有抄出以讲之例，似有誊录，考见后抄出悬吐，可也"[3]，以此来说明《史记》对朝鲜正祖的影响。但是，这种说法值得商榷。一、英祖、正祖时，召对文臣，令读《史记评林》，并非以全帙讲读，而是仅读其中一卷或是部分内容，就不存在篇目过多的问题；二、正祖所说的"史记不可尽读"，此史记并非司马迁之《史记》，而是朝鲜时代对《纲目》《通鉴》等史书的通称；三、朝鲜时代经筵读经，召对讲史，《史记》《汉书》与《纲目》《通鉴》同时在列，尤其在正祖时，更为重视《纲目》。因此，《史记英选》的

---

[1] ［朝鲜］丁若镛：《定本与犹堂全书》补遗《奎瀛日记》丙辰十一月，首尔：茶山学术文化财团，2012 年，第 82 页。

[2] 孙卫国、张光宇：《〈史记〉对朝鲜王朝政治文化的影响——以〈史记英选〉之编选与刊印为中心》，《中国高校社会科学》，2014 年第 1 期。

[3] 《承政院日记》第 1396 册正祖元年三月二十一日，第 167b 页。

编纂意图与召对讲读《史记评林》等书是不同的。前者通过编选《史记》《汉书》相关文章，校字正音，以纠正当时的文章风气，并通过颁给文臣、儒生等人，得以广布；而《史记》《汉书》（基本上是《史记评林》《汉书评林》）与《纲目》《通鉴》均作为召对册子，其目的为“监治乱而迹贤邪”，并且“诸册中惟节酌通编，讲论义理及时事，必有参验理会之益”,[1] 很明显，召对时并不会讲读以上各书全帙内容，而是选择其中一部分，以有助于讲明义理，以史为鉴。

2. 校订史汉文本

朝鲜时代史汉选本虽然并非为史学而产生，但仍比较注意《史记》《汉书》文本的准确性，基本上以《史记评林》《史记纂》等为底本，抄写时注意减少错误。如尹奉周写《马史抄》，“而素乏笔力，字有误则家君命余改之，画有斜则家君教余正之”[2]。再如申维翰的门人许济，对申氏提供给他的《西汉文抄》一书非常重视，“退以蛮笺染蘗，绿纱妆缋。传写既完，青红点圈，一从余手勘过者，毫发不爽”[3]。从现存朝鲜时代史汉选本来看，尽管书法算不上高超，但大部分抄写工整，很少有笔画错乱的情况，甚至文字与所抄底本相比，也较少有讹误。对朝鲜文人来说，史汉选本作为日常诵读的书籍，文本准确，字画工整，就足可以满足要求了。至于文本的校订，史实的考证，对于一般朝鲜文人来说，并不是很重要的事情。故而丁若镛在《史记英选》编纂过程中所做的校订工作，就显得尤其突出。

正祖二十年（1796），正祖召丁若镛等人入奎瀛府，组织成校订《史记》的专门人员。这一次，首要的工作是校勘《史记》文本，“悉出内库所藏《史记》诸本，每有异同，择于诸本而取其所长。于是因

---

〔1〕［朝鲜］赵文命：《鹤岩集》四《召对继讲册子议》，《韩国文集丛刊》第192册，第544页。

〔2〕［朝鲜］尹承周：《重斋集》卷8《题马史抄后》，《韩国历代文集丛书》第1164册，第388—389页。

〔3〕［朝鲜］申维翰：《青泉集》卷6《书许生济西汉文抄》，《韩国文集丛刊》第200册，第359页。

文索注，因注索百家书，一有可考，辄敢请出”[1]。这种校订方式，即是通过对当时朝鲜收藏的《史记》版本进行对比校勘，确定《史记》文本，再搜集各家评注文字，对前人有关评注进行取舍。此时朝鲜所藏的《史记》版本情况，应该包括中国本，朝鲜所印庚子字本、甲寅本及显宗实录字本等。第二年，丁若镛与李翼晋一同承担《史记英选》的纂注工作，“取《史记英选》，以《评林》诸注为主，旁采他说，务详约兼至”[2]。其中《评林》诸注，包括三家注及凌稚隆汇集的各家评语，其他各家注文，也应该以中国学者的成果为主。按照这种整理方式，编成一个利用中国学者评注成果的《史记》选本。丁若镛等人从文献与史学两个方面对《史记》进行整理，最终进呈给正祖《史记选纂注》十卷。此书并没有存世，在《与犹堂全书》中保存了该书凡例与部分观点，从中我们可以了解该书的大体情况。

> 一，注释只有一家说，或诸家说相同者，不标人名书名。诸家说不同而所争不大者，只云一云如此。所争不小，聚讼不决者，著其人名书名，云服虔曰、索隐曰。
>
> 一，地名每初出处略解之，再出以下不复论（他训诂亦然）。
>
> 一，如趣同促、填同镇、县同悬、详同佯、戏同麾、鄉同嚮之类，每初出处释之。如“下”之有上、去二声，“见”之有见、现二音，前虽已释，而文义易混者，随见再释。如“说”之音悦，“内”之音纳，义自明，不复释。
>
> 一，侯号之以地名者释其地，间有古注所阙者，书籍未备，或补或阙。
>
> 一，某人之为某子，并不释，惟王侯释某王之子（亦于初出处释之）。
>
> 一，繇音遥、慴音詟之类，皆考字书释之。其或无据者，始用反切。

---

[1]　[朝鲜] 丁若镛：《与犹堂全书》文集卷 14《奎瀛府校书记》，《韩国文集丛刊》第 281 册，第 298 页。

[2]　[朝鲜] 丁若镛：《定本与犹堂全书》补遗《含珠日录》卷 1，第 86 页。

一，一字训诂，亦于句绝处释之。或当字适当句绝，则不书当字，只书训诂。[1]

从这个凡例的内容来看，《史记选纂注》主要涉及《史记》文本的校订，如前人注释的搜集与遴选，人名、地名的解释，字词的注音与训诂。凡例还列举了编纂过程中一些具体修订内容。关于人名的解释，如以蒲将军为柴武，其观点出自宋人吴仁杰所著《两汉刊误补遗》。丁若镛等人进一步参考《功臣表》，认为柴武即陈武，更加肯定了蒲将军为柴武这种说法。所据《功臣表》，即见于《高祖本纪》集解所引《汉书正义》。[2] 这种论证的逻辑在于，陈武为棘蒲侯，以封号“蒲”称为“蒲将军”，而称陈武一姓柴。所以，蒲将军、棘蒲侯、陈武、柴武三者之间可以画等号。对于棘蒲侯为蒲将军这种说法，清人赵一清作《蒲将军非棘蒲侯辨》三篇，力辩其讹。丁若镛还认为“蒲将是陈武，或称柴武，或称柴将军，与黥布自是两人也”。现代学者也对蒲将军为何人展开过争论。[3]

再比如地名的解释，《项羽本纪》中存在“成阳”与“城阳”两个地名，丁若镛引清人钱大昕《廿二史考异》云“城”当作“成”。但又认为径改为“成阳”不合适，因此仍作“城阳”，注明“城”当作“成”。对于这一问题，现代学者已有专文论述，认为按照事件发生的

---

[1] ［朝鲜］丁若镛：《与犹堂全书》第一集《诗文集》卷10《文集·进史记选纂注启》，《韩国文集丛刊》第281册，第226页。

[2] 清人严可均、今人高敏先生也持此观点。见严氏《全汉文》及高敏《读〈史记〉〈汉书〉札记七题》（《中华文史论丛》，2008年第4期）。《史记会注考证》引清人梁玉绳观点，认为这一说法并不准确，蒲将军应该如《高帝纪》中的刚武侯，均为《史记》失其姓名者。见［日］泷川资言考证、杨海峥整理：《史记会注考证》，上海：上海古籍出版社，2015年，第417页。

[3] 关于蒲将军的讨论，王岳尘认为蒲将军即英布（《史记“蒲将军”钩沉》，《学林漫录》第6集，北京：中华书局，1982年），黄朴民则以英布与蒲将军为二人（《蒲将军与英布为二人》，《学林漫录》第13集，北京：中华书局，1991年），张振佩认为可能是番君将梅销（《〈史记〉“蒲将军”辨析》，《贵州社会科学》，1986年第2期），刘晓航认为是番君吴芮［《蒲将军即番君吴芮说》，《四川师范学院学报（哲学社会科学版）》，1993年第4期］。

地理区域，确实当作“城阳”。[1] 至于《货殖列传》中所言“三宝”的具体名称，丁若镛根据前人注解，认为应当是“农、工、虞”，但又从《史记评林》等书中找不到证明，故不敢妄下注释。[2] “三宝”，《史记会注考证》引中井积德言认为是“食、事、财”，并认为“商不出则三宝绝”一句应该在末尾。《游侠传》中“赵佗羽公子”，丁若镛认为“明是二人，名佗者一人，姓羽者一人”。这种论断也是来自《史记索隐》。不过，《索隐》也明确说“此姓赵，名他羽，字公子也”。《史记会注考证》引清人钱大昕说，也以《索隐》旧解为是。[3]

《史记选纂注》参考各家注，也对一些不“雅驯”的解释提出疑问。所谓不“雅驯”，在于这些注不见于《史记》三家注与《史记评林》所辑各家评语。如《伯夷列传》中伯夷、叔齐二人的姓名，丁若镛认为，东汉应劭《风俗通》“墨胎氏”，唐邢昺《论语注疏》“姓墨名允字公信”，宋周昙《咏史诗注》“孤竹君中子名伯辽”等说法，都不够“雅驯”，故没有采信。

对《史记》各家注文没有解释或者丁若镛认为解释不明确的地方，《史记选纂注》也没有作进一步考证，仅是注明“当更考”“未详”或“不明”。如《伯夷列传》“箕山”“青云”，《苏秦传》“石交”，由于各家注均没有解释，故无从参考。甚至一些内容虽有相关注释，但也不能明确其意义，如《陆贾传》自“与汝约”一段文字，虽有注释，也被丁若镛认为其义不明。《魏其侯传》中关于“门籍”一词并无解释，丁若镛认为《昌黎集》中的解释，即“二尺竹牒，记其年纪名字物色，县之宫门”，也不够准确，故提出“或云除外戚之属籍”的说法。不过，胡三省注《通鉴》，涉及此段史料时，已经提出“门籍”为“出入宫殿门之籍”的解释，《史记会注考证》从之。按现代学者依据《汉官

---

〔1〕 辛德勇先生肯定“城阳”的说法，并认为该地在沂、沭二水上游中间。见《楚汉彭城之战地理考述》，氏著《历史的空间与空间的历史》，北京：北京师范大学出版社，2005 年，第 120—125 页。

〔2〕 ［朝鲜］丁若镛：《与犹堂全书》第一集《诗文集》卷 18《文集 · 与李成仲》，《韩国文集丛刊》第 281 册，第 399 页。

〔3〕 ［日］泷川资言考证、杨海峥整理：《史记会注考证》，第 4176 页。

旧仪》与《汉官解诂》等文献的研究，“门籍”是为居宫中者提供的“籍”和“符”，将这些人的姓名书于其上，称为“著籍”或“通籍”，反之为“除籍”。出入宫门，需要剖符验证。[1] 很显然，胡三省的说法更为恰当，丁若镛所谓“或云”，实属臆断。

《史记选纂注》对于正音与校字非常重视，但因所据资料不审慎，或版本字形有误，或朝鲜文人对汉字读音理解不够，产生了很多错误。丁若镛在《进史记选纂注启》中提出了一些字的读音，但基本上都属于误解。如他认为《项羽本纪》中“沐猴”之“沐”或音“术”，但又认为没有根据，否定了这一说法。至于《管晏列传》中“曹沫”之“沫”音“妹”，《礼书》中“唐昧”、《陈丞相世家》中“锺离昧”之“昧”音“末”，《范雎传》“雎”音“疽”，《晁错传》“错”音“凿”等，丁若镛自认为已经“正之”，还担心这种正音“恐骇俗”。其实，这些字已然是误字，如所谓“曹沫”，应当作“曹沬”。丁若镛所据文本依据应该是显宗实录字本《史记评林》。故由于文本错误，丁若镛对字音的解释并不准确。不过，丁若镛所校文字也有改正原书错误的情况，如《荆轲传》“矐”，丁氏改为“曤”，《滑稽传》“穰田”改为“禳田”，这些均为显宗实录字本《史记评林》误刻。丁若镛认为《袁盎传》中“请室”误作“清室”，是中国本的错误。实际上，今中华书局本《史记》原文仍作“清室”，《集解》注有“《汉书》作‘请室’”，王先谦《汉书补注》则引《史记》作“清室”，均不置判断。丁氏应当是对此说的发挥，并非自己的创见。[2]

丁若镛《史记选纂注》的校订成果，为《史记英选》所继承，如《荆轲传》“矐”，《滑稽传》“穰田”等，均已经被改正过来。但这种改正属于个别现象，大部分文本仍沿袭朝鲜本《史记评林》的错误。而对《史记》人名、地名、字词的注释，也基本以中国学者考证、评论的成果为参考。虽然丁若镛试图通过分析找出最佳答案，但限于资料

---

〔1〕 侯旭东：《西汉御史大夫寺位置的变迁：兼论御史大夫的职掌》，《中华文史论丛》，2015 年第 1 期。

〔2〕［朝鲜］丁若镛：《与犹堂全书》第一集《诗文集》卷 10《文集 · 进史记选纂注启》，《韩国文集丛刊》第 281 册，第 227 页。

搜集的范围和个人认识水平，仍存在很多不足。

丁若镛是朝鲜时代著作的实学家与经学家，其著作有五百余卷，其中过半与经学相关。目前，学界对丁若镛的《尚书古训》《梅氏书平》及其易学、诗文等有许多研究成果。丁若镛的《梅氏书平》一书，论证梅赜所献古文《尚书》并非孔壁古文，并力辩清人阎若璩、毛奇龄等人的错误，应该说其在辩证古文《尚书》方面取得了较高的成就。[1] 丁若镛辩证古文《尚书》，不仅是考订有关经籍，还利用了《史记》所载《尚书》篇目。《梅氏书平》卷一即有《史记所载尚书篇目》。丁若镛认为《史记》所载《尚书》是“孔安国之真本”，是古文《尚书》。[2] 这一点也是丁若镛论证古文《尚书》的重要依据之一。丁若镛校订《尚书》文字时，参考了很多书籍，《史记》也成为重要的资料。由此可见，丁若镛对《史记》《汉书》应当是比较熟悉的。这应当与他校注《史记选纂注》时，参考内府所藏各种《史记》版本，比较异同的工作有关。然而，由于朝鲜本《史记评林》沿袭了明代版本的错误，造成了丁若镛的一些误解。同时，丁若镛对《史记》各家注释的搜集比较有限，且不能辨明。这些因素限制了《史记选纂注》的学术价值。不过，《史记英选》继承了《史记选纂注》的校订成果，对《史记》的文字进行正音与校勘，为朝鲜君臣阅读《史记》提供了一个权威版本。

3. 寓评于选，文主于理

朝鲜时代史汉选本的编纂，其目的是学习史汉文章的写作风格与方法。这是史汉的文学特色对朝鲜文人产生的影响。只不过相比于“秦汉派”的字句模拟，“唐宋派”更重视体会史汉文章的“精神”“变化”“文气”。如前文申维翰所说，这种对《史记》文章的认识，与学禅顿悟相似，重在自身的体会，而不在于对具体字句的模仿。这种提法虽然并不是很贴切，但作为“秦汉派”与“唐宋派”最明显的区别，还是

---

〔1〕 刘绪义：《〈梅氏书平〉的学术价值与成就》，《中华文化论坛》，2006年第3期。

〔2〕 ［朝鲜］丁若镛：《与犹堂全书》第二集《经集》卷30《梅氏书平（四）·讲义》，《韩国文集丛刊》第283册，第217页。

比较恰当的说法。这种区别更多在于学习《史记》的具体方式不同，而并非“秦汉派”对《史记》文章的风格特点不重视，不学习。并且，对于“唐宋派”来说，《史记》《汉书》与《左传》、《国语》、唐宋八大家一样，都是学习古文时需要借鉴的。明代的史汉《评林》汇集各家注释与评语，给朝鲜文人带来了极大的方便，如丁若镛对《史记》校字、正音、注释的相关成果，虽然改正了一些错误，但基本上以朝鲜本《史记评林》为依据，更多的是对中国学者成果的继承与发挥。至于丁氏个人的一些见解，从仅有的几个例子来看，并没有多少突破性的成果。不过，这种现象除了说明朝鲜文人校订《史记》的成果并不突出之外，还说明朝鲜文人本来并不重视《史记》《汉书》的史实与校订，反而更关注史汉在文章方面的成就。因此，他们在编选史汉选本时，会寓评于选，编选他们认为优秀的文章。

朝鲜文人常常把《史记》的文章成就，归功于司马迁游遍天下名山大川而养成的雄健风格。这种看法出现比较早，如成伣认为“如其精神所驰，耳目所触，忧欢变愸之所感，纵横轇葛于胸中，故其文章大进，遂为西京之冠”〔1〕。李屹（1557—1627）将《史记》的文风比作天马行空，其“文学变化，出没如万象，供四时而无穷。或奔放而浩漫，或渟滀而渊深，或妍媚而蔚纡，或感愤而伤激，或雄勇猛健，使人心悖而胆栗，或斩绝峻拔而不可板跻，或典重温雅，有似乎正人君子之容貌”〔2〕。赵䌹在为李民宬（1570—1629）文集所撰序中也认为，《史记》的文章成就很大程度上与其“壮游”有关，“后发而为文者，雄肆宏壮，精严磊落，详婉古雅，无不肖其壮游”〔3〕。“壮游”除了养成《史记》文章风格之外，还在于司马迁借此搜集“天下之遗文古

〔1〕［朝鲜］成伣：《虚白堂文集》卷9《跋徐达城南行稿后》，《韩国文集丛刊》第14册，第481页。

〔2〕［朝鲜］李屹：《芦坡集》卷3《书马史抄后》，韩国庆尚大学图书馆文泉阁藏朝鲜刊本，第143页。

〔3〕［朝鲜］李民宬：《敬亭集》卷首《敬亭集序（赵䌹》，《韩国文集丛刊》第76册，第203页。

事”,〔1〕使之能够形成“究天人之际，通古今之变”的宏大气势。申晸喜读《史记》，认为其文章“风调跌宕，词采闳丽”，这种风格显然也与司马迁壮游有关，“观其横放俊逸之气，盖有得于周览山川之助者多矣”〔2〕。因此，申晸把读《史记》比作游山赏水，非“穷搜极探，以遍其观览，固不能领略选胜，而为平生游赏之所”〔3〕。他请徐文尚（1630—1677）编选《史记》，就如同为游客编纂旅行指南。这份指南并非面面俱到，而是把最精彩的部分展现出来，使人能够得到“一水一丘之趣”，并进而领略全景，不至于茫然迷路。

同时，在编选史汉选本过程中，朝鲜文人也对《史记》《汉书》有所批评。申维翰认为《史记》中“损益”三代古史、《战国策》文章的部分，水平反而不如原文，甚至“十不能二三”。这一部分文字与褚少孙所补的部分，均非司马迁所撰。〔4〕以这种认识作基础，申维翰在为其学生推荐《史记》文章时，选取了项羽、张陈、吴王濞、李将军四传。魏伯珪认为，《史记》对《战国策》的改写，同《汉书》改写《史记》一样，均是后来者不如前人。〔5〕至于《汉书》，魏伯珪认为此书文字“全是佶屈简古，间以方言吏读，故虽老儒宿学，多不能通晓”〔6〕。这确实是《汉书》的重要特点。《汉书》的文字比较古奥，不容易被理解，对朝鲜文人而言，这一问题更为严重。因此，朝鲜文人应该如丁若镛那样，参考中国历代注释《汉书》的成果，并有所发挥。然而，魏伯珪在认为《汉书》不容易通晓的同时，对晋灼、李斐、文颖、如淳、

〔1〕［朝鲜］许传：《性斋集》卷12《东游录序》，《韩国文集丛刊》第308册，第266页。

〔2〕［朝鲜］申晸：《汾厓遗稿》卷9《与徐国益（文尚）》，《韩国文集丛刊》第129册，第502页。

〔3〕［朝鲜］申晸：《汾厓遗稿》卷9《与徐国益（文尚）》，《韩国文集丛刊》第129册，第503页。

〔4〕［朝鲜］申维翰：《青泉集》卷6《书凿龙门卷末》，《韩国文集丛刊》第200册，第360页。正祖《两京手圈》，也不选《史记》中褚少孙所续内容。

〔5〕［朝鲜］魏伯珪：《存斋集》卷21《跋书汉隽后》，《韩国文集丛刊》第243册，第464页。

〔6〕［朝鲜］魏伯珪：《存斋集》卷21《跋书汉隽后》，《韩国文集丛刊》第243册，第464页。

颜师古等各家注释也没有完全认同，反而认为晋灼等人的错误太多，颜师古则失于拘泥。事实上，魏伯珪并没有能力校读《汉书》，他也承认在谚读《汉书》过程中，自己精校的成果有太多错讹和遗漏。于是，魏伯珪认为，“因是玩绎，亦可得其义绪矣”，即放弃对《汉书》字句的校勘注释，转向对《汉书》文章的玩赏和体会。

由于史汉列传在叙事风格与描写手法上的突出成就，朝鲜文人在编选史汉选本时，特别重视列传。确实，很多史汉选本也多由列传组成，比如《汉隽》收录《汉书》列传三十二篇，为《汉书》选本篇目最多者。但姜必孝认为，“今观此选，不录帝纪年表，只就列传中拣选，概居其半矣”〔1〕。魏伯珪更是指出，“《汉书》佳处，亦在本记及诸志，此选不一及，何也?”〔2〕 朝鲜时代史汉选本也有本纪、表、志、列传均选的个别情况，如附录表3中《史记英选》《马史本纪》《增订史记纂》《前汉书抄》等，但仅是抄录本纪、表、志的序、论或者某一精彩段落。

朝鲜文人对《史记》《汉书》文章风格的比较，也有清楚的认识。很多史汉选本往往同时兼顾两书，这样就不仅涉及对《史记》或者《汉书》评价，而且还要考虑两书文章优劣的比较。如姜必孝认为《汉书》“杰魁疏宕、汪洋峻拔之气”不如《史记》，但“敦厚典雅容与揖逊之体”则与之相当。〔3〕 朝鲜文人对史汉文章的编选，其依据是对《史记》《汉书》各自优点与缺点的认识。因此，在史汉选本中，只选择、欣赏有优点的文章，对代表史汉缺点的文章，则予以舍弃，甚至提出批评。如正祖在编选《史记英选》时，以《史记》《汉书》中《高祖本纪》的一句记载，比较两书的优劣。《史记》“其上常有龙”，而《汉书》作“其上常有怪”，正祖据此认为班固要稍下于司马迁。〔4〕 基于这种考虑，正祖对史汉优劣的比较，往往是褒《史记》贬《汉书》。

---

〔1〕［朝鲜］姜必孝：《海隐别稿》卷3《汉隽小序》，《韩国历代文集丛书》第1914册，第209—210页。

〔2〕［朝鲜］魏伯珪：《存斋集》卷21《跋书汉隽后》，《韩国文集丛刊》第243册，第464页。

〔3〕［朝鲜］姜必孝：《海隐别稿》卷3《汉隽小序》，《韩国历代文集丛书》第1914册，第209—210页。

〔4〕《承政院日记》第1738册正祖十八年十一月十四日，第91b页。

正祖与群臣讨论《史记英选》书名时，曾经有过如《班马选》《班马百选》《马班百选》《楚汉百选》《史记英选汉书附》等提法。对于“班马”，正祖认为是“前后倒错”，[1] 这是由于在正祖心目中，《史记》的地位要高于《汉书》。不过，正祖也认为《汉书》“典严庄密”，故又增选了夏侯胜、萧望之、梅福等八传。正祖承认自己喜读《史记》，但又认为此书“权术边太过”；对于《汉书》，则批评该书为“千古小说体”。[2] 这种说法主要针对筵臣提出增选《汉书·赵皇后传》的请求，因为“此传尽是绝作，而中间事实，多有不好处。文体艳冶纤巧，启后来小说家程路。此传之特为删拔，亦寓好恶取舍之义”，“无识无礼”，[3] 从文章与义理两方面考虑，故没有选入。朝鲜末期，金会锡编有《马史删节》，起因是认为《史记》“有重复处冗长处”。然而，金会锡也认为这一点并非完全是缺点，如《史记·项羽本纪》关于鸿门宴座次的描写，他认为是“一段大铺张，使后人宛若目击当日事，真多而不厌者”，但《汉书·项籍传》把这一段删去之后，虽然使行文更加简洁，却失去了原来的“文气”。因此，他也承认《史记》的重复冗长，“自是力量阔大，不求精密，固不为大病”[4]。故金会锡以《史记》为主，删去其文章中重复冗长的部分，编成《马史删节》。

史汉选本的编选，出于学习古文的目的，相关评论大多关注文章文风与写作技法方面。若涉及具体篇目的取舍，则有更细致的论述。不过，朝鲜文人对史汉选本篇目的选择，也有其他方面的考虑。如崔岦编选《汉史列传抄》时，提出《史记》周秦诸传“宜耻读”，故不选择，原因在于这些文字多为“权谋辩说”。其文字史实源于《战国策》。《战国策》文字的这一特点，后人褒贬不一。刘向校书，认为战国谋士的

---

[1] 《承政院日记》第1769册正祖二十年十一月十九日，第109a页。

[2] 《承政院日记》第1776册正祖二十一年五月三日，第18a页。

[3] ［朝鲜］正祖：《弘斋全书》卷164《日得录四·文学四》，《韩国文集丛刊》第267册，第209页。安锡儆认为，“《赵皇后传》凡其隐慝，因解光之奏而详之，以其事关涉于先帝，且在禁中，而不彰故也”。朝鲜文人认为，赵皇后事与高丽时代恭愍王被弑一事相近。

[4] ［朝鲜］郑栻：《愚川集》卷4《马史删节识语》，《韩国文集丛刊续编》第29册，第138页。

"权谋辩说"只是为了适应当时需要，往往能够"转危为安，运亡为存"，有其时代背景，故此书内容"皆可观"。[1]《汉书·艺文志》对权谋的评价是"以正守国，以奇用兵，先计而后战，兼形势，包阴阳，用技巧者也"[2]，也没有贬低和批评。三国时期，李权从秦宓处借《战国策》，秦宓对他说："战国从横，用之何为?"[3]因此书为"经之所疾"。晋人袁悦之则称"天下要惟此书"。宋人曾巩整理《战国策》，则批评刘向的说法"惑于流俗"，认为此书"邪说害正"，但为了告诫后人，故不得废。南宋耿延禧举秦宓、袁悦之的例子，认为学者对此书的好恶不一，"要当考合乎圣人之道以自择"[4]。至鲍彪重编《战国策》，以此书为"史家者流"，因此"善恶兼书，初无决择"，其内容也合于圣王之道。[5]元人吴师道也认为此书"善恶无所是非"，只不过君子小人所见所用不同。[6]可见，学者一方面从儒家尚礼义、崇王道的角度对其进行批评，另一方面对此书的史料价值和文学水平又多持肯定态度。《战国策》也在这两方面对《史记》产生了影响，如作为《史记》所载战国史实的重要史料来源，影响了《史记》的文章风格，使之"文辞高古"。王凤评论《史记》有"战国从横权谲之谋"，是沿用前人对《战国策》的评论，不过认为这些内容"不宜在诸侯王"，并非有贬低《史记》的意思。然而，崔岦却以《史记》引用了《战国策》"权谋辩说"，舍周秦诸传而不采，显得颇为苛刻。

朝鲜中期理学家赵翼选成《史汉精华》一书，是为后生学习古文写作之用。但是，他对文章之学并不重视，只是将其看作"有余力而

---

[1]《战国策书录》，何建章注释：《战国策注释》附录四《历代战国策序跋》，北京：中华书局，1990年，第1357页。

[2]《汉书》卷30《艺文志》，第1758页。

[3]《三国志》卷38《蜀书·秦宓传》，第973页。

[4]《括苍刊本战国策序》，何建章注释：《战国策注释》附录四《历代战国策序跋》，第1362页。

[5]《战国策校注序》，何建章注释：《战国策注释》附录四《历代战国策序跋》，第1370页。

[6]《战国策校经序》，何建章注释：《战国策注释》附录四《历代战国策序跋》，第1370页。

为”的事情。不过，他还是提出文章要以古文为参考，而六经、《左传》、《史记》、《汉书》为古文的源头，也应当予以重视。然而史汉卷帙太多，所以“不可不选取之，而其选不可不精且少也”[1]。史汉在他心目中的地位，远不如六经。他本人年少时曾读史汉，后来意识到学问不应该专注于两书，故放弃不再读。因此，他编选《史汉精华》并没有倾注太多精力，希望后生既要学习史汉文章，又不可太过重视。

朝鲜文人从义理与道德的角度评论史汉文章的事例很多，大多是非此即彼，好坏分明。如丁若镛在编《史记选纂注》时，不仅涉及校字、正音、注释，还从“事实文辞”两方面评价所选篇目。所谓“事实”，并非《史记》所载史实，而是史实带给人们的启示，主要是道德方面，如读《蔡泽传》能够“知退”，读《石奋传》使人“醇谨”。所谓“文辞”，则更多体现列传人物的性格特点，如东方朔的“滑稽”，司马相如之“都雅”。至于张耳、陈馀、袁盎、吴王濞等传，其事实文辞属于“背交卖友谮间叛逆”[2]，故没有可取之处。丁若镛并没有从文章技法方面评价《史记》，反而更看重其道德价值。

正祖编选《史记英选》时，是想此书刊行并广布后，能够“家诵户读，有关于世道。非但关世道，气像风俗，大有所补”[3]。从这个方面考虑，正祖对所选篇目有所取舍。如对于《匈奴传》，正祖最初想删去。但有大臣说，此篇为当时朝鲜时代文章名家郑斗卿最钟爱，还是不要删去。[4] 虽然此传得以不删，但现存八卷五册本《史记英选》所收《匈奴传》中有以下一段小注，叙述了正祖对此传的修改意见：

> 《匈奴传》旧本“左右皆可用”下“冒顿自立”上有四十三字，“东胡强盛”下“乃使使”上有七字，御定《史记》本并删，

---

[1] ［朝鲜］赵翼：《浦渚集》卷 26《史汉精华序》，《韩国文集丛刊》第 85 册，第 469 页。

[2] ［朝鲜］丁若镛：《与犹堂全书》第一集《诗文集》卷 10《文集 · 进史记选纂注启》，《韩国文集丛刊》第 281 册，第 227 页。

[3] 《承政院日记》第 1738 册正祖十八年十一月十四日，第 92a 页。

[4] 《承政院日记》第 1738 册正祖十八年十一月十四日，第 92a 页。郑斗卿《东溟集》卷 10 有七言古诗《白登行》，叙汉高祖白登之围事。

> 连合句行以编成之。《匈奴传》之入选，盖取其文，而冒顿事之特删，别其恶也。内阁所藏诸本用此编义例，而翻刻木本则遂拔本传，以《太史公序》附《货殖传》下。[1]

所谓旧本，指朝鲜本《史记评林》等完整的版本。所删文字为“从其父单于头曼猎，以鸣镝射头曼，其左右亦皆随鸣镝而射杀单于头曼，遂尽诛其后母与弟及大臣不听从者”，及“是时东胡强盛，闻冒顿杀父自立”。至于删节的原因，正祖只是说相关文字“别其恶”，其实是对冒顿单于弑父行为的强烈反感。[2]《史记英选》最初只选《史记》，后来又增加《苏武传》等《汉书》九篇。八卷五册本《史记英选》中，《匈奴传》在《货殖传》与《太史公自序》之间。至八卷五册本，即所谓翻刻本，则把《匈奴传》置于《李陵传》之后。

《史记》《汉书》中的论赞代表了作者对人物史实的观点。朝鲜文人以史汉论赞与《春秋》有相通之处，故把史汉论赞编选为一帙。如鱼有凤（1672—1744）的《史记论赞》。他认为，“文章莫盛于两汉，而司马子长、班孟坚，其尤杰然者也”，同时两书又为“良史”，故“其文则史”。不过，与其他文人选择史汉列传不同，鱼有凤以朱子“《春秋》传为按，经为断”之说，认为《史记》《汉书》的表志传记为按，论赞为断，故合乎“圣人笔削之微义”。[3] 俞汉隽也认为，朝鲜学者对《史记》的评论，各有侧重，如“观人者论其情，绎事者称其叙，崇文者道其奇，治辩者尚其博”，但《史记》中能够表达司马迁观点的，还是“太史公曰”及其他“序”，即“断辞”。因此，他选为五编，名曰《太史公断辞》，“所以折是非善恶得失之中而蔽之者

---

[1] ［朝鲜］正祖编：《史记英选》卷 7，《域外所见中国古史研究资料汇编·朝鲜汉籍篇》史抄史选类第 2 册，第 408 页。

[2] 相关删节还有数段，相关论述参见张光宇：《朝鲜王朝正祖时期的官方史学研究》，第 361 页。

[3] ［朝鲜］鱼有凤：《杞园集》卷 21《史汉论赞跋》，《韩国文集丛刊》第 184 册，第 237 页。正祖曾辑录二十三部史书的论赞为《全史铨评》。

也”。[1]

正祖的《四部手圈》，包括三礼（《仪礼》《周礼》《礼记》）、两京（《史记》《汉书》《后汉书》）、五子（周、二程、张、朱）、陆稿（陆贽）及唐宋八家等。正祖自称此书之作本于朱子，故所选文章“删述只要存圣轨”[2]。这里所说的“圣轨”，即朱子在《建宁府建阳县学藏书记》所提及的，六经之书不过数十卷，若“读圣贤之言而不通于心，不有于身，犹不免为书肆”[3]，故对于四部之书，需要“敛华反约”。在朝鲜君臣看来，“文章本于道德，道有偏正，而文亦随之”[4]，故所选四部文章，都从是否与道相合的角度进行评论，如三礼、两京之文虽然“最为近古”，但“学犹未醇”。按照这个标准，正祖在《两京手圈》义例中指出，《汉书》“略于五凤以后”，《后汉书》“略于建安以后”，因为这两个时期之后，两汉已由盛转衰，并不值得品评。至于一些具体内容的选择，正祖认为：

> 故于《史记》取《渥洼神马歌》，于《前汉书》取班氏《幽通赋》，于《后汉书》取张衡《思玄赋》。而如屈子之骚，即楚人之声，而非《大风》《黄鹄》之调也，故不录。贾生伤于怨，长卿失于诞，子云病于险，故亦不取之。[5]

对于《史记》、两《汉书》文章的评价，正祖以“直来为山，横来

---

〔1〕［朝鲜］俞汉隽：《自著》卷16《史记断辞跋》，《韩国文集丛刊》第249册，第272页。

〔2〕［朝鲜］正祖：《弘斋全书》卷7《诗三·题手圈诸书并小序》，《韩国文集丛刊》第262册，第116页。

〔3〕［宋］朱熹：《晦庵先生朱文公文集》卷78《建宁府建阳县学藏书记》，朱杰人、严佐之、刘永翔主编：《朱子全书》第24册，上海：上海古籍出版社，合肥：安徽教育出版社，2002年，第2745页。

〔4〕［朝鲜］洪良浩：《耳溪集》卷16《御定八家手圈跋》，《韩国文集丛刊》第241册，第274页。

〔5〕［朝鲜］正祖：《弘斋全书》卷56《杂著三·示手圈校正诸学士》，《韩国文集丛刊》第263册，第363页。

为岭，突然而起者为峰”作比喻[1]，将《史记》比作峰，两《汉书》为山岭。曾参与编选《史记英选》的蔡济恭对正祖的这种说法进行了解读。

> 而窃以为马迁疏、班固密，密固未始非文苑轨范，而若较之疏，不啻有天人之别。马以其疏也，故及其至也，气机动荡，有若神龙摆弄，霆霹怀襄，下土人不能测其端倪。班之密，如程不识严斥候，谨刁斗，行陈部伍，井井不紊，人工非不极矣。其视天之无可无不可，岂同日而语哉？至若范书，又不可与班史班矣。[2]

正祖所选经史子集四部文章，各有其目的，“于三礼考次其节文，于两京会通其得失，于五子溯洄其渊源，以至陆稿之切事情，八家之善辞命”[3]。这些目的体现了正祖对文章写作的多方面要求。其中所谓节文，即“礼是天理之节文”，简单说来，礼是天理的具体规定。文章若要表达天理，需要遵守三礼。至于正祖及蔡济恭对《史记》、两《汉书》文章特点的总结，以及对三书水平高下的评价，也就是“会通其得失”。其得失表现为文章风格的差别。宋代五子代表的理学，则是文章的渊源。至于陆贽的奏议与唐宋八大家，主要还在文章的内容与形式。所以，《四部手圈》表面上是对经史子集四部的“敛约反华”，但并不代表这部书只是作为经史子集的精选本，四部之间也不是完全没有联系的。实际上，《四部手圈》里的各种内容通过为文章服务这一共同目标联系在一起。在蔡济恭看来，史学与文章又有一个共同的核心，就是理学。他认为，“天下万物，贵在格致。吾之知一朝豁然贯通焉，则

---

〔1〕［朝鲜］正祖：《弘斋全书》卷56《杂著三·求诸圈跋语于四阁相及文衡》，《韩国文集丛刊》第263册，第366页。

〔2〕［朝鲜］蔡济恭：《樊岩集》卷56《御定两京手圈跋》，《韩国文集丛刊》第236册，第544页。宋代朱熹也有“太史公书疏爽，班固书密塞”的说法，见《朱子语类》卷134《历代一》，第3202页。

〔3〕［朝鲜］正祖：《弘斋全书》卷56《杂著三·求诸圈跋语于四阁相及文衡》，《韩国文集丛刊》第263册，第367页。

众物之表里精粗无不到。史学与文章，亦众物之一耳”[1]。史学与文章均是“格物”的手段。“文主于理，理胜则文不期美而自美，亦有理乖而文美者，君子不以为美也”[2]，所以《两京手圈》并不选择违背“理”的怨、诞、险的史汉文章。

不同社会背景与文化层次的人，对于《史记》《汉书》的看法是有差别的。朝鲜后期实学者、儒臣李德懋（1741—1793）曾有过这样一番议论，比较有代表性：

> 人各于才之局处焉专心。若以一部《史记》言之，同一读也，务经论者，所见无非成败治乱之迹，其它不知也；力文章者，所见无非篇章字句之法，其它不知也；业科举者，所见无非寻摘奇偶，涉猎奇巧，尤不知其它也。是下之下也。一切子集稗家，亦皆如此，虽有一条之通，而非大方也。鸿儒则眼目甚长，并行齐进，不少窘束，磊磊落落，如破竹建瓴耳。[3]

李德懋提及当时人们关注《史记》的三个方面，比较符合前文所论高丽、朝鲜时代一般文人的普遍观点。最重要的一点，李德懋将三种文人对《史记》的不同需求进行了区分，认为只有作为一个“鸿儒”，才能更为全面地接受与理解《史记》。以此为准，李德懋对这三种读《史记》的方式进行评骘。至于探究“成败治乱之迹”，这是宋儒与朝鲜文人读史书的普遍认识，目的在于以史辅经，以经传对史实进行验证，使经史互相发明。这种认识与单纯以史为鉴不同。而学习“篇章字句之法”，则是由于朝鲜中后期文学风气的转变，以六经为根源的古文，

---

[1] ［朝鲜］蔡济恭：《樊岩集》卷56《御定两京手圈跋》，《韩国文集丛刊》第236册，第544页。

[2] ［朝鲜］张维：《溪谷集》漫笔卷1《文主于理》，《韩国文集丛刊》第92册，第577—578页。

[3] ［朝鲜］李德懋：《青庄馆全书》卷48《耳目口心书（一）》，《韩国文集丛刊》第258册，第357页。

试图将文道合一，达到文理兼通，以寻章摘句为最下等，这类文章不符合“文以载道”。这也有助于我们理解一些朝鲜文人对儿童读《史记》以作科举考试之用的不满。所以，李德懋强调“鸿儒”能够将经与史、文与道很好地结合起来。我们对高丽、朝鲜时代接受《史记》《汉书》的考察，既需要注意两书作为历史文本具有的“事、文、义”三方面的影响，更应当考虑高丽、朝鲜文人的不同需求与选择。

朝鲜时代热衷于编纂中国史书，但多数是编年体，只有两部是纪传体。“尊周思明”成为其编纂中国史书的重要思想动机，同时宋儒史书如《通鉴》《纲目》等编年体、纲目体史书，也成为朝鲜文人编纂中国史书过程中参考的主流史书体裁。他们比较能接受《通鉴》等编年体史书的编纂方式，这应当是受宋儒义理史学的影响，同时编纂这种史书比起纪传体要更简单，也容易为当时社会所接受。而《十九史略通考》《少微通鉴》等一般史书，则更有利于朝鲜时代中国古史的普及。如洪大容在《乾净衕笔谈》中就说，他开始读书时，“始读《千字文》，次读《史略》，次读《小学》，而及于《经书》”[1]。但对于朝鲜文人更高层次的史书需求来说，《史略》之类则显得过于简略，不利于了解“国家治乱，奸邪进退”。所以，《史记》《汉书》作为中国正史的代表著作，成为朝鲜时代接受和实践正史观念，借鉴历史经验的不可或缺的重要历史文本。

朝鲜文人对于《史记》《汉书》“记事有法”的评价，肯定了两书在叙述史实方面的成就，但他们受程朱理学的影响，对史书的要求已经不再满足于叙述史实，而是希望通过对史实的解释，阐发和论证义理的合理性。同时，通过义理褒贬史实，可以避免过于功利；直接记载史实，减少一些不必要的故事和情节，寓褒贬于叙事，可以使义理减少一些主观和空疏。[2] 因此，《史记》《汉书》丰富多彩的历史史实以及种

---

[1] ［朝鲜］洪大容：《湛轩书外集》卷2《杭传尺牍・乾净衕笔谈》，《韩国文集丛刊》第248册，第143页。

[2] 朱子虽然认为读史要以阐明义理为先，但鉴于《春秋》以事寓义的做法，他希望通过读史来验证义理，“观其是，求其不是；观其不是，求其是；便见得义理”。这种读史方式多从大处着眼，并不太重视史实叙述的细节。

种叙事手段，在作为“文人”的朝鲜文人看来，可以作为文章参考，但在作为“儒者”的朝鲜文人眼中，这些内容与《通鉴》《纲目》相比，对表达与解释义理的作用并不突出。或者说，在朝鲜文人义理史学观念的审视下，历史史实是用来解释与验证经传的，而历史文本的叙事要服从和服务于义理的表达。在编选史汉选本时，朝鲜文人对相关文章的选择与评价，则显示出他们不仅希望以史实辅助义理，也希望文章本于义理。

朝鲜时代史汉选本的出现时间比较早，在16世纪中期就已经有相关文本，以史汉《评林》等传入之后为重要阶段。这一阶段出现了大量史汉选本，以正祖的《史记英选》最有代表性。朝鲜时代史汉选本的产生，其原因是多方面的，可以归结为外因与内因的共同作用。史汉文本的缺乏是外在因素。由于朝鲜时代缺乏书籍广布的条件，一般文人要获取需要的书籍，不外乎通过借书、抄书等方式。当然，这种抄书除了指抄写之外，还涉及对所需文本的编选，也是一种有意识的书籍著作方式。这种方式普遍存在于朝鲜时代上至国王、下至一般文人的各个阶层。史汉选本的出现与广布，更多是朝鲜时代出于求治、读史、学文的需求，这是其产生的内在因素。

早在高丽时代中后期就已经出现的古文风气，与朝鲜君臣对两汉治道的推崇，以及朝鲜文人对《史记》《汉书》所载“历史故事”的喜好，促成了朝鲜时代史汉选本的丰富内容。以崔岦、尹根寿为代表的朝鲜文人对史汉文章的推崇，代表了文风的明显转变，使得以“学文”为目的的选本更为盛行。不过，无论当时朝鲜文人中“秦汉派”与“唐宋派”如何区别和争论，他们对史汉文章的肯定则是一致的。而《御评两汉词命》《西京摘言》这种以效法两汉治道为目的的史汉选本，肯定了史汉所载诏制章疏“最为近古”的特点。“近古”有两方面的含义：一方面，两汉治道最接近“三代之治”；另一方面，则是其文章简质，本乎经术，符合朝鲜文人“文主于理”的要求。《楚汉遗事》《汉史通鉴》则代表了朝鲜文人希望通过按年代编排本纪列传，阅读秦汉历史故事，从而得到历史与文学两方面的美感与收获。可见，史汉选本的产生，虽然与其文本的经典性有很大关系，但并非直接原因。因而在史汉文本形成之后，选本又成为朝鲜时代读史资治、学习文章的范本，起到了“振文风，矫俗习”，取法两汉，博览猎奇的作用。《古文真宝》《文章正宗》等中国古文选本，以及明代史汉《评林》《史记纂》等著作的传入，更为这种史汉选本的产生提供了思想与文本的条件。

前文论及《御评两汉词命》（英祖御评）、《西京摘言》（柳集仲编）、《史记英选》《汉隽》（正祖编）等史汉选本，以及洪奭周的《三汉名臣录》、李光庭的《楚汉遗事》与佚名编的《汉史通鉴》，这些书籍都是以《史记》《汉书》为基础形成的选本。其编纂目的包括三方面：一是对两汉治道的推崇，进而认为两汉帝王诏制、大臣章奏等都值得效仿；二是通过按编年排列史汉列传，阅读楚汉“传奇故事”，认识两汉盛世情形；三是从文章叙事、议论的角度来看，《史记》《汉书》是很好的参考书籍。这是朝鲜时代科举考试时以《史记》《汉书》为出题来源的重要原因。不过，若单纯借鉴两汉治道，则《通鉴》《纲目》《通鉴节要》《十八史略》等书都可以作为讨论史实的来源。并且，这些书籍不仅记载了相关史实，而且依正统、义理观念等编纂而成，更符合朝鲜时代对史书的认识。可见，尽管朝鲜时代比较重视两汉文章与治道，但在经筵讲读、编纂史书时，对涉及两汉史料的选择与评论，有时并不依据《史记》《汉书》。

如果说经论、文章、科举大多涉及《史记》《汉书》的“事”“文”两方面内容，那么朝鲜君臣对《史记》《汉书》等纪传体史书的认同，则属于“义”方面的表现。纪传体正史作历史文本，不仅具有记载史实的作用，而且其承载的以祖宗追忆为纽带的共同文化价值，能够羁绊心灵，帮助人们建立秩序。对内来说，正史是国家的家谱，是民族的谱牒，是维护国家统一、民族认同的重要文化记忆。易代修史、官方主持、集体编纂，历代王朝通过官修正史作出对自己有利的解释，宣示国家正统。对外来说，国家正史的出现，则向其他国家宣示自己代表独立的民族与国家意识。这两者之间并非是矛盾的。高丽、朝鲜时代对中国正史观念与史学思想的借鉴，是出于“慕华”的一种表现，但其独立的民族与国家意识并未因此被掩盖，反而更加强烈地表现出来。在明亡以后，这种意识更加明显。一方面，“小中华”意识与“华夷之辩”是对明朝的认同；另一方面，高丽、朝鲜通过对中国文化的借鉴与利用，将“事大”与“保国”相结合。这对形成与维系东亚社会“多元一体”的秩序起到了重要作用。[1]

自高丽中期开始，出于对程朱理学及其史学的推崇，并受到宋儒史论的影响，高丽文人撰写了一些以《史记》《汉书》中人物与史实为主题的史论。这些史论以表达义理为主要目的。朝鲜时代科举考试中表笺、诏教及时务（策论）等科目，也经常以《史记》《汉书》为出题内容。而且，朝鲜时代日常诏制、行政过程中，也经常引用儒家经典与史汉内容。在此，我们可以借助彭亚非先生的“正统文学”理论进行理解。“正统文学”以先秦儒家经典为政教意识形态，形成以此为信仰的政治文化与政治体制，并在文治理想指导下，通过文本形态的变化，构建一种文化系统。[2] 表笺、诏教、时务等虽然不是文学文本，但其特征与正统文学有相近之处。我们常说“《诗》以言志”，“志必须表现出文治意识形态的正面价值形态，必须在叙事本质上成为统治阶级正统意志和主体精神的一种表现，必须在观念内涵上体现文治文化的政治原则与道德原则”。[3] 这是文治社会表达正统政治理性的一种方式。文治的实质是文化统治与精神统治，因此需要掌握意识形态权力和垄断话语权威，并将儒家经典、正史史书作为工具参与到这一过程中，通过文本的内容与形式表达出来。所以，朝鲜时代十分关注中国正统王朝的历史，重视并引用《史记》《汉书》文本。程朱理学的正统论也对高丽、朝鲜产生了较大影响，使他们较多关注汉唐宋明诸朝历史，并在撰写咏史诗、编纂汉唐宋明史书及通俗演义等方面，表现出对这些朝代的倾向性。

所以，我们要进一步探讨《史记》《汉书》对朝鲜时代的影响，当

---

〔1〕 高丽、朝鲜时代的这种做法，与越南历代奉行的“内帝外臣”有相似之处。参见叶少飞：《越南古代“内帝外臣”政策与双重国号的演变》，《形象史学研究》，2016 年第 1 期。

〔2〕 彭亚非：《中国正统文学观念》，北京：社会科学文献出版社，2007 年，第 5 页。

〔3〕 彭亚非：《中国正统文学观念》，第 75 页。

然要重视史汉文本在朝鲜时代的存在方式。从这种存在方式也可以看出，史汉文本的“事、文、义”在朝鲜时代所受到的关注是不一样的。对于朝鲜君臣来说，出于经史兼读的需要，他们关注的是史汉记载的史实。但这种关注并非以史学家的眼光来研究历史，而是希望从史实中获取历史经验，并以儒家伦理和道德为标准进行评价。如果史汉文本与儒家伦理和道德产生矛盾，则将会遭到批评。而对于一般朝鲜文人来说，则出于读史与学习古文的需求，编选、诵读史汉文章。这种表现当然有史汉文本特色的客观因素在起作用，但朝鲜时代君臣、文人主观需求的不同，更直接形成了朝鲜时代史汉选本的特色。

尽管《史记》《汉书》文本所载的“事、文、义”是中国的，但朝鲜君臣关注并印行《史记》《汉书》，只是希望其“事”能够为经筵提供讲读文本，为治理国家提供史实借鉴，并将儒家伦理道德与史实相结合，互相发明。其“文”能够为朝鲜时代文章写作、文风转变乃至科举考试提供参考，《史记》《汉书》正史之“义”则成为《三国史记》《高丽史》等朝鲜半岛正史编纂的思想依据。朝鲜时代史汉选本的编纂，则希望通过编选史汉列传将读史与学文相结合。可见，《史记》《汉书》已经“抽象”为历史文本，其“事、文、义”的力量也非孤立地发挥作用，但这种力量的发挥与朝鲜时代经史关系、正统文学、义理史学等观念密不可分。

与明代以点评、批注等方式阅读史汉不同，朝鲜时代史汉选本大多只抄选史汉原文，很少加以评注。这或许是由于明代史汉《评林》等著作已经为朝鲜文人提供了比较充分的资料，使他们将关注的重点集中在史汉原文上。一个很突出的例子是，丁若镛的《史记选纂注》对史汉的校订基本以《史记评林》的相关成果为参考。

第五章　朝鲜文人的《史记》《汉书》评论及研究

从前文可以看出，我们对于高丽、朝鲜时代接受《史记》《汉书》表现的认识，首先不能脱离儒家经典和程朱理学在当时拥有至高地位的前提，其次要关注两书作为史书、文学作品等方面的不同表现。同时，前文虽然关注了三国、高丽、朝鲜三个历史时期对《史记》《汉书》的受容情况，但主要还是集中在朝鲜时代，尤其是中后期的表现。这一时期朝鲜儒士与文人不仅接受了《史记》《汉书》并受其影响，同时也出于各种目的对两书的史实及文章进行评论。前文已经比较全面地讨论了朝鲜时代在经筵讲读、史书编纂、史汉选本等方面接受与评论《史记》《汉书》的相关表现，本章就目前学者关注较多的朝鲜中后期文人的史汉评论，结合前文的一些认识基础展开进一步探讨。

总的来说，朝鲜后期文人关于史汉的评论很少以专著的形式出现，大多散见于朝鲜文人文集中。目前，学者关于朝鲜时代中后期文人评论《史记》《汉书》的研究，也是以朝鲜文集为主要资料，而且以韩国学者的研究成果比较多，中国学者只有赵凯先生等关于域外秦汉史资料的整理与研究。韩国学者的研究以朝鲜中后期文人的《史记》评论为主。这其中以从文学与义理的角度评论《史记》《汉书》的内容占绝大多数，而以史实考订最少，也可以看出朝鲜中后期文人关注史汉的倾向。不过，相关研究以《史记》为主，较少涉及《汉书》，原因主要在于朝鲜文人文集中与《史记》相关的资料更为丰富。本章将结合《韩国文集丛刊》《韩国历代文集丛书》以及前人的研究，探讨朝鲜文人的《史记》《汉书》评价与研究的成果。

第一节 朝鲜文人的《史记》《汉书》文章评论

朝鲜中后期文人普遍重视阅读《史记》《汉书》，他们在编选史汉选本时，通过寓评于选，对《史记》《汉书》有所评论。他们一方面肯定史汉文章风格的特点，如《史记》的雄健与《汉书》的典雅形成鲜明的对比，另一方面又认为《史记》改写古史、《战国策》与《汉书》改写《史记》的部分，并不如原先的文字。在涉及史汉选本的具体篇目安排时，他们并不选择《史记》中周秦历史与褚少孙补撰的部分，认为这些并不能代表《史记》文章的水平。而且，以儒家伦理与道德来看，其中的“权谋辩说”之辞为正人君子所耻读。所以，朝鲜中后期文人认为，不仅学习史汉文章要以先读六经为基础，而且对史汉文章中不符合经传的部分要予以舍弃，即使只有某段文字有问题也要进行删除。有的史汉选本甚至只选“论赞”，原因在于“论赞”直接表达了《史记》《汉书》的观点，与经传褒贬具有同等的含义，甚至表达了史学与文章均统一于“格物”的思想。这些观点是针对史汉选本的编选而言，而且大多数内容只是在序言中表达。至于朝鲜文人涉及史汉具体内容的评论和考订，则仍需要做进一步考察。

一、取其文，不取其意

从李成珪、晋永美、诸海星等人所列相关资料来看，尽管他们的研究比较全面地概括了朝鲜文人评论《史记》《汉书》的主要方式，但还有一些缺漏。朝鲜文人对于史汉的评论，如某一人物，或者纪、传、书、志、表等篇目，采用的方式并非是单一的，很多时候是多种方式并存。另外，相关资料虽然比较丰富，但散见于数百种朝鲜文人文集中，较为分散，需要系统地整理。

1. 肯定《史记》文章叙事

朝鲜中后期文人关于《史记》《汉书》的总体认识与评论，前文所述已经比较充分。一般来说，从文章角度而言，他们认为《史记》的成就要更高。如《史略》第一卷是根据《史记》相关文字改写，魏伯珪评价该书做到了“削笔之简严，列书之综致，予夺之精正，文法之平铺，事实之详备”〔1〕，可以与六经相侔，作为“万古史编之宗祖”。有学者认为这段文字是评论《史记》的〔2〕，但从朝鲜时代对史书的观点来看，只有《纲目》《史略》等义例严明的史书才符合以上评语。不过，这也可以看出《史记》在文章方面的强大影响力。李成珪先生提及的《史记》体例与书法论，针对的是其编纂体例与叙事方法。应当说，朝鲜文集中关于这方面的资料还是比较集中的，如丁范祖、金泽荣、金昌协、金昌翕、安锡儆等人的文集中，都有专章论及。桂德海(1708—1775)读《史纂》，称“书案上不可一日无马史”。他对《史记》的评论比较全面，如“起望于古，而坐察乎今”，指其史实涵盖上古至汉武帝。又以五十余万言叙述三千余年历史，故其文字简练。“文无书生气”，指文字风格多变。“其辞古质”，肯定《史记》善于叙事，号称“良史”。所谓“先黄老而后六经”，认为黄老为“内圣”，六经乃“外王”，强调《史记》作为史书，其实更重视“外王”之道。至于“六艺百家之书”，指其能得各家之精华，并给予较为合理的评价。又认为《史记》纪、传、书、表等体例及叙事方法，各有其章法，后世学者唯有熟读体会，才能在文章中加以利用。〔3〕不过，这些评论仍是对《史记》文章的总结性表达，朝鲜文人也针对一些具体篇目的叙事与描写成就有比较多的关注。这种关注大多以札记、随笔的形式存在。

朝鲜文人编选的以《史记》论赞为内容的选本，说明他们对论赞的结论比较认可。他们将《史记》论赞视作与《春秋》褒贬相似，这与他们普遍认为的“文章本于六经”的观念有关。在这种观念影响下，文章就不仅是为了叙事与修辞，更在于说理。如崔昌大认为文章需要

---

〔1〕［朝鲜］魏伯珪：《存斋集》卷11《史略说》，《韩国文集丛刊》第243册，第232页。

〔2〕［韩］诸海星：《〈史记〉在韩国的流传及影响——以翻译介绍与研究现状为中心》，《国际汉学》，2004年第4期。

〔3〕［朝鲜］桂德海：《凤谷桂察访遗集》卷7《经说·读史纂》，《韩国文集丛刊续编》第78册，第505页。

“有道明理以树其本，择术以端其趣，修辞以致其用”[1]，这种说法源自孔子关于文质彬彬的观点。以六经为例，其文章并不能算作文句顺畅，修辞美观，但六经作为文章本源，一方面不能以这种要求来约束，另一方面，还在于古人文章本以明理为本，并不以修辞为事。以这种观点来看待六经以后的古人文章，则是修辞越来越丰富，而与明理的本来目的渐行渐远。以《史记》《汉书》为例，《高祖本纪》赞“宽仁爱人，好谋能听”，又《霍光传》赞“沉静详审”。这种论赞语句精练，可称“见本源，举体要”。张维也有类似的认识，《高祖本纪》论赞所称述高祖的文字，可以说是词约而意尽，以至于后人“无以复加”。[2]

《史记》以五十余万字，记载了三千多年的历史，其叙事是相当精练的。但精练也并非等同于简略，而是能够详略得当，抓住重点。如《信陵君传》叙迎侯生，《灌夫传》叙骂坐等描写，后世明人王世贞、李攀龙等虽然极力模仿，却不得要领。原因在于，两传虽然对这两处地方描写详密，却并非事无巨细。两传都有其核心主题，如《信陵君传》“专以礼士下贤、临难得力为案”，《灌夫传》“专以田窦两家恩怨倾夺为案”。故这两处细节描写，属于两传的关键节点，使叙事详略得当，层次分明，更深入地表达主题。而王、李等人则叙事不分主次，描写琐碎无当，故不得史汉精髓。[3] 再比如，丁范祖认为“《荆轲传》秦舞阳奉图以后，《项羽本纪》项庄、项伯剑舞以后，俱没下落，非疏漏也，史法然尔”。由此可见《史记》“记事之法，叙其大而略其细”。[4]

金昌翕（1512—1571）关于读《游侠传》的方法，认为各篇叙事均有其主旨，甚至可以总结出“字眼”。“其意固在于尝遭李陵祸，交游莫救，深有慕乎游侠义气，欲极力赞扬，则又以世儒酸论深排侠客，

---

[1] ［朝鲜］崔昌大：《昆仑集》卷 11《答李仁老（德寿癸未）》，《韩国文集丛刊》第 183 册，第 212 页。

[2] ［朝鲜］张维：《溪谷集》漫笔卷 2《汉书称述高祖词约意达》，《韩国文集丛刊》第 92 册，第 595 页。

[3] ［朝鲜］金昌协：《农岩集》卷 34《杂识·外篇》，《韩国文集丛刊》第 162 册，第 374 页。

[4] ［朝鲜］丁范祖：《海左集》卷 38《马史评》，《韩国文集丛刊》第 240 册，第 189 页。

一例作强暴不轨看。至于公孙弘以一时大儒，论杀郭解，故尤有所不平。遂以朱家、郭解对季次、原宪，而挈长度短”[1]。这一篇的字眼在于“义”字。篇首引韩非子“儒以文乱法”，指公孙弘；“以术取卿相”，指后稷、契、伊尹、夔等。季次、原宪则属于读书怀德，为后世所推崇。与这三类人相比，侠则以“义”效力于当世。侠之“义”与儒者之“仁义”有别，故其言信行果，重诺轻生，扶危济困，更值得称道。传末“遂族郭解翁伯”一句，金昌翕认为是以《春秋》书法称之，一方面司马迁表达了对游侠的惋惜，另一方面是对公孙弘罗织罪名杀郭解的感叹。在朝鲜文人看来，文章需要确定主旨的做法也适用于唐宋诸家。如林象德认为：

> 古人文章，自马、班至韩、柳、欧、苏诸公，凡在一题，皆先立一宗旨，中间虽千变万化，全篇结案，都在此宗旨上。如《马史·范雎传》一篇，都在恩仇上。《蔡泽传》一篇，都在死字恐动应侯处。韩文《平淮西碑》一篇，都在惟断乃成上。《原道》一篇，都在仁义道德上。他可类推也。题旨既定，则次定排置间架。夫然后句有句眼，字有字眼，而工拙利病，可议也。[2]

文章主旨其实包括两个方面，一方面是文章所要表达的主要观点和核心内容，另一方面，按文章本于六经的思想，儒家伦理与道德是文章最根本的宗旨。这种说法并非意味着只要表达了主旨，文章结构与叙事方式就不再重要了。如金昌翕认为，《魏公子列传》以“仁而下士”为纲领，其中侯生介绍朱亥，开始称“臣有客在市屠中”，侯生为上客，则称“臣所过屠者朱亥。此子贤者，世莫能知，故隐屠间耳”。将杀晋鄙，则称“臣客屠者朱亥可与俱。此人力士，可使击之”。前后三段，“照顾有情，极妙极妙”。而对于“秦闻公子在赵”“诸侯闻公子将”

[1] ［朝鲜］金昌翕：《三渊集》卷36《漫录（庚子）》，《韩国文集丛刊》第166册，第187页。

[2] ［朝鲜］林象德：《老村集》卷4《杂著·作文蹊径》，《韩国文集丛刊》第206册，第88—89页。

“及秦闻公子死”，高祖“闻公子贤”，前后四个“闻”字，读来“只觉得磊落疏荡，而仔细推来，无限紧妙”。[1] 清人汤谐也认为《魏公子列传》“文凡二千五百余字，而公子字凡一百四十余见，极尽慨慕之意”[2]。安锡儆则认为《信陵君传》“仁而下士”一句，总括信陵君一生的遭遇，如“诸侯以公子贤多客，不敢加兵谋魏十余年”，预示着之后信陵君能够“救赵抑秦”，而“魏王畏公子之贤能，不敢任公子以国政”，则为以下信陵君被毁废之事做铺垫。[3]

有的朝鲜文人阅读《史记》时，出于理解文章的“纲领”与叙事段落层次的需要，将某一列传进行划分，从而使层次明晰，便于理解。安锡儆的《史记摘解》中，特别重视对《史记》列传文章篇章构成与字句运用的评论。[4] 如他对《屈原列传》的文章结构层次进行了分析。自“博闻强志”为“总”，“明于治乱，闲于辞令”为“二经”，“入则与王图议国事……王甚任之”叙“遇谗前事”，“上官大夫与之同列……虽与日月争光可也”述“作《离骚》事”，“屈原既绌……楚人既咎子兰以劝怀王入秦而不反”述“国乱王被禽事”，“屈平既嫉之……王之不明，岂足福哉”为“总论上数节而结之也”，“令尹子兰闻之……遂自沉汨罗以死”叙“放流而沉水事”，“屈原既死之后……又爽然自失矣”一段，则“大有精神，盖终屈原之事”。[5] 安锡儆的《史记摘解》《汉书摘解》中此类例子很多，恕不一一列举。

《项羽本纪》中始言“项梁渡淮，黥布、蒲将军等亦以兵属焉。凡六七万人，军下邳”，而至“项王渡淮，骑能属者百余人耳”。[6] 金昌翕感叹，项羽自南而北，气势渐大，而自北向南，则凋零如风卷落叶。

---

〔1〕［朝鲜］金昌翕：《三渊集》卷 36《漫录（庚子）》，《韩国文集丛刊》第 166 册，第 188 页。

〔2〕〔清〕汤谐：《史记半解》卷 2《信陵君列传》，北京：商务印书馆，2013 年，第 163—164 页。

〔3〕［朝鲜］安锡儆：《雪桥艺学录 · 史记摘解》，日本东洋文库藏写本，第 45 页。

〔4〕尹智勳（2008），「『雪橋藝學錄』을 통해 본 安錫儆의 散文批評과 古文作法」，『東方漢文學』34。

〔5〕［朝鲜］安锡儆：《雪桥艺学录 · 史记摘解》，第 43—45 页。

〔6〕《史记》卷 7《项羽本纪》，第 334 页。

《史记》“考诸地势南北而历历分明，史笔于此，必非泛然叙次也。看渡淮两属字则可知”[1]。同一渡淮，前后截然不同，形成鲜明的对比与呼应。

《史记》中对于人物的评价，往往在叙事的过程中体现，而不是直接表达。朝鲜文人也认识到了这一点。如丁范祖认为《项羽本纪》“通篇皆叙事，而其中勘断项羽罪案，为三节议论，而辞旨隐约，未易窥测”。第一节在“项梁闻陈王定死，召诸别将会薛计事。此时沛公亦起沛，往焉”之后，进而叙述项羽立楚怀王孙，杀义帝；第二节起自“立司马欣为塞王”，分封不公，引起天下之怒；第三节则是屠城阳，坑秦降卒，屠咸阳，杀秦王子婴，坑田荣降兵等做法，失去了人心，使百姓视之如仇敌。这种方式“因事直叙”，并不加以评价，但褒贬已然隐于其间。[2]

《史记》记事详备，同一史实往往互见。靳德峻先生解释为“一事所系数人，一人有关数事，若为详载，则繁复不堪，详此略彼，详彼略此，则互文相足尚焉”[3]，这是出于避免详略失当的考虑。但金昌翕认为，对垓下之战的叙述，《高祖本纪》详写了汉军前后左右的布阵，而《项羽本纪》中则通过垓下之战前，高祖军广武，彭越居梁地，韩信略河北，黥布叛九江这样的背景介绍，说明项羽此时已经被四面围困，败局已定。再如写鸿门宴，《高祖本纪》较略，而在《项羽本纪》中大加渲染，极力铺张，或许其意在于表达项羽以“一生喑哑之气，到处屠坑之虐，乃于先入闭关之对手，等闲宥过，岂非天哉?”[4]《史记》这种史实互见的做法，其优点是资料丰富，内容全面，但也存在烦冗的问题。

金昌翕还对《史记》中某些内容的写作意图有一定的认识。如他

---

[1] ［朝鲜］金昌翕：《三渊集》卷36《漫录（庚子）》，《韩国文集丛刊》第166册，第189页。

[2] ［朝鲜］丁范祖：《海左集》卷38《马史评》，《韩国文集丛刊》第240册，第189页。

[3] 靳德峻：《史记释例·互文相足例》，北京：商务印书馆，1933年，第13页。

[4] ［朝鲜］金昌翕：《三渊集》卷36《漫录（庚子）》，《韩国文集丛刊》第166册，第189页。

认为《项羽本纪》鸿门宴一节中叙项羽军在鸿门，沛公军在灞上，先后两次提及，但两次各有侧重。第一次提及两军兵力是四十万对十万，是人数对比；第二次则强调项羽军在鸿门下，刘邦军在灞上，是表现两军距离之近，形势之危急。金昌翕认为前一处说明“畏其难敌”，后一处说明“虑其难脱”。《荆轲传》全篇以“论剑”为点，将整段叙述联系起来，以荆轲与盖聂论击剑开始，中间被鲁勾践怒叱，最后举鲁勾践所言惜哉其不讲于剑术，说明荆轲的失败主要在于剑术不高，以致失手，“其无限慨惜之意，即文可见”。[1]

金昌翕对于《范雎传》的评点最多。《范雎传》记载秦昭王谒者王稽载范雎入秦，偶遇穰侯车骑，这期间范雎与王稽、王稽与穰侯均有对话。范雎与穰侯虽然没有直接冲突，但在“内诸侯客”这件事上已经产生矛盾。范雎与穰侯相遇的安排，似乎是司马迁特意为之。金昌翕认为，此事为后来范雎上书秦昭王，直指穰侯“擅厚”，埋下了伏笔。在叙述范雎上书前，先说明“昭王已立三十六年”，这并非仅是表示时间，联系后文所言秦南拔楚，东破齐，数困三晋，厌天下辩士的情况，金昌翕认为司马迁应该是想表达当时“昭王之志满气得，与贵戚秉政，无间隙可入，铁桶相似，以见说难之张本也”。[2]

《史记》中关于范雎相秦后见须贾的描写，可谓是鞭辟入里。先写须贾始见而惊，既而笑曰：“范叔有说于秦邪？”最后，至门下而大惊。首先一惊是须贾以为范雎复生，或以范雎为秦相张禄；而中间一笑，则是须贾确认是范雎，虚惊一场之后，略带嘲笑的表现；而在见到秦相张禄就是范雎后，须贾表现为大惊失色。这一段文字中，以惊、笑、大惊表现了须贾心理的变化。

至于须贾赠予范雎绨袍一事，金昌翕推测须贾并非出于真心实意，而在于通过“问孺子之习于相君”及范雎借“大车驷马”两件事，已经大致判断了范雎的身份，故赠绨袍以博取欢心，避免报复。金昌翕的

---

〔1〕［朝鲜］金昌翕：《三渊集》卷36《漫录（庚子）》，《韩国文集丛刊》第166册，第188页。

〔2〕［朝鲜］金昌翕：《三渊集》卷36《漫录（庚子）》，《韩国文集丛刊》第166册，第190页。

这种推测还是有一定道理的，这从后文范雎与须贾同车入秦相府，“府中望见，有识者皆避匿。须贾怪之”，“须贾待门下，持车良久”两件事也可以看出来。只不过《史记》的这种描写虽然细致入微，但如同不经意为之，给读者以很大的想象空间。

《范雎传》描写了范雎成功前后的变化。范雎初见秦王，口出豪言“一语无效，请伏斧质”。而《蔡泽传》写蔡泽初见范雎，举商君、吴起、大夫种三人待死而后成功的例子，以身与名俱全者为上，范雎也认可这种说法。金昌翕以范雎为秦相前后对待死的态度不同，解释为“盖羁旅之臣，交疏言深，不肆其唐突，则未可以倾倒人主。及其功成名立，终始求全，亦岂无怕死之念乎？”[1]

丁范祖以《司马相如传》中“临邛令前奏琴，相如为鼓一再行”，并没有交代背景，至后文“是时卓王孙有女文君新寡，好音，故相如缪与令相重，而以琴心挑之”，才说明原因，可见这是《史记》“倒叙逆说”的叙事手法。更重要的是，从后文以“琴心挑之”来看，司马相如与临邛令的互相尊敬，是各有心机。对临邛令来说，司马相如名气很大，可以借之抬高自己，这从两人一同赴宴，相如令“一坐尽倾”，可以得到验证。而相如对待临邛令，始则恭敬，后来则称病不见。至卓王孙邀临邛令宴饮，相如仍称病不往。最后，临邛令不得不亲自请他，他才“强往”。至鼓琴时，相如仍辞谢，在临邛令的请求下，“鼓一再行”。或许，司马相如知道临邛令在利用自己，于是也借机达到自己的目的，那就是接近卓文君。应该说，在这一点上，司马相如表现得相当隐蔽。

安锡儆称赞《史记》“神于模写，千端万绪，各得其情状”[2]，如写汉高祖“纵观”咸阳城，“观秦皇帝”，“喟然太息曰：‘嗟乎，大丈夫当如此也’”，可见高祖“恢伟气象”。而《汉书》删后一“观”字，改“也”为“矣”，气象顿失。《史记》不仅是词句描写传神，还在于其“文有操纵而缓急不同，皆有所当”，也就是说，通过叙事语气

---

〔1〕［朝鲜］金昌翕：《三渊集》卷36《漫录（庚子）》，《韩国文集丛刊》第166册，第191页。

〔2〕［朝鲜］安锡儆：《雪桥艺学录·史记摘解》，第77页。

的前后变化，突出人物性格及事件气氛。如《张耳陈馀列传》叙贯高事，首先写“吕后数言张王以鲁元公主故，不宜有此。上怒曰：‘使张敖据天下，岂少而女乎？’”似乎刘邦对张敖谋反事非常愤怒，以至于不顾儿女私情。但其后又写“廷尉以贯高事辞闻，上曰：‘壮士。谁知者，以私问之’”。[1] 前后明显可以看出，刘邦对于此事并不想公开处理，也并不相信张敖会谋反。又《张释之冯唐列传》云：“时慎夫人从，上指示慎夫人新丰道，曰：‘此走邯郸道也。’使慎夫人鼓瑟，上自倚瑟而歌，意惨凄悲怀。”安锡儆点评道：

> 慎夫人盖邯郸人也。此则将急而先缓，将操而先纵者也。且此段只为释之南山有隙、石椁无用之说，能箴砭人君，于乐尽哀来，难为情绪之时，而悉其一时之事，如在目前，虽传神之画笔，远不及。[2]

可见《史记》的描写，虽然文字不多，但有起有伏，变化多端。金泽荣认为，“读司马史，则可以知后世之史，皆死史也”[3]。《史记》的史学价值自然不容低估，其在文章叙事方面，手法多变，张弛有度，细微传神。在这一点上，后世文章很难达到，要么仅能表达意思，毫无趣味，要么过于铺张，脱离史实，能够像《史记》“质而不俚”的比较少见。

本节只是选取朝鲜中后期文人评点《史记》文章的几种重要成果，但足以总结其特点。相较于《汉书》，朝鲜文人更加关注《史记》，而且对《史记》文章的评价比较高。朝鲜文人评点的方式和风格明显受到明朝文人的影响，如金昌翕评《货殖列传》就直接引唐顺之的观点，一些观点还可以看出《史记评林》诸家评语的痕迹。学者认为，明人评点《史记》文章的成果，既有总体分析，又有细节品评，有时还会

---

[1] 《史记》卷89《张耳陈馀列传》，第2584页。

[2] ［朝鲜］安锡儆：《雪桥艺学录·史记摘解》，第78页。

[3] ［朝鲜］金泽荣：《韶濩堂集》卷8《杂言六》，《韩国文集丛刊》第347册，第324页。

通过点评文章，对史实和事理进行评判。[1] 通过这些评点，读者可以更好地欣赏《史记》文章之美。《史记》关于人物事迹的叙述与描写，具有极高超的水平，使人如身临其境。但也明显可以看出一些内容或许出于司马迁的再造，其文学性要大于史实性。同时，与明代出现评林式著作相似，朝鲜时代也有诸如《史记英选》《汉隽》《两汉词命》等史汉选本。这些书籍不仅编选意图与明人相同，甚至连书名也与明代史汉点评著作相似。[2] 不过，朝鲜中后期文人评点《史记》文章的成果，还是可以看出与明人有互为补充的地方，有些评论内容对于我们理解《史记》也有一定的帮助。

2. 评价《史记》体例与书法

我们在前文关注《史记》《汉书》对《高丽史》的影响时，已经涉及朝鲜君臣对纪传体史书的评价。总的来说，纪传体史书采辑资料丰富，编纂体例完备，是官方正史的主要体裁。但其缺点也比较明显，如文字冗繁，义例不明等。而对于《史记》《汉书》的体例和书法，朝鲜文人也有比较多的评论。所谓体例，即著作的编写格式，文章的组织形式。朝鲜文人特别重视列传，不仅在编选史汉选本时多选列传，而且评价《史记》文章特色时也以列传为主要对象。《史记》中很多列传是多人合传，包括同时代合传与异时代合传两种。若以合传原因来分则有对照组合、以类相从两种。[3] 有学者统计，《史记》中的各种合传有 28 篇之多。[4] 不过，《史记》合传除了传主之外，还以附传的形式涉及其他人物，有明显的主次之分。朝鲜文人也认识到了这一点。如姜彝天(1768—1801）即认为《廉颇蔺相如列传》实际为廉颇、蔺相如、赵括三人的合传，“始纪廉颇，乍起陡断，中与蔺相如串捏说去，末又于赵

---

〔1〕 张新科、俞樟华：《〈史记〉研究史略》，1990 年，第 101 页。

〔2〕 朱志先在《明人汉史学研究》附录中搜集明代评点、摘抄、节选《史记》《汉书》的著作近 150 种。

〔3〕 王锦贵：《中国纪传体文献研究》，1996 年，第 156 页。

〔4〕 胡安武：《〈史记〉列传合传研究》，硕士学位论文，华中师范大学，2009 年，第 6 页。

括事后收杀廉颇不略，排铺亦蕴密，亦错落”〔1〕。《魏其武安侯列传》也是如此，实为魏其、武安、灌夫三人的合传。〔2〕这种观点也见于明清文人的评论中，如明人茅坤认为《廉颇蔺相如列传》实为四人合传，“两人为一传，中复附赵奢，已而复缀李牧，合为四人传”〔3〕，而这四人贯穿了赵国的兴亡。清人吴见思评《魏其武安侯列传》为“三人合传也”，“如入田蚡，紧接魏其，先序魏其，带出灌夫，其神理可见”。〔4〕姜彝天还认为《孟子荀卿列传》中，记载了邹忌等十余个人物，而荀卿在此传的地位低于孟子，高于其他人。司马迁撰此传的目的，是孟子第一义“只是去一利字”，这一思想并不符合孟荀二人所处的社会环境。〔5〕安锡儆也认为此传首句“高雅”，“感慨真得孟子之意”。〔6〕但此传中孟子、荀卿所占篇幅反而不如邹衍。宋人陈仁子曾以“汉初不知尊孟子”为理由，对此传的这种安排提出了批评。明清以来则认为，不能以篇幅多少来判定孟子、荀卿地位的高低，主要是此传所涉及人物已经按“主客”设定好了。但有的学者认为此传可以被视为战国中后期诸子学术的合传，是一篇简明的学术史，其中对邹衍的著述及影响，给予了较多的关注和评价。〔7〕姜彝天的认识与明清学者观点基本相近，他也看出此传对孟子的记载“略之”，但还是肯定了司马迁推崇孟子“罕言利”的思想。朴文镐肯定了《史记》人物合传的优点，“史家为人立传，或特立而独传，或比拟而合传，此例既立，则思过半矣。且合行文之例，如《史记》张苍申屠嘉、魏其武安等传，方是活

〔1〕［朝鲜］姜彝天：《重庵稿》册3《杂著·读史言》，《韩国文集丛刊续编》第111册，第517页。

〔2〕［朝鲜］姜彝天：《重庵稿》册3《杂著·读史言》，《韩国文集丛刊续编》第111册，第517页。

〔3〕〔清〕程余庆：《历代名家评注史记集说》，第503页。

〔4〕〔清〕程余庆：《历代名家评注史记集说》，第552页。

〔5〕［朝鲜］姜彝天：《重庵稿》册3《杂著·读史言》，《韩国文集丛刊续编》第111册，第513—514页。

〔6〕［朝鲜］安锡儆：《雪桥艺学录·史记摘解》，第43页。

〔7〕杨昊鸥：《〈史记·孟子荀卿列传〉文体、书法疑义研究》，《暨南学报（哲学社会科学版）》，2013年第10期。

法。后世史家无此法”[1]。

《史记》的很多篇目都有其创作意图，如《管晏列传》中对晏子赎越石父的描写十分详细，而整个晏子传部分只记载了两件事，另一件是荐御者事。姜彝天认为关于晏子的事迹有很多，而司马迁特别着墨于越石父事，其目的在于“晏平仲之知人得士，太史公于古之人有可传之实者，终不余力而遗之矣”，也是出于记载“奇人奇事”的考虑。[2] 朴宗永所撰《越石父论》则认为，越石父的这种做法属于《中庸》所说“生乎今之世，反古之道”。[3] 越石父的处境很差，晏子只不过出于怜悯，赎其罪并载回家。朴宗永认为，或许可以这样解释越石父的行为，“晏子素以贤得名，石父知其必不怒己，而必如是，而后可以有遇也。且因此而益彰晏子之贤于世，以酬报之也”。[4] 可见，他并没有理解越石父所言“知己而无礼”的真正含义。

金谨行对于司马迁作《游侠传》的意图，认为是出于三点原因：其一，在司马迁所处的时代，世风日下，民风浇薄，贪利忘义的行为层出不穷，故司马迁希望有“斩恩市义”的侠出现。其二，李陵兵败，人人皆以为可族，但司马迁却为李陵辩解。像这种侠义的行为，在现实社会中找不到同道，只能寄托于古代的游侠。其三，当时汉代社会也出现了一些游侠，但大多是伪侠，而真侠“以气义廉洁为根，以言必信行必果为干，以不矜其能不伐其德，始英雄终神仙为果”。这种真侠世间不可无，故司马迁认为当世人们能够效仿其精神。[5] 司马迁作《游侠传》，很大原因在于“悲世俗不察其意”，金谨行的解读算是对这一点更为详细的表达，应当是比较恰当的。

---

〔1〕［朝鲜］朴文镐：《壶山集》卷 76《杂识外篇一 · 论史》，韩国国立中央图书馆藏 1923 年木活字本，第 10 页。

〔2〕［朝鲜］姜彝天：《重庵稿》册 3《杂著 · 读史言》，《韩国文集丛刊续编》第 111 册，第 517 页。

〔3〕〔宋〕朱熹：《四书章句集注 · 中庸章句》，北京：中华书局，1983 年，第 36 页。

〔4〕［朝鲜］朴宗永：《松坞遗稿》别编史论卷 2《越石父论》，《韩国历代文集丛书》第 2799 册，第 81—83 页。

〔5〕［朝鲜］金谨行：《庸斋集》卷 13《题太史公游侠传后》，《韩国文集丛刊续编》第 81 册，第 489 页。

《史记》对一些文献不足的史实，往往采取阙文存疑的方式处理。许薰（1836—1907）以《齐太公世家》中没有交代太公遇文王时的年龄，认为这并非司马迁不够博闻，而是此事无关大旨，故而略记。他还列举历代关于太公见文王年龄的种种说法，说明各家明显相互矛盾。他读了清人钱谦益在文集中对这一问题的所谓定论之后，认为古人尚且不能确定，进而批评钱氏“此出于务考据、夸淹识之意”〔1〕。

至于《史记》的书法，则是其评论人物与史实的依据和方式，以“书法不隐”为代表。《史记》论赞中直接表达了司马迁对人物与史实的观点，但靳德峻总结《史记》还有表达“微词”的内容，其方式包括借议他人，用反写法，引他人语等。如司马迁对汉武帝的很多做法多有微词，但并没有直接表达，只是通过这种叙事方式隐含在《史记》中。如李敏求论道：

> 《太史公书》其不足于武帝者多矣。至于《匈奴传》赞曰：“孔氏著《春秋》，隐桓之间则章，至于定哀之间则微，为其切当世之文而罔褒，忌讳之辞也。”其指意已可见。而至于《封禅书》《平准书》《酷吏列传》，亦太章矣。书成，不敢显诸通邑大都，欲藏之名山，其虑患深矣。然竟不免宣帝之诛，而王允谓为谤书，书何可易言?〔2〕

李敏求认为司马迁在书中隐含地表达了对武帝的不满，是《史记》问世时不敢流布，以及后来宣帝诛杨恽、王允称“谤书”的影响因素。其实，这三者与司马迁的“书法不隐”书法之间，并没有太多联系。而且，所谓不敢彰显，“藏之名山”，并不符合司马迁的意图。《史记》问世时，流布确实不广，但并不是因为受到官方禁毁，而更多的是因为

〔1〕［朝鲜］许薰：《舫山集》卷12《读齐太公世家》，《韩国文集丛刊》第328册，第3页。

〔2〕［朝鲜］李敏求：《读史随笔》卷1，《域外所见中国古史研究资料汇编·朝鲜汉籍篇》史评史论类第1册，重庆：西南师范大学出版社，2013年，第240页。

受当时文本形态的影响。杨恽被诛，也与《史记》无关。至于“谤书”说，是当时王允针对蔡邕“乞黥首刖足，继成汉史”的请求，用司马迁的事例做类比。王允将蔡邕视为“佞臣”，必欲严惩，故对司马迁也有比较严厉的评价。

李象秀（1820—1882）则认为，司马迁这种做法可以说是“节节含讥讽”。他在《酷吏传评》中称，汉代酷吏往往由于“上以为能”而得到升迁，故酷吏的所作所为“皆武帝教之也”。而且，李象秀也将司马迁的这种做法归因为他“身被重刑，其疾吏悲痛之情，不得不然”。[1]姜彝天也指明《匈奴列传》中包含着司马迁对李陵、李广利降匈奴的辩解以及对武帝做法的不满，认为这是“忧慨发愤”的一种表现：

> 《匈奴列传》只记事实，而上下数千百载，中国之所以处夷狄者，其得失自较然矣。其末略记李将军陵能战状，终之以李广利之降匈奴事，而天子之诏捕随。但天子意欲明李广利之降匈奴，非战之罪，亦非广利本心也。其传论之终，又归重重言择任将相。太史公忧慨发愤，尽之《匈奴传》一篇矣。[2]

所谓《史记》列传“节节含讥讽”的说法，是对司马迁“发愤著书”说的进一步解读，但也存在一定的误解。所谓“发愤”，是司马迁对其遭遇的精神上的抗争，也是他撰作《史记》的内在动力，其中不可能没有一丝“愤懑”之情。但这种情绪并非司马迁叙述武帝相关负面史实的直接原因，而更多的是继承《春秋》以来“书法不隐”的良史传统。而且，司马迁能够很好地将个人感情与实录精神结合起来，使《史记》在叙述客观史实的同时，又饱含着作者丰富的感情与思想，具有史书与文学作品两方面的意义。所以，在朝鲜文人看来，《史记》的这种做法，也与《春秋》一字褒贬、微言大义的笔法有异曲同工之处。

---

〔1〕［朝鲜］李象秀：《峿堂集》卷20《杂著·酷吏传评》，第2646册，第66页。

〔2〕［朝鲜］姜彝天：《重庵稿》册3《杂著·读史言》，《韩国文集丛刊续编》第111册，第519页。

3.《汉书》文章逊于《史记》

朝鲜时代所编古文选集，如金锡胄的《古文选》、柳梦寅的《大家文会》等，仿照中国的《文章正宗》《古文真宝》等，所选文章自先秦以至唐宋八大家，并不只选《史记》《汉书》。这种古文选集形成的原因，一方面是《左传》《国语》《战国策》等先秦书籍对于学习古文有一定参考价值，另一方面则在于这些书籍可以与史汉文章互相参看，弥补史汉文章的不足。如洪汝河认为，读《史记》的同时要读《左传》，因为“盖左精而马粗，马疏爽而左工致。读左而不读马，必有涩滞之患；读马而不读左，则踔厉壮浪而欠裁约。必取而相资，然后全其美，而无二者之患也”[1]。柳梦寅也在列举自《孟子》、《尚书》、《汉书》、《国语》、《左传》、《庄子》至韩文、柳文等文章特点之后，指出应当善于学习各家之长，有助于扬长避短。[2]

基于这种考虑，朝鲜文人对各家文章进行了比较，这种比较包括史汉与先秦诸书的比较，以及史汉之间的比较。如车天辂认为，《荆轲传》“秦王贪其势，必得所欲”，《战国策》作“秦王贪其贽，必得所欲”，以《战国策》稍胜。车天辂所引文字或未完全引用，不过其观点有一定的道理，因为前文既有对秦王“窥以重利”，后文则应当是“秦王贪其贽”。在这里“贽”明显更符合语境，而“势”则或属于形近而误。今标点本《史记》此句作“秦王贪，其势必得所愿矣”[3]，显是受“贽”误作“势”的影响，应当予以更正。

徐有榘（1764—1845）好读《战国策》，认为《史记》文章“波澜动荡处”皆学此书。他同时认为，《史记》所载战国史实，也有很多地方与《战国策》不一致的，并以宋人苏轼与鲍彪所举例证说明。但对于《史记》改写《战国策》的文章，他认为符合“多作不如多改，善

[1] ［朝鲜］洪汝河：《木斋集》卷4《答李九成》，《韩国文集丛刊》第124册，第392页。

[2] ［朝鲜］柳梦寅：《於于集》卷5《与尹进士》，《韩国文集丛刊》第63册，第414—418页。

[3] 《史记》卷86《刺客列传》，第2531页。

改不如善删”的标准。[1] 如同写陈轸见犀首事：

> 陈轸曰：“公恶事乎？何为饮食而无事？”犀首曰：“衍不肖，不能得事焉，何敢恶事？”陈轸曰：“请移天下之事于公。”（《战国策·魏一》）
>
> 陈轸曰：“公何好饮也？”犀首曰：“无事也。”曰：“吾请令公厌事，可乎？”（《史记·张仪列传》）

与《战国策》相比，《史记》的叙述明显简洁得多，尤其以“厌事”二字替代“移天下之事于公”七字，也符合犀首的身份。犀首本为魏将，掌管“天下之事”本来就是不可能的。若使他“厌事”，而不是无事，不仅符合事实，而且表达了更为突出的感情色彩。

至于甘罗见张唐事[2]，徐有榘认为《战国策》的叙述虽然通过不断重复张卿“知之”，表现甘罗“欲令其质言而无后辞也”，但已经显得过于铺张，《史记》删改之后，则更加直接。不过，如蔡泽说应侯事[3]，则以《战国策》所叙更为畅明。因此，徐有榘以《史记》对《战国策》“删之而胜，衍之而失”的做法，说明文章并不在于字句繁富，而应当以语简意足为目标。[4]

故而，以不同书籍记载同一史实的文字相比较，成为朝鲜文人评价各书文章优劣的重要方式。这种方式以文字增减产生的效果为比较对象，较少涉及叙事手段带来的改变。由于《汉书》部分内容承袭了《史记》，朝鲜文人关于史汉文章的比较与评论，也集中于《汉书》对《史记》文字的删改方面。如李溆（1662—1723）论《史记》文章，

[1] 此语出自清初人魏际瑞，见《魏叔子文集》外篇卷8《伯子文集叙》，北京：中华书局，2003年，第391页。

[2] 分别见于《战国策·秦三》《史记·樗里子甘茂列传》。

[3] 《战国策·秦三》《史记·范睢蔡泽列传》。

[4] ［朝鲜］徐有榘：《枫石全集·金华知非集》卷2《与宋庄伯书（一）》，《韩国文集丛刊》第288册，第331页。徐氏是朝鲜后期的实学家，编有《林园经济十六志》116卷、《镂板考》等。

“马迁偷庄周，且舞燕蓟刁。虚张神变势，人疑系辞法”[1]。而论《汉书》，“圣言达而已，为文自精约。如何班孟坚，强为太简法”[2]，指明了史汉文章的特点。《史记》的描写往往善于变化，能够传神，而《汉书》则显得更加典雅，其感染力往往不如《史记》。但关于《汉书》改写《史记》的内容，则认为过于简略。

金昌翕则指出《汉书》改写《史记》的一些描写，无论是减字还是增字，都有失误。

> 如《李广传》“终不能复入石”，减其“石”字，则使其神凋丧。如《匈奴传》冒顿之围汉祖，四方马色，一一列书曰青駹马、白马、乌骊马、骍马，四“马”字排得甚壮。而只以一“马”字统之，虽似简省，而气焰则顿减。此则减而失者也。如叙巨鹿之战，“楚兵呼声动天”。只举一“天”字，而军声之直上干云，壮矣。添配以“地”字，则钝重却少力。此则增而失者也。[3]

姜彝天也认为，《史记》叙白登之围时，将四面匈奴骑兵马匹颜色详细描写，“不但笔法错落可喜，冒顿盛大之势，高帝困挫之状，如在目境”。再比如，鸿门宴叙主客君臣坐向方位，“分明如画”，《游侠传》“族郭解翁伯”，《李广传》“广军士大夫哭，一军皆哭”等描写，《汉书》删字后，均不如原文。[4]

安锡儆认为，“班氏增减迁史，多失之迫窄”[5]。如巨鹿之战，楚军攻击秦军，“楚战士无不一以当十，楚兵呼声动天，诸侯军无不人人

[1] ［朝鲜］李溆：《弘道遗稿》卷2《诗·论马史体》，《韩国文集丛刊续编》第54册，第54页。

[2] ［朝鲜］李溆：《弘道遗稿》卷2《诗·论马史体》，《韩国文集丛刊续编》第54册，第54页。

[3] ［朝鲜］金昌翕：《三渊集》卷36《漫录（庚子）》，《韩国文集丛刊》第166册，第183页。

[4] ［朝鲜］姜彝天：《海左集》卷38《马史评》，《韩国文集丛刊》第240册，第190页。

[5] ［朝鲜］安锡儆：《雪桥艺学录·汉书摘解》，第87页。

惴恐”。破秦之后，诸侯“无不膝行而前，莫敢仰视”。连用三个“无不”，看似重复，却写出了楚军及项羽的气势。而《汉书》在描写此段时，则只留一个“无不”，“以一当十”作“一当十”，这种做法反而使原文失去了气势，变得有点枯燥无味。再如楚汉彭城之战，楚军围汉王三匝，“于是大风从西北而起，折木发屋，扬沙石，窈冥昼晦，逢迎楚军”。“于是”二字“非但语气优余，实亦妙紧有言外意”，而《汉书》删之，又去“窈冥”“逢迎楚军”六字，顿觉神气沮丧。

南龙万认为，《项羽本纪》所描写的“南向坐东向坐之形容，当日气像，分王诸将之形容，宰割天下手段，真史迁之奇处”，而班固删之，失之太简。[1] 李建昌（1852—1898）则发出这样的感叹，“恨其（《汉书》）所补处生色动态，不如《史记》之旧”[2]。安锡儆记载其父与人论及《史记》《汉书》对鸿门宴一节的安排与叙事：

> 李德集尝曰：“敢问鸿门事，《汉书》移之《高纪》者，如何?”先人曰：“鸿门之事，不容不载于《高纪》，然当略之，不可详；详之，则其为高祖之辱大矣。鸿门主人实为项羽，而《羽传》不详载鸿门事，则死项羽之气，此则班氏之陋也。班氏之以治安之策载《贾谊传》，以请兵三万人，北举魏，东举燕，燕齐西，与大王会于荥阳一节，载之《韩信传》。盖登坛之策，楚汉长短之说，取天下之经也。请兵之言，先收支辅，后取西楚之策，取天下之纬也。萧何次律令，韩信申军法，叔孙制礼仪，张仓定章程一段，载之《高祖纪》者，皆贤于《迁史》。而史迁《韩信传》合蒯通之事，更觉恢奇雄伟，《汉书》析为两传，而精神意气皆觉沮丧，与此传阙鸿门事，凡为班氏之短实多，此类不可遽数。”[3]

---

[1] ［朝鲜］南龙万：《活山集 · 活山先生语录》，《韩国文集丛刊续编》第 79 册，第 157 页。

[2] ［朝鲜］李建昌：《明美堂集》卷 20《无苟斋李公墓碣铭》，《韩国文集丛刊》第 349 册，第 289 页。

[3] ［朝鲜］安锡儆：《雪桥艺学录 · 史记摘解》，第 59—60 页。

可见，同样是写鸿门宴，《史记》中《高祖本纪》比《项羽本纪》稍略，司马迁或许也有为高祖讳的考虑，但更在于鸿门宴的主人是项羽而非刘邦。至班固则更突出这一点，将鸿门宴一节移入《高祖纪》中，而在《项籍传》中则不详载。可见，从文学的角度来说，《汉书》确实有很多不如《史记》的地方。不过，安锡儆也指出，《汉书》在《高祖纪》中所载史实要比《史记》更为丰富。

以上所举朝鲜文人对《史记》改写《战国策》评价，以《史记》更为文简意足取胜；而对于《汉书》改写《史记》，则认为《汉书》的删改过于简略，失去了原文描写生动的特点。这说明，在先秦秦汉文章中，《史记》既善于铺叙，又质而不俚，属于比较优秀的。正祖比较重视《史记》文章，故所选《史记英选》以《史记》为主，认为"班固之文精切，有胜似马迁，力量大自不及"，《汉书》"为绳墨拘束，故文字外，不见余地，不如子长之豪宕隽洁也"，"马迁文有变化，班固文有矩法"。[1]

《史记》优于《汉书》，不仅在于具体史实的描写，还在于《史记》以比《汉书》更少的文字，叙述了比《汉书》要更长的历史。这种现象与前文所论《史记》描写更为生动似乎相矛盾，但李匡师（1705—1777）认为，这正是司马迁善于"刊削精琢"的结果。而《汉书》对文字的"刊削精琢"痕迹太过明显，《史记》则于不经意间达到了"简当要约"。在这一点上，《汉书》也不如《史记》。《史记》对某一人物或者史实的叙述，往往能抓住其重点，然后进行细致传神的描写，方式灵活，富于动感。[2] 总体来说，朝鲜文人认为，在文章方面，《史记》要优于《汉书》。

然而，《史记》文章这种灵活多变、气势雄健的风格，相对于《汉书》的典雅工整，更为难学。史汉的这种区别，既是各自的优点，同时也可以互相补充，故朝鲜文人也提出需要史汉同读。如赵裕寿（1663—

---

〔1〕［朝鲜］正祖：《弘斋全书》卷165《日得录五·文学五》，《韩国文集丛刊》第267册，第235页。

〔2〕［朝鲜］李匡师：《圆峤集》卷5《答儿论文书》，《韩国文集丛刊》第221册，第492—493页。

1741）常读《汉书》，而其仲兄赵祺寿则认为“子长本色，专在入汉诸传。独取其峻洁之旨，而参以班柳之整严峭刻”[1]，故其文章水平要高于赵裕寿。不过，由于受《汉书》的影响，其文章苍劲有余，色泽不足。这是以《汉书》来约束《史记》的结果，只能是取法乎上，仅得其中。林昌泽（1682—1723）也承认这种方法，“以太史之气势筋骨，班氏节削之，其文尤奇特。虽然，班氏尚简，往往截活龙之尾，孰如太史之全体哉？然只悦太史之浩汗，而不知班氏矩范，则不可矣”[2]。林昌泽的这种观点，是针对崔岦《汉史列传抄》而言。前文我们曾经讨论过，崔岦所选史汉文章，舍弃了《战国策》所载周秦部分。林昌泽认为，《史记》的文章风格很大程度上受《战国策》的影响，因此崔岦的做法并不妥。而且，崔岦不选《货殖列传》，或许是出于“君子不言利”的想法。姜奎焕（1697—1731）也驳斥了这种《史记》不可学的观点。他认为“太史文岂终不可学，特其学之也难。盖自班固氏以下，其规模之密，律令之严，学之也易。如太史文，若无统纪，若无津涯，无不入其中，而爽然自失也，是以其学之也难”[3]。在朝鲜文人看来，《史记》文章难学，需要善于学习诵读，才能够有所收获，而《汉书》相对来说比较易学。从朝鲜时代出现的史汉选本来看，也受这种观念的影响，虽然所选内容以《史记》为主，但史汉同读应当已成为当时文人的一种共识。另外，当时的文人重视《史记》文章，同时又对其中周秦部分有所批评，这种矛盾在崔岦的《汉史列传抄》中表现得最为明显。不过，这种矛盾在此时也得到了调和，如林昌泽提出对《史记》的这部分内容“取其文，不取其意”即可。

不过，《汉书》虽然在文章方面要逊于《史记》，但若从史书的角度来说，《汉书》在史料的丰富性与完整性方面，要胜于《史记》。如

---

[1]［朝鲜］赵裕寿：《后溪集》卷7《仲氏直长公行状》，《韩国文集丛刊》第26册，第154页。

[2]［朝鲜］林昌泽：《崧岳集》卷2《与朴天经书》，《韩国文集丛刊》第202册，第514页。

[3]［朝鲜］姜奎焕：《贲需斋集》卷3《上季舅（辛丑十月十六日）》，《韩国文集丛刊续编》第75册，第217页。

安锡儆认为：

> 《贾谊传》载“治安策”及数疏，《董仲舒传》载三策，《晁错传》载兵事等书为胜，于史迁删定“治安策”，尤为奇至，大胜原作。如《李陵传》用史迁答任安书中一段者，大胜史迁本语。他传亦有胜者。盖后出者易为巧，而且班氏篇篇用精神，而其所为之完书，故润色史迁所未尝致力者，所未尝考成者，得为精采一变耳。如《河间献王传》《孝武本纪》等是也。[1]

这种看法基于朝鲜文人认为《史记》为未完之书的普遍认知。《史记》所采用的史料来源，包括当时的古今典籍、秦朝图书律令、汉代档案、实地考察访古、亲身见闻等，[2] 极为丰富。但或因选择不慎，或者“好奇”，或者资料缺失，或者所谓“十篇有目无文”等原因，造成《史记》在史实记载方面仍有不足。《汉书》则为一朝断代史，有官方支持，所据的资料档案等也较司马迁为丰，故在某些史实上要比《史记》更加丰富。

朝鲜文人对于《史记》体例与创作意图的理解，显示出他们对《史记》列传的熟悉程度比较高，相关评论涉及文章布局、人物刻画、事件描写、遣词用句、主题呈现等诸方面。这种理解更多的是出于归纳文章层次和主旨的需要，并非以分析史料、研究史实为目的。而且，这些内容也显示出，朝鲜文人对于《史记》文章的评论缺乏对全书的整体关注，而更多的是对具体篇目的点评与分析，而且涉及篇目与当时大多数史汉选本所收篇目比较一致。在进行史汉比较时，总结了两书的主要区别与特点，但没有展开全面细致的研究。

二、以义理批评《史记》《汉书》

但是，这种“取其文，不取其意”的想法，并不能使朝鲜文人放弃对《史记》《汉书》的批评，相反，朝鲜文人在肯定史汉文章成就的

---

[1] ［朝鲜］安锡儆：《雪桥艺学录·史记摘解》，第 88 页。

[2] 郑之洪：《〈史记〉文献研究》，成都：巴蜀书社，1997 年，第 149—157 页。

同时，对史汉在义例、书法、史实等方面的表现也有很多不满情绪，产生了一些批评的声音。

1. 良史与不法《春秋》

在朝鲜中后期的经史关系理论中，理学与史学是体用关系，理学是根本，史学是枝叶。而在朝鲜文人对史书的认识中，《史记》《汉书》只是具备"良史"资格，却于义理不明。史书只有如朱子《纲目》那样明义理，严褒贬，尊正统，才可以称为"有史学"。故经书载道，史书记事，史书仅起到验证经传的作用，甚至一些朝鲜文人并不认可日常读《史记》《汉书》的做法。如姜柏年（1603—1681）读四书、马史、庄子、韩碑等书，以"庄固荒唐之说也，马亦闹热之书也，固不宜并论于圣贤经传"〔1〕。因此他也辩解道，自己读《史记》《庄子》，只不过是随意闲读，品评两书"从容自得之趣"。尹拯则直接认为读史汉无益。当时存在儿童以读史汉应对科举考试的做法，尹拯认为，这种方式对于作文提高并没有多少帮助，而应当致力于《论语》《孟子》《近思录》等经传书籍，因为这些是学问的本源，更是文章的根基。〔2〕穷理修身是很多朝鲜文人的日常追求，也是其读书的目的。若日常读书不以经传理学为主，而只读史汉等书，则被认为是舍本逐末。申正模（1691—1742）教育自己的儿子，先读四书，继读史汉。〔3〕吴熙常为其子书桌上有《汉书》而惋惜道："不读一般经书，却取热闹之史书。"〔4〕在他看来，儿童首先要以经传理学培养根本心性，再以史书文章增加其见识意趣，这才是由内及外、由本及末的学习方法。否则，儿童若先接触《史记》《汉书》，则容易被其中一些不好的东西影响，从而不知义理之所在。到了朝鲜末期，这种情况并没有改变。如许薰见到有人抄《左

〔1〕［朝鲜］姜柏年：《雪峰遗稿》卷8《凝清录》，《韩国文集丛刊》第103册，第77页。

〔2〕［朝鲜］尹拯：《明斋遗稿》卷27《与再从弟天纵（丁卯三月七日）》，《韩国文集丛刊》第136册，第54页。

〔3〕［朝鲜］申正模：《二耻斋集》卷3《至日箴示伯儿并序》，《韩国文集丛刊续编》第70册，第371页。

〔4〕［朝鲜］吴熙常：《老洲集》卷12《答闵泰镛》，《韩国文集丛刊》第280册，第258页。

传》《史记》《纲目》等史书以了解史实，评论是非，认为史抄类著作需要先具备“一副正眼藏大金秤”（其实即义理明确），而做到这一点，当然要以经传为根本，“求之经而用之史”。[1]

以上所举朝鲜文人对于日常读史，经常举所谓古人云“经书冷淡，史书热闹”的说法。这一观点是朱子对经史关系的总结。朱子一方面希望后学经史兼看，另一方面由于“后生心志未定，少有不偏，向外去者，此亦当预防也”，故需要先留意于经书，“盖史书闹热，经书冷淡”。[2] 应当说，朱子提出这一观点，目的还是强调以经书为本，经史兼读。只有读经书之后，对史书中人物史实的评价，才能有一个衡量的尺度，不为“热闹”的历史所混淆。同时，对史书上记载的贤愚善恶能够有比较清楚的认识，更能验证经传义理的正确性。不过，有的朝鲜文人似乎对这一说法做了过分解读，认为经传与史书不可兼读，特别是对于本性不定的儿童，更应该先读经传之后，再读史书。或者，无论是编纂还是抄写史书，都应当先明确“义理”，然而在其指导下开展史料整理工作。在这种情况下，史书只能是服务于经传，成为经传的注脚。史书的独立品格已经从属于经传义理，因此《史记》《汉书》的“良史”属性并不如《纲目》的史学价值。

早在高丽末期，朱子《纲目》就成为很多高丽文人心目中史书的标准。这种情况随着程朱理学在朝鲜时代官方思想领域的强化而变得更加突出。《纲目》是最接近孔子《春秋》、义理最正的史书。这种观点在朝鲜早期就已经出现。权近（1352—1409）提出编纂史书文与实的结合问题。“文”即史书的叙事与描写，“实”即史书要表达的笔法与论断。他认为，史书首要的是表达“实”，与其“文过其实”，不如像《春秋》以“以一言断一事”。后世的《左传》虽然为圣人所传，但已经不能准确表达圣人的本意，其文也显得浮夸。而《史记》虽然“以疏荡奇气，发为雄深雅健之文，故称良史”，但不法《春秋》，故“事

〔1〕［朝鲜］许薰：《舫山集》卷15《赵氏家藏史抄序》，《韩国文集丛刊》第328册，第64页。

〔2〕〔宋〕朱熹：《晦庵先生朱文公文集》卷33《答吕伯恭》，朱杰人、严佐之、刘永翔主编：《朱子全书》第24册，第1466页。

多抵牾，是非颇缪”。[1] 这两部史书都有“文过其实”的缺点。不过，他也认为，史书之“文”也不可偏废。史书的文与实的关系，可以表达为以明理为主，而文只需要辞约直书即可，并不需要过多的叙事描写手法。

所以，“春秋笔法”成为朝鲜文人评价一切史书的标准。徐居正进《三国史节要》，其序强调了《春秋》作为“史家编年之权舆”的观点[2]，并认为《史记》始坏“春秋笔法”。而《汉书》之后的历代史书以《史记》为模范，使这种情况更加严重。司马光的《通鉴》正名分，稍稍有《春秋》的遗意。而朱子《纲目》则深得《春秋》微旨。所以，他认为《史记》有“良史”之称，导致后世纷纷仿效。但同权近一样，徐居正也这些史书只是在“良史”方面继承了《史记》，而背离了“春秋笔法”。

朴承任还提出了史书“粹驳”的观点。他评论“子长之《史记》，孟坚之《汉书》，果合于麟经之旨，而无有粹驳欤”，“司马氏、班氏之所撰修《史记》与《汉书》云者，其学识宏深，辞气雄浑，称其有良史之才，固当也。而至于道，则未尝有梗概之所得焉。夫不得乎道，而徒有其才者，其可谓有合于笔则笔、削则削之大旨，无有纯驳于其间欤。而所谓纯驳之可言者，岂有待于赘哉！执事必欲闻其详，则后六经，先黄老，进奸雄，退处士，迁之不直乎道者然也；排节义，枉正直，而不叙杀身成仁之美者，固之徒有其才者然也”。[3] 对《史记》的评论本于班固对司马迁的评语，而对《汉书》的批评，本于范晔在《后汉书·班固传》中的赞语。所谓史书之“粹驳”者，朴承任认为要“得乎道”。这个道就是“笔削大旨”。在他看来，不仅《史记》不符合“道”，《汉书》《通鉴》都不是严褒贬、明正统的史书。他认为的史书

[1] ［朝鲜］权近：《阳村集》卷16《送裴仲员修撰晒史七长寺序》，《韩国文集丛刊》第7册，第168页。

[2] ［朝鲜］徐居正：《四佳文集》卷4《三国史节要序》，《韩国文集丛刊》第11册，第214页。

[3] ［朝鲜］朴承任：《啸皋集》卷4《续集·史记》，《韩国文集丛刊》第36册，第368页。

应该“本之春秋，以立其标准，参之迁、固，以助其辞气，而斟酌涵泳于诸儒之法度，则无者有而不赡者赡矣”[1]。至于他心目中史书之纯正者，孔子作《春秋》，为万世史家之标准。

不仅是史书需要“本之《春秋》”，对于史书的编纂者，朝鲜文人也认为需要秉承《春秋》。黄俊良提出了史书编纂者应该具备的史学、史才与史节。

> 然则多闻强记，多见能识，谓之学可乎？操觚弄翰，顷刻万言，谓之才可乎？柔则茹之，刚则吐之，谓之节可乎？学究天人，识通古今，善观圣人之德，善言帝王之行，然后始可谓之学也。事物条贯，不失伦类，编摩极品藻之工，好恶明是非之鉴，然后始可谓之才矣。持公论之权衡，去私意之取舍，立心不回，正辞直笔，然后始可谓之节矣。[2]

以这种标准来衡量自《春秋》以来的史书，在他看来，《春秋》乏史才，《史记》《汉书》则无学无节，《通鉴》也于三者有亏，而朱子《纲目》则兼三者之长。至于《史记》何以不法《春秋》，尹愭（1741—1826）认为，主要在于司马迁以私意将《史记》作为“自家诉冤泄悲之具”[3]，这当然与《春秋》褒贬笔削大旨相违背；并且，《史记》变编年为纪传，究天人之际，成一家之言，文章奇伟跌宕，这些优点不可抹杀，但其在义理方面的谬误，需要读史者仔细辨别。

朝鲜时代君臣也曾在经筵上讨论司马迁以私意评价史实的书写方式。英祖三十九年（1763）经筵，读《孝武本纪》，英祖对此篇只记封禅事感到很奇怪。有文臣并不知此篇节自《封禅书》，回答曰：“此马

---

[1] ［朝鲜］朴承任：《啸皋集》卷4《续集·史记》，《韩国文集丛刊》第36册，第369页。

[2] ［朝鲜］黄俊良：《锦溪集》卷8《外集·对策·问史才得失纯驳》，《韩国文集丛刊》第37册，第197页。

[3] ［朝鲜］尹愭：《无名子集》文稿册8《司马史记》，《韩国文集丛刊》第256册，第333页。

迁挟私憾而讥武帝也。”有文臣称《史记》曾被当作“谤书”。又有文臣以司马迁受腐刑，故挟私“诽谤”其君。英祖认为，汉武帝多善政，但《史记》只记载封禅事，以人臣而议君，以私意作史，大为不敬。此后，英祖取《汉书·武帝纪》观之，认为与《史记》不同。[1]这其实也是批评《史记》不法《春秋》，不遵义理，从而对人物与史实的评价缺乏一个正确的衡量标准。

可见，《春秋》书法是很多朝鲜文人认为的史书编纂标准的重要方面。但也有文人对《史记》的《春秋》书法予以肯定，安锡儆将《史记》中的一些词句摘出，认为司马迁所述一些内容符合《春秋》书法。

> 《荆轲传》曰“把秦王之袖”，曰“逐秦王”，而曰“擿秦王不中”者，固为史笔，而抑燕齐存故耳。及既灭燕齐，并天下为皇帝之后，而叙高渐离事，亦曰“举筑扑秦皇帝，不中”，与《留侯世家》“狙击秦皇帝”同一笔法，信乎得之《春秋》。如《项羽本纪》记义帝郴县之封，不入于分王之中，且不曰“封”曰“徙”，此亦得《春秋》之书法者也。[2]

安锡儆以《春秋》“一字褒贬”的标准衡量《史记》中记载史实的个别词句，将二者等而视之，显示出《春秋》书法在他心目中的重要地位。其实，以上所列《史记》叙事的词句，应当只是司马迁“实录”精神的体现，并不能与《春秋》书法等同。

高圣谦（1810—1886）则认为，司马迁作《项羽本纪》，其中称“项羽”而不称“霸王”，是为“贬”；称“本纪”而非“世家”“列传”，则是对项羽事迹的“褒”。这一贬一褒，可见司马迁深得“春秋笔法”。[3]

可见，朝鲜文人用《春秋》这把“尺子”来衡量《史记》，将是否

---

〔1〕《英祖实录》卷102三十九年十二月二十三日，第35a页。

〔2〕［朝鲜］安锡儆：《雪桥艺学录·史记摘解》，第53—54页。

〔3〕［朝鲜］高圣谦：《角里集》卷12《项羽本纪论》，《韩国文集丛刊续编》第130册，第211页。

合乎“义理”作为评价《史记》文本优劣的标准。所以，他们一方面批评司马迁的“发愤著书”，不符合“春秋笔法”；另一方面，又肯定《史记》的“书法不隐”，一字褒贬与《春秋》一致。这种认识出于对“发愤著书”说的错误理解，也是基于对“春秋笔法”的推崇。

2. 文道一体

不过，相对于从经史关系角度对《史记》《汉书》的批评，大部分朝鲜文人从古文学习与写作的角度，对史汉文章作出了肯定，只不过一再强调文章要本于道。俞肃基（1696—1752）认为治古文离不开读《史记》《汉书》，但他认为学问与文章仍有内外主次之分。读书需以圣经贤传为本，史汉文章只不过是为了祛除文章“陈腐之病”。日常读书不可本末倒置，以读“太史公粗浅之书”为主。[1]《史记》的“粗浅”表现在朝鲜文人所认为的与儒学相悖的种种。如朴胤源（1734—1799）以《游侠传》引韩非“儒以文乱法”，称“其与吾儒相反可知。其文虽雄，岂若韩欧之有识乎”。[2] 洪直弼评论《史记》“即其文章，冠冕千古，而惜未闻君子之大道，故种种丑差，皆从此出”。所谓“丑差”，包括以下内容：

> 马迁进游侠而退儒学，至以为博而寡要，劳而无功，虽有激于孙弘辈而云尔，亦可谓儒门之罪人也。论六家则舍儒而取道，述殖货则先利而后义，传任侠而证圣作奸，来喻发马迁真赃，殆无余蕴，令人快矣。盖不知儒术，故处儒者于六家之一，固已寡识。而嵬然自居以夫子删述，亦见其不自量也。[3]

洪直弼认为，《史记》的种种做法，都在贬低儒学。他还认为，司

---

[1] ［朝鲜］俞肃基：《兼山集》卷6《答从子彦淳》，《韩国文集丛刊续编》第74册，第304页。

[2] ［朝鲜］朴胤源：《近斋集》卷24《贞智录》，《韩国文集丛刊》第250册，第482页。

[3] ［朝鲜］洪直弼：《梅山集》卷17《答朴季立（丙子元月）》，《韩国文集丛刊》第295册，第404页。

马迁甚至以继承孔子删《诗》《书》、作《春秋》为己任，与圣人平起平坐，以继圣自居，不自量力。郑宗鲁甚至将司马迁与班固都归为“是非有颇谬于圣人”，但也肯定其文章“彪炳尔雅，使人手舞而足蹈”，能够流传千年，成为后人学习效仿的古文典范。[1] 朝鲜末期文人郭钟锡（1846—1919）则明确指出，人们喜读史汉文章，并不代表认可其议论史实的标准。他也以“是非颇谬于六经故也”总结其中原因。[2]

由此可见，朝鲜文人对《史记》所谓“是非谬于六经”的批评，仅仅是沿用班固评论司马迁的论调，并没有太多新意。或者说，只是为批评而批评，朝鲜文人实际上的观点并非这样。相对来说，桂德海对《史记》的评价则更加恰当地表达了朝鲜文人的一种普遍态度。他认为，“史迁善记事而不知纪，善陈事而不能断，有良史之才，而不达君子之道”[3]。“纪”应当是指导“记事”的法则，而“断”则是说“陈事”要寓褒贬。这种论断肯定了《史记》在文章叙事方面的成就，同时对其在史学方面的缺点进行批评。桂德海还提出“太史公之文章，其可谓进于道矣”。这里的“道”是文章之“道”，与前文的“君子之道”并不相同。所谓文章之“道”，桂德海用一种理学的词汇来解释，“盖太极二气五行，静而未发，则浑然一团而已。及其动而赋于草木，则白者紫者，圆者歧者，甜者酸者，任其本物之自然化生，而种种各殊。合众殊，然后天地之工大全”。[4] 简单来讲，就是《史记》文章能够集大成，包罗万象，又能气势雄奇，质而不俚，不同凡响。所以，文与道不可或缺。《论语》《孟子》载“道德”之道，《春秋》载王道，而《史记》载文章之道。为文章者不可使文与道相分离，但也要区分不同的“道”。朝鲜末期文人任宪晦（1811—1876）将司马迁比作“文

---

[1] ［朝鲜］郑宗鲁：《立斋集》卷 26《汇纂丽史序》，《韩国文集丛刊》第 253 册，第 444 页。

[2] ［朝鲜］郭钟锡：《俛宇集》卷 74《答河叔亨（己酉）》，《韩国文集丛刊》第 342 册，第 97 页。

[3] ［朝鲜］桂德海：《凤谷桂察访遗集》卷 7《经说·论经史》，《韩国文集丛刊续编》第 78 册，第 506 页。

[4] ［朝鲜］桂德海：《凤谷桂察访遗集》卷 7《经说·读太史公书》，《韩国文集丛刊续编》第 78 册，第 506 页。

章中孔子"，将韩愈比作"文章中朱子"。[1] 孔子是先秦思想文化集大成者，司马迁《史记》也是先秦文章的集大成者，两者在这一点上确实有相通之处。而韩愈则强调"修其辞以明其道"。柳宗元承其说，提出"文者以明道"。北宋欧阳修则进一步发展，提倡"明道致用"。宋人周敦颐提出"文以载道"，以韩愈的思想为源头。

所以，朝鲜文人肯定《史记》文章时，强调要本于六经，这一点没有问题。但在肯定的同时，批评《史记》"是非谬于六经"，则是受当时社会对史书认识的影响。由于当时朝鲜君臣对朱子《纲目》的推崇，以及对"春秋笔法"的教条式的理解，很多朝鲜文人认为史书表达义理要重于叙述史实，并用这一标准来批评《史记》《汉书》。

但也有朝鲜文人肯定《史记》文章的成就与司马迁的经术学识有关。如崔昌大称以往认为《史记》的文风与司马迁的游历有关，但他认为天下善游历的人有很多，不是每个人都能像司马迁一样能著述。从司马迁的自序来看，他不仅以继承六经为已任，而且能讲《春秋》，明孔子作《春秋》之旨，可谓有经术。"进孔氏为世家，而绌老庄与申韩同列。表章吴泰伯伯夷，以存托始之义。叙平准、封禅，所以刺讥当世者悉中病"，可谓有学识。"考三代之遗事，征圣贤之旧迹"，可以广见闻。[2]

因而，同样是对《史记》的评价，很多朝鲜文人引班固的观点对《史记》文章进行批评，崔昌大却反其道而行，认为其文章本于经术，其所谓司马迁有学识的论点，正可以驳斥班固。这种区别在于，大多数朝鲜文人推崇的"古文"，其实已经是唐宋以来的"儒者之文"，故以儒者的角度来看《史记》文章，自然有许多不足之处。崔昌大从《史记》文本入手，结合司马迁的学术思想，得出了其文章有经术和学识的结论。

可见，朝鲜文人在此更多将《史记》《汉书》视作文学文本，并以

---

[1] ［朝鲜］任宪晦：《鼓山集》卷19《梅山先生语录》，《韩国文集丛刊》第314册，第445页。

[2] ［朝鲜］崔昌大：《昆仑集》卷6《送尹惠甫晒史赤裳山史阁序》，《韩国文集丛刊》第183册，第102页。

"文道一体"的正统文学观念进行评论。不过，文学文本是文字的组合，借助于文本创作的各种方法（即写作技艺）以表达意义，并被人们接受、理解、评论。在这一点上，《史记》《汉书》（特别是《史记》）具有高超的水平和成就。而且，《史记》《汉书》作为历史文本，具有"事、文、义"三方面的表现，不仅包含各种文学技艺，还存在"五体"等史书体例，因而其在文章之道方面可以作为参考。但是，"文道一体"的正统文学观念，在于为圣人立言传道。这里的"道"就已经不是文章之道，而是代表正统的政教圣道。六经是中国政治、史学、文学、思想等领域的文本典范，"立言传道"是六经文本形成的基本源头之一。所以，在以理学为政教指导思想的朝鲜时代，"文以载道"成为朝鲜文人的一种普遍认知。在这种前提下，以《史记》《汉书》为代表的历史文本，不仅可以为"文以传道"提供相关历史题材与叙事参考，作为文学经典的文言文本自然也会受到这种正统观念的审视。

3. 史汉篇目体例失当

前文我们讨论了朝鲜文人对《史记》作为"良史"的肯定，以及对《史记》不法《春秋》的批评。其实，关于后一点，从司马迁本人在《太史公自序》里的说法及朝鲜文人对《史记》叙事的评论来看，明显是不符合实际的。《史记》对《春秋》的继承，主要表现在《史记》的创作背景和目的与孔子删《春秋》相似；与《春秋》"尊王攘夷"相似，《史记》也对历史上尊周、尊汉的人物行为加以肯定；《春秋》有褒贬笔法，提倡直笔，《史记》则寓褒贬于叙事，秉笔直书，不虚美，不隐恶；孔子"述而不作"，《史记》则以"述故事，整齐其世传，非所谓作也"为己任，参考了大量资料，保存了先秦、秦汉史实。[1] 而朝鲜文人批评《史记》不法《春秋》的主要依据，在于《史记》没有按照义理来安排史料，从而显得义理不明；对一些人物史实的评价，也看似出于"私意"。这明显是以《纲目》之类的史书标准来苛求《史记》，有失偏颇。《史记》《汉书》并非没有义理，只不过这种义

---

〔1〕 赵生群：《〈史记〉与〈春秋〉》，《兰州大学学报（社会科学版）》，1986年，第4期。

理是司马迁、班固所处时代的标准，有其合理性。

《史记》"五体"是司马迁在前代史书体例基础上的创新，而篇目次序的安排也有自己的考虑。《汉书》体例则为后世纪传体史书所延续，而且《汉书》已经对《史记》"进项羽、陈涉而黜淮南、衡山"的做法提出了批评。但在朝鲜文人看来，《汉书》同《史记》一样存在体例失当的问题。如《御定宋史筌义例》既肯定两书"变例"有一定参考价值，如"马迁作《史记》有书，故班固系之作曰书……"，"律历之法数本不可牵合，故马迁分为二书……"，"马迁既作《天官书》，班固变书为志，皆天官曰天文……"；同时，又批评史汉"失例"，如说"马迁《礼书》专袭《戴记》，浪说精粗，而又别为《封禅书》，已失之矣……"，"马迁作《平准书》《货殖列传》，而自班固合之为《食货志》，其于马迁之意已失之……"，"有国之不可去者，兵与食，而自班马独阙兵志……"，等等。

朝鲜末期文人梁进永（1788—1860）认为《史记》在篇目编次上的问题有多处，并指出他所认为正确的顺序。

> 《史记》一部是太史公发愤之作也。其所载之详略，序次之先后，颇有缪戾。今当取羲农二帝事为本纪，而列于黄帝之上。吕后事附于惠帝，而以惠帝立本纪。项羽置之陈涉之下，以为世家。孟子不当与荀卿列传，而书于仲尼弟子之后。仲尼弟子不别立传，而次列于《孔子世家》之末。贾谊、董仲舒事则兼录《治安》《天人策》。《匈奴》《西南夷传》退置列传之终，以示华夷之别。《乐书》《龟策传》别录于自序之后，俾知他人之补缺。则读是书者，庶几无憾于作者矣。[1]

《史记》篇目的编次，唐人司马贞也指出《汲郑传》不当在《西南夷传》后，《大宛传》不当在《游侠》《酷吏》二传之间。金人王若虚则提出"凡诸夷狄，当以类相附"的说法。又据清人赵翼所论，"盖成

[1] ［朝鲜］梁进永：《晚义集》卷10《史记编次序》，《韩国文集丛刊续编》第119册，第403页。

一篇即编入一篇"[1]，并非成书之后，再按一定标准重新编排。梁进永指出某些篇目或许由于这种原因，出现在"不应该"出现的位置。但《史记》的合传大多有其深意，并非随意安排。[2] 在朝鲜文人心目中，史书不仅要表达义理，甚至篇目的安排、史料的选择，都需要按照义理进行。这种史书已经不能被称作史家之史，而应当被看作儒者之史。朝鲜文人以这种眼光来看待《史记》《汉书》，自然不会考虑当时的历史背景，而仅从是否符合儒家义理的角度来衡量史书，故会对体例与篇目安排等方面提出批评。

4. 司马迁非儒者

《史记》记载上古及先秦历史时，引用了大量先秦古书，班固称之为"协六经异传，齐百家杂语"[3]。靳德峻指出《史记》引用古书的方式有五种，但可以归纳为引用多非原文。朝鲜文人在阅读《史记》时，不仅会对周秦权谋之文与褚少孙补撰内容持批评态度，而且对《史记》所引古文，也认为改写有不妥之处。洪良浩承认司马迁改写古文的做法，但认为《史记》所改的某些经文与原文相比差别比较大。如《尧典》之"克明峻德"作"能明驯德"，"平章百姓"作"便章百姓"，"平秩"作"便程"，《舜典》之"惟明克允"作"能信"，"直哉惟清"作"维静洁"，《禹贡》之"九江孔殷"作"九江甚中"，"大陆既作"作"大陆既为"，"云土，梦作乂"作"云土，梦为治"，种种

---

〔1〕〔清〕赵翼：《廿二史札记》卷1《史记编次》，曹光甫点校，上海：上海古籍出版社，2011年，第7—8页。清人汪之昌对赵翼的观点进行了批驳，见《青学斋集》卷14《史记列传编次先后有无义例说》。朱东润先生也以《史记》本有编次义例，只不过后来因文本窜乱，故有不可解之处。（《史记考索》，上海：华东师范大学出版社，1996年，第21—22页）

〔2〕《史记》本纪、世家、列传基本依时间顺序编排，另外还有一些特例，如世家中的孔子、陈涉、外戚等，此外还有以类相从、牵连顺排、侧重为次、对比见义等凡例。（朴宰雨：《〈史记〉〈汉书〉比较研究》，北京：中国文学出版社，1994年，第169、183页）

〔3〕《汉书》卷62《司马迁传》，第2724页。

改作，或失原意，或反俚俗。[1] 这种批评建立在尊崇六经古文的基础上。这种尊崇有经学与文章两方面的含义。《史记》文章虽然也是朝鲜文人比较赞赏的“古文”，但司马迁并非儒者，不擅长经学，只将六经变为史料并加以改作，相对于六经古文来说，又不能后出转精。

姜彝天则认为司马迁改《尚书》艰深古奥为浅近易晓的做法，并无不妥。《史记》所引《尚书》文字，与通行本不同。或者司马迁以当时所见古本加以润改，以作为记事之用，这是出于《史记》叙事的需要，并没有必要怀疑司马迁将经传变得俚俗。[2] 所以，也有一些朝鲜文人对《史记》种种“谬于六经”的做法给予理解。如正祖《全史铨评》序认为，自《史记》以来，正史多以论赞评论人物史实，“以一人之智，评一代之人，衮钺未必尽公，矛盾未必尽合”，故对于《史记》也不能苛责。[3]

李德懋肯定了《史记·儒林列传》的贡献，但批评司马迁将儒家列入九流，认为据此可知司马迁非儒者。[4] 他认为，所谓儒者，有究极性理之儒，有饬砺名行之儒，有博闻著述之儒。无论何种儒者，都以尊崇孔子为第一义，奉儒家思想为圭臬。《史记》将孔子列入世家，已经有尊孔的意思。至于将儒家列入九流，则是以史学家的标准客观叙述当时的史实，二者并不矛盾。对于这一点，朝鲜文人并非不了解，只不过在他们眼中，真正的儒者是以程朱理学为代表的宋儒，而非司马迁所记载的汉儒，故以宋儒的观念来苛求《史记》所载司马迁对他所处时代的记录，明显有失偏颇。

关于班固对《史记》“先黄老而后六经”的批评，李夏坤（1677—1724）认为司马迁的这种做法有其隐情。《老庄申韩列传》中将四人同

---

[1] ［朝鲜］洪良浩：《耳溪集》卷17《太史公改古文论》，《韩国文集丛刊》第241册，第309—310页。

[2] ［朝鲜］姜彝天：《重庵稿》册3《杂著·读史言》，《韩国文集丛刊续编》第111册，第519页。

[3] ［朝鲜］正祖：《弘斋全书》卷56《杂著三·题全史铨评》，《韩国文集丛刊》第263册，第372页。

[4] ［朝鲜］李德懋：《青庄馆全书》卷21《编书杂稿一·读宋史儒林传》，《韩国文集丛刊》第257册，第299页。

传，《韩非子》中又有《解老》《喻老》两篇文章，后世很多学者将此理解为以老庄代表的“道家”与以申韩代表的“法家”，二者在思想上有渊源关系。但“太史公曰”论韩非“惨礉少恩，皆原于道德之意，而老子深远矣”，李夏坤以此说明，司马迁是以此“斥老氏”。更进一步说，司马迁是为了掩盖“右老左儒”的本来面目，向武帝表章六经表示迎合，为此不惜将本来没有关系的老庄、申韩强为同传。但是，司马迁斥老庄并非出于本意，仍是不得已而为之。因为他不可能违背其父司马谈尊信老庄的做法。而且，从司马迁对韩非的批评来看，他也并非不知“道德流而为刑名”。如果只载老庄而不及申韩，也是完全可以的，但司马迁仍以四人同传，只是为了向武帝表明斥老子的态度。从儒家的角度看待老子的学说，有很多可以批评的地方，但司马迁都没有采用，而是将申韩与老子联系起来，以批申韩间接批老子。这样既避免违背父志，又可以向武帝表明态度，一举两得。对于引用《韩非子》中的《解老》《喻老》两篇，李夏坤认为并不能说是祖述老子。所以，说“申韩出于老子”并不准确，班固对《史记》的这种批评并没有道理。〔1〕

李夏坤并非无缘无故地评论“申韩出于老子”说，一方面，宋儒苏轼、程颐对这一问题也有过评论。苏轼《韩非论》仍以老子申韩本于道德为观点，认为老子的清静无为，使世间缺少仁义礼乐，进而有申韩以刑名治天下。而程颐认为申韩“其原乃自老子来”〔2〕，如《老子》“将欲夺之，必固与之”，已经涉及权诈之谋。李夏坤认为，司马迁若以此来斥老子，要比斥申韩显得更加直接。另一方面，他还是在批评司马迁出于私意，将本来不相干的人物和史实强行联结，并不符合儒者应该具有的君子论人之道，即“可尊者尊之，可斥者斥之。如画工之写真，其妍媸老少、长短肥瘦，各随其人之定形，而不可以私意有所增减

〔1〕［朝鲜］李夏坤：《头陀草》册14《申韩出于老子论》，《韩国文集丛刊》第191册，第479—481页。

〔2〕〔宋〕程颢、程颐：《二程集》卷18《伊川先生语四》，北京：中华书局，1981年，第235页。

变易也”[1]。

郑象观（1776—1820）也认为，《史记》“先黄老而后六经”等一系列看似矛盾的方面，应当从司马迁所处的时代及其言行的实际情况来理解。

> 余谓睹太史公者，亦论其时与观其行事而已。汉兴，文帝喜黄老，躬玄默以化天下，其相文终曹参以清净相守，七十余年之间，海内晏谧，有古刑措之风。及孝武彬彬，以六经儒术，议明堂，改正朔，方六五帝而四三王也。公孙弘、兒宽之徒，相与玉佩长裾，揖让称先王于廊庙之上，而天下靡然，困于征役，几乎危亡。迁有感焉，以为六经虚名，不如黄老无为有实化，故其自叙云尔。至其见之于书，则尊孔子于世家，而黜老氏于韩非、商鞅之间。武帝以雄略驾世，用法严刻，群下有一言忤旨，即下吏诛，而朝廷碌碌。方魏其、灌夫之时，有汲长孺、郑当时在也，帝犹责其局促，如辕下驹，况其余敖而无足数者，士大夫将骈首无能出气义者。而当是时，征伐兴而聚掊急，则其免者惟有货耳。迁遭李陵之祸，家贫，又无交游救，卒陷腐刑。迁即感愤嘘唏，进朱家、郭解之侠，而曰士穷窘而得委命，岂非所谓贤豪间称白圭、猗顿之富，而曰千金之子不死于市，以自伤悼者叹慕之，不能无溢美焉。然其见之书，则又不然。荆轲、聂政，游侠之雄耳，年表书盗。陶朱，天下言富者称焉，并其事越之奇，而不得与齐管仲、吴伍员特为立一传。子贡本传又言废居事，有深贬者。呜呼！此皆其微意也。扬雄曰：仲尼多爱，爱仁也；子长多爱，爱奇也。盖迁为人多爱不忍，故滑稽、佞幸、龟策、日者之伦，犹皆往往称其所长，况黄老乎？至如货殖、游侠，抑其趍时急人之知与义，莫不各有奇伟卓绝者，存而考其世与其所遇，又当有感愤激烈贤哲之所不免耶？《史记》断自唐虞以下，讫于麟止，而曰自周公卒五百岁而有孔子，孔子卒至今五

[1] [朝鲜] 李夏坤：《头陀草》册 14《申韩出于老子论》，《韩国文集丛刊》第 191 册，第 479 页。

百岁，迁自任过矣。然其归重要在于周公、孔子。若是而曰论大道而先黄老，岂迁之情哉？若是而徒欲慕势利而进奸雄也，迁自任之意又安在也？豪杰之士，雄才神气，方跌宕上下，千古自恣也。而观者徒以其有时者而论列之，是见龙之沉蟠而责不能灵者也。[1]

可见，郑象观将《史记》中的各种矛盾之处，归结为司马迁出于对武帝高压政治的触忌，既有因自身遭遇而产生的感愤之情，又有以孔子六艺之道知人论世，故不能以儒者的标准来要求。另外，《史记》列传不拘泥于传统，为各种小人物作传，使其事迹流于千古。这或许与司马迁爱“奇”有关，但更重要的是，当时各种人物所具有的奇节异行，能够让司马迁产生同感，并在这些人物传记中融入自己的身世和感情。这种写法本身就已经超越了史书的范围，使《史记》文本的力量更加强大。所以，朝鲜文人对于《史记》“先黄老而后六经”的批评，延续了班固所谓“史公三失”的论调，站在程朱理学的立场上，批评司马迁非儒者，已经谙于司马迁的本意。同时，也有一些朝鲜文人看到了司马迁所处的时代及其文化背景的特点，从《史记》文本出发，解读出司马迁创作的一些隐含的意图。在这一点上，朝鲜文人对司马迁非儒者的批评又可以视作替司马迁辩解，或者是一种肯定的态度。

5. 批评《汉书·古今人表》

朝鲜文人对于司马迁非儒者的评价，似乎是在批评，实际已经表现出对《史记》一些内容的理解。李夏坤对司马迁将老子与申韩同传原因的解释，并不认为《史记》在抬高黄老，贬低六经。朝鲜文人批评《史记》出于私意撰史，并借用班固的观点，最终还是归结为司马迁没有以儒者之“道”来撰文与著史。这里的儒者当然是以宋儒为代表的性理学者。因此，朝鲜文人对《史记》的批评很少针对具体内容，而大多是泛泛而谈。有的朝鲜文人甚至认为，相对于班固对《史记》的批评，《汉书·古今人表》更是“颠倒荒谬”。

---

〔1〕［朝鲜］郑象观：《谷口园记》卷5《读书随札·读马史下》，韩国学中央研究院藏书阁藏1928年木活字本，第32b—34a页。

《古今人表》的时间跨度从上古至秦末，不列西汉人物。历代学者对《古今人表》多有批评，如张晏论其列等错谬，刘知几讥其失断限及有古无今[1]，而颜师古则认为，《古今人表》对古人进行分等归类，有的与后世文献不同，但也没有必要更正，只需以此知“古帝之号”即可。颜师古将此表作为古代人物名号记录簿，并不特别重视其人物九等划分的问题。郑樵认为《古今人表》出于班固个人私见。清人钱大昕、周寿昌等则认为，此表断自秦末，更多是为了以古鉴今。至于不列举西汉人物，是为了避免有讥评当世之嫌。刘咸炘引蒋湘南说认为此表是《汉书》继《史记》所阙而作，其中对人物的分等难免失当，有些错误也是传写过程中形成的。故《古今人表》的问题不在于人物分九等是否合理，而是“人表之失，不当以九格定人，强分位置，圣人智愚，妄加品藻，不得《春秋》谨严之旨”[2]，即这种将古代人物按“仁圣智愚”的标准分等划分的做法，本身就是不妥的。

朝鲜文人对《古今人表》人物分等问题追究最多。宋相琦（1657—1723）以司马迁为“大儒”，认为《老子韩非列传》实际是对汉初至文帝以来黄老之风的讽谏。而《刺客列传》中，豫让杀身报主，符合忠君之义，应当给予更高的评价，称为义士，不与荆轲、聂政等同列。但司马迁仍将其列入刺客，宋相琦认为，在于豫让“众人国士之说，大违于人臣事上之道”[3]。这种“道”即“忠臣不事二主”。据此，宋相琦认为司马迁有见识，可称“大儒”。若以儒者之道看待《汉书》，则此书同样也有体例上的缺点，尤以《古今人表》在这方面的错误太多。

张维（1587—1638）以“班固作《古今人表》品第升降疏谬无据”为题，指出班固所分九等人物，有不合理之处，如左丘明、屈原、渔父、蔺相如、叔向之母列于上中，与伊尹、傅说、颜回、闵子骞相同，

---

〔1〕〔唐〕刘知几撰、〔清〕浦起龙通释：《史通通释》卷3《内篇·表历第七》，第54页。

〔2〕施之勉：《〈汉书〉集释》，台北：三民书局股份有限公司，2003年，第1365—1367页。

〔3〕［朝鲜］宋相琦：《玉吾斋集》卷17《南迁录下》，《韩国文集丛刊》第171册，第564页。

而曾子降于上下。纣与妲己居下下，而桀、末喜升在下中，“品第升降，无据如此”。[1]

姜必孝在张晏、张维的基础上，又指出《古今人表》更多疏谬之处。如上中自管仲以下二十五人，只有蘧伯玉、吴季札、左丘明、颜渊、闵子骞、子思、孟子符合，其余应当列入上下与中上。曾子处于上下，与范蠡、翟璜、乐毅、廉颇、王翦等同列，更不应该。故姜必孝提出新的分类方式，即“一切以道学门类”[2]，以五帝三王周公孔子为上上，以此类推，方可称为严谨。姜彝天认为班固对《史记》的批评，虽然有一定道理，但《古今人表》对古代人物的分等与评论显得“怪谬悖妄，不成伦理”[3]。所以，在这一点上，班固比司马迁更甚。

再比如正祖对《汉书·古今人表》的批评，认为不应该将古今人物强分九等，对人物等级的安排也是错误很多，不可胜举。如：

> 屈原、渔父、少连、蔺卿与子思、孟子并列第二，而夏桀、末嬉犹置第八，凡此皆其乖错也。不知七十子之载前史，而伯鱼、展禽灼然于传记。又不知求玉与受璧，咸一、虞公得罪与争国，皆此蒯聩。凡此皆其疏谬也。且如殷之先公多第五，周之先公多第六，夏商中叶之主行事，不少概见，而倏上倏下，又何所据耶？[4]

正祖对《古今人表》的批评，也是认为该表对人物“仁圣智愚”为标准的划分不准确。如子思、孟子等为理学家所重视的圣贤，不应该与屈原等人并列；而夏桀、末嬉等应当列为末等。不过，正祖对《古今人表》的评论，很大程度上受中国学者的影响，如认可张晏、郑樵的批

---

〔1〕［朝鲜］张维：《溪谷集》漫笔卷2《班固作古今人表品第升降疏谬无据》，《韩国文集丛刊》第92册，第595页。

〔2〕［朝鲜］姜必孝：《海隐遗稿》卷16《书班固古今人物表后》，《韩国文集丛刊续编》第108册，第329页。

〔3〕［朝鲜］姜彝天：《海左集》卷38《马史评》，《韩国文集丛刊》第240册，第190页。

〔4〕［朝鲜］正祖：《弘斋全书》卷165《日得录五·文学五》，《韩国文集丛刊》第267册，第236页。

评。以上所引内容，自“不知七十子”之后，完全抄录自清人马骕的《绎史》中有关内容。〔1〕正祖甚至命人“取内府所藏《汉书》诸本，一切剔去此篇，可谓为班生掩丑矣”。

但有的朝鲜文人对《古今人表》的评价，并没有局限于以儒家伦理来关照表中的九等人物划分，而是试图从此表文本入手，进行解释与研究。如李瀷认为《古今人表》为班固依据周秦典籍编纂而成，其人物分等有一定的依据，有助于后人了解和评价古代人物。后人借此表的记载，能够对一些年代久远、事迹不详的人物的贤愚有所认识：

> 帝挚，尧兄也。其亡国也，其事不传，或者贤而为权奸所废也。敤手，舜妹也，亦恐嚚母之女，而为舜之助，其完廪浚井，先事有备也。平王弑父，斧钺甚严也。鲧妃女志，必为方圯之助者也。尹谐死于名，人或疑其不当杀，孟坚必见其怀诈盗名，其恶更甚也。〔2〕

由此可见，《古今人表》的人物分等并非完全没有依据，任意为之。李瀷还认为，《古今人表》类文献并非班固首创，而是先秦时期已经存在类似典籍。又引《史记·李将军列传》“元狩二年中，代公孙弘为丞相。蔡为人在下中。《索隐》案：以九品而论，在下之中，当第八”，认为古代评价人物，有籍簿著录，有专人负责观察其“德行道艺”。〔3〕

洪奭周则对班固表示理解，认为他以一人之力品评历代人物，难免有失。同时，对张晏注所论《古今人表》中的错误进行反驳：“夫张晏讥班氏之以老子为第四，而今本居第一。讥其贬鲁仲连、蔺相如于第五，而今本居第二。讥其置嫪毐于第七，而今本不见嫪毐。”〔4〕所以，

---

〔1〕〔清〕马骕：《绎史》卷160《古今人表》，北京：中华书局，2002年，第4245页。

〔2〕［朝鲜］李瀷：《星湖僿说》卷23《经史门·古今人表》，第33a页。

〔3〕［朝鲜］李瀷：《星湖僿说》卷18《经史门·人物分等》，第46a页。

〔4〕［朝鲜］洪奭周：《渊泉集》卷24《杂著上·读汉书古今人表》，《韩国文集丛刊》第293册，第542页。

洪奭周认为，张晏批评《古今人表》的几处讹误，或许是没有见到班固《汉书》原本的缘故。张晏距离班固不过百余年，而今人距离班固有千余年，无论是张晏还是今人对《古今人表》的批评，在没有见到班固《汉书》原本的前提下，都不免有误解，故应该谨慎。如洪奭周在与人论《左传》书中，提及《古今人表》将左丘明置于颜渊、闵子骞之前，而刘歆则言左丘明“亲见夫子”，班固只不过是延续了这一错误。[1] 这种讨论更多以史书记载为根据，以学术研究为目的，并非纠结于维护道学传统与圣人权威。

成海应将洪奭周的想法进一步具体化。他比较前人对《古今人表》的评价，以刘知几“无益于汉史”说最近，而颜师古关于此表未完成的说法，黄履翁以班固出于避忌的解释，都不确切，只是浮于表面现象。根本问题在于，今本《汉书·古今人表》并非班固原书，而是另有传本。他引《梁书·刘之遴传》关于《汉书》真本、《萧琛传》关于《汉书叙传》的记载，认为确实存在与今本不同的古本《汉书》。但同时他又认为这一古本《汉书》也有可疑之处。

> 固于永平受诏，至建初中乃成，而八表及天文志未竟，而坐窦宪死，何得言永平十六年五月二十一日己酉上也？且古人著书者，未尝自为之解，要当后人生疑，晦而明之也。其称解音释义，以助雅谈，类后人事耳。盖今古本，其非真则均矣。六经及古时史籍在南北朝多异本，未知妄人辈窜乱，何本为甚尔。[2]

此《汉书》“真本”在中国古代受到的关注并不是很多，只有宋人王应麟，清人钱大昕、王鸣盛、邵晋涵等数人。其中，王鸣盛认为此“真本”确属当时全本《汉书》，只不过刘之遴所校非全本。而钱大昕、邵晋涵则认为此本为伪本。钱大昕以刘之遴所校诸条“皆是后代史例，

---

[1] ［朝鲜］洪奭周:《渊泉集》卷17《答徐奉朝贺准平论左氏辨书》,《韩国文集丛刊》第293册，第386页。

[2] ［朝鲜］成海应：《研经斋全集》续集册11《文三·题汉书古今人表后》,《韩国文集丛刊》第279册，第241页。

适形其妄而已"[1]。邵晋涵列举了八处"真本"与今本相异的地方，指出七个问题，力证所谓"真本"是伪作。而有现代学者认为《汉书》"真本"其实只是一篇《汉书叙传》，并非全本《汉书》。[2] 不过，也有学者认为将此"真本"定为伪作的诸多理由，是以今本对比"真本"作出的结论，并不严谨。"真本"与今本《汉书》是两个不同的版本。"真本"是班固《汉书》的一个古本。原因在于，班固《汉书》并非一次性完成，而是经过其妹班昭续撰。将《汉书》创作过程中的一些表现与《梁书》记载相关内容对比来看，刘之遴所校"真本"也符合班固原本的实际情况。[3] 确实，《汉书》在形成过程中，出现了很多版本，这与当时书籍多以抄本形式流传有关。宋人校刊《汉书》时，就搜集了很多晋唐异本。不过，从此"真本"所载内容及字数来看，是《汉书叙传》的某一个版本的可能性最大。

成海应所引张晏、刘知几、颜师古、黄履翁等人评论《古今人表》的内容，均见于中国本《汉书评林》。而成海应一方面认为今本《古今人表》非班固原本，故不可以此来批评班固，另一方面，他又认为刘之遴所校"真本"亦非班固原本，所列三条理由与四库馆臣邵晋涵相暗合。成海应晚于三位清代学者，且年代相差也不远，但没有证据说明他曾经参考了清代学者的成果。李瀷、洪奭周、成海应等人对《古今人表》的看法，已经不再局限于以儒家伦理标准来评判，而是转向对相关文本及其史学价值的探究。尽管相关努力仍有不足，如成海应所言"据《刘之遴传》以为萧琛在宣城"云云，原文实出于《萧琛传》，但从他对所谓"真本"的疑问来看，也具有较高的学术水平。

6. 纠正《史记》史实疏误

前文我们曾论及丁若镛《史记选纂注》对《史记》注音、文字及史实的校订，可以发现，这些成果并没有超出《史记评林》中辑录的

---

〔1〕〔宋〕王应麟：《困学纪闻》（全校本）卷20《考史》，〔清〕翁元圻等注，栾保群、田松青、吕宗力校点，上海：上海古籍出版社，2008年，第1421页。

〔2〕李广健：《天监初南传所谓〈汉书〉"真本"探讨》，《汉学研究》，2015年第33卷第3期。

〔3〕李艳：《刘之遴所校〈汉书〉古本真伪考》，《中国文化研究》，2012年夏之卷。

中国历代学者的研究水平，只是在这些现有成果基础上，进行一番遴选。不过，在李成珪先生对朝鲜中后期文人研究《史记》的相关资料的整理中，其中考证注解部分并不算少，且对于我们了解史实有一定的参考价值。虽然从相关内容来看，显得过于琐碎分散，但稍加归纳，也可以看出朝鲜文人校订《史记》的水平与关注点。本书将在本章第三节讨论朝鲜文人考证《史记》《汉书》的相关成果。此外，还有一些考证注解的内容是为了纠正《史记》的错误，并对司马迁提出批评。

朝鲜文人对于《史记·宋微子世家》所载箕子事迹给予了较多关注，一方面这一时期广泛出现的对箕子的追崇热潮与理学的扩展有关，另一方面在于此事是关系朝鲜古史的重大问题，还有一点，此时朝鲜文人出于表达“小中华”意识，实现“由夷入华”，因而对箕子特别关注。在史书中也多以箕子为开端。[1] 但在此我们并不过多涉及朝鲜文人关于箕子的态度，更多侧重于朝鲜文人对先秦、秦汉文献所载箕子事迹的辩论方式。先秦秦汉中国典籍中关于箕子的记载，主要有《周易》之《明夷》以及《尚书》《逸周书》《论语》《竹书纪年》《左传》《韩非子》《吕氏春秋》《楚辞》《尚书大传》《易林》《淮南子》《史记》《汉书》《后汉书》《三国志》等。[2] 其中尤以《尚书》的记载最详，《史记》据之改撰，是记载箕子事迹比较详细的文献之一，主要有箕子向武王陈《洪范》，武王封箕子于朝鲜，箕子朝周，作《麦秀》之歌等。朝鲜文人多以这些记载不可信。郑士信（1558—1619）认为，“余尝怪箕子朝周及武王封箕子之说，常以为此盖秦后野人之语，而迁史承袭之谬也”。即司马迁之前的经传中并没提及箕子朝周。司马迁关于“箕子朝周”的记载没有遵循经传，而是根据“野史”编纂而成。因此，他提出的解释方式是“以义理揆之”，即将《史记》所载箕子事迹是否符合义理作为评判标准。他认为，首先“朝”字本意是以臣觐君，但《尚书·洪范》曰“惟十有三祀，王访于箕子云”，是王访于箕子，

〔1〕孙卫国：《传说、历史与认同：檀君朝鲜与箕子朝鲜历史之塑造与演变》，《复旦学报（社会科学版）》，2008年第5期。

〔2〕赵海军：《古今文献之箕子记载与研究综述》，硕士学位论文，东北师范大学，2006年，引言第1页。

而非箕子朝周。又“王乃言曰‘呜呼箕子’，又曰‘箕子乃言曰’”，并不体现君臣关系。由于“商曰祀，周曰年”，故以“十有三祀”表明箕子为商臣。既然不以周之年加于箕子，又怎么会以周之封爵加之？《微子》篇有“商其沦丧，我罔为臣仆”，表明箕子不会受周之封。若箕子确实受周之封，为什么《尚书》中没有《箕子之命》？既无受封，那么朝周过殷也就不存在了。对于箕子朝鲜，郑士信认为，这是箕子被武王释囚之后，路过殷墟，作《麦秀》之歌，然后逃至朝鲜，并最终聚集人民，成邑成都。最后，他探讨了箕子朝周这一记载产生的原因：商周时期，至武王克商时，中原尚不知有朝鲜，更不可能有武王封箕子。春秋时，孔子称箕子为“殷有三仁”之一。其后，孟子也论及“孔子之主痈疽，伊尹之要汤，百里奚之自鬻”等说法，也未提及箕子朝周。而秦汉之际，认为周武王为“大封建之世”，所以才出现封箕子于朝鲜之说。而箕子在朝鲜作八条之教、行井田等传说，也出现在此时。所以司马迁在《史记》中会有这些记载。〔1〕

且不论郑士信以“义理”否定《史记》的初衷，若从他的这番论证来看，所引“义理”包括经义与事理。《尚书》中《微子》《洪范》是记载箕子史实较为丰富的史料，也是《史记·宋微子世家》的重要参考文献。当二者的记载产生矛盾时，以经传来驳《史记》，成为一种有效的手段。此后很多朝鲜文人在讨论这一问题时，也是采用这种思路，只不过关注点稍有不同。张维也以这种方式否定司马迁的记载，他认为《汉书·地理志下》作“殷道衰，箕子去之朝鲜，教其民以礼义，田蚕织作”〔2〕的记载符合情理。〔3〕对经传中关于箕子朝周的记载，朝鲜文人则举类似史实来解释。南九万（1629—1711）对《尚书大传》关于武王封箕子的记载，认为如同项羽闻陈馀在南皮，因而封之，并非

〔1〕［朝鲜］郑士信：《梅窗集》卷4《箕子朝周受封辨》，《韩国文集丛刊续编》第10册，第449页。

〔2〕《汉书》卷28下《地理志下》，第1658页。师古曰：“《史记》云‘武王伐纣，封箕子于朝鲜’，与此不同。”

〔3〕［朝鲜］张维：《溪谷集》漫笔卷2《箕子非受武王之封而自来朝鲜》，《韩国文集丛刊》第92册，第596页。

受命就封。[1]

金春泽（1670—1717）则认为箕子陈《洪范》于武王，确有其事。虽然殷亡于周，箕子作为殷遗民，理应对周朝有敌意，但金春泽认为，武王灭商，与舜诛四凶一样，出于公义。《洪范》作为帝王之道，武王又亲自访求，故箕子陈之。伯夷叔齐同为殷遗民，却饿死首阳山。对此，金春泽解释道，“彼（指伯夷叔齐）不忍因武王而忽天下君臣之大防，此（指箕子）不敢因宗国而违武王诛罪之公义”[2]，故两者并不同。箕子学禹，因为舜殛禹父鲧，同武王灭商相似。但前者是以君诛臣，后者是以臣放君，又有不同，所以武王也并未像舜用禹一样以箕子为臣，只是访之。对于箕子朝周及《麦秀》之歌，金春泽认为出于齐东野语，并不可信。

同样是这些文献，李瀷则据此认为箕子朝周确实存在，但他并没有引用《史记》，而是以义理与经义来解释。他认为，箕子与武王虽然是亡国与胜国的关系，但武王尊箕子以义，箕子臣之以礼，二者并不矛盾。又《诗经》载微子白马朝周，故箕子朝周并不可疑。又据《左传》，商周时朝鲜包括辽东、辽西，与燕接壤，距离中原并不算远。至于《左传》僖公十五年，箕子称唐叔“其后必大”，更能说明箕子朝周。所谓“罔为臣仆”，李瀷认为臣仆即俘虏。说明箕子不是作为商的俘虏，那就只能作为商臣。[3]《诗经》中有《白驹》一篇，李瀷认为恰恰与箕子朝周为宾客相符。[4] 姜再恒（1689—1756）认为，那种以

[1] ［朝鲜］南九万：《药泉集》卷 29《东史辨证・箕子》，《韩国文集丛刊》第 132 册，第 485—486 页。他还对明初《天运绍统》中箕子入朝鲜的相关记载进行了辩驳。

[2] ［朝鲜］金春泽：《北轩集》卷 8《初年录・箕子陈洪范于武王》，《韩国文集丛刊》第 185 册，第 101 页。权宪（1693—1747）也有相似的看法：“洪范之道乃治天下之大法也，人有诛我之君，绝我之祀，而我则告之以治天下之大法。曾谓罔仆之宗臣，而为此乎？噫噫，此必出于天理之至公而不容人焉者耳。”（《慕山遗稿》卷 3《箕子为武王陈洪范论》，《韩国文集丛刊续编》第 72 册，第 56 页）

[3] ［朝鲜］李瀷：《星湖僿说》卷 22《经史门・箕子朝周》，第 3a 页。

[4] ［朝鲜］李瀷：《星湖僿说》卷 23《经史门・檀箕》，第 79a 页。

箕子在周为客，或出于节义而不臣周的说法，并不准确。原因在于，箕子应与微子受到同样待遇，武王灭商也不同于后世朝代更迭。他也举了“唐叔之封”的例子。箕子若不受周封，则不得为君；既为君，则必以礼朝周。[1]

可见，无论朝鲜文人是否承认“箕子朝周”，其讨论的文献依据仍以经传为主，只是在经传解释方面有不同理解。所以，李象秀明确提出否定箕子朝周的依据，主要在于“经传无是也”[2]。《史记》《汉书》则并不是朝鲜文人引用的主要参考文献。相对于《史记》被认为出于野谈，遭摒弃不用，《汉书》的说法更为朝鲜文人所接受。林象德则比较了《史记》《汉书》关于箕子记载的相关内容。

> 马迁《史记》固多驳杂，未可笃信，而班固已不从其说。又固之论叙朝鲜人性土俗、仁贤教条，皆凿凿可信，意其别有所考据，非如《史记》之数句语仅见于《微子世家》中者之为难详也。且三代以前，中国书轨所及不博，如江淮之间亦为蛮夷之邦，况朝鲜去丰亳万余里。是时尚在洪荒之域，《周礼·职方》所不载，仅无通中国之理。假使通道九夷八蛮之日，朝鲜亦尝通之。武王尊师箕子，锡之胙土，恐亦无屏之蛮荒之理。以是推之，避土之说，于理似近。世代辽远，文献无征，今虽不敢质言，亦不敢舍班固详记本事之书，而取迁史他世家中数句行语，未知如何。[3]

当然，朝鲜文人以经传来否定《史记》，或许出于朝鲜时代民族自尊与国家意识，但《史记》所载箕子事迹确实比较孤立。同时，在朝鲜文人看来，经传承载着义理，也记录了古圣先贤的言行，在这两方面

---

[1] ［朝鲜］姜再恒：《立斋遗稿》卷16《箕子朝周议》，《韩国文集丛刊》第210册，第267页。

[2] ［朝鲜］李象秀：《峿堂集》卷15《箕子朝周论》，《韩国历代文集丛书》第2645册，第237—238页。

[3] ［朝鲜］林象德：《东史会纲·凡例下附论辩诸条·箕子封朝鲜之辩》，韩国学中央研究院藏书阁藏木活字本，第17b—18b页。

都具有较高的权威性。当《史记》与经传发生矛盾时，朝鲜文人往往据经传订正《史记》。

相较于对箕子朝周问题的评论，朝鲜文人对于《史记》所载其他史实，则很少有集中关注。申大羽（1735—1809）论《史记》记卫武公杀共伯事失实。其实《索隐》据《国语》《诗序》已经有所辩证，称武公有德，而共伯早卒，故此事“盖太史公采杂说而为此记耳”[1]。但申大羽认为，《索隐》所引《诗序》仍不足以说明问题。他认为共伯早已死于釐侯之世，而武公以次子代之。其理由是：《史记》称武公立五十五年卒，《国语》则云其寿有九十五，故武公立时已四十余岁。其兄共伯也应该有四十余岁，故早卒说或不准确。但《诗序》称其早卒又是合理的，其根据在《诗》云“髧彼两髦，实维我仪”。其具体年龄并不可知，但“两髦”证明其父母俱在，故共伯死于釐侯之世。若共伯年过四十，其妻年龄也差不多，也就不太可能被逼改嫁了。所以“共伯之蚤死定，而武公之得位亦正”。[2] 朴致馥（1824—1894）也以此说不确，并引《诗经·柏舟》论之，并且他还指出“此尧幽囚、舜野死之说”[3]，《史记》既然称武公弑逆，又称其为睿圣，将两种极端而又对立的评价加于一人，不能成为一说。

韩章锡（1832—1894）认为《史记》所载史实“大谬于经”，尤以《殷本纪》为甚。如祖甲本贤君，本纪称其“淫乱”。“伊尹割烹”之说，孟子已经否定。又“后世贬殷帝号，号为王，三代相袭而王”，既未称帝，又何来贬帝号之说？又文王“献洛西之地”，纣“赐弓矢斧钺”，《齐太公世家》“脱羑里归，与吕尚阴谋修德以倾商政”，认为以文王德行，不可能做行贿阴谋之事。又“斩纣头，县之大白旗”，也是

---

〔1〕《史记》卷 37《卫康叔世家》，第 1591 页。

〔2〕［朝鲜］申大羽：《宛丘遗集》卷 1《读卫世家》。梁玉绳认为，共伯或为宣公太子伋。说见《史记志疑》卷 20《卫康叔世家》，北京：中华书局，1981 年，第 993—994 页。

〔3〕［朝鲜］朴致馥：《晚醒集》卷 8《读书随札下》，《韩国文集丛刊续编》第 136 册，第 510 页。

不可能的。[1]

《史记·孟子荀卿列传》载淳于髡见梁惠王，而终坐无言。惠王责怪他，令人问其原因。淳于髡称之前见惠王时，王志在“驱逐”“音声”，故而默然。惠王知道后大惊，认为淳于髡是圣人，因为此时确实有人献善马、讴者。申靖夏（1681—1716）认为“此史迁之记之妄也”[2]，因为惠王的这两个爱好，并不难了解，但献善马、讴者两件事，则虽圣人也不能知晓。所以，《史记》的记载有些虚妄。或者淳于髡通过别的渠道得知，也未尝不可。只不过这一记载太过玄虚，也不符合圣人之道，或并非史实。

李瀷批评《史记·滑稽列传》“去就不审”[3]。原因在于，《战国策》所载淳于髡一日见七人一事，为《史记》所不采。髡一日向宣王推荐七个人，宣王嫌多，但淳于髡认为“物各有俦”，即好的人才都是以类相从的。故李瀷认为《战国策》所载淳于髡这一条史料，可以针砭时弊，使人明白求贤之道需要善于选择，《史记》应予以采信。

朝鲜文人对于《史记》所载孔子史实也有很多辩驳。比如著名的“子见南子”事件。郑栻（1601—1663）认为，《史记》的记载为齐野之言，而后人视为信史，应当予以辩斥。[4] 圣人对于“桓子之受女乐”“文子之问攻太叔”都能拒绝，岂能与南子同车而乘？灵公“问陈”，孔子答以“未之学”，明日遂行。孔子既知灵公无道，更不可能同车而乘。《论语》中又有席不正不坐，割不正不食，色不正不服。所以，孔子必不可能与南子同车。此事关乎孔子的大节，而司马迁不辨真伪，将此事记入《史记》，并不可取。

再比如孔子问礼于老子事，朝鲜文人多以老聃有两人作解释。一个老子即老聃，为鲁国人，知古知礼。《礼记·曾子问》：“孔子从老聃，

---

[1] ［朝鲜］韩章锡：《眉山集》卷 10《读史》。清人梁玉绳对韩章锡所驳诸事也有论证，见《史记志疑》卷 2《殷本纪》，卷 3《周本纪》。

[2] ［朝鲜］申靖夏：《恕庵集》卷 16《杂记·评史》，《韩国文集丛刊》第 197 册，第 467—468 页。

[3] ［朝鲜］李瀷：《星湖僿说》卷 19《经史门·史迁不知圣人》，第 18b 页。

[4] ［朝鲜］郑栻：《愚川集》卷 4《孔子为卫灵公次乘》，《韩国文集丛刊续编》第 29 册，第 129 页。

助葬于巷党。"《论语》有"达巷党"，即鲁党名。又"老聃曰：丘。止柩就道右"。说明老聃知礼，为孔子所尊。《吕氏春秋·当染篇》也有"孔子学于老聃"，明确老子为鲁人。另一个老子是楚人，曾为周柱下史。老子之子名宗，即段干木，为魏将。至于《史记》所载老子去周至关，著书五千余言，而其子为魏人，已属战国，时间相隔太久。《史记》又称周太史儋、老莱子为老子，但与老子为周末楚人又自相矛盾。其实，鲁老聃、周老聃、太史儋、老莱子是不同人。段干木为孔子学生，其学问与老子又不同，则段干木之父老聃又为一人。所以，《史记》所载老子史实并不足征信。[1] 申昉（1686—1736）甚至以老子、杨墨等与孔子之道相悖，而司马迁《史记》为其列传，"诚可笑也"。[2]

李种徽认为《史记·滑稽列传》中淳于髡、优孟、优旃三人同传，时间先后有误。传称淳于髡后二百余年有优孟，但优孟是楚庄王时人，在春秋中期，而淳于髡是战国齐威王时人。实际优孟反而早于淳于髡二百余年。至于优孟后二百年有优旃，实际上自楚庄王至秦始皇，其间有四百年。[3] 所以，《滑稽列传》关于年代的问题很多，李种徽甚至据此认为《史记》为未成之书，多借助野史，故产生这种错误。

《史记·高祖本纪》载，汉四年，项羽与刘邦相约中分天下，于是项羽归"汉王父母妻子"。尹行恁认为，此年汉王之母昭灵夫人已死，而惠帝、鲁元公主此时又在汉军中，真正被楚军所掳的，只是太公与吕后，何以称"父母妻子"？据此，尹行恁批评"太史氏不足以考信有如此"[4]。此段记载，《汉书》中正作太公、吕后，不言父母妻子，或也是出于这种考虑。但清人赵翼认为，《史记》所云"父母妻子"各有实指，并非有缺漏。其中，"母"非高祖生母，而是高祖同父异母弟楚元

---

[1] ［朝鲜］姜再恒：《立斋遗稿》卷 15《问礼于老子》，《韩国文集丛刊》第 210 册，第 258 页。

[2] ［朝鲜］申昉：《屯庵集》卷 8《杂识·随笔录》，《韩国文集丛刊续编》第 66 册，第 556 页。

[3] ［朝鲜］李种徽：《修山集》卷 10《题滑稽传后》，《韩国文集丛刊》第 247 册，第 499 页。

[4] ［朝鲜］尹行恁：《硕斋稿》卷 15《楚怀王孙心》，《韩国文集丛刊》第 287 册，第 288—289 页。

王之母，于高祖为庶母。“子”亦非孝惠，而是孝惠庶兄刘肥，后封悼惠王。所以《史记》“父母妻子”说并非虚指，也无缺漏。尹行恁应当与班固犯了同样的错误。[1]

《史记》的文学成就有时会以牺牲史实的准确性为代价。俞莘焕（1801—1859）认为，《项羽本纪》中，项羽军从垓下突围，《史记》云“平明，汉军乃觉之，令骑将灌婴以五千骑追之”[2]。后人多以此说明项羽勇猛如神。但当时率军围项羽的是韩信与彭越，项羽虽然勇猛，突围也不至于令汉军不知不觉。所以，俞莘焕认为司马迁在此处的描写，有浮夸之嫌。或者如《孙子兵法》所说“围师必阙”，项羽得以突围是韩信设下的缺口，故汉军“不觉”。但他又解释道，项羽军被围者甚众，而随项羽突围者有八百余人。汉军所谓平明“乃觉”，只不过是为了确定项羽是否突围而已。[3] 所以，《史记》有时为了使文章产生一定的表达效果，其叙述可能有自相矛盾的地方。俞莘焕将这种情况理解成“为文章者之役于文章”，其实即《史记》有时以文害史。

这些对《史记》所载史实的批评与辩驳，或以经传订正史实，或因此认为司马迁“浅近而不学，疏略而轻信”（苏轼语）[4]。与朝鲜文人对《史记》不法《春秋》的普遍批评相比，这种以辩驳具体史实而批评《史记》的方式，显得较为零散。而且，这类批评较多针对与经传有关的先秦历史，这或许与朝鲜文人对经传的重视有关。这种以经证史的做法，在涉及先秦历史时，有尊经贬史的倾向，但一些辩驳仍有其合理性，同时也指出了《史记》以文害史的缺点。

第二节　朝鲜文人的史论散文与史论

有学者提出，近现代史学思潮存在一种观点，即“新史学”派，

---

〔1〕〔清〕赵翼著、王树民校证：《廿二史札记校证》卷1《汉王父母妻子》，第11—12页。

〔2〕《史记》卷7《项羽本纪》，第334页。

〔3〕［朝鲜］俞莘焕：《凤栖集》卷7《读书记》，《韩国文集丛刊》第312册，第89页。

〔4〕〔宋〕苏轼：《古史·原叙》，《景印文渊阁四库全书》第371册，第207页。

他们对传统的实证史学进行批评，强调历史认识的主观色彩，史学是对“史料的解释”，并重视史学可以致用。由此认为，中国传统史书大多以叙述史料为主，与西方史学重视议论不同。中国传统史学中，只有史论才可与西方史学相近。[1]

其实，中国传统史学并不缺乏史论，只不过如《春秋》等经典往往寓褒贬于叙事中，很少如宋人那样有专门的史论独立成篇。《左传》以“君子曰”，《史记》以“太史公曰”，开创了论赞形式的史论，为汉唐史学所沿袭。不过，南朝以后，史学批评形式又发生了一些变化，出现了单独成篇的史论。[2] 史论的文学性也得到认可，梁萧统的《文选》中即有“史论”篇目，所选均为前代史书中的史论。同时，这种变化也使史实与史论之间出现了某种疏离，史论的义理化色彩更加明显。[3] 唐代史论则集中于当时所修的八部正史中，以“史臣曰”的形式出现。同时，唐代刘知几《史通》对此前以论赞为主要形式的史论进行了总结，指出史论的三个作用：释疑辨惑；考订史实得失、异同；以史论的形式叙述史实，达到“事无重出”而文省的目的。同时，他又指出史论存在的三个问题：史实没有疑问，仍以史论评判；史论中只是将史书文字稍加变化；史论评价标准失当。刘知几对史论的认识，仍是将史论置于论史的定位，关注的对象是史实本身。此时出现了以讨论史书编纂，史官、史馆修史的“论史”，不再以评论史实为对象，而是专注于讨论史书编纂的问题。而且，《史通》还对此前史家对史实的评论进行了辨析，学者称这种方式为“论论史”。[4]

但是，史论在宋代又有了新的特点。宋代史学的一个重要特点是史学进一步儒学化，如司马光提出“史者儒之一端，文者儒之余事”。在这种前提下，史学家首先是一个儒者，史书编纂也不仅是叙述史实，而

---

〔1〕 孙立尧：《“史者儒之一端”试解——兼论司马光、范祖禹的史论》，《南京大学学报（哲学、人文科学、社会科学版）》，2003 年第 2 期。

〔2〕 胡宝国：《汉唐间史学的发展（修订本）》，第 119 页。

〔3〕 李传印：《汉晋之间史论的发展及其风格》，《史学史研究》，2006 年第 4 期。

〔4〕 瞿林东：《史论·论史·论论史——中国史学上“论”之指向的几次变化及其启示意义》，《求是学刊》，2016 年第 4 期。

是要将史学、儒学结合起来，使儒学落到实处。《通鉴》《唐鉴》是比较有代表性的史书。其次，史论的内容和观点也要借助于文学手段表达出来。这表现为，一方面，宋儒对于前代史书文章风格、叙事方式进行评论，另一方面，宋儒所撰史论也具有较高的文学水平，议论时好发“奇论”，有时会对史实进行假设，如王安石的《读孟尝君传》及苏轼的《范增论》等。宋儒史论的文学性与当时以策论取士有很大关系。[1] 南宋则出现了史论的理学化。在宋代以前，尽管史学与儒学（或者经学）的关系一直都很密切，但无论是出于何种目的，史论基本上从史实本身出发，总结历史经验，为现实服务。儒学思想虽然一直影响着人们编纂史书与评论史实，但史论还是以史实为基础，以儒学思想为指导的。儒学经典的地位要高于史书，二者是分离的。而义理史学则继承前人，在此基础上发生了变化。义理史学将经史结合起来，并以经统史，以义理编纂史书，评论史实，而且还借助史论表达义理，进一步削弱了史论的史学色彩。[2]

由此可见，宋儒史论与前代最大的不同在于，其史论将义理、史实、散文相结合。宋儒精研儒家义理，依据义理将史料重新进行编排，并不惜重构史实。在这一过程中，义理的表达需要借助于对史实的解释，以及文本内容的表现方式，因此这类史论又具有较强的文学色彩。学者将宋儒史论称为“史论散文”。史论散文的产生与唐宋古文运动有关，更是宋代义理史学的重要表现。史论散文是史论发展的一个重要阶段，同时意味着它是对传统史论的一种偏离，因为史论散文虽然以评论历史人物和史实为内容，但从其立意、修辞等方面来看，它的文学色彩浓厚，从其要表达的义理思想来看，它的史学特征也不是很明显。

一、史论散文的“理学化”

中国古代史论的这种变化也影响了朝鲜半岛。高丽时代《三国史记》的史论，仍是以论赞的形式出现，其评论史实的经典依据与理论标

---

〔1〕 孙立尧：《“史者儒之一端”试解——兼论司马光、范祖禹的史论》，《南京大学学报（哲学、人文科学、社会科学版）》，2003年第2期。

〔2〕 汤勤福：《义理史学发微》，《史学史研究》，2009年第1期。

准，也以“春秋笔法”、正统观念、儒家伦理为主，并且有的史论以论述史实达到“事无重出”的目的。而且，《史记》《汉书》等中国经典史书，也成为《三国史记》史论的参考。[1]

但高丽末期，受宋儒的影响，文人文集中出现了以中国古史为评论对象的史论散文。这种影响应当是通过宋人文集的传播实现的。宋人文集中，苏轼受到高丽文人较多关注与推崇，其文集《钱塘集》在他在世时已经传入高丽。高丽也刊印了苏轼文集。有学者讨论了高丽文人对东坡诗的仰慕与模仿，重点以李奎报诗歌为例，说明苏轼诗对其诗歌创作的影响。[2] 我们可以从中想见苏轼的其他文章对高丽文人的影响。高丽文人的史论散文无论从关注的对象，还是议论的观点与方式，都体现出与宋儒一致的特点。如李奎报的《为晁错雪冤论》《韩信传驳》《屈原不宜死论》《秦始皇不焚周易论》，单从标题就可以看出，其试图与传统观点不一致的倾向。而其《卫鞅传论》则重点讨论“人诈”与“兵诈”的不同，说明人而无信，即使成功也不可取。李齐贤的《范增论》，从后人褒刘贬项的观点出发，指出范增辅佐项羽，不遇明主，不如归汉的陈平等人。李穀的《杯羹说》则从礼义的角度批评刘邦。李詹的《霍光论》批评霍光在上官桀、桑弘羊等人谋去霍光时没有当机立断，以致这些人又谋废昭帝，迎立燕王。宣帝继位后，石显等人毒杀许后，立其女成君，霍光也没有阻止。霍光死后，其家被族，株连者数千家。李詹评论道，霍光虽然对维护汉室有很大贡献，但由于其处理国家大事不能秉公而断，对待家人不能严格约束，故可称为“君子而不仁者”。

朝鲜文人对于经史关系、文章与六经关系的讨论，可以明显看出受宋儒“史者儒之一端，文者儒之余事”的影响。与高丽时代不同，朝鲜文人不仅接受了宋儒史论散文，而且还对其进行评论。成宗十二年（1481），明朝赐予朝鲜使臣宋胡寅《致堂管见》等书。[3] 宣祖十一年

---

[1] 李春祥：《〈三国史记〉史论研究》，《通化师范学院学报》，2010年第5期。

[2] 柳素真：《高丽时期的“东坡热”与李奎报诗歌》，《东亚文化》，2012年第50辑。

[3] 《成宗实录》卷136十二年十二月二十八日，第16b页。

(1578)，朝鲜文人柳希春得知梁应鼎将作为贺圣节使赴北京，就希望他买中国书册。其中最期待的书籍有《皇朝名臣编录》《欧阳公集》《空同集》《致堂管见》等。[1] 柳希春认为“史论之粹者，莫善于《致堂管见》”，原因在于此书便于观览，有助于了解历代治乱兴亡，最重要的是该书评论史实的标准符合理学的要求。

> 至于论人心术隐微之际，尤致意焉。尝曰：以成败决是非，史家之陋也。故公之所论，多前人所未发者。谓多识前言往行者，君子之所以畜其德也。而前世著论之书，汗牛充陈，童习而纷如，思有以约之。[2]

金昌翕甚至反驳宋人对《致堂管见》的批评：

> 《致堂管见》自是史论，间或有臆料失中处。其于事情安危之机、人谋臧否之由，剔刮入微，比诸马、范，不啻过之。其弟五峰，不知何所见而欲焚其书也。《朱子语类》中引南轩论《管见》曰“病败不可言”。又言专为愤桧而作。夫《管见》诸论，上下千古，包罗许多事，曷尝为一奸谀而作也？南轩是五峰门人，盖祖其说而欲为火攻之策，吁亦偏矣。[3]

宋徵殷（1652—1720）编纂《历代史论》，其内容“悉取先儒定论。上自唐虞，下至宋元，君臣之间贤愚邪正、是非得失，靡不辨晰”。所谓先儒定论，“以程朱为主，附以唐宋诸家及发明书法等议论”。[4]

---

[1] ［朝鲜］柳希春：《眉岩集》卷14《日记（丁丑）》，《韩国文集丛刊》第34册，第408页。

[2] ［朝鲜］柳希春：《眉岩集》卷20《附录·谥状》，《韩国文集丛刊》第34册，第537页。

[3] ［朝鲜］金昌翕：《三渊集》卷36《漫录（庚子）》，《韩国文集丛刊》第166册，第177页。

[4] ［朝鲜］申暻：《直庵集》卷20《语录》，《韩国文集丛刊》第216册，第518页。

他明确提出，“论古今人物，而别其是非，自是吾儒穷格中事”，可见其受宋儒义理史论的影响。或者此书也成为很多朝鲜文人了解唐宋史论的重要途径。如正祖评论苏辙《古史》“何等富手，何等宏辩也，自不易得之才”。又认为“胡致堂《读史管见》，其议论往往有剀切刺骨处。人或谓以伤巧，大体义理分数甚明。诸史先儒断论，恐无胜于此书者”[1]。

不过，朝鲜文人对宋儒史论散文的观点也并非完全认同。如王安石《伯夷论》认为，伯夷“叩马以谏”“采薇而饿”并不是事实，伯夷在武王伐商之前已死。故他提出，若伯夷不死，将会与太公一起辅佐武王。朝鲜文人对王安石的说法多有批驳。成海应肯定了伯夷没于伐商之前的说法，但对王安石认为伯夷会助武王伐商，并不认同。他假设说由于文王仁德，百姓归附，于是纣王失势。文王将纣王贬为小国，伯夷也将会臣服于周。[2] 但是武王若以军事伐纣，伯夷必定不会参与。吴载纯（1727—1792）以伯夷有“万世之义”[3]，如王安石所说，则伯夷泯然众人，但孔孟都称赞伯夷，故可见王氏之说不确。又，既然太公能辅弼文王、武王，那么伯夷也能存于武王伐纣时，所以，王安石的观点有“没忠义之实，而乱君臣之分”之嫌。且王安石认为伯夷如存于武王之世，其助武王之功与太公不分上下，但吴载纯引苏轼之说，认为武王非圣人，故伯夷一定不会参与伐纣。尹行恁则认为，王安石的说法有一定的道理，但孔子称伯夷为“逸民”、孟子“非其君不事”，故《史记》的记载可称实录。[4] 洪钰（1883—1948）则否定王安石所说伯夷死于武王伐纣之前的说法，认为伯夷养于文王，饿于首阳，孔孟已经明言。孔子不提伯夷“叩马而谏”“采薇而饿”，是为先王所讳，而孔子

---

[1] ［朝鲜］正祖：《弘斋全书》卷161《日得录一·文学一》，《韩国文集丛刊》第267册，第159页。

[2] ［朝鲜］成海应：《研经斋全集》卷15《伯夷辨》，《韩国文集丛刊》第273册，第347—348页。

[3] ［朝鲜］吴载纯：《醇庵集》卷9《王氏伯夷论辨》，《韩国文集丛刊》第242册，第545页。

[4] ［朝鲜］尹行恁：《硕斋稿》卷7《书·答圣汝》，《韩国文集丛刊》第287册，第119页。

所称“求仁得仁”，孟子所言“非其君不事”，已经包含了这种微意。所以，伯夷必不会参与武王伐纣。[1]

可见，朝鲜文人对王安石的批评，并非针对《伯夷传》史实本身，而是按照他们对伯夷的理解，提出自己的观点。其议论以孔孟经典为依据，认定伯夷忠于殷商，为古之贤人，故无论王安石如何评价，都被视为对经典的误读。同时，这几篇关于王安石《伯夷论》的辩证史论散文，十分讲究论说的方法，比如引用孔子经典，以理论事，开篇不忘用一大段与史实无关，专为说理的文字，这段文字才是文章的论点所在。[2] 这种史论方式在朝鲜文人中比较普遍。如朝鲜文人对苏轼《范增论》[3] 的评论，即是更为典型的例子。苏轼《范增论》并不关注范增与秦末汉初相关史实，而是从范增与项羽、义帝三者的关系入手，讨论范增应该在何时离开项羽最为合适。他首先叙述范增离开项羽疽发而死的史实，提出范增应该离开项羽。但应当于何时以何种理由离开，这是苏轼此论的重点。他设问提出，范增是否于劝项羽杀刘邦时离开？但又否定这种提法，认为此时项羽与范增为君臣关系，故不当离开。故苏轼认为范增应该在项羽杀卿子冠军宋义时离开。原因是，义帝的存亡与项楚、范增息息相关。项羽弑义帝就意味着范增也不能独存。从遣刘邦入关、擢卿子冠军来看，义帝也非等闲之辈，故义帝与项羽之间并不能并存。项羽杀卿子冠军，使二者矛盾更加激化。范增劝项梁立义帝，而项羽杀之，因此怀疑范增。所以，在项羽杀卿子冠军时，范增与项羽同为义帝臣子，没有君臣关系，故当于此时离开为最佳时机。苏轼也以范增为人杰，肯定了他在楚汉相争时的重要性。朝鲜文人关于《范增论》的史论散文有二十二篇，其中有十九篇针对苏轼，大部分是质疑。而朝鲜文人主要针对项羽同范增君臣关系的认定，范增是否为弑义帝的主谋以及范增是否为人杰三个方面，提出对苏轼的质疑。这些批评往往不是

[1] ［朝鲜］洪钰：《几宇集》卷7《辨王荆公伯夷论》，《韩国历代文集丛书》第1426册，第453—455页。

[2] 孙立尧：《宋代史论研究》，北京：中华书局，2009年，第129页。

[3] 张志烈、马德富、周裕锴主编：《苏轼全集校注·文集一》卷5《论项羽范增》，第538—540页。

集中于史实本身，而是引用儒家经典，对苏轼的观点进行批驳，以程朱理学思想来构建他们认为合理的史实。[1]

由此可以看出，很多朝鲜文人的史论散文的立论有时并不以《史记》《汉书》为直接文本，而是将宋儒史论作为批评对象，其观点也力求与宋儒不同。不过，这类史论散文的论据仍遵循程朱理学的思想，甚至关注的《史记》《汉书》人物与史实，也有与程朱有相通之处。朝鲜文人关于伯夷的史论散文最多。如朱子对伯夷给予了较多关注，并称“孔子说伯夷‘求仁得仁，又何怨!’他一传（指《史记·伯夷列传》）中首尾皆是怨辞，尽说坏了伯夷!”[2] 又论“货殖”，《货殖列传》中子贡经商，以至于与诸侯分庭抗礼。朱子认为子贡货殖与颜回“屡空”确实有很大差别。[3] 其论“四皓”，批评司马光不信四皓辅太子事。司马光《资治通鉴》不取四皓事，认为高祖不立赵王如意，只不过是担心大臣不从。若是一意立为太子，四皓并不能起作用。张良若以四皓影响高祖立太子，是“为子立党以制其父”，张良必不会这样做。故《通鉴》只写叔孙通嫡庶之说对高祖的影响。朱子认为，以高祖的处事风格，四皓的说服力要大于叔孙通。由此，朱子以四皓非儒者，而是“智谋之士”[4]。关于朝鲜文集中四皓相关资料，以及朝鲜文人对这一问题的辩论，已经有学者专文论及，可以看出朝鲜文人主要关心四皓有无问题及四皓在立太子事上的作用。[5] 可以看出，朝鲜文人在四皓有无问题上，有的观点与司马光一致，有的则对司马光进行批评。而对四皓辅翼太子是非的评论，也比较明显地有朱子论断的痕迹。再比如，朱子对于“韩信反”的观点，称其反汉“无证见”[6]，故《纲目》只称杀淮阴侯。朝鲜文人所作《韩信论》也大多秉承这一观

---

〔1〕 王晋楠：《浅析古代朝鲜文人对苏轼史论散文的评论——以〈范增论〉为中心》，《北极光》，2016 年第 4 期。

〔2〕《朱子语类》卷 122《吕伯恭》，第 2952 页。

〔3〕《朱子语类》卷 39《论语二十一·先进篇上·回也其庶乎章》，第 1019 页。

〔4〕《朱子语类》卷 135《历代二》，第 3223 页。

〔5〕 赵凯、徐莹：《略述韩国古代文献中的“商山四皓”资料》，王甲训主编：《商山四皓评传》，北京：中央文献出版社，2013 年。

〔6〕《朱子语类》卷 135《历代二》，第 3223 页。

点，认为韩信被杀是由于功高震主，不能明哲保身。朱子关于史汉人物与史实的观点，集中表现于《朱子语类》与《纲目》中，朝鲜文人或许受两书的影响，也对相关问题给予关注并进行评论。

有的朝鲜文人还对程朱理学评论史汉人物史实的观点进行辩驳，如吴熙常论张良"欲从赤松子"说：

> 张良托从赤松子游者，只是善处功名。伊川谓不愿为汉高之臣，恐非张良本心也。既受留侯之封，又不愿为臣，则与怀二心者何辨！良之作为运用，都是权谋，而雍容沉晦，人莫能测。故程子虽有是疑，然观其所以处韩王始终，则俱明白合义，可谓贤矣。当初从汉，纵出于借手报韩仇之心，及韩亡之后，便已委身汉室，岂有不愿为臣之理哉？良之意必不出此也。[1]

"君臣大义"是程朱理学很重要的思想。伊川认为张良有不为汉臣的意愿，还评论张良有"儒者气象"，而朱子则称张良的做法皆是"术数""权谋"。吴熙常显然更倾向于朱子的观点，先确立人臣不怀二心这样一个观点，再对史实进行一番解读，使之符合义理。这种基于程朱理学的史汉人物论，过分重视"微言大义"在阅读史书时的作用，以义理为衡量标准，使朝鲜文人特别重视一些史书上并不起眼、事迹不多，但符合义理的人物与史实，如纪信与丁公。

> 死义之士，秦以上得豫让，汉以下始见纪侯。纪侯事，只据草草所记，犹使人耸叹于千载之下。况近其时，讨其迹，闻风慕义者，当如何耶？太史公奉其先训，以忠臣死义之士不论载为甚惧，而乃不为纪侯立传，则况如班生排死节者，又何足责？噫！假使其人平生无足取，其为主急难，视死如归，真可谓烈士。余见太史公所传诸人，其不及纪侯者多矣。至于朱建，乃贪赂附邪一鄙夫，夷考所行，略无可取，岂与其子相善，故乃得立传耶？褒善贬恶，苟

〔1〕［朝鲜］吴熙常：《老洲集》卷23《杂识一》，《韩国文集丛刊》第280册，第488页。

不得其正，则亦奚取于史哉！[1]

《史记》中关于纪信的记载，只有寥寥数语，但郑佦却认为，纪信的忠义足以使司马迁为之立传，并由此责备《史记》为朱建立传。在郑佦看来，史书首先要立褒贬的义理标准，以此来安排史实，否则史书的编纂就没有意义。所以，朝鲜文人对高祖不录纪信功绩的做法表达了怀疑和不满。如张维认为“盖其内有所惭，而欲讳其事耳”[2]。鱼有凤认为，高祖不录纪信，并非遗忘，而是不重视纪信的节义之举，高祖与众将之间只存在功利关系。李南珪（1855—1907）也认为，纪信之死，若高祖没能得势，或许还念及其恩。但高祖称帝后，不知君臣大义，对诸臣只以功利论赏，而不以节义责之。[3] 而有的朝鲜文人认为，汉高祖有上天相助，故即使纪信不死，也能逃脱项羽的包围。纪信之死，虽忠有余而智不足。[4]

而对于高祖斩丁公事，《史记》《汉书》所载高祖斩丁公的理由是其对项羽不忠，故斩之，使后人不会仿效。朱子评论高祖斩丁公事，称是高祖出于私意。宋人韩元吉所著《汉高祖戮丁公辩》也持此说，以“使项王失天下”者为项伯而非丁公，而项伯封侯，丁公被斩，故高祖或是出于私意。[5] 朝鲜文人房元井（1593—1652）批评高祖斩丁公，“惟断以大义，而不顾其私恩”[6]，合于法而悖于情。金迈淳（1776—1840）则接受了明人王世贞的观点，又提出“意丁公为人，枭悍难当，

[1] ［朝鲜］郑佦：《愚川集》卷 4《观汉史》，《韩国文集丛刊续编》第 29 册，第 131—132 页。

[2] ［朝鲜］张维：《溪谷集》卷 3《汉祖不录纪信论》，《韩国文集丛刊续编》第 92 册，第 68 页。

[3] ［朝鲜］李南珪：《修堂遗集》册 7《纪信论》，《韩国文集丛刊》第 349 册，第 532—533 页。

[4] ［朝鲜］周世鹏：《武陵杂稿》卷 8《拾遗・纪信论》，《韩国文集丛刊》第 349 册，第 187—188 页。

[5] ［宋］韩元吉：《南涧甲乙稿》卷 17《汉高祖戮丁公辩》，《景印文渊阁四库全书》第 1165 册，第 274—275 页。

[6] ［朝鲜］房元井：《三世合稿・主一窝集》卷 5《斩丁公》，《韩国历代文集丛书》第 420 册，第 260—263 页。

最所忌恶。且帝虽动于走胡走越之说，姑赦季布，而鳃鳃然犹有余疑。故除其母弟，以剪他日羽翼耳”[1]。都汉基（1836—1902）也认为，汉军中如韩信、陈平等人均来自项楚，此时正是用人之际，故委以重用。而丁公则不同，楚亡汉立，刘邦需要树立“明节尚忠”的典型，故斩丁公。所以高祖斩丁公为义有余而恩不足。[2] 李承基则肯定了斩丁公是为汉代“禁乱臣贼子之紊乎纲纪”[3]。河佑植（1875—1943）并不认为斩丁公是高祖少恩的表现，反认为“君臣大义”要重于私恩。[4]

纪信与丁公在《史记》中仅是分量很小的历史人物，其事迹也没有多少研究与讨论的空间，但朝鲜文人却对二人倾注了比较多的笔墨。这其中有宋儒与明人相关史论散文的影响因素，更重要的是，在程朱理学君臣大义思想的关照下，朝鲜文人衡量纪信与丁公的事迹，虽然表达了对高祖忘恩的批评，但更希望借助二人来强调君臣大义。故《史记》对二人事迹只言片语的记载，不仅不会影响朝鲜文人的相关史论，还为阐述君臣大义提供了更广阔的空间。

由此可见，朝鲜文人的这类史论散文，虽然讨论的对象是《史记》《汉书》中的人物与史实，但其题目来源与观点表达，却较少通过关注《史记》《汉书》而产生，反而受宋儒及明人史论散文的影响更多。比如，朝鲜中后期文人关于中国史的史论，大多集中在先秦、秦汉、唐宋、明，而秦汉之际至汉武帝之前的这段历史，则是朝鲜文人关注的重点。很多史论散文涉及这一时期的历史人物，如伯夷、范雎、项羽、鲁仲连、张良、四皓、萧何、韩信、范增、晁错、贾谊、董仲舒、霍光、

---

〔1〕［朝鲜］金迈淳：《台山集》卷18《阙余散笔·周末第四》。明王世贞《弇州四部稿》卷110《文部·史论》有“高帝”一篇，认为纪信功大却没有得到封赠，是因高祖以此事为耻。丁公被戮，因汉朝初立，当为天下立威，故而斩之，所谓丁公不忠只是借口。

〔2〕［朝鲜］都汉基：《管轩集》卷18《斩丁公论》，《韩国历代文集丛书》第619册，第540—542页。

〔3〕［朝鲜］李承基：《汶冈集》卷3《斩丁公论》，《韩国历代文集丛书》第1588册，第249—250页。

〔4〕［朝鲜］河佑植：《澹山集》卷5《观史随论·斩丁公》，《韩国历代文集丛书》第2858册，第37—38页。从李朝实录来看，朝鲜君臣的观点也不外乎这两类。

丙吉等。[1] 据邓广铭先生的《宋人文集篇目分类索引》[2] 初步统计，宋人文集中的史论散文，从其题目来看，与朝鲜文人有很多一致，但也有如纪信、丁公等为朝鲜文人重视，却很少见于宋人史论散文的个例。其立论的思想依据是经传与理学，其史料的文本来源有时是《史略》《纲目》等史书。最重要的一点，其史论散文的主旨与意图并不在史实本身，而是在于借助史实甚至重构史实，为强调义理服务。所以，此类史论散文虽然对于我们阅读《史记》《汉书》有一定参考价值，对于我们理解历史有一定帮助，但毕竟这类文章不以史学研究为目的，也并非以评论《史记》《汉书》的史实为宗旨，其思想史、文化史的意义要大于其史学的意义。这种史论散文一方面可以作为儒者历史思维的体现，同时也可以算作其哲学思考的一种途径。

朝鲜文人史论散文的“理学化”，不仅在于通过评论史实构建自己的义理观点，还在于将《史记》《汉书》等历史文本“去史书化”。其史论散文将史书中具体且典型的人物与史实赋予义理的普遍性。历史文本是他们进行义理思考的工具，同时也为这种思考提供了相关例证，使义理不再是一种抽象的哲学，而是可以通过历史文本叙述出来。[3] 朝鲜中后期出现的史论散文，也与朝鲜文人基于程朱理学的批判意识有关。这一时期，朝鲜文人以经史兼备为理想，因此记述历史内容的书主要是以文学、史学与理学相结合的形态出现的。他们的历史观则是以理学历史观、性理学褒贬和教训史观为中心，对历史进行价值评价的倾向要比以前更为强烈，进而不重视史实的探求，而重视以性理学价值为标准的判断。这一时期的史论不是关于史实的，而是有关道德观念价值判断的，主要针对的是中国史。同时，这一时期主要是以人物为中心来理解历史，因此史论中与人物评价有关的内容占大部分。[4]

---

〔1〕 白晉宇，「朝鮮後期史論散文研究」，博士學位論文，高麗大學，2011，223—241。

〔2〕 邓广铭、张希清：《宋人文集篇目分类索引》，北京：中华书局，2013 年。

〔3〕 黄俊杰：《历史思维、历史知识与社会变迁》，台北：时报出版社，2006 年，第 70—73 页。

〔4〕 ［韩］朴仁镐：《韩国史学史》，第 69 页。

二、文章与义理——阅读《史记》《汉书》的方式

朝鲜文人对《史记》文章采用一种“取其文，不取其意”的态度，这种表现影响了他们对史汉文章的肯定与学习，及对史汉义例方面的批评。虽然朝鲜文人受宋儒的影响，撰写了相当多与史汉人物及史实有关的史论散文，但这种关注大多并非以评论《史记》《汉书》为目的。所以，朝鲜文人对《史记》《汉书》文章叙事与描写的相关内容的点评，是他们关注史汉的主要方式。朝鲜文人大多通过史汉选本获得阅读《史记》《汉书》的文本，以点评的方式讨论与学习史汉文章。这种点评以史汉列传为重点，偏向于对文章技法与风格的解读，体现了朝鲜文人阅读《史记》《汉书》的倾向与水平。朝鲜文人评论史汉文章的这些文字，多存在于其文集的“漫录”“外篇”“杂识”之类篇目中，基本是对史汉列传某一段文字的点评，显得较为零散。与此同时，朝鲜文人出于对史汉某一列传的喜好，往往将这一篇列传单独抄写，作为日常必读，如崔岦喜读《项籍传》，金得臣读《伯夷传》等。这就使他们对这一篇内容最为熟悉，关注也最多，甚至会对此列传的全文进行较为完整的点评。这与史论散文有着明显的区别。史论散文仅将史汉人物与史实视作文章要素，可以进行任意解释甚至重构，而这种关注则是针对史汉文本。本节我们以朝鲜文人关注比较多的《伯夷列传》为例，重点考察他们阅读史汉列传文本的方式。

韩国学者已经注意到了朝鲜文人的伯夷论及《伯夷传》论，认为这两种形式代表了他们关注《伯夷列传》的不同方式。其中，伯夷论主要是讨论义理的史论散文，其观点大致为批评庄子的“伯夷死名”论，说明太公扶伯夷与伯夷叩马而谏的意义一致，故太公与伯夷可以并称而不悖，从而批评王安石对伯夷“叩马而谏”与“饿死首阳”的怀疑。[1] 这三种观点虽然为不同朝鲜文人所阐发，但可以看出其观点之间是有一定内在关系的，完全可以视为朝鲜文人评论伯夷的代表性观点。

---

〔1〕 李拉娜，「伯夷 談論의 義理論과 文章論：조선시대 백이 담론의 전개와 분기」，碩士學位論文，成均館大學，2013，12—27。

朝鲜实学派文人朴趾源的《伯夷论》，则将伯夷的精神表述为“为天下后世忧”和“时中之义”。这种观点继承了孔孟的相关思想，与程朱理学有所不同，表现出强烈的实学特征。但收录在《热河日记》中的《夷齐庙记》一文，却对伯夷的态度十分冷淡，不同于其《伯夷论》的观点。这种变化与朝鲜两乱之后的“春秋大义论”和“北伐论”有关，伯夷在这篇文章中成为被讽刺的对象，如称首阳山为“小阜”，孤竹城为“小郭”。这是因为当时的清朝统治者以伯夷事迹来宣扬节义精神，但朴趾源认为，这仅是伯夷精神的“形似”，至于“为天下后世忧”，才是伯夷精神的“心似”。[1]

以上是朝鲜文人有关伯夷的史论散文的概况。《史记·伯夷列传》是有关伯夷的资料中最丰富的文献，但这篇内容以议论为主，且居七十列传之首，历来受到文人学者的较多关注。朝鲜文人也不例外，不仅其《史记》选本以《伯夷列传》为必选篇目，其史论散文也以《伯夷论》最多，但多以表达义理思想为主，并不研究史实。所以，若从朝鲜文人评论《史记》《汉书》的角度考虑，有关《伯夷列传》的内容更符合本书研究的方向。

朝鲜文人点评《史记》的方式，借鉴了《史记评林》《史记选》等著作，以评论《史记》各列传文章的叙事描写等相关内容为主。但《伯夷列传》是一篇比较特殊的列传，若以史书的“事、文、义”三方面来要求的话，此传在表达“义”方面的意义，要大于其纪事和文章。故而，朝鲜文人特别重视此传，将全文“分段注解，以资相讲”[2]，撰写了多篇专门针对《伯夷列传》的评论文章。不过，与《史记评林》《史记选》将相关评论文字以批注、小字等形式附于正文中不同，朝鲜文人往往将自己分段批注的成果独立成篇。

中国古代文人学者评论《伯夷列传》，主要认为司马迁为伯夷立传的意义，在于寄托感慨，表现情志；《伯夷列传》被作为列传之首，是

---

〔1〕 周娟，「연암 박지원의 伯夷형상과 그 의미」，碩士學位論文，成均館大學，2013，120—121。

〔2〕 ［朝鲜］李万敷：《息山集》续集卷 2《答李德和》，《韩国文集丛刊》第 179 册，第 140 页。

为了表彰气节，推崇谦让，并成为列传的“总序”；并说明司马迁以此传继承孔子之志，以“究天人之际”的宏阔视野裁析史料。[1] 朝鲜文人的《伯夷传》论也基本涉及这些方面。只不过，中国古代文人学者大多就《伯夷列传》的某一部分内容展开讨论，而朝鲜文人则有多篇总体点评此传的文章。其中年代最早的是金得臣，最晚的是李建昌，也可以看出朝鲜文人对于这一列传给予了较长时间的关注。[2]

朝鲜文人认为《伯夷列传》以“夫学者载籍极博，犹考信于六艺”开头，是此传的大纲。许由、卞随、务光等人的事迹，由于文献缺乏，多不彰显，以致其名湮灭，甚至引起后人怀疑，故太史公登箕山寻许由之冢，也是为了验证许由事迹的真实性。而泰伯、伯夷则由于得到了孔子的“叙列”，其事迹得以流传后世，并可称为信史，甚至可以作为“实录，别无疑义”[3]。按其事迹，由、光让天下，比泰伯、伯夷让国的意义要更大，但由、光之事因孔子不载，只有“说者”之言，故被认为“无足传”。所以，司马迁为伯夷立传，而不为由、光立传。[4] 司马迁引由、光之事，反复质疑，明确表达以孔子之辞与六艺为作《伯夷列传》的根本依据，对于孔子所不称的人物与史实，不敢为传。[5]

司马迁尊崇孔子及六艺，不仅首句论事“取决于孔子”，在之后的文字中也处处“必引孔子之言以证向之”[6]，目的是“以著君子之必托名于斯而后可传也”[7]。司马迁因救李陵而遭宫刑，与伯夷不遇，

---

〔1〕 江素卿:《从史料镕裁析论〈史记·伯夷列传〉》,《文与哲》, 2008 年第 12 期。

〔2〕 目前所知，唐人孙谯、明人王祎各有一篇关于《伯夷列传》总体评论的文章。

〔3〕 [朝鲜] 赵普阳:《八友轩集》卷 6《伯夷传注解》,《韩国文集丛刊续编》第 79 册，第 312 页。

〔4〕 金得臣则认为，“太史公迁悲由、光之无传，作《伯夷传》，非为伯夷，实为由、光也”。见《柏谷先祖文集》册 6《伯夷传解》,《韩国文集丛刊》第 104 册，第 196 页。

〔5〕 [朝鲜] 姜彝天:《重庵稿》册 3《杂著·读史言》,《韩国文集丛刊续编》第 111 册，第 516 页。

〔6〕 [朝鲜] 金昌翕:《三渊集》卷 36《漫录（庚子）》,《韩国文集丛刊》第 166 册，第 185 页。

〔7〕 [朝鲜] 韩弘斋:《素圃堂遗集·伯夷传解》, 1935 年大源孙翼园编刊本，第 51b 页。

由、光无传类似，因而“感愤所发”〔1〕，希望借孔子之辞以彰显自己。故有的朝鲜文人以《伯夷列传》非传伯夷，而是司马迁自传，“因状夷、齐之行，而道得自家心出来，然其意要以名施后世为重”〔2〕。同时，此传也是“太史公自悲也。生而身毁不用，有甚于伯夷之饿没而湮灭不称，将与由、光同归，岂不悲乎”〔3〕，其中论“近世”的一段，明显是对司马迁所处时代社会现实的披露。故文中孔子所言伯夷“怨是用希”“又何怨乎”，其中的“怨”也代表了司马迁对自身遭遇的不满情绪。

但是，朝鲜文人对于伯夷是否有“怨”，看法并不一致。按孔子的说法，伯夷“又何怨乎”，确实是不怨的。但金得臣、安锡儆以其佚诗为据，认为伯夷确实有怨。赵普阳也认为“上怨字言无怨之意，下怨字言有怨之意”〔4〕。魏伯珪、李德胄则以所谓伯夷有“怨”，其实代表着司马迁心中之“怨”。〔5〕司马迁遭遇惨祸，心中有不平之气，故对伯夷无怨感到怀疑，但是孔子又称伯夷不怨，故而司马迁不但不当有怨，而且不足以生怨。对于这种前后矛盾的情形，朝鲜文人以孔子之言为准，而对佚诗异于孔子的评价，认为并不足信，可知伯夷无怨。〔6〕而且，伯夷有怨与无怨，“只有孔子能说之”〔7〕，也因为孔子称其无怨，故后人以伯夷为仁人。林乔镇（1801—1864）将这种“仁”归结为伯

〔1〕［朝鲜］李万敷：《息山集》续集卷 2《答李德和》，《韩国文集丛刊》第 179 册，第 140 页。

〔2〕［朝鲜］洪直弼：《梅山集》卷 12《答李汝弘（丙寅七月）》，《韩国文集丛刊》第 295 册，第 307 页。

〔3〕［朝鲜］金昌翕：《三渊集》卷 36《漫录（庚子）》，《韩国文集丛刊》第 166 册，第 184 页。

〔4〕［朝鲜］赵普阳：《八友轩集》卷 6《伯夷传注解》，《韩国文集丛刊续编》第 79 册，第 312 页。

〔5〕［朝鲜］魏伯珪：《存斋集》卷 11《伯夷传说》，《韩国文集丛刊》第 243 册，第 233 页。

〔6〕［朝鲜］安锡儆：《雪桥艺学录·史记摘解》，第 41—42 页。

〔7〕［朝鲜］姜彝天：《重庵稿》册 3《杂著·读史言》，《韩国文集丛刊续编》第 111 册，第 516 页。

夷“能尽其父子兄弟君臣之道以自终”[1]。

但是，以伯夷的遭遇来看，其“不怨”是不合理的。那么如何解释这一点呢？司马迁意识到这一问题，提出“天道”的说法。对于天道的理解，金昌翕认为司马迁引佚诗，以及以颜渊、盗跖的不同结局，说明他并不能“释然于天道是非”[2]，对天道有所质疑。但有的朝鲜文人认为，司马迁并没有怀疑天道，而重在说明“天道之多舛”[3]，多有不公正的事情产生。

所以，伯夷“饿死”，颜渊“屡空”与盗跖“寿终”，这些司马迁所谓“余甚惑焉”的事例，看似说明天道无常，其实不过是“各从其志”。金昌翕、安锡儆以为“天之报善”，“非不可求，从吾所好，天无可怨矣”[4]。而伯夷、颜渊被称道，许由、务光事迹湮灭，则在于天道“趋舍有时”，“时有先后，命有遇不遇”[5]。既然如此，伯夷、颜渊与盗跖的不同遭遇，只是因为道不同，故志亦不同。所以，伯夷不仅与盗跖不同道，与武王也不同道。道有轻重，轻者谓富贵祸灾，而重者为德行。所谓“其重若彼，其轻若此”，是指伯夷等人既知道有轻重，故“各从其志”，如同其他人重视富贵祸灾，而不求富贵则如同其重视德行。[6] 由此可见，孔子在伯夷、颜渊得名于世过程中的重要作用。若无孔子，由、光同样没世而无名。所以，司马迁感慨自己不遇孔子，希望能遇到“青云之士”。

司马迁欲求得名于世，朝鲜文人认为这是《伯夷列传》全篇的关

---

〔1〕［朝鲜］林乔镇：《荷汀草稿》徵《伯夷传解》，韩国学中央研究院藏书阁写本，第40页。

〔2〕［朝鲜］金昌翕：《三渊集》卷36《漫录（庚子）》，《韩国文集丛刊》第166册，第185页。

〔3〕［朝鲜］姜奎焕：《贲需斋集》卷8《伯夷传签录》，《韩国文集丛刊续编》第75册，第333页。

〔4〕［朝鲜］安锡儆：《雪桥艺学录·史记摘解》，第42页。

〔5〕［朝鲜］金昌翕：《三渊集》卷36《漫录（庚子）》，《韩国文集丛刊》第166册，第185页。

〔6〕［朝鲜］赵普阳：《八友轩集》卷6《伯夷传注解》，《韩国文集丛刊续编》第79册，第312页。

键点。但是，对于司马迁之求名，朝鲜文人又有不同解释。金昌翕指出，司马迁以立名为贵，又认为个人的名不会自己建立，必待知己者（青云之士）而得到弘扬。伯夷、许由，皆是岩穴之士，而且从道义上来看，许由“让天下”要高于伯夷“让国”，但一个因得到孔子称赞而得名，一个因孔子未提及而默默无闻，甚至受到怀疑，令司马迁感慨叹息。于是司马迁亲探许由之冢，得出二人遭遇不同，在于“其于圣人遇不遇存焉”。伯夷、颜渊与司马迁一样都处于穷厄之中，但二人有幸“得圣人而不朽”，司马迁则一生不遇，故自感“冤郁”。对于高尚的岩穴之士而言，遇孔子都有幸与不幸的差别，何况身处卑微的闾巷之人。而司马迁自比闾巷之人，所以，他认为司马迁有“甘心下流”之嫌。[1] 而李德胄则批评司马迁有“各从其志”的意愿，但仍汲汲求名于世。洪直弼则以“人之为善，只是循天理之当然已矣”为据，[2] 认为若要立名于世，就与个人“自砺”相矛盾，故非善人所为。但是，另外一些文人则认为，司马迁的求名，是欲以孔子自居，认为《史记》可以继六经。金得臣认为，《伯夷列传》中所论“天道”，“不诡于圣人，可谓良史”。[3] 这仅是承认司马迁不违背孔子。李玄锡则认为，司马迁意识到“名”有轻重之分，个人的幸与不幸都归为天道有时，所以，个人与其有怨，不如“各从其志，秉义循名”[4]。对于司马迁来说，他本人就是以“青云之士”自居，将《史记》传之后世，以彰显其名。所谓“青云之士”，也就是能够立言传世的圣贤。也就是说，如伯夷等仁人必须依赖孔子为之立名，《史记》的列传是为“近世闾巷之士”立名，而司马迁就是这些人的“青云之士”。并且，本纪、世家是根据前代文献改编，列传则出于司马迁的创作，如其自序中所言，“引

---

〔1〕［朝鲜］金昌翕：《三渊集》卷36《漫录（庚子）》，《韩国文集丛刊》第166册，第185页。

〔2〕［朝鲜］洪直弼：《梅山集》卷12《答李汝弘（丙寅七月）》，《韩国文集丛刊》第295册，第307页。

〔3〕［朝鲜］金得臣：《柏谷先祖文集》册6《伯夷传解》，《韩国文集丛刊》第104册，第196页。

〔4〕［朝鲜］李玄锡：《游斋集》卷11《杂著中・伯夷传解》，《韩国文集丛刊》第156册，第576页。

夫子之《春秋》，托其述传之意，其意亦岂偶然也哉”[1]。安锡儆认为司马迁这种做法“承孔子而作史传，以继六经之重耳”[2]。

所以，《伯夷列传》“将以起自家叙传之意也”[3]，故以此传作为列传之首。伯夷饿死，赖孔子称其“得仁”“何怨”，始有名于后世。而伯夷之后，又有多少人，无论贤愚，而事不显，名不彰。司马迁本人遭“蚕室腐刑”，无可申诉，“遂以伯夷传为首，以泻其意。故以议论包叙事，激感顿挫，神规鬼削，出入抑扬，不可摸捉，是为列传之首”[4]。或称《伯夷列传》为“列传之序文”[5]，或称“《伯夷传》是《史记》序，《自序》是《史记》跋”[6]，或称“乃子长之所自序其作史之意”[7]。赵普阳具体指出《伯夷列传》自“君子称没世而名不称”一句之后的内容，是为了说明一些列传撰文之意。

君子称没世而名不称以下，又明叙立传之意。其曰贪夫徇财者，将欲叙货殖之徒也。其曰烈士徇名者，将叙屈原、老子、韩非之类也。其曰夸者死权，将叙任侠刺客之流也。其曰众庶凭生，总

---

[1] [朝鲜] 姜奎焕：《贲需斋集》卷8《伯夷传签录》，《韩国文集丛刊续编》第75册，第333页。韩弘济（1649—1682）也称，“自叙之文乃曰：周公卒五百岁而有孔子，孔子卒后至于今五百岁，有能绍明，小子何敢让焉。遂历数六经而继以作《史记》之意，则其旨盖在继孔子，达于六经，昭然可知矣”（《素圃堂遗集·伯夷传解》，第51a页）。

[2] [朝鲜] 安锡儆：《雪桥艺学录·史记摘解》，第42页。

[3] [朝鲜] 赵普阳：《八友轩集》卷6《伯夷传注解》，《韩国文集丛刊续编》第79册，第312页。

[4] [朝鲜] 魏伯珪：《存斋集》卷11《伯夷传说》，《韩国文集丛刊》第243册，第232页。

[5] [朝鲜] 南龙万：《活山集·活山先生语录》，《韩国文集丛刊续编》第79册，第158页。

[6] [朝鲜] 李德胄：《节亭集》卷3《伯夷传解》，《韩国文集丛刊续编》第75册，第48页。

[7] [朝鲜] 李玄锡：《游斋集》卷11《杂著中·伯夷传解》，《韩国文集丛刊》第156册，第575页。

言天下熙熙，皆为利来，天下攘攘，皆为利往。[1]

这是将《伯夷列传》末尾一段，与其他列传的具体主旨相联系。魏伯珪则认为，司马迁深感自己遭遇与伯夷相同，故批判“近世”的种种不公，而这些都表现在其《货殖列传》中。

当时怂恿媕婀、全躯保妻子者，满屋黄金，酒海肉山。独此马迁无金于画工，隐室腐毫，空为昭君之琵琶，果与饿死无一间，刻骨至冤，安得不怨？此其作《货殖传》之本心也。[2]

由此可见，很多朝鲜文人对《伯夷列传》的理解与评价，多从文本出发，认为《伯夷列传》中记载的伯夷、叔齐事迹，基本可信。同时，他们认为司马迁在《伯夷列传》中处处引孔子之言为议论依据，以孔子自居，并能继孔子《春秋》而作《史记》；再联系《太史公自序》中的相关内容，使得他们将《伯夷列传》作为列传之首，对司马迁也多有肯定。韩弘济认为，司马迁“始终皆以夫子训为断，则人谓史迁之不能尊圣人者，亦误矣”[3]。

李建昌的《伯夷列传批评》[4]，对前人的观点进行了整合，认为司马迁在《伯夷列传》中表达了这样一种观点：古代的仁圣贤人如许由、伯夷等人，都是有德行的，只不过伯夷为孔子所称，故其事为后人相信。孔子称伯夷不怨，但司马迁认为其不能无怨。不只伯夷，古今圣贤有这种遭遇的人很多，这是天道不可信的原因。那么，天道既然如此，则人道不可不修，于是人人求传名于身后。但名不能自立，只能通过圣人的叙列而显名，虽贤如伯夷，也必得孔子而传。故而司马迁作列

---

〔1〕［朝鲜］赵普阳：《八友轩集》卷6《伯夷传注解》，《韩国文集丛刊续编》第79册，第312页。

〔2〕［朝鲜］魏伯珪：《存斋集》卷11《伯夷传说》，《韩国文集丛刊》第243册，第234页。

〔3〕［朝鲜］韩弘济：《素圃堂遗集·伯夷传解》，第51b页。

〔4〕［朝鲜］李建昌：《明美堂集》卷14《伯夷列传批评》，《韩国文集丛刊》第349册，第198—200页。

传，传中人物之名也将因《史记》而传至后世。所以，朝鲜文人认为司马迁是以孔子自居，继六经而作《史记》。金泽荣将《伯夷列传》叙伯夷而不及许由的原因，归结为司马迁斥黄老而尊孔子。

> 李凤朝《伯夷列传批评》，谓子长自以纂述一部史记，进退千古人物，如孔子《春秋》之权，自处于青云之高士，其说诚妙矣。然余独惜其有所未尽。夫子长之自视，不止于一文人耳。生于黄老学者之家，弃父训而去师孔子。其于孔子，一行必视为法，一辞必视为经。赞之以至圣，尊之以世家。与董仲舒雁行立，同时而作其私淑弟子，以继孟子之风流焉。彼许由者，其所谓让天下者，盖出于黄老家之荒唐寓言，而西汉之世，尊尚黄老，故天下传诵之甚盛，指以为伯夷之流。然以子长学识之明，而不为之眩焉。故其叙伯夷也，历举六艺诗书及孔子之说以辨之，如酷吏之断狱，以折天下之口。其所以外黄老而内孔子，退奇行而进正道，何其赫赫严而巍巍高哉！此所谓“青云之士”也。夫惟如此，然后方可以主史笔而定天下之是非。故曰《史记》一书，始于斥许由，以贵重史家之地位，终于止获麟，以拟圣人之经。[1]

前文我们提及，朝鲜文人采用“取其文，不取其意”的方式阅读《史记》列传，而对于《伯夷列传》来说，这种方式显然并不适用。《伯夷列传》以议论为主，其“文势若断若续，恍然不可测”[2]，故很难从叙事描写的角度进行点评。于是，朝鲜文人将此传分段解读，从字里行间辨析其议论的层次、重点，了解司马迁为伯夷作传的意图。

但也有的朝鲜文人对《伯夷列传》提出了质疑。姜再恒的《辨夷齐传》首先批评司马迁以一种感愤的情绪撰《伯夷列传》，是“违天悖

---

〔1〕［朝鲜］金泽荣：《韶濩堂集·借树亭杂书》卷4《乙丑文录·题李凤朝伯夷列传批评后》，《韩国文集丛刊》第347册，第498页。

〔2〕［朝鲜］李德馨：《汉阴文稿》卷12《书伯夷传》。

理”，这都源于司马迁“学不知道”。[1] 从这一点出发，姜再恒对《伯夷列传》的态度以批评为主，基本以经义衡量相关记载，并引经传、《史记》进行互校，纠正司马迁的谬误。如关于伯夷、叔齐出逃，姜再恒引《论语》中孔子对伯夷的评价，认为其记载得其实。关于伯夷、叔齐闻西伯昌善养老，则以《史记》引《孟子》，故不加订正。而对于“武王载木主”，伯夷“叩马谏伐”，指责武王“父死不葬”，太公称伯夷为“义人”，“扶之而去”，伯夷“义不食周粟，隐于首阳山，采薇而食之。及饿且死，作歌”等记载，或与经义相违背，或并不见于圣人之经，或与《史记》其他记载矛盾，故不足信。《采薇》之诗，或出于后人伪作。

那么，同样是关注《伯夷列传》，有一些朝鲜文人根据其文本，得出了司马迁以孔子自居、可以继六经的观点，但姜再恒却批评司马迁“不知道”。这种矛盾的关键在于，朝鲜文人在解读《伯夷列传》时，出发点不同，对“道”的理解也不同。有的文人从《伯夷列传》文本出发，看到的是此传处处引用孔子之言的实际情况，并不局限于伯夷事迹，而是对此传的创作意图进行解读，进而理解司马迁将个人遭遇寄托于伯夷的隐情。但是，姜再恒却并非从此传的文本出发，其立论以司马迁“违天背理”开始，认为《伯夷列传》与经传多有不合。最关键的一点，他是首先确立“君臣父子，天下之大伦也”这样一个前提，再从经传中寻找与《伯夷列传》不合的例证，承认武王伐纣为“正大光明”，而伯夷“叩马谏伐”是欲陷周于“无天子之德而天下不与”的境地。所以，他批评司马迁“不知道”，有《伯夷列传》出于战国文士附会之说。洪直弼也指出了《伯夷列传》的诸多问题，与姜再恒观点基本一致。

> 父死不葬，载主伐纣，非圣人所为，不待圣人而知，而反信周末文士傅会之说，而载之于书乃尔乎哉？且《采薇歌》决非夷齐

[1] ［朝鲜］姜再恒：《立斋先生遗稿》卷15《辨夷齐传》。清人梁玉绳《史记志疑》中，认为《伯夷列传》“所载俱非也”，列举了十条证据。这一观点被《史记会注考证》采纳。其中一些证据，与姜再恒相同。

之文，其曰“以暴易暴”者，岂清圣口气哉？盖其饿死以义，不食周粟，立天下大经耳，非不知命而然也，亦非有求而为也。所谓求仁得仁，又何怨乎，则安归命衰之叹，何为而发哉？此其赝作无疑，而并书之。抑出于传疑之意耶？是未可知也。[1]

这些问题，有的在程朱著作中也已涉及，或者朝鲜文人的这些认识正是受其影响。这种影响可能不会表现在具体问题上，如郑栻少时读《伯夷列传》，对“父死不葬，爰及干戈”产生了疑问，“后观二程书，伊川已有此辨矣”[2]，更可能表现为一种读史的方式。同样是《伯夷列传》引孔子之言，与很多朝鲜文人认为司马迁继六经之说不同，林乔镇仍提出了批评：

若其指圣人之道而曰六艺，子长之言，每每如此。夫圣人以率天性为道，至于六艺，特众条耳。今舍性理而举六艺，曰是其道也，则忽矣。子长能于文而不知道者欤。[3]

这种说法将程朱理学的“理”置于孔子六艺之上，认为六艺只不过是“理”的具体形式，“理”才是六艺的根本，故只引六艺之文，并不能算作知其“道”。这种观念使得一部分朝鲜文人阅读史书，看待历史的方式，不是从史实本身出发，而是先确定一个“理”，再以此来评断史实。凡是符合这个“理”的，就认为是知“道”的；否则，这段史实就有很多不合理之处。所以，林乔镇认为司马迁能为文而不知“道”。

韩弘济认为，朱子论伯夷，说其“分明是怨”，但从孔子称伯夷“求仁得仁”，“怨用是希”来看，伯夷又是不“怨”的。

---

〔1〕［朝鲜］洪直弼：《梅山集》卷12《答李汝弘（丙寅七月）》，《韩国文集丛刊》第295册，第307页。

〔2〕［朝鲜］郑栻：《愚川集》卷4《观史》，《韩国文集丛刊续编》第29册，第133页。

〔3〕［朝鲜］林乔镇：《荷汀草稿》徵《伯夷伯解》，第43页。

或曰："《伯夷传》之文固美矣。"朱子曰："其说伯夷处分明是怨，今子乃独以为不怨，何哉？"曰："有是也。传末引孔子之言者，可谓明其不怨之义，而中间说怨处，如愤如悲，如叹如泣，宛转眷顾，有不能自已之情，则盖非真能坦然不蒂芥于肚里者也。朱子之论，就其心之偏重而为教也，余之意，则姑据其终而言也。呜呼！岂特太史公哉，班固之《幽通》，张衡之《思玄》，其于祸福荣辱之间，盖亦累累数数，颇涉支离。虽曰卒受以正，而君子固厌其所为矣。朱子之不取太史公，其以是与？若君子则唯义之是非是问，其于一身之利害得失，又何足雌黄于其口哉？"〔1〕

可见，韩弘济以孔子之言，认为伯夷不怨。其实，朱子认为伯夷"分明是怨"，是由批评司马迁而阐发。《史记》将伯夷写得"满身是怨"，原因在于"《伯夷传》乃史迁自道之意"。所以，朱子也认为，对伯夷是怨与否的评价，应当以孔子的言论为依据。

前文我们提及一些朝鲜文人借班固之辞批评《史记》不法《春秋》，但从本节讨论来看，有些朝鲜文人又认为，《伯夷列传》《太史公自序》表明，司马迁不仅继承《春秋》，而且引六经中孔子之言为断事标准，以孔子自居。这种看似自相矛盾的现象，与朝鲜文人的经史观念及尊崇孔子的思想有关。若以朝鲜文人比较推崇的《纲目》等宋儒史书标准看待《史记》，自然会产生司马迁是出于私愤著述、议论粗疏、不遵《春秋》的看法；而就《伯夷列传》来看，司马迁在文中引用孔子、孟子的做法，正符合朝鲜文人一贯尊孔的思想。朝鲜文人肯定司马迁，其实也是在确立儒家学说在史书撰写中的根本地位。这两种观念都可以视作程朱理学对朝鲜文人产生影响的具体表现。

朝鲜文人的伯夷论与《伯夷传》论有相似之处，关注的一些问题也有一致的地方。二者议论史实的观点受到宋儒及明人的影响，而《史记评林》《史记选》等明人著作则影响了其对《伯夷列传》的读法，如林乔镇引孙谯的说法，见于《史记评林》。但是，这种以史汉人物为关

〔1〕［朝鲜］韩弘济：《素圃堂遗集·伯夷传解》，第52b—53a页。

注点的史论散文与以史汉列传为评论对象的文章，二者又有着明显的差异。有的韩国学者将此前朝鲜文人的伯夷论与《伯夷传》论进行了统计，认为大约有五十多篇文章。若将金昌翕至朝鲜末期李建昌等人的伯夷论综合考虑，可以看出，将《伯夷列传》作为“《史记》列传总序”是朝鲜文人的普遍看法；朝鲜时代17世纪的“大明义理论”与“尊周论”则对朝鲜文人的伯夷论产生了较大的影响。[1] 但是具体到朝鲜文人的《伯夷传》论，以时代最晚的李建昌的《伯夷列传批评为例》，李建昌提出“凡读古人书，须先观古人为此书之主意。又观此书之体面。然后字句篇章，文义法例，可次第观也”[2]。这种读书方式，并不将《史记》当作史书，而是重视其文章特点。并且，通过这一段文字，对前人阅读《伯夷列传》进行了总结，这篇文章的主要观点也基本上承袭前代。他认为，《伯夷列传》可以分为六大节，每节有一字眼，分别是信、怨、天道、道、名、圣人。前人多认为，司马迁作此传，是出于发愤，而《伯夷传》也有“怨”，但李建昌引明人杨慎“不诡圣人”的观点，又认为司马迁分明以圣人自居，只不过为自己不遇圣人而发叹。因而，此传“一是感慨古今，一是赞叹圣贤，一是发扬自家，大抵是全部《史记》总序。《伯夷传》不过借题作名”[3]。所以，朝鲜文人的伯夷论与《伯夷传》论，关注点不一样，实现的目标也有差别。姜彝天评《伯夷列传》为“太史公人文之至。学者类喜其纵横跌宕者，而鲜有能造其阃于缜密成章，可胜惜哉，可胜惜哉”[4]。

再如朝鲜文人对《项羽本纪》的关注，更重视此传的文学性，将其作为历史读物及文章学习的典范。通过与《汉书·项籍传》的比较，

---

〔1〕 李弘植（2013），「三淵 金昌翕의『伯夷傳』이해와 그 의미」，『韓國實學研究』25。

〔2〕 ［朝鲜］李建昌：《明美堂集》卷14《伯夷列传批评》，《韩国文集丛刊》第349册，第199页。相关研究参见李熙穆（2013），「李建昌의『伯夷列傳批評』評釋」，『大東文化研究』60。

〔3〕 ［朝鲜］李建昌：《明美堂集》卷14《伯夷列传批评》，《韩国文集丛刊》第349册，第200页。

〔4〕 ［朝鲜］姜彝天：《重庵稿》册3《杂著·读史言》，《韩国文集丛刊续编》第111册，第516页。

评价《项羽本纪》中“伏笔”的运用，围绕一个中心展开的叙事结构，以及恰当的人物描写与评论。[1] 李象秀提出了读《史记》的“实读”法。“虚读”法只是泛泛而读，不求甚解，“实读”则通过潜心熟读，知晓文章的宗旨、文理，其中文理包括章法、句法、字法、铺置、次第、脉理、段落等方面。如其《货殖列传评》，首先指出司马迁作传的意图，认为处士如原宪饥寒贫苦，“不能自立于世”，而乌氏则“殖财暴富，乃为万乘所礼”，“世道渐下，俗尚大舛，深有所伤感，故创立此传”。然后将各段文字进行分析，评论其文章特色，指出其中含义，比较史汉优劣，主要侧重于“宗旨”“结构”方面的讨论，而其读《酷吏列传》则侧重于“本心”“脉理”两方面。[2]

朝鲜文人文集中的史论散文是朝鲜文人读《史记》《汉书》的重要方式，其关注的是先秦、秦汉时期的历史人物与事件，但最终是为了表达儒家思想与程朱理学。成大中（1732—1809）的史论散文主要见于其《青城杂记·揣言》中，包括楚汉成败、平勃论、秦汉仁暴、秦楚报复、董公、韩信、田横、商周、李左车、田延年、萧何大起未央宫论、《宋史筌》五贤世家论等12篇，主要以秦汉之际的历史为评论对象。[3] 这些史论散文，很多是作为策论而撰，受到苏轼的影响。其子成海应称其父“史论合十一首。先考之文，善于议论。考之艺苑定评，以为可继苏氏”[4]。关于这些史论散文的撰作原因，成海应写道：

尝言事之成败，不必预言。若预言之，又欲吾言之中，是祸心

---

〔1〕尹智勳（2008），「朝鮮後期 文人의『史記』認識과 評價에 관한 一考-『項羽本紀』에 대한 諸家批評을 中心으로-」，『東方漢文學』35。

〔2〕李賢鎬（2010），「峿堂 李象秀의『史記』評述에 대하여」，『東洋漢文學研究』31。

〔3〕孫惠莉（2012），「青城 成大中의 史論 散文 研究—『青城雜記』『揣言』을 중심으로」，『大東文化研究』80。成大中的文集《青城集》卷8中只收了5篇。成大中的这些观点，丁若镛在《与犹堂全书》补遗《馄饨录》中也有相似内容。

〔4〕［朝鲜］成海应：《研经斋全集》卷48《家传·家集义例》，《韩国文集丛刊》第275册，第22页。

也。是故于古人事，虽或论定上下，至如当世事，未尝言其得失，不多作论者，恐其广及于民国之事故也。尝因上命撰《宋史筌》，有史论一首。又有《揣言》一篇，论古人事者，有可警俗。[1]

即论古人成败得失，以警示今人。这样既避免了因论当今事而触犯忌讳，又可以古鉴今。这是成大中史论散文撰写的目的。同时，他在文中提出了一些新奇的论点，如对“秦暴汉仁”说，提出“高祖之暴甚于政”，对以往“暴秦”的说法进行了反驳。一般说“暴秦”，总会提及秦灭六国、焚书坑儒等，但成大中认为，六国灭亡是天灭之，而非秦国。“坑儒”坑的是战国游士，并不是真儒。至于“焚书”，“载道之书”是焚不掉的，而“百家众技惑世诬民之言”，却应当销毁，不使之传世。秦修长城，则是“一时之怨，万世之利”，因为战国时期，各国都在修长城，故不能称为罪。秦法严酷，是商鞅的遗留，非秦始皇独创。秦国对待功臣如王翦、李信等，也比较宽容。相比之下，汉高祖时，韩信、卢绾、黥布或叛或逃，彭越被诛，樊哙也遭谗言。汉初布衣将相的做法，还破坏了以学问和阀阅取士的传统，造成汉初缺乏“经术廉节之士”。所以，关于“秦暴汉仁”的传统观点，成大中认为并不妥当。[2] 关于“商周”一条，成大中假设当时纣王下罪己诏告于天下，传位于武庚，以微子为相，箕子为将，“商容导师，胶鬲申誓，陈牧野而拒周”，则武王必不能伐纣，甚至要退而请罪。可见，成大中的史论散文，对历史人物与史实提出了新的解释。这种解释基于儒家思想，甚至不惜假设历史进程，并通过对比等文学手法，增强论辩的气势与说服力。

所以，朝鲜文人阅读《史记》《汉书》的方式可以分为两种，一种

---

〔1〕［朝鲜］成海应：《研经斋全集》卷48《家传·家集义例》，《韩国文集丛刊》第275册，第22页。

〔2〕有学者集中研究了朝鲜文人对秦始皇的评论，也有相似的观点。朝鲜前期以批评为主，主要是作为以史为鉴，而后期随着实学兴起，出现了重新评价秦始皇的倾向，相关史论散文也增多。参见吴姝琪，「朝鮮朝 文人의 秦始皇 인물평연구：『史記』人物 批評 의 한 事例」，碩士學位論文，成均館大學，2012。

以史论散文为主要形式，虽然辩论的焦点是历史人物与史实，但可能会通过类比、假设等文学手段来关注当时的社会现实，并以儒家思想、伦理等作为评判标准，试图总结历史教训与阐发义理。另一种则以评论史汉列传为对象，主要关注其文章结构、叙事描写以及写作意图等方面。[1]

三、李敏求的《读史随笔》

赵凯先生一直在关注域外文献中的秦汉史资料，撰写了多篇高质量的论文。[2] 不过，根据本书对《史记》《汉书》在朝鲜时代的传播与接受情况考察，有些文献看似与史汉及秦汉历史有关，实际上应该以更为审慎的态度对待。如朝鲜时代的史汉选本，是根据中国本编选而成，但这是朝鲜时代古文风气影响的结果，我们不能将这些文献视作史籍，更不能视作新的史汉版本。因为这些史汉选本的编选，更多是为了学习古文之用，并非以研究相关史实为目的。即使是抄选两汉诏令、章疏的《两汉词命》《西京摘言》等，阅读汉史的《楚汉遗事》与《汉史通鉴》等，也是以参考史汉文章为重要目的。至于朝鲜文人的史评史论，如《看史剩语》《历代史论》《松坞遗稿》以及文人文集中的“论”等，大多“欲以为穷格之一助”[3]，“亦皆绳之以义理之中正”[4]，可以归于史论散文一类，对于我们阅读史书、理解史实有一定的帮助。但是，这种史论散文关注的重点并非史实本身，而是侧重表达儒家伦理与义理思想，评论史实只是儒者格物致知的一种途径。另外，朝鲜文人对《史记》列传的点评，其方式与目的也是围绕文章叙事、写作意图展开。所以，这些内容涉及史论散文、古文创作与文章点评，总结起来可以归纳为义理与文章两大类。尽管这些内容对于我们研究秦汉历史有一

---

〔1〕 白晉宇，「朝鮮後期史論散文研究」，博士學位論文，高麗大學，2011，21—34。

〔2〕 赵凯、[韩] 尹在硕：《域外存珍：简述韩国古代文献中的秦汉史研究资料》，《国学学刊》，2012 年第 4 期。

〔3〕 [朝鲜] 李椝：《活斋集》卷 5《看史剩语序》，《韩国文集丛刊续编》第 32 册，第 495 页。

〔4〕 [朝鲜] 李椝：《活斋集·跋（李濰）》，《韩国文集丛刊续编》第 32 册，第 555 页。

定的参考价值，但一方面这些史论散文的文本来源可能不是《史记》《汉书》，而更多受宋儒的影响；另一方面，这些成果并非以研究史书之“事”为目的，而是对一些记载简略但义理色彩浓厚的人物与史实给予了较多关注。即使是一些有一定参考价值的内容，也比较零散，不成体系。

不过，朝鲜文人著作中也有一些既不同于表达义理的史论散文，也不是从古文角度关注《史记》《汉书》的史论，如李敏求（1589—1670）的《读史随笔》。李敏求，全州（今属韩国全罗北道）人，字子时，号东州山人、观海，芝峰李睟光（1563—1628）之子。光海君四年（1612）文科中选，官至吏曹参判。有文名，另有《东州集》《唐律广选》《谏言龟鉴》等著作。李敏求自序称，《读史随笔》的创作，有感于“作史难，读史尤难”。他认为，编纂史书以史料搜集最难，“务欲纤悉不遗”，这样会造成“正诡是非，舛伪相蒙”，故需要“良史”予以“删烦掇要，裁约以成书”。但即使如司马光的《通鉴》，对《史记》《汉书》《后汉书》等史籍的采择，也不能做到“泾渭巨细，一合乎当时之断案，而无所遗恨”，故作史为难。至于读史者，面对纷杂的史实，很难考信，故而李敏求通过阅读史书，加以评论，“蕲以成一家言”。其读史书关注的内容包括：

> 其君臣伦序之可法可戒，权谋功利之或正或谲，政教之系关乎治乱，风俗之殊别乎夷夏，与夫事迹之畴类者，言行之表著者，收罗摭拾，咸取其菁华。而间附以臆说，致慨乎斯世，亦尚论夷考之道也。[1]

《读史随笔》的这种论史方式，与一些朝鲜文人读史以格物为目的不同，也与将史书验于经传的做法相异。李敏求关注的是史实本身，即“致慨乎斯世”，用一种“夷考之道”评论史实。“夷考”即“考察”之意，代表着一种实证态度。这种态度除了关注史实之外，还在于希望

---

〔1〕［朝鲜］李敏求：《东州集》卷2《读史随笔序》，《韩国文集丛刊》第94册，第293页。

从史书中得到利于政教风俗的内容。

《读史随笔》中涉及先秦秦汉史实的部分主要为卷一、二，均是李敏求读史之后所作札记，其中卷一135条，卷二137条。但是，这一部分内容并非完全引自《史记》《汉书》，还包括《国语》《西京杂记》《通鉴外纪》《三辅黄图》等书。赵凯先生认为，“全书以历史时序为纲，以同类事件相挂”[1]，但从内容来看，也有个别事件并不依时间为序。不过，如序中所说“事迹之畴类者”的例子确实很多。如论“智囊”一词源于秦人语，又武乙射革囊与纣、王偃射韦囊，分别见于《通鉴外纪》《史记·龟策列传》《宋世家》。又白起、李广、蒙恬三人临死时均有“我何罪于天”的感叹，或以杀人太多，或以修长城而绝地脉。又“吕后封樊哙妻吕媭为临光侯，妇人封侯始此封。大谒者张释为建陵侯，宦官封侯始此”。不仅有同时代的类比，还将秦汉与此后的唐宋进行比较。如王莽与隋炀败亡同道，又评论建信侯叔孙通都关中、策匈奴、徙豪杰、以公主和亲四大计，以和亲最卑，并称宋朝虽弱，也不曾以公主和亲。这是李敏求读史的方式之一，显示出他对史书的熟悉与贯通。

另外，李敏求关注的一些史实，其内容来自《史记》《汉书》注文。如卫文侯“更名曰燬”，见于《史记集解》引《贾谊书》。魏之武卒衣三属之甲，见于《史记集解》引《汉书·刑法志》。又如“班固曰子婴度次得嗣”条，实见于《秦始皇本纪》。此说为班固《读秦纪》内容，李敏求或因《史记索隐》载班固诏对事，故直称“班固曰”。如《梁孝王世家》载“梁孝王筑东苑，方三百余里，广淮阳城七十里，大治宫室，为复道。自宫属平台三十里”，《太康地里记》“孝王筑睢阳城，鼓倡节杵而后和之。今乐歌有《睢阳曲》，盖采其遗音也”，李敏求以为，恐不可信。不过，他的观点并非创见，《史记索隐》已称“盖言其奢，非实辞”。其引《太康地里记》，也见于《史记索隐》。

赵凯先生列举《读史随笔》的考证，如论子婴非二世兄子，而是始皇之子。又辨《礼义志》西汉始有上陵礼之说。李敏求认为孔子没

---

[1] 赵凯、[韩] 尹在硕：《域外存珍：简述韩国古代文献中的秦汉史研究资料》，《国学学刊》，2012年第4期。

后，鲁人即以岁时奉祀孔子冢。或者秦始皇始定上陵礼。又论“年号之起自元封”，以建元、元光、元朔、元狩、元鼎五个年号为追记。这一论题也为中国古代学者与现代研究者所关注。

有的议论明显是为求新奇而发。如论秦灭六国，认为非因军事强大，而是因“六国愚而秦人巧”，即秦在军事上的失败并不少见，但善于用离间计，如长平之战，使赵以赵括代廉颇，以及杀李牧，均是以巧胜愚。再如对“世以荆轲之刺秦王为妄举狂图，只以促燕之亡，而无损于秦”的说法，李敏求认为，当时燕国的被灭是必然的事，并非因荆轲激秦，假设荆轲刺秦王成功，或许又是另外一种情况。

其引《史记》多不按原文照录，其论黄歇上书秦王，莫若善楚，所引文字与《史记》并不尽合。李敏求认为，黄歇的这种观点与苏秦的远交近攻相似。关于金马门，李敏求先引《三辅黄图》，“武帝得大宛马，以铜铸像，立于宦者署，因以名门”。又认为，武帝初年，公孙弘待诏金马门，此时并未有大宛马。一说“有相马者东方京作铜马献之，立于鲁班门外，更名金马门”。李敏求以此说近是。相马者东方京事，见《公孙弘传》如淳注，原文“东方京”作“东门京”，“铜马”作“铜马法”，李敏求所引明显有误。这两处错误，或是李敏求据《通鉴》而改。此外的错误还有，“简子疾，七日不知人”，《史记》作“赵简子疾，五日不知人”；“魏之武士三十万”，《史记》作“二十万”。又如秦王赐吕不韦书在《吕不韦传》中，李敏求误作“余读《秦纪》，至始皇赐文信侯书”。

李敏求多以传统史观评论人物与史实。如楚请周室加号，不成，自立为武王，楚庄王观兵于周及问鼎，李敏求评价其“盖纯乎蛮夷者也”。关于卫文侯更名事，评论曰“周室衰微，而有司惜名分犹如此”。又论李斯前后有三叹，分别为见厕中鼠与仓中鼠，为秦丞相、置酒于家，及始皇崩、立胡亥三个时间，李敏求评道：“其始诱于利，中没于利，末乃怵于利。其智非不足也。”又论项羽渡乌江，因其弑义帝于江中，此时众人皆叛，天下无可信之人，“于是羽之死计始决，亦天道然耳”。又论王陵赦张苍，及苍为丞相，“常朝陵夫人上食，然后敢归家。古人重报德如此”。又论韩安国与郑当时“务以人事君，有大臣之度”，以及“国家将乱，必有妖孽，以类见象”等。

《读史随笔》中一些观点则明显是受宋儒与明人的影响，如引大臣论立代王事，称“汉初功臣大抵皆为身谋，非为国家计”，李敏求称此说本于程子论周勃“尽为身谋”。[1] 又“战争八年，生类糜烂几尽，今楚食尽助少，乃肯解而东归，殆天亡也。汉王局守小信，纵敌遗患，使羽收合余勇，再振于梁楚之郊，则天下之乱，难以岁月数，而生灵之祸，当无有止息矣”，是针对《通鉴》所载张良、陈平劝汉王追项羽而发，并评论“程子以儒者责子房，盖以正谊而已”。[2] 评“先儒讥景帝短丧薄于君亲”，见于宋儒胡寅《读史管见》。又引《通鉴》“武帝欲以蓼侯孔臧为御史大夫”云云，并加按语：“按臧之父孔丛，即孔鲋弟子文之子，为高祖功臣，封蓼侯。《高纪》所谓孔将军居左者，即此人。王世贞以强记名世，而曰孔氏七叶单传，未知《高纪》所谓孔将军何人也，岂未之考邪?”

由此可见，虽然李敏求在《读史随笔》中论及先秦、秦汉史实，但其引用史料却不以《史记》《汉书》为主，而以《通鉴》《读史管见》等宋儒史书居多。从史学研究的角度来说，我们研究先秦、秦汉历史，当然要以《史记》《汉书》为基本史书。《通鉴》中涉及先秦、秦汉历史的内容显然有局限性。李敏求的史论却较少直接引用《史记》《汉书》，个中原因除了“其家贫无书”之外，还在于他同很多朝鲜文人一样，对史书的理解更偏重于《通鉴》等编年体史书。[3] 另外，李敏求关注的一些史实与观点，很多时候不过是对《史记》注的借鉴与阐发，仍不能摆脱以儒家传统观念评论史实的窠臼。这种史论虽然关注史实本身，但其议论方式多以说理为主，较少考辨史实，与考证、研究仍有很大的差距。故此书尽管作为朝鲜文人史论中之优秀者，但对秦汉历史研

---

〔1〕程子论周勃，见《二程集》卷18《伊川先生语四》，第233页。然文中并不见“尽为身谋”的说法。目前仅查到明人邓士龙《国朝典故》卷63《青溪暇笔》中引作“伊川以为此属尽为身谋，非真为国家也”。

〔2〕〔宋〕程颢、程颐：《二程集》卷19《伊川先生语五》，第263页。

〔3〕李翊九的《读史札记》即从《通鉴》所载周威烈王二十三年开始，其中所涉史实也基本来自该书。

究的参考价值并不特别突出。

第三节 考证与注解

朝鲜文人很少有从史学研究的角度来探讨《史记》《汉书》，如朴世堂（1629—1703）以《汉书》《史略》读史，认为比较而言，《史略》“固为初头领要之捷法”[1]。成海应对于《史记·刺客列传》“既祖就道”一句中“祖”字的解释，认为应当参考字书以及《通典》《通志》《通考》等书，弄清字义，考订礼仪。但这种研究方法，更多是为了达到朱子格物的目的。成海应还肯定了顾炎武读《史记》先从年表、月表读起的方法，而不同于当时朝鲜文人只重视读本纪、列传。[2]

一、文理兼通与格物致知

李成珪先生研究了朝鲜中后期文人对《史记》的理解,[3] 也整理了朝鲜文人关于《史记》的考证与注解，列举了相关内容。不过，李成珪先生所列所谓史汉考证，有的仅仅是涉及秦汉历史，其文本未必来自《史记》《汉书》。即使是一些考证涉及《史记》《汉书》的内容，也大多比较零散琐碎。所以，我们对朝鲜文人史汉考证的考察，除了尽可能广泛地了解其成果，以有裨于研究，还应该关注其论辩方式。

1.《史记》年代错误

应该说，本书在讨论朝鲜文人对史汉的批评时，已经涉及部分论辩内容。不过，主要是为了说明朝鲜文人批评《史记》的表现，如与经传不合、年代错误及以文害史等。本节则重点讨论朝鲜文人对《史记》《汉书》所载史实的辩论成果及其方法。

《史记》所载史实，有时看似并无不妥，若结合人物生卒年代等信

---

[1] ［朝鲜］朴世堂：《西溪集》卷20《简牍·与金国安（宇集）》，《韩国文集丛刊》第134册，第415页。

[2] ［朝鲜］丁若镛：《与犹堂全书》第一集《诗文集》卷21《文集·寄游儿》，《韩国文集丛刊》第281册，第459页。

[3] 李成珪（1992），「朝鮮後期 士大夫의『史記』理解」，『震檀學報』74。

息，则可证其有误。《刺客列传》载“燕太子丹者，故尝质于赵，而秦王政生于赵，其少时与丹欢”，李玄锡（1647—1703）认为，此处所云秦王应为始皇之父庄襄王，并非秦王政。他指出，庄襄王死时，秦王政年十三岁。而此前十年，庄襄王离赵返秦，时秦王政在赵，才三岁。如此，所谓当时与燕太子丹相善的秦王，只可能是庄襄王才最合理。李玄锡还指出秦王政与燕太子丹交恶的原因，“盖丹与异人皆以诸侯之子，为质于一国，同病相怜，势必交厚，而政以膝上之儿，宜亦有所记识矣。而忽于念旧，慢不礼焉。故丹之含恨，倍于寻当万万，而思欲必报之也”〔1〕。按，庄襄王离赵在公元前257年，时年二十四岁，秦王政三岁。燕太子质于秦在公元前232年，此时秦王政二十七岁。燕太子丹质于赵的时间并不确定，但无论如何，燕国并不会以三岁儿童作为质子。故以当时太子丹的年龄，其与庄襄王相欢，确实更为合适。

前文李敏求史论中，已有对子婴为二世兄子的疑问，列举了三条理由：其一，始皇崩后三年，二世死，子婴同二子杀赵高。说明此时子婴二子当为青少年，年十余岁。按子婴十余岁生子，以此推断始皇年龄与实际不符。其二，赵高称“子婴仁俭，百姓皆载其言”，李敏求认为，其含义在于“二世之无亲子，婴地偪而有民誉，必不得全”，即承认子婴有子。其三，《史记·李斯列传》明言召始皇弟子婴，授之玺。尹行恁则重点依据《秦始皇本纪》所载“二世三年，子婴与其子二人谋杀赵高”一条，认为若此时子婴二子能杀人，其年龄应各十五六岁。假设子婴为始皇之孙的说法成立，那么二世三年，始皇五十二岁。若每十四年增一代人，则此时子婴之子十二三岁，不可能参与杀人。而且，自始皇至子婴也不可能均十四岁生子。〔2〕金迈淳也表达了这种观点，只不过假设始皇十五六岁生子，至于子婴之子，不过七八岁，也不可能参与

〔1〕［朝鲜］李玄锡：《游斋集》卷22《论史下落》，《韩国文集丛刊》第156册，第609页。

〔2〕［朝鲜］尹行恁：《硕斋稿》卷15《秦始皇子孙》，《韩国文集丛刊》第287册，第286页。现代学者关于此问题也有讨论，观点与朝鲜文人相同。参见张松辉：《子婴与秦皇族关系考》，《南都学刊》，1989年第3期；李开元：《秦王“子婴”为始皇弟成蟜子说——补〈史记〉秦王婴列传》，《秦文化论丛》第14辑，西安：三秦出版社，2007年。

杀赵高事。不过，他又提出了子婴为始皇弟或为始皇弟子两种说法。[1]

《史记·赵世家》载赵夙生共孟，共孟生赵衰。但尹行恁以《左传》称赵衰是赵夙之弟，则《史记》所言鲁闵公元年（前661），赵夙生共孟。僖公二十三年（前637）赵衰随晋文公奔狄，此时共孟二十五岁。若假设共孟生赵衰时十四五岁，则赵衰奔狄时不过十岁左右，如何执鞭而逃？[2]

董仲舒对策的时间，《史记》中没有明确，《汉书》为元光元年（前134），《资治通鉴》为建元元年（前140）。宋代以来至今，有建元元年说、建元五年说、元光元年二月说、元光元年五月说等不同的说法。目前学者争论主要观点集中在建元元年说和元光元年说。[3] 这一年代的确立，不仅是了解史实的需要，更在于说明“罢黜百家”是由谁提出的这一关键问题。朝鲜文人李敏德（1728—1786）以《董仲舒传》载“武帝即位，举贤良文学之士，前后数百人，而仲舒以贤良对策”云云，据此可知，所谓即位并非即位元年。董仲舒策中称“今临政而愿治七十余年”，依此说，“夫汉始封乙未年，至武帝建元元年辛丑，为六十七年矣。至元光元年，举孝廉时为七十三年矣。自为天子定天下己亥计之，则元光五年举策士，为七十三年矣”[4]。故《通鉴》所云建元元年对策的说法不准确。李敏德还指出司马光观点产生的根据，即《董仲舒传》卷末有“自武帝初立，魏其武安侯为相，而隆儒矣。及仲舒对策，推明孔氏”云云。

金迈淳则对褒姒乱周的时间提出了怀疑。他认为，褒姒与妹喜、妲己等并不可信。但即使是信史，其时间推算也有问题。褒姒出生之前的记载过于神话，仅就褒姒出生之后的时间进行讨论。褒姒生于厉王末，

---

〔1〕［朝鲜］金迈淳：《台山集》卷19《阙余散笔·文王第五》，《韩国文集丛刊》第94册，第628页。

〔2〕［朝鲜］尹行恁：《硕斋稿》卷15《赵世家》，《韩国文集丛刊》第287册，第284页。

〔3〕郭炳洁：《近三十年“罢黜百家、独尊儒术”研究综述》，《史学月刊》，2015年第8期。

〔4〕［朝鲜］李敏德：《洞山集》卷9《散录二·经史子集》，韩国首尔大学奎章阁韩国学研究院藏1868年写本，第62a页。

宣王时被人收养，后献于王，为褒姒，此时为幽王三年（前779）。所以，褒姒经历厉王末、宣王、幽王三代。宣王在位四十六年，如此，褒姒在幽王时，年龄已经六十余岁。故金迈淳认为，此时褒姒恐怕已经“皤然白首”，又怎么能蛊惑幽王，乱周社稷呢？[1]

2. 考信于经传

朝鲜文人对于《史记》的解释，往往借助于经传及程朱的理解。如齐伐燕之国君，《史记》以为是齐愍王，《孟子》以为是齐宣王，《通鉴》据《孟子》改作齐宣王。郭钟锡认为，以宣王为是，并提出“考信于经传，此儒者之三尺也”[2]。但这种做法并非完全不信《史记》，而是当史书有疑问时，以经传考订之。

朴文镐关于《曹参传》中“狱市”一词的解释，虽然其关注的对象是《史记》，但其所举观点则为二程、朱子的论辩成果。关于“狱市”的解释，或者为“狱”与“市”的合称，或者同军市一样，属有特殊功能的市场。朴文镐认为，二程的观点与前一说相合，而朱子则同于后说。据此，程朱既然没有确定的解释，朴文镐也指出，朝鲜文人对狱市的理解采取兼而有之的做法。[3]

3. 徐有榘论“阏与”地名

徐有榘与宋持养（1782—?）的来往信中，讨论了秦赵阏与之战的问题。第一次信中，徐有榘称自己夜读《廉颇蔺相如传》，感叹其文字组织之妙。不过，对于秦军驻阵的地点阏与，徐有榘指出了相关记载的矛盾。秦伐韩，军于阏与。廉颇、乐乘、赵奢均称此地“道远险狭”。而赵奢离邯郸三十里，能闻秦军鼓噪勒兵声，说明赵军与秦军相隔并不

---

〔1〕［朝鲜］金迈淳：《台山集》卷19《阙余散笔·文王第五》，《韩国文集丛刊》第94册，第628页。

〔2〕［朝鲜］郭钟锡：《俛宇集》卷104《答河文见（辛丑）》，《韩国文集丛刊》第343册，第4页。关于齐伐燕一事，清人赵翼引《战国策》，也认为是齐宣王。但他又否定《通鉴》宣王十九年伐燕的说法。见〔清〕赵翼著，栾保群、吕宗力校点：《陔馀丛考》卷5《齐愍王伐燕之误》，石家庄：河北人民出版社，2007年，第95页。

〔3〕［朝鲜］朴文镐：《壶山集》卷76《杂识外篇一·论史》，第27页。

远，然而赵军又卷甲而趋之，两天一夜才到，又显示两军距离较远。鉴于这种前后不一致的说法，徐有榘解释道：

> 阏与，赵地也。武安，魏邑也。岂秦军一枝，已围阏与，又发一枝军继之，道经魏之武安邪？诚如是，则奢何不纵奇兵数千，急趋武安。且驰一介之士，西见魏王，令魏发数万人，与赵合从，绝秦之归道。而奢则从大军鼓行至阏与，坚壁固垒，勿与之战。秦既越人之国而深入，前不得战，退不得归，师老粮绝，形格情屈，可使一甲不还。顾奢不出于此何邪？试考地志，以观其道里远近，地理形便何如也。[1]

徐有榘认为，《史记》关于赵奢作战的记载，似只有阏与之战。而司马迁距离阏与之战发生不过一百余年，却对战事的记载出现如此大的疏漏，或者是司马迁苦于文献不足，不得不有所割舍。

不过，宋持养的回信似乎对这种解释并不满意，于是徐有榘在复信中又详细说明了他的观点：阏与距邯郸的远近，并不十分确定。他列举了《秦本纪》《续汉书·郡国志》《括地志》《水经注》《隋书·地理志》《元和郡县志》中关于阏与的记载，发现各处记载并不一致，有武乡县、沁州、辽州和顺县、彰德府磁州四种说法。《史记正义》已经据《括地志》所载，怀疑阏与在武安（即彰德府磁州）的说法。

徐有榘见到了清人阎若璩《潜邱札记》，其中也有关于阏与的考订，称阏与有两处，一为韩阏与，一为赵阏与。[2] 但徐有榘不认为阏与有韩、赵之别。他认为，阎若璩以阏与有两处，首先与史书记载不合。

---

〔1〕［朝鲜］徐有榘：《枫石全集·金华知非集》卷2《与宋庄伯书（二）》，《韩国文集丛刊》第288册，第332页。

〔2〕见〔清〕阎若璩：《潜邱札记》卷2《释地余论》，《景印文渊阁四库全书》第859册。现代学者也有关于阏与的讨论。靳禾生、谢鸿喜认为，阏与战场在沁县乌苏，见《阏与古战场考察报告》，《中国历史地理论丛》，1996年第1期。陈瑞青赞同这种观点，同时又肯定清人阎若璩提出的赵阏与、韩阏与的说法，见《战国阏与城考辨》，《邯郸职业技术学院学报》，2011年第1期。

余独疑《赵世家》但曰秦韩相攻而围阏与而已，《赵奢传》但曰秦伐韩军于阏与而已，未尝云伐韩阏与围韩阏与。而《六国表》赵惠文王二十九年，秦伐我阏与，赵奢将击秦，大败之，赐号曰马服。三十年，秦击我阏与城，不拔。盖阏与连年被秦兵，而一则曰伐我阏与，二则曰击我阏与，何曾别此为韩阏与，此为赵阏与乎?〔1〕

可见，阏与并没有韩、赵之别。其次，阎若璩认为韩阏与当并沁州与武乡者为一，赵阏与在和顺县。对此，徐有榘辩道：

今考图经，沁、辽二州并属上党郡，而沁之武乡县，辽之和顺县，皆为汉涅县地。《明一统志》云，阏与城在沁州城西北二十里，又云辽州南距沁州界四十里。然则辽州之距沁州阏与城，不过二三十里左右耳，相距接壤之地，更安容两阏与也。〔2〕

又《秦始皇本纪》载“十一年，王翦攻阏与、橑杨（阳）”，两地比邻，而橑杨为清代辽州和顺县（今山西左权县），故阎若璩以赵阏与在辽州和顺县。而徐有榘又引《六国年表》称，“王翦击邺、阏与，拔九城”。“赵悼襄王九年，秦拔阏与、邺，取九城”，则并不能依此断定此阏与必为赵阏与。所以，徐有榘认为，阏与只有一个赵阏与。他推测，所谓韩阏与，只不过是秦韩交战，移至赵阏与之地而已，否则赵国也不会参战。又《魏世家》，魏安釐王欲亲秦而伐韩，信陵君劝阻，并称“夫越山逾河，绝韩之上党而攻强赵，则是复阏与之事也，秦必不为也”。一来是秦败于赵奢，二来也说明秦越上党而攻赵，与在赵阏与之地攻韩一样的处境。那么，如何解释史书中关于阏与记载的各种说法呢？徐有榘认为：

---

〔1〕［朝鲜］徐有榘：《枫石全集·金华知非集》卷2《答宋庄伯论阏与书》，《韩国文集丛刊》第288册，第334页。

〔2〕［朝鲜］徐有榘：《枫石全集·金华知非集》卷2《答宋庄伯论阏与书》，《韩国文集丛刊》第288册，第334页。

> 同一阏与，同在赵地，而特以历代之沿革各异，郡县之分属不同，言地理者各从当时闻见，有此互相参商。其实则《郡国志》之阏与聚，《括地志》之铜鞮县，《水经注》之梁榆城，同在上党郡，同为汉涅县地，其不可分为两阏与也明矣。[1]

由此，徐有榘承认，自己本来对阎若璩的学问有很高的期望，但见到其著作之后，顿觉“大不厌人意，名之未易副实乃如此邪”。不过，他对阎若璩提出的秦伐韩时一军在阏与一军在武安的说法比较认同。

徐有榘与宋持养关于阏与的辩论，一方面是出于对《史记》所载内容不合文理的疑问，另一方面各种史书对阏与的不同解释也造成了一定的理解混乱。不过，徐有榘凭借对《史记》地理的熟悉与文本的前后对照，以及参考清人阎若璩的成果，使其论辩有一定的合理性。

4.《史记》文本前后不一

将《史记》所载史实前后对照，成为朝鲜文人熟读《史记》的重要表现，同时也使他们发现了一些问题。如李命益比较《郦生陆贾列传》中所载郦生事迹，本传称沛公至高阳传舍见，召郦生。郦生入谒，长揖不拜。《朱建传》则称沛公过陈留，郦生踵军门上谒，而沛公不见。于是郦生按剑瞋目，以叱使者。使者惧，复入报。沛公乃雪足杖矛而起，延入。两处记载的风格截然不同，前段沛公使人召郦生，郦生有儒者风，后段则沛公不见，而郦生虽衣儒衣，冠侧注，却自称“非儒人也”。[2] 同一篇列传，前后记载风格差别如此巨大，无怪乎李命益发出两段记载孰真孰假的感慨。

《史记》记载的这种差异，或许是因为史料来源的不同。《郦生传》已载，高阳传舍事件后，“于是遣郦生行，沛公引兵随之，遂下陈留。号郦食其为广野君”。而《朱建传》又称，沛公过陈留，郦生求见。如

---

〔1〕［朝鲜］徐有榘：《枫石全集·金华知非集》卷2《答宋庄伯论阏与书》，《韩国文集丛刊》第288册，第334页。

〔2〕［朝鲜］李命益：《覆瓿稿》卷3《郦生传》，韩国学中央研究院藏书阁藏宪宗四年（1838）写本，第153页。

此，前一次郦生为沛公前导，后一次为沛公至陈留，郦生见之。两次不仅郦生的表现大相径庭，所叙过程似乎也自相矛盾。《史记》叙事这种前后抵牾的情况并不少见，朝鲜文人赵龟命读钱谦益的《牧斋初学集》，认为其对《项羽本纪》《高祖本纪》的分析判断并不合理。[1] 钱谦益以《项羽本纪》自“彭越渡河”至“相守数月”一段为纲，以“当此时，彭越数反梁地”至“尽走险阻”数段为目，称《史记》叙事“不以先后为序，错综有法”。但赵龟命认为，这种错综有法是以年代变乱为代价的。

> 盖汉之自宛、叶，复入成皋，以楚之初击彭越，俱为汉三年事。而《羽纪》则先书入成皋于汉四年，楚拔成皋，下书击越事。汉之杀海春，围钟离，在楚军广武、射中汉王之前。而《羽纪》则军广武、射中汉王事在前。史之错综处多，而自有条理脉络，未有如是之颠倒难晓者。此必年代不远，而传记各异，故两纪互见，以疑传疑而已。[2]

可见，《项羽本纪》与《高祖本纪》关于同一件事的记载，其年代并不一致。其实，钱谦益也意识到了这种差别，故据《史记》提出了项羽两次击彭越的解释，这样两本纪就可以协调。对此，赵龟命“考其文势”认为，并没有两次入成皋。《项羽本纪》中虽然有彭越复反的记载，但彭越初反时，汉军已入成皋，此后并没有失成皋的记载。而项羽再击彭越时，令海春侯谨守成皋，不知楚军何时得之？因此，赵龟命批评《史记》记载疏漏不察，而钱谦益则为司马迁辩护，没有认识到这个问题。

《史记》文本的这种前后差异，以《项羽本纪》《高祖本纪》的比较来看，有时是比较细微的，如不仔细辨析，则不容易发现。但有些记

---

〔1〕〔清〕钱谦益：《牧斋初学集》卷 83《题跋（一）·书史记项羽高祖本纪后》，第 1749—1753 页。

〔2〕［朝鲜］赵龟命：《东溪集》卷 7《读钱牧斋集》，《韩国文集丛刊》第 215 册，第 138 页。

载则明显前后不一。如丁若镛参与了《史记英选》的编纂，并撰有《史记选纂注》10卷，其对《史记》注音、校字、考订的成果，除见于《进史记选纂注启》之外，其杂记《馄饨录》中也收录了一部分内容，如《伍子胥传》云“齐鲍氏杀其君悼公，而立阳生”。丁若镛据《齐太公世家》则称“景公卒，太子荼立，是为晏孺子”。《田敬仲完世家》又明确说景公卒后，立晏孺子。田乞与鲍牧共立景公子阳生，是为悼公。悼公四年，鲍氏弑悼公。齐人又立悼公之子壬，是为简公。所以，《伍子胥传》明显有误。[1] 不过，丁若镛仅是指出《伍子胥传》存在的问题，并没有指出悼公即阳生。这一点清人梁玉绳辨析甚详，可以参看。[2]

朝鲜末期文人朴致馥认为，《赵世家》所载“赵氏孤儿”事与《左传》不合。《左传》所载赵婴（赵盾异母弟）之事，以年相系：成公四年甲戌，晋赵婴与庄姬相通。五年乙亥，原、屏放婴于齐。八年戊寅，晋赵庄姬因为赵婴的原因，向晋侯进谗，称原、屏将为乱，有栾、郤为证。六月，晋讨赵同、赵括，赵武从姬氏畜于公宫。于是，复立武为赵后。朴致馥认为，与《赵世家》相比，《左传》的记载似更为可信。《赵世家》所叙屠岸贾求赵氏遗孤，或许有很深的私仇，但并未明言。赵朔妻为晋成公姊，赵朔子赵武即成公的外甥。这样，即使屠岸贾与赵朔有私仇，也不至于斩尽杀绝。而《赵世家》记载语焉不详。最重要的一点，屠岸贾其人不见于《春秋》诸传。《赵世家》与《左传》不同，而《晋世家》则与《左传》略同，故当以《左传》所载为准。

---

〔1〕［朝鲜］丁若镛：《定本与犹堂全书》补遗《齐悼公即阳生，非有二人》，第129页。

〔2〕梁玉绳《史记志疑》称悼公即阳生，杀其君悼公而立壬。弑悼公者非鲍氏。（卷27，第1202页）又称，悼公之弑，《左传》但云齐人，《史记》于《秦纪》依《左传》“齐人弑悼公”。齐人者，陈恒也。《晏子春秋·谏上篇》明云田氏杀阳生，乃表与吴齐卫世家、《伍子胥传》或云鲍子，或云鲍氏，而《田完世家》直曰鲍牧。牧已于前二年为悼公所杀。《齐世家》徐广引表云“简公壬者，景公之子也”，而表无此语，是徐说误。（卷8，第382页）

《史记》记载此事属于史实混乱，自相矛盾。[1]

5. 以事理推断

朴致馥对《史记》与《左传》的比较，除了文本对比之外，还从事理上推断出《赵世家》所载内容的不合理性。《史记》中所涉先秦史实，史料多来源于《左传》《国语》《战国策》等先秦史书。当《史记》与诸书产生矛盾时，朝鲜文人往往以是否符合事理作为判断标准。如宋人苏轼在《史评》中认为，《史记》称司马穰苴为春秋齐景公时人，而《左传》不载。据《战国策》，司马穰苴为齐闵王所杀，可见为战国时人，当以《战国策》的记载为可信。[2] 苏轼的说法仍以史料互证为根据。金时让（1581—1643）则据《孙子吴起传》认为司马穰苴为齐景公时人。传中李克荐吴起于魏文侯，称“用兵司马穰苴不能过也”。若司马穰苴为齐闵王时人，闵王为田和四代孙，而田和因魏文侯之请得为诸侯。所以，齐闵王距离魏文侯有近百年，司马穰苴也应当是李克之后近百年的人物。如此，李克何以知后世有司马穰苴？或者司马穰苴有两人，一为景公时，一为闵王时，两人同名。[3]

金构（1649—1704）对《史记·范雎蔡泽传》中范雎不杀须贾的原因进行了一番推测。有说法认为须贾知道范雎为张禄，以绨袍相赠，使范雎报德而不杀。但以当时秦法的严酷以及范雎的随机应变能力，不太可能让须贾知道自己的实情，而且，一件绨袍对两人的关系并不能起到太多作用。因此，金构重新解释了范雎不杀须贾的原因：

---

[1] ［朝鲜］朴致馥：《晚醒集》卷8《读书随札下》，《韩国文集丛刊续编》第136册，第512页。

[2] 苏轼认为，《史记》司马穰苴，齐景公时人也。其事至伟而左氏不载，予尝疑之。《战国策》司马穰苴为政者也，闵王杀之，大臣不亲，则其去景公也远矣。太史公取《战国策》作《史记》，当以《战国策》为信。凡《史记》所书大事而《左氏》无有者，皆可疑，如程婴、杵臼之类是也。穰苴之事不可诬抑，不在春秋之世，当更徐考之。（张志烈、马德富、周裕锴主编：《苏轼全集校注·文集》卷65《史评·司马穰苴》，第7197页）

[3] ［朝鲜］金时让：《涪溪记闻》，《大东野乘》卷72，《朝鲜群书大系》第18辑，朝鲜古书刊行会，1911年，第510页。

> 范雎只深仇魏齐，而初无杀贾意。故数其三罪，亦不曰谋杀其身，而曰附魏齐不能救，极其困侮危辱而遣报魏齐。绨袍恋恋之言，特其权辞耳。贾既脱乎虎狼之口，收余魂于万死之中，匍匐而归。而魏之君臣，恐惧惴栗，破胆失气。魏齐亦卒以走死。秦固不费一矢，不劳一卒，高枕于函谷之内，而其威声气势，已自振摇乎山东之诸侯矣。〔1〕

所以，范雎通过须贾震慑了魏国，除掉了魏齐，这才是范雎真正的意图。须贾虽然曾羞辱过范雎，但在魏国无足轻重，即使范雎为私心而羞辱杀之，只不过快一时之愤，不能成大事。而且，范雎通过数其三罪，对须贾形成了威吓，“绨袍恋恋”之辞只不过是借口。又“坐须贾于堂下，置莝豆其前，令两黥徒夹而马食之”，报了羞辱之仇。所以，《史记》这种描写，细致入微，表现了范雎的权谋。故那种认为范雎以绨袍之恩而不杀须贾的看法，显得较为浅显。

姜再恒则对流传甚广的“太公以渔钓遇周文王”事，提出了质疑。不过，他的观点完全出于儒家圣贤之道的要求，并没有多少史实根据。姜再恒认为，太公是当时大贤，虽然不遇，其名声已经传闻于天下。而文王又礼贤下士，故岂能在出猎时，卜而得之？当时贤者如伊尹、傅说、孔子、孟子等，均不是以这种方式出仕。所以，姜再恒怀疑此事，“大抵战国之士，求欲售其术而衒其身，辄因古圣贤之事，以饰其伪，而后人不察”〔2〕，故有这种“诬圣悖理”的说法。而且《孟子》载太公知文王作，有“盍归乎来！吾闻西伯善养老者”，其说法显然不同于《史记》。姜再恒指出，后人将《阴符》《素书》《金匮》《三略》《六韬》等书归于太公，原因在于《史记》称文王与太公阴谋倾商政，所作所为多“兵权与奇计”。这也与儒家所提倡的圣人之道相背离。

《秦始皇本纪》载，二世元年，东行郡县，尽刻秦始皇所立刻石，

---

〔1〕［朝鲜］金构：《观复斋遗稿》卷2《论史记注》，《韩国文集丛刊续编》第49册，第26页。

〔2〕［朝鲜］姜再恒：《立斋遗稿》卷14《论渔钓非太公事》，《韩国文集丛刊》第210册，第240页。

并下诏“金石刻尽始皇帝所为也。今袭号而金石刻辞不称始皇帝，其于久远也，如后嗣为之者，不称成功盛德”。此条《史记正义》注为“二世言始灭六国，威振古今，自五帝三王未及，既已袭位，而见金石尽刻其颂，不称始皇成功盛德甚远矣”。金迈淳认为，《史记正义》的解释并不准确。他认为，秦二世此诏的含义在于，这些金石均是始皇所刻，而刻辞只称皇帝，不称始皇帝。而且，此后秦朝皇帝的刻石也只称皇帝，所以后世就可能认为这些刻石非始皇所刻。秦二世又担心后世皇帝不知此诏，于是将此诏刻于金石，令后世遵守。〔1〕

6.《史记》引书有误

《史记》所引先秦古籍，有的虽然并未亡佚，但已非原本，这样就造成《史记》所引部分内容不见于今本的情况。如《史记·刺客列传》“赵襄子使使持衣与豫让，豫让拔剑三跃而击之”，《史记索隐》引“《战国策》云：‘衣尽出血，襄子回车，车轮未周而亡。’此不言衣出血者，太史公恐涉怪妄，故略之耳”。鱼叔权（1510—1573）认为，今本《战国策》并无衣尽出血的相关内容。〔2〕

再如李命益对文献所载周公平定三监之乱的辩订。《尚书》之《金縢》《大诰》载，周公避流言而居东，有雷风之变。成王启金縢，出郊迎回周公。于是管、蔡二叔惧，与武庚叛。王命周公东征。而《史记·鲁世家》所载与此不同：成王年少而病，周公剪其爪沉于河，并祝于神，藏于府，以求自代。成王病愈。后成王亲政，有人进谗，周公奔楚。周公卒后，有一年秋天，田野未收获，有暴风雷雨之变。成王启金縢，执书以泣，配于祭郊特，赐以天子礼乐。又载管、蔡与淮夷、徐戎并叛，伯禽率师伐之。《尚书》与《史记》的记载并没有太大差别，只不过在

---

〔1〕［朝鲜］金迈淳：《台山集》卷19《阙余散笔·文王第五》，《韩国文集丛刊》第94册，第628页。清人卢文弨也有相似观点，见《钟山札记》卷4。

〔2〕［朝鲜］鱼叔权：《稗官杂记》四，《大东野乘》卷4，第775页。许穆《读史记作豫让赞》称此事与燕太子丹“马生角”一样，为“怨毒之感，无所不至”（《记言》别集卷14《杂著》）。后人辑《战国策》佚文，多将此句辑入。关于《战国策》佚文的辑佚情况，何晋《〈战国策〉佚文考辨》一文介绍甚详（《文献》，1999年第1期），然亦不认为此句非《战国策》佚文。

一些细节上不一致，如《尚书》缺少周公剪爪沉于河。成王启金縢的时间，《尚书》在周公卒之前，而《鲁世家》系于周公卒后。《尚书》只载周公东征，伐三监之叛，而《鲁世家》则称伯禽即位后，又一次伐管、夷之叛。李命益提出“《鲁世家》之言与《书》之《金縢》、《诗》之《九罭》大异，太史见于何书有所取欤？”[1] 可见他还是倾向于以《尚书》《诗经》的记载为准。

目前，我们并没有发现朝鲜文人考订《史记》《汉书》的专著，甚至连比较集中的内容都比较少见。这种现象与朝鲜文人读史汉的目的与方式有关。若进一步结合朝鲜文人批评《史记》《汉书》的一些事例，我们可以发现，相关考订成果或出于读书时发现史实文理不通，或者出于格物致知，考信于经传。这两种途径成为朝鲜文人史汉考订的主要方式。如赵龟命通过“考其文势”，辩论项羽军没有两次进入成皋。而朴致馥的《读书随札》是以问答形式出现的札记汇编，大部分内容是关于经传及程朱理学，涉及史汉的部分只是有限的几条。不过，如同李敏求的《读史随笔》一样，朝鲜文人的史汉考订，往往能够注意史书文本前后的差异，进而判断史实的正误，如年代差错，人物舛讹。这种方式显示了朝鲜文人对《史记》的熟读程度比较高。

不过，由于《资治通鉴》等宋儒史书在朝鲜时代受到更多关注，朝鲜文人关于先秦、秦汉历史的考订，其史料并非完全来源于《史记》《汉书》。如受到较多讨论的“期年生子政”问题，《史记》仅称“姬自匿有身，至大期时，生子政”，《集解》释“期”为十二月，《通鉴》

---

〔1〕［朝鲜］李命益：《覆瓿稿》卷3《鲁世家周公事》，第149—150页。现代学者也比较关注这一问题。易宁认为《鲁世家》杂采今古文（《〈史记·鲁周公世家〉引〈尚书·金縢〉经说考论——兼论司马迁“厥协六经异传，整齐百家杂语”》，《中国史研究》，1998年第3期）；杨振红则认为《鲁世家》这种引用属于错乱（《从清华简〈金縢〉看〈尚书〉的传流》，《中国史研究》，2012年第3期）；有学者根据清华简《金縢》、今本《尚书》与《史记·鲁周公世家》关于周公的记载，认为司马迁创作《史记》时引用民间材料“以俗助史”（王慧：《浅谈〈史记〉以俗助史——以〈史记〉引“金縢”故事为例》，《文教资料》，2018年第35期）；有学者据此讨论周公东征的相关问题（参见马卫东：《“周公居东”与〈金縢〉疑义辨析》，《史学月刊》，2015年第2期）。

载“孕期年而生子政”，朝鲜文人关于此事的讨论，明显受到《通鉴》的影响。如同史论散文一样，朝鲜文人的一些辩论观点，明显有“好奇”的倾向，如朴致馥论霍光非不学无术，淮南王刘安招致八公、著书成仙等辩论，以《西京杂记》《神仙传》的记载质疑《史记》，明显有意创造新奇论点，并没有多少史学参考价值。这一问题与朝鲜文人的经史观念有关，同时我们在讨论朝鲜文人关于先秦、秦汉历史的认识时，也应当注意他们对史料来源的选择。

朝鲜文人的史汉考订，受到宋儒及明清文人著作的影响。如朴文镐对狱市的讨论，完全遵从程朱的观点，不敢作出结论。尹愭论萧何封酂侯事则引明人焦竑之说。焦竑据班固《十八侯铭》及唐诗，认为萧何封鄌侯，《史记》误作酂侯，属于误字。但尹愭又提出了另外一种解读。

> 按韵书，酂字分在寒旱翰歌四韵，而寒及旱曰百家，翰曰南阳县名，歌曰鄌之俗书，而以鄌为沛邑名。然则酂亦鄌字，非误也，但读之者误耳。然封邓禹为酂侯，以比萧何，则此恐是南阳县也。未知萧何所封则在沛，而音七何切，邓禹所封则在南阳，而音赞耶？然则恶在其比萧何也，特以酂字之亦系鄌字。故虽非沛邑，而亦寓其比之之意耶？[1]

其说所引韵书，应指《广韵》。焦竑以酂为鄌的误字，而尹愭则认为不误。《广韵》注此字，“鄌，县名，在谯郡，或作酂。酂本音赞”。尹愭可能受此影响，鄌、酂二字相同，只不过读音有误。另外，尹愭还指出，班固或者因邓禹为酂侯，故将萧何改为鄌侯。所以，焦竑认为《史记》将“鄌侯”误作“酂侯”，并不准确。类似这种情形还有前文提及的朝鲜文人对钱谦益的《牧斋初学集》、阎若璩的《潜邱札记》中有关《史记》的观点，也提出了批评，而且有一定道理。

---

〔1〕［朝鲜］尹愭：《无名子集》文稿册13《峡里闲话·萧何封酂侯》，《韩国文集丛刊》第256册，第531页。焦竑之说见《焦氏笔乘》卷2，北京：中华书局，2002年，第60—61页。

二、阅读与注解

在朝鲜文人的日常生活中，包括《史记》《汉书》及其选本、唐宋八大家文集等书籍，都是其学习古文创作的重要参考。另外，“悬吐”法是朝鲜文人阅读汉文书籍的主要方式，包括经传、四书、史汉、唐宋文集等，均采用这种方法。虽然大多数朝鲜文人的汉文水平比较高，但由于两国语言的差别，朝鲜文人在重视史汉的叙事结构、描写手法、文章风格之外，出于理解文义的需求，也比较关注字音、字义、句读、注解等方面的内容。本书此前已经讨论过丁若镛的《史记选纂注》。除此之外，朝鲜文人的史汉文章点评内容比较多，而关于注解的内容大多比较分散，比较集中的成果有车天辂的《五山说林草稿》、李晬光的《芝峰类说·诸史》、金昌翕的《漫录》中《货殖列传》注等几种。与丁若镛相比，这些成果与《史记评林》的关系不大。故本节以这些资料为主，再结合其他零散记载，进一步了解朝鲜文人注解《史记》《汉书》的情况，评价其成就。

1. 悬吐与口诀

朝鲜半岛人士在学习汉字和汉文的历史过程中，逐渐形成了“吏读”“乡札”和“口诀”三种不同的汉字标记和阅读方式。其中，“吏读”和“乡札”方式是将汉字作为记录符号，而行文则遵照朝鲜语的语序和语法结构，包括音读、训读、音假、训假等。[1] 这两种方式主要存在于三国以及统一新罗时代。而“口诀”方式则是高丽、朝鲜时代对汉籍的训读方法，在汉字左右两旁用墨笔书写大量表示助词和后缀

---

〔1〕吏读在早期与后来有不同表现，已在前文注解。音读是直接借用汉字的音和意。训读是借用汉字的意，但采用与之对应的朝鲜语固有词读音。音假和训假则分别采用汉字读音和与之对应的朝鲜语固有词读音，这两种方法只将汉字作为表音符号而不取其意，主要用于官府公文。乡札则主要用来记录民间“乡歌”。（季莉君：《古代朝鲜人汉字汉语学习的历时考察》，《教育教学论坛》，2014 年第 41 期）

的简化文字与若干符号。[1]“口诀”又分为两类，其中“释读口诀”将汉文按朝鲜语语序进行阅读，“顺读口诀”则是在汉文词语之间加入词尾和助词等进行读解。这些朝鲜语词尾和助词等成分被称为“吐”，有“字吐”“点吐”，分别利用汉字和点等符号来标注。故口诀又称“悬吐”。李圭景称：“我东之原文外，句读作方言以读之，曰悬读也，俗称悬吐。无此悬读则文义难解，故更名曰口诀。”[2] 现存释读口诀资料主要出现在高丽至朝鲜时代初期，而顺读口诀则一直使用到更晚的朝鲜末期。朝鲜世宗创立朝鲜文字之后，这种训读方式有所改变，词尾和助词不再单纯用汉字和点，也用朝鲜文字。如崔岦的《汉史列传抄》即在汉文字句之后加入朝鲜文字。

朝鲜文人读《史记》《汉书》等汉文书籍，除了需要解决句读与读音问题之外，更要适应朝鲜本国语言诵读的要求。车天辂《五山说林草稿》中提及《史记·苏秦列传》《汉书·李陵传》中的句读问题。[3] 不过，这里所谓的“句读”是指口诀时词尾的添加问题。如《苏秦传》“车毂击，人肩磨”。一般读法是“车毂（句）击（读）人肩（句）磨（读）”。车天辂认为应该是“车（句）毂击（读）人（句）肩磨（读）”。而悬吐之法，此前为“车毂（伊）击（为弥）人肩（伊）磨（为弥）”，应当为“车（隐）毂击（为古）人（隐）肩磨（为古）”。这里的伊、为弥、隐、为古，均是口诀词尾。而《汉书·李陵传》“力扼虎射命中”，应当读作“力（隐）扼虎（为古）射（隐）命

〔1〕［韩］金文京：《试论日韩两国翻译中国典籍的方法》，郑吉雄、张宝三编：《东亚传世汉籍文献译解方法初探》，上海：华东师范大学出版社，2008 年，第 201 页。

〔2〕［朝鲜］李圭景：《五洲衍文长笺散稿》卷 5《经史篇·经史杂类·经史杂说·经史句读辨证说》，第 76 页。

〔3〕按，句读为阅读古文时休止与停顿处。文辞语意已尽为句，未尽而需停顿为读。句子结构仍然是汉文结构，但为了避免生硬晦涩，诵读时在每个句节后加上一定的词尾。这种方式后来发展为口诀式诵读法。（李得春主编：《中韩语言文字关系史研究》，延吉：延边教育出版社，2006 年，第 244 页）

中（为飞尼）”。[1] 车天辂并没有对句读提出疑问，而是对诵读时朝鲜语口诀词尾的添加提出了修改意见。

但是，朝鲜中后期的史汉选本则很少见这种口诀方式。一方面是朝鲜文字出现之后，以谚解翻译汉籍的方式取代了训读、口诀；另一方面，此时朝鲜文人的汉文水平比较高，只是将训读、口诀方式作为读汉籍的入门。

2. 句读

朝鲜文人还对他们非常关心的句读问题提出了一些说法。如《项羽本纪》“羽无尺寸乘势起陇亩之中”，一般断句为“羽无尺寸，乘势起陇亩之中”，而车天辂认为，应当是“羽无尺寸乘势，起陇亩之中”。其根据是，《平津侯主父列传》中严安上书有“无尺寸之势，起闾巷，杖棘矜”的句式，与此相类。[2] “尺寸”的含义，按《汉语大词典》，“指些小或微小的事物，如土地、才能、功劳、距离等”，也举《项羽本纪》为例，其断句方式与车天辂一致。不过，从前文“夫秦失其政，陈涉首难，豪杰蜂起，相与并争，不可胜数”来看，项羽的崛起，是顺应了这种形势，故曰“乘势起陇亩之中”。车天辂的这种怀疑，并没有太多根据。再比如《韩非传》“弥子之母病，人闻往夜告之”一句，车天辂认为后句应作“人闻往，夜告之”，这种句读方式“极简古”。这一句其实应当作“人闻，往夜告之”。李晬光以《项籍传》中“汉追及之”一句，崔岦认为应当至“汉追”处断句，此句的意思是汉军追者及之。又《货殖列传》“秦文孝缪居雍隙陇蜀之货物而多贾”，李晬光称唐本多以“隙”为读，他认为“隙”应当属于下句。[3] 南龙万读《留侯世家》，至刘邦与张良谈论诸将坐沙中语时，“恐又见疑平生过失及诛”一句，其父南国衡认为应当断句为“恐又见疑平生。过失及诛

[1] ［朝鲜］车天辂：《五山说林草稿》，《大东野乘》卷5，《朝鲜群书大系》第3辑，朝鲜古书刊行会，1909年，第582页。

[2] ［朝鲜］车天辂：《五山说林草稿》，《大东野乘》卷5，第498页。车天辂误以为此句出自徐乐上书。

[3] ［朝鲜］李晬光：《芝峰类说》卷6《经书部二·诸史》，《朝鲜群书大系》续第21辑，朝鲜古书刊行会，1915年，第186页。

……”，并解释道：“盖过失者，非大罪之谓也。高祖宽仁，岂有以过失见疑而及诛之理乎？平生见疑处，必是当诛之罪而功多。故不忍事定之后，不可追提其罪。而或有过失，则据其事以诛之，势所固然，此沙中诸将之所恐也。”[1] 即在汉得天下之前，诸将所犯当诛之罪，由于诸人的功劳，并不予追究。而汉得天下之后，则诸人可能会因为一些小过失而被诛，这正是诸将所担心的。南国衡所论明显理解有误。《汉书》中两次提及此句，均删“平生”二字，故这句话是说，诸人担心会被怀疑，并因一些过失被诛。《鲁仲连邹阳列传》中“肆然而为帝，过而为政”，姜彝天认为《史记正义》至“过”字句读，释“过”为“失”，明显是错误的。这句话的意思是秦国为帝之后，“将过于此而又复为政于天下”。这两个句读的例子，均与今整理本《史记》相吻合。《游侠列传》郭解曰：“且无用待我。待我去，令雒家豪居其间。”这段文字与今本不同，似衍“待我”二字，而朝鲜本《史记评林》中正是有两处“待我”。而“家”字应为“阳”，属姜彝天误书。或许正因为文本有误，才使姜彝天认为此处不可理解。该句应当至“且无用”结束，而“去”字应当放在第一个“待我”之后，此句应作“待我去，待我令雒阳豪居其间”，并找出“古文质而多复”这样的根据来。实际上，“待我”有两处，明显有一处为衍文。《史记》中“待我”的几处记载，均不见有重复使用的例证。且按原文文义来说，也没有必要用“待我去，待我……”这样略显繁赘的表述。

句读是人们阅读古代汉语文言文必须掌握的方法，而口诀则是以朝鲜语言阅读汉文的特殊方法。朝鲜文人对《史记》《汉书》句读的重视，与他们以悬吐的方式读书有很大关系。这种读书方式需要在理解文义的同时，明确诵读时的停顿处及长短。李圭景指出句读对于悬吐的重要作用：

> 愚以为古之句读者，即语训也，今我俗所谓悬吐也。经史句读，我国谚解，既有已定，则更无余蕴矣。句读既异，则文义又当

[1] ［朝鲜］南龙万：《活山集·活山先生语录》，《韩国文集丛刊续编》第 79 册，第 158 页。

迥别。学者所当深思细玩，取其无害于辞义，不畔先贤之定论，可矣夫。[1]

句读是汉语文言文所固有的，准确的句读有助于阅读及理解文义。但在弄清句读的基础上，朝鲜文人又以悬吐方式将汉语文言文变为适合用本国语言诵读的文本，这对于他们进一步理解文义、学习写作提供了很大帮助。

3. 字音、字义

朝鲜文人阅读汉籍的方式，一种是直接读汉字本音，一种就是上文所提的口诀式读法，是与朝鲜本国语言相结合的一种读书方式。这种方式不仅适用于经传与汉文诗文集，也同样体现在朝鲜文人读《史记》《汉书》的过程中。如崔岦的《汉书传抄》《项籍传》、尹根寿的《韩文吐释》等，都在原文基础上加上口诀，便于阅读。同时，出于理解文义的需要，朝鲜文人也比较重视《史记》《汉书》的文字、语句等的解释。虽然两书已经有各家注释，但朝鲜文人认为或因有一些内容不尽完善，根据旧注或前人著作进一步阐释。这种注解的内容并不多见，如《李广传》“数奇”，注“数，音身角切”。李睟光引宋祁说，认为应作“所具切”，“角”乃“具”字误。又举诗文为例证。[2]《严助传》淮南王安上书“如使越人徼幸以逆执事之颜行”，“颜行”一词，李睟光全引文颖、颜师古注解释，并称“行，音杭”，本出《管子·轻重篇》，实则颜师古已经明确注为“行，音胡郎反”。又《王莽传》赞“紫色蠅声”，解释“蠅”字，完全依据《汉书》注文。

相对于注释字音时基本以原书注文为据，朝鲜文人解释字义时，参

---

〔1〕［朝鲜］李圭景：《五洲衍文长笺散稿》卷5《经史篇·经传类·经传杂说·经书口诀、本国正韵辨证说》，第90—91页。李圭景所列句读改正的例子，多引自清人周亮工《因树屋书影》。

〔2〕宋祁的观点见《宋景文笔记》卷中《考古》，《景印文渊阁四库全书》第862册，第541页。原文为：“《汉书·李广传》数奇注，切为所角反，故学者皆曰数（音朔）奇。孙宣公奭，当世大儒，亦从曰数（音朔）。后予得江南本，乃所具反，由是复观颜注，乃颜破朔从所具反云，世人不知觉。”

考资料的范围更加广泛。如《屈原列传》“濯淖污泥之中”之“淖”字，车天辂据《庄子·逍遥游》、潘岳《藉田赋》释为“洁”。张维也认为世人以“淖”为“泥淖”不妥，据《淮南子·泰族训》“水之性淖以清”，也认为“淖”是“洁清”之义。不过，他又认为，古文以治污为污，治乱为乱，或者“淖”字应为“泥淖”，有治淖使不淖的含义。〔1〕

《史记》《汉书》中对于一些字并没有注文，朝鲜文人往往根据其他资料给予解释。如《信陵君传》“如以肉投馁虎”，《汉书·张耳陈馀传》作“如以肉餧虎”。车天辂据《说文》等韵书认为馁、餧字音义同，又批评杜甫、苏过以“餧”为“馈”字。《赵世家》“贱息”一词，并无注，李睟光据释“息”为“子”，但所据资料“吕公云臣有弱息，愿奉箕帚妾”或引自《韵府群玉》，而并非引《高祖本纪》中“臣有息女，愿为季箕帚妾”。又引梁武帝词“三息俱入门”，认为“息”字用于诗词不雅。

由此可见，朝鲜文人关于《史记》《汉书》字音、字义的注释，大多只是在原注的基础上稍加发挥，往往采用字书、韵书、子书、诗文等有关内容对史汉字音、字义进行阐发。

4. 注解

朝鲜文人关于史汉的注解，也多依原书注文，不过也有一些在原注基础上的新见解。如《李斯传》“禽鹿视肉”，车天辂据《山海经》称“视肉，兽名”，李睟光据郭璞注进一步明确为“视肉，聚肉形如牛肝，有两目”，并指出原注恐有误。《史记》鲁仲连“蹈东海而死”，《正义》以为溺死，李睟光则认为蹈海如浮海，即鲁仲连浮东海以避地不返，并非投海溺死。汉初，“天子不能具钧驷”〔2〕，李睟光引王世贞的说法，称“天子亦驷马”，但他以秦始皇时已定天子乘六马，故此处的

---

〔1〕［朝鲜］张维：《溪谷集》漫笔卷2《史记屈原传淖字训义》，《韩国文集丛刊》第92册，第603页。清人王念孙则以“濯淖污泥”四字同义。见《读书杂志》三《史记第五》，徐炜君等校点，上海：上海古籍出版社，2017年，第345页。

〔2〕《史记》卷30《平准书》，第1417页。李睟光误作《汉书》。

“钧驷”，或不单是缺少马匹的原因，又引崔寔《政论》“四牡横奔，皇路险倾”，认为更在于因古制。这种解释或有一定道理，《诗经》也确有“四牡翼翼，以征不服”，“四牡騑騑，周道倭迟”等记载。《诗经》正义称，“《四牡》诗者，谓文王为西伯之时，令其臣以王事出使于其所职之国，事毕来归，而王劳来之也”[1]。

《伍子胥传》“必树吾墓上以梓，令可以为器”注，《史记正义》引《左传》“必树吾墓槚，槚可材也”，一般理解为槚可作宫室棺椁之材，但李晬光将此句解释为：若槚长成之后可作材用，则越必灭吴。

《秦始皇本纪》卢生入海还，“奏录图书，曰‘亡秦者胡也’”。李晬光引《初学记》载大鱼泛白图，朱文，授黄帝，名曰录图，又《淮南子》“河出录图”，又《吕览》作“录图”。所以，《史记集解》郑注所云“秦见图书”，将奏、录二字作为一个词，恐怕有误。[2] 按此种解释，此句或应该理解为“奏录图，书曰‘亡秦者胡也’”。不过，李晬光所引诸书中，除《初学记》确实作“录图”之外，另外两书均作“绿图”。“绿”可通“菉”，而“录”亦可通“绿”，或是基于这种考虑，李晬光将二者等同，进而试图纠正郑玄注的错误。

《汉书·苏武传》“掘野鼠去草实而食之”，苏林注“取鼠所去草实而食之”，张晏注“取鼠及草实并而食之”。颜师古认可苏林的解释，并以“去，谓藏之也”。但李晬光引刘攽注，认为作“去其草实而食”，又举《古逸书》“苏武茹田鼠以为粮”为证。但是，清人王先谦《汉书补注》引周寿昌曰“去，即弆字”。所以，苏林及颜师古的解释应当是正确的。不过，王先谦又列举《太平御览》《汉纪》中此句并无“去”字，又据《太平御览》引《唐书》“吐蕃有草名速古芒”云云，故认为

---

[1] 《毛经正义》卷9《小雅·鹿鸣之什》，北京：北京大学出版社，2000年，第654页。也有现代学者认为，“天子不能具钧驷”是出于汉初休养生息的政策。如施伟青：《汉初“天子不能具钧驷”质疑》，《中国古代史论丛》，长沙：岳麓书社，2004年；郑宗太：《从数学模型看汉初“天子不能具钧驷”》，《龙岩学院学报》，2006年第1期。

[2] 《淮南子》卷18《人间训》有“始皇挟录图”。“河出录图”卷2《俶真训》作“河出绿图”。《吕氏春秋》亦作“绿图”。

两种说法均可。[1]

金昌翕读《货殖列传》，首先将此传分为两部分，“夫神农以前”至“岂非以富耶”为“古传”，自“汉兴，海内为一”至“岂所谓素封者耶”为“汉传”，并论及此传“大旨”“字眼”等，可见其读法与一般朝鲜文人并无二致。不过，金昌翕在讨论《货殖列传》文章之后，末尾将“其零碎文义合容疏释者，条列如左”。他所注释的内容，比之车天辂、李睟光来说，明显更加随意。不仅不引用相关资料以作考证，甚至很多解释属于以己意推断。如“至卯积著率岁倍”，金昌翕释为“率者，利息之法也。言卯年丰穰之时，广粜谷物，至明岁衰恶而粜之，则其息倍长。余皆仿此”。又“欲长钱，取下谷。长石斗，取上种”，金昌翕认为，下谷为粜籴之用，上种为播种之贮，故有上下之分。再如“无财作力，少有斗智，既饶争时”，金昌翕认为，这是旨在说明“求富次第”：作力，如胃脯洒削之类。斗智，如卖畜求缯、献戎王之类。争时，如旱资舟水资车之类。“椎埋去就”，“椎埋”当作“推理”，金昌翕指出，这一错误或因上文有“攻剽椎埋”而混乱的缘故。[2]不过，中国本《史记评林》中已经意识到“椎埋二字疑有误”，金昌翕或受此影响，进一步推断得知。

与车天辂、李睟光相比，金昌翕所处的时代，中国本《史记评林》早已传入朝鲜，显宗实录字本《史记评林》也已经印行。或许认为《史记评林》的注解与评语已经足够完善，或许如前文提及的那样，朝鲜中后期文人特别重视有关中国史的议论，出现了大量史论散文，重议论、轻实证的趋势更加严重，使得本身并不受重视的史书考订变得更加微不足道。

丁若镛的《史记选纂注》中的很多内容，参考了《史记评林》及宋明清学者的成果，自己的创见并不是很多。除《史记选纂注》之外，丁若镛的读书札记《馄饨录》中，也收录了一些关于《史记》考订的

---

〔1〕［朝鲜］李睟光：《芝峰类说》卷6《经书部二·诸史》，《朝鲜群书大系》续第21辑，第190—191页。

〔2〕［朝鲜］金昌翕：《三渊集》卷36《漫录（庚子）》，《韩国文集丛刊》第166册，第187页。

内容。如对《货殖传》“废著”一词，丁若镛引《史记索隐》与《汉书》颜师古注，认为当依《汉书》作“发贮”，以“宁爵毋刀”中“爵”字为去声，释“知尽能索”为“智竭才竭”。

又对“封者食租税，岁率户二百。千户之君则二十万，朝觐聘享出其中。庶民农工商贾，率亦岁万息二千，百万之家则二十万，而更徭租赋出其中”一句中的相关专名，丁若镛解释道：

> 户二百者，每户钱二缗也。二十万者，钱二千缗也。万息者，以钱万缗取殖也。百万之家者，有本钱万缗之家也。二十万者，岁入二千缗，与封君同也。租税非钱，此以钱计之者，假令也。〔1〕

这与金昌翕的方式一致，即在《史记索隐》的基础上进一步解读，如释“洛阳街居”为“洛阳四方道里均适，如街居之达四方也”。对《信陵君传》“虚左”“西阶”的注解，均据《曲礼》，并且都附一段评论，不仅是为了论史，更是以此表达儒家义理观念。如“西阶”，丁若镛感叹道：“战国之世，去古未远，其揖让辞辟之节，犹有存者。虽以四贵奸雄之流，而其习于礼如此。学者于此，知所以感愤矣”。再比如对周勃“吹箫给丧”的解读，丁若镛引如淳及《史记索隐》注之后，又叙述了他自己的亲身经历：“余在长鬐，邻人之子执亲丧，三年不食肉，余以为邹鲁之俗。一夜，月色正明，有箫声起，询之，乃不食肉者也。其言曰：‘箫声哀，于礼无禁。’”〔2〕这个例子使读者在了解这一史实的同时，能够对之产生更为感性的认识，同时也显示出丁若镛作为一个儒士，对古礼有一种由衷的感情，从而感愤于战国末期礼崩乐坏的历史。这种论史方式也见于李睟光、李敏求的相关著述中。

尽管朝鲜文人注解史汉的成果在个别方面对明清文人的说法进行了批评，并纠正了一些错误认识，但这些成果无论是数量还是水平，都十分有限，不仅不能与清代大量出现的《史记》《汉书》校注考订著作相比，即使与明人的史汉考订内容比较，也显得十分逊色。朝鲜文人注解

〔1〕［朝鲜］丁若镛：《定本与犹堂全书》补遗《馄饨录一·货殖传》，第137页。
〔2〕［朝鲜］丁若镛：《定本与犹堂全书》补遗《馄饨录一·吹箫给丧》，第130页。

史汉的成果不仅数量少，而且大多收录于札记随笔中，与诗话、文评等内容混杂，或许朝鲜文人注解史汉本身就是为了诗文创作的需要。如车天辂的《五山说林草稿》，后世朝鲜文人对其评价并不高，朴泰淳（1653—1704）称是书拟《东坡志林》，但记事“多取俗传，俚诞不足考信”，诗话“无发明古人微意者，间有错记处”。[1] 金𨯶则直斥“其行文粗俗野俚，无可观者”[2]。可见，该书作为一部读书笔记性质的著作，其内容多与诗话有关。不过，车天辂曾参与过《史纂全选》《史纂抄选》的编纂工作，负责删定其中的古今注疏文字。他所处的时代，《史记评林》虽然已经传入朝鲜，但朝鲜刻本仍没有出现，传播也不甚广泛。而《史纂全选》《史纂抄选》所参考的《史记纂》，虽然同《史记评林》一样收录了历代名家评语，却对《史记》三家注舍弃不用，而车天辂整理的“古今注疏”，包括《史记》三家注，只不过将《集解》《索隐》《正义》等名称删去，只保留注解文字。所以，车天辂应当对《史记》旧注比较了解，只不过他参与编纂的《史纂》，其印行目的在于继韩柳古文之后，提供一个新的古文学习的范本。

而李晬光的《芝峰类说》本质上是一部类书。该书“上考天时，下质人事，义理之精微，文章之得失，以至昆虫草木之化，搜辑靡遗，剖析无余”[3]，所以，此书采辑的资料尽管包括经史子集，但编纂此书的目的是“资多闻，证故实”，故其中有关《史记》《汉书》注解的内容，非为考订史书、研究史实之用。并且，本书讨论的部分内容来源于该书《经书部·诸史》一节，其余多为史论、典故。最重要的一点，李晬光自己也承认，《芝峰类说》的撰作，“初出于臆记，随得辄书，而篇帙既夥，始为分类，故或未免舛驳尔”，故有的资料虽标明出处，但也有很多错误。如李晬光经常引韵书订正“史记”，这个韵书即《韵

---

〔1〕［朝鲜］朴泰淳：《东溪集》卷 7《题辞·题五山说林》，《韩国文集丛刊续编》第 51 册，第 215 页。

〔2〕［朝鲜］金𨯶：《潭庭遗稿》卷 11《寒皋观外史题后·题五山说林卷后》，《韩国文集丛刊》第 289 册，第 552 页。

〔3〕《芝峰类说序》。成海应的《研经斋全集》外集卷 52《故事类·周汉杂事》引《周礼》《左传》《说文解字》《史记》《汉书》《后汉书》等文献，以解释其中典故、词语等。

府群玉》。但他所列的“史记”内容很多不见于今本《史记》，这并非李晬光见到了《史记》异本，而是他对文献不加区别，十分随意，以至于将史实误书的缘故。如所谓“《史记·太史公传》‘张空拳，冒白刃’，《汉书》作‘张空卷’，《韵书》谓张弩之空卷，非举手也”一条，明显有误。《史记》并无《太史公传》，亦无此句。又“《史记》‘越王为人长颈乌喙’，《韵书》作鸟喙，盖以禹鸟喙，而句践乃其裔也。然鸟喙是圣人之象，则范蠡必不云云。从《史记》似是。或疑乌喙乃毒药名，如此则与长颈不相属，恐非”一条，诸本《史记》多作“鸟喙”，而显宗实录字本《史记评林》正作“乌”，但其时间晚于李晬光，故此条亦明显不是来源于《史记》。但李晬光依据鸟喙为圣人之象的认识，有肯定这一说法的倾向。所谓“史记”应当指《吴越春秋》。类似情况还有如“《汉书》昌邑王贺妻十六人，其妻中一人严罗纣”条，或引自宋人马永卿《懒真子》卷四。又如“汉书作左亲戚”一说，直接引自《韵府群玉》。“史记桓温登平乘楼北望云云”，明显不是《史记》应有的内容。所以，李晬光所论“史记”“汉书”，其实有的内容是引自类书或韵书，而并非史汉原文，甚至“史记”仅作为史书的代称，故会出现很多内容不见于《史记》的情况。

而丁若镛的《史记选纂注》《馄饨录》中关于《史记》《汉书》字形、字音、字义等的考订成果，受《史记评林》的影响非常大，甚至由于《史记评林》文本的错误造成了误解。而且，丁若镛本人对这种考订性的著作，有自己的认识。他撰有“五学论”，包括性理、诂训、文章、科举、术数等，其中“诂训之学，所以发明经传之字义，以达乎道教之旨者也”[1]。当然，这是就经传训诂而言。从丁若镛的著作来看，以经传内容来解释《史记》，以《史记》来注解经传，成为他治学的重要方法。

总体来说，我们对于朝鲜文人注解史汉的成果应当重新进行审视。首先，这些成果并非以考订史汉为目的，更多是为了更好地理解文义、积累典故。其次，或者由于史汉文本的缺乏，以及自身史学水平的限

---

[1] ［朝鲜］丁若镛：《与犹堂全书》第一集《诗文集》卷11《文集·五学论二》，《韩国文集丛刊》第281册，第241页。

制，这些成果更多是在史汉原注的基础上稍作发挥，很少能够引用资料进行深入的研究；这些成果不仅没有形成专门的著作，甚至连成篇的文字也比较少见，而且关注的内容局限于前人，这或许与朝鲜时代的史汉选本所选篇目比较固定有关。另外，李圭景的《五洲衍文长笺散稿》与李晬光的《芝峰类说》相似，其中《经史讹误辨证说》《史学辨证说》等所引成果或来自中国学者俞成、顾炎武、周亮工、王世贞等，或引自车天辂、李晬光、丁若镛等，并没有多少新的见解。或者，朝鲜文人对于史实引自何种史书并不关心，也没有版本选择的意识，因此会出现李晬光在“诸史”一节将引自其他文献的内容当作《史记》《汉书》的做法，造成文本错讹。

三、黄胤锡的《前汉书律历志解》

正祖时，为编选《史记英选》，令丁若镛主持校注《史记》，广求诸家注释成果，其中有郑亮钦的《货殖列传注》一卷。[1] 但关于此书的一些细节，丁若镛并未具体说明，我们也无法评价此书的注释水平。不过，此书作为朝鲜时代接受《货殖列传》的重要表现，还是具有相当的代表性。《货殖列传》成为很多朝鲜文人日常诵读的必备篇目，并且经常读至数十百遍。如洪吉周（1786—1841）少时读此传，“才二百余筹，虽于睡梦中，诵之不错一字”[2]。正祖本人也对《货殖列传》比较重视。一般来说，朝鲜中期以前，朝鲜文人以诵读《货殖列传》为主，但相关记载比较零散。朝鲜中后期，朝鲜文人除了重视学习《货殖列传》文章之外，还因为此传涉及地理、人文、经济、物产等方面的内容，从中可以获得与此有关的知识与经验。[3] 郑亮钦的《货殖列传注》应当与金昌翕一样，更多关注此传的文章特色。

郑亮钦与丁若镛的父亲关系很好，其生活的时代大约在 18 世纪 30 年代至 19 世纪初。大约与郑亮钦同时代的黄胤锡著有《前汉书律历志

---

〔1〕［朝鲜］丁若镛：《与犹堂全书》第一集《诗文集》卷 14《文集 · 跋东山子货殖传注》，《韩国文集丛刊》第 281 册，第 306 页。

〔2〕［朝鲜］洪吉周：《睡余演笔》卷上，日本大阪府立图书馆藏写本，第 19a 页。

〔3〕徐信惠（2006），「貨殖傳 수용의 양태와 경향」，『韓國文化』38。

解》。此文也并非一次完成，首先分散于黄胤锡的手书日记集《颐斋乱稿》中，按完成时间排序，比较杂乱。《颐斋乱稿》后来经过重新编辑，形成了《颐斋遗稿》12 卷与续集 14 卷，《前汉书律历志解》被收入续集卷八中。[1]《颐斋遗稿续集》对此文进行了整理，内容有所增加，也更为条理清楚。此卷还收录黄胤锡所撰《“期三百”传解》《玑衡传解》《皇极经世书解》《律吕新书解》《古今历法考》《明史回回历补正诸数》《岁差说》《轮钟记》等关于天文历法的著作。

黄胤锡自称：“曾阅《汉书》，其有错简讹字，如《律历志》者，不免为之厘正”[2]，可见他曾经校勘过《汉书·律历志》。但从此文的内容来看，应当更偏重于对三统历的注解与校订。个中原因，除了黄胤锡认为《律历志》有错误之外，还在于他据三统历讨论过孔子生卒年。与其他人多引经传史书不同，黄胤锡还根据历法进行推算，最终算出孔子生年为“鲁襄公二十二年庚戌十一月二十九日庚子”。他所根据的历法，即三统历，并称“右诸家之说，各自不同，要之当以三统所推者为正”[3]。而《汉书·律历志》则是记载三统历的重要文献，《前汉书律历志解》开头小注也称“即三统历法也”，可见此文主要是为解释三统历而撰，或者说利用三统历对历代纪年数、日月星辰运行等进行推算。不过，此文也涉及对《汉书·律历志》的一些订正。如《律历志》“四分月法为周至，是乘月法。以其一乘章月，是为中法。参闰法为周至，以乘月法，以减中法而约之，则六扐之数，为一月之闰法，其余七分。此中朔相求之术也”[4]。黄胤锡指出其中文字或有误：

“四分月法为周至”，“周至”二字当作“通法”。“是乘月

---

〔1〕 盧慧京（2003），「黃胤錫의 文獻資料 檢討：文集을 중심으로」，『藏書閣』9。

〔2〕［朝鲜］黄胤锡：《颐斋遗稿》卷 8《书·与柳定民书（乙巳）》，《韩国文集丛刊》第 246 册，第 181 页。

〔3〕［朝鲜］黄胤锡：《颐斋遗稿》卷 25《孔子生卒辨证》，《韩国文集丛刊》第 246 册，第 552—554 页。

〔4〕［朝鲜］黄胤锡：《颐斋遗稿续集》卷 8《前汉书律历志解》，《韩国历代文集丛书》第 1508 册，第 353—354 页。黄氏所录文字与今本《汉书·律历志》稍有差别。

> 法”，当作“是乘岁中”，因移在“一月之闰法”下。“其一”当作“一岁”，移在“约之”下。“为一月之闰法”，当移在“以减中法下”。“而约之，则六扐之数”，当作“以六扐数约之”，则因移在“岁中”下。“其余七分”以下，当在“一岁”下。[1]

关于这些错误产生的原因，黄胤锡认为，应该是《汉书》版本的错误，并根据他的订正，重新改写了这段文字：

> 右六十一字，次序多错。盖《汉书》此本坊刊馆印之讹，未知几百年颠倒也。此六十一字，今拟改正曰：四分月法为通法，以乘章月，是为中法。参闰法为周至，以乘月法，以减中法，为一月之闰法。是乘岁中，以六扐之数约之，则一岁其余七分。此中朔相求之术也。亦六十一字。如此乃始归正。

但是，与今整理本《汉书》相比，我们可以发现，黄胤锡所引这段内容多“为周至是乘月法”七字。他所据版本应当是朝鲜本《汉书评林》。而朝鲜本《汉书评林》所依据的底本是明万历刊本《汉书评林》。笔者查今万历刊本《汉书评林》，在此处确实有这七个字，并有旁注作“本无‘为周’下七字”[2]。据《汉书评林凡例》所言，该书的刊刻“一准宋本而以监本参订之”[3]，其中做出这样的旁注，或许在于所依据的版本有这样的文字差异，但凌稚隆并没有做出直接改变底本的选择，而是以旁注的形式进行标识。

也就是说，凌稚隆已经发现了《汉书·律历志上》各版本关于这七个字的差异，但只是列出异同，并没有进一步考订。今整理本《汉书·

---

〔1〕［朝鲜］黄胤锡：《颐斋遗稿续集》卷8《前汉书律历志解》，《韩国历代文集丛书》第1508册，第354页。

〔2〕〔明〕凌稚隆：《汉书评林》卷21上，万历九年（1581）吴兴凌稚隆校刊本，第22b页。

〔3〕〔明〕凌稚隆：《汉书评林·凡例》，万历九年（1581）吴兴凌稚隆校刊本，第1a页。

律历志上》没有这七个字，但在此处也没有列出校勘记。今整理本以王先谦《汉书补注》为底本，而《汉书补注》以汲古阁本为底本，又遵用官本（即殿本），殿本以明北监本为底本。参校本是北宋景祐本（商务印书馆影印的百衲本）、明末毛氏汲古阁本、清乾隆武英殿本和同治金陵书局本四种。[1] 按照这种安排，今整理本《汉书》不应该漏掉这一条校勘记。因为张元济《百衲本汉书校勘记》已经明确指出，这七个字，底本（景祐本）、汪文盛本、大德本有，北监本、汲古阁本、殿本无。[2] 或许整理者意识到这七个字为衍文，故直接删除了。因为自清代中期以来，很多学者认为这七个字并不应该存在。如清人朱一新指出，"四分月法。《评林》本'四分月法'下有'为周至是乘月法'七字。凌氏稚隆曰：'本无此七字。'案，无此七字是也。《三统历》法周至五十七月法二千三百九十二，若四分月法，当得五百九十八，乃通法，非周至也。《评林》本盖涉下文而误"[3]。当代学者刘操南也认为，"为周至是乘月法"这七个字，"一本无，循算校之，是为衍文"。[4] 夏国强指出，诸宋本前文"四分月法"下有"为周至是乘月法"，应是涉"为周至以乘月法"而衍。[5] 岳麓书社2008年标点《汉书》所用底本即百衲本影印景祐本，直接将此七字删除，其校记称"据诸本删"[6]。又今整理本"七扐"，黄胤锡引作"六扐"，应以"六扐"为是。因为"一扐之数等于月法的一半。六扐就等于三个月法，即四分年积分，可知六扐之数就是四分十二个月积分的替换说法（朔望月年积分），为十二中气和十二朔望月之公约数，故求每月之闰，必以

---

〔1〕 参见《汉书·出版说明》，北京：中华书局，1962年，第4、5页。

〔2〕 张元济：《百衲本汉书校勘记》，北京：商务印书馆，1999年，第59页。

〔3〕《朱一新全集》整理小组整理：《朱一新全集》，上海：上海人民出版社，2017年，第794页。

〔4〕 刘操南：《古代天文历法释证》，杭州：浙江大学出版社，2009年，第118页。

〔5〕 夏国强：《〈汉书·律历志〉研究》，博士学位论文，苏州大学，2010年，第184页。

〔6〕〔汉〕班固撰，陈焕良、曾宪礼标点：《汉书》，长沙：岳麓书社，2008年，第1605页。

其为法"[1]。可见，黄胤锡的《前汉书律历志解》虽并不以考订文献为主要目的，但他以自己在算学和历法领域的成就，能够校勘《汉书》在文本方面的一些问题，有一定的参考价值。黄胤锡以儒者而精算学、历学，既精于"历象乐律字义算术之类"，又崇信朱子学说，"至于性理释疑群经讲义札录诸篇，又皆平日体认心得之程课，而一以紫阳定论为宗者也"[2]。在"历志穷格，治易既成"之后，才开始了他的算学、历学等成就，故可以被纳入格物致知的性理学思维方式。另一方面也表明，在程朱理学占思想统治地位的时代背景下，算学或者其他科学只能迎合其需求，从而获得支持。同时，黄胤锡的实学精神强调"休明用适"，同时在西学影响下，主张学习西方自然科学知识与实证主义方法，改造社会的经世思想。[3] 但无论如何，《汉书·律历志》仅仅是黄胤锡研究算学、历学，格物致知，进而经世致用的诸多文献中的一种。这种情况也代表了朝鲜文人关注《史记》《汉书》的普遍表现，就是说，朝鲜文人真正以研究《史记》《汉书》的"事、文、义"为出发点的情况几乎没有，这或许是朝鲜时代有关史汉著作缺乏与现代学者对此研究较少的真正原因。

四、丁若镛的《班固艺文志论》

与黄胤锡相同，丁若镛的《班固艺文志论》[4] 也并非以研究《汉书·艺文志》为目的，而是将其作为《易学绪言》中的一篇文章，对《汉书·艺文志》"易类""蓍龟类"文本进行注解，以表达其易学观点。

丁若镛认为，"《易经》十二篇"只有经文，所谓施、孟、梁丘三家，皆是《易经》的校正本，并非注释本。又以古五子、古杂、神输、

---

[1] 夏国强：《〈汉书·律历志〉研究》，博士学位论文，苏州大学，2010 年，第 183 页。

[2] [朝鲜] 黄胤锡：《颐斋遗稿·赵寅永〈颐斋集序〉》，《韩国文集丛刊》第 246 册，第 3 页。

[3] 葛荣晋主编：《韩国实学思想史》，北京：首都师范大学出版社，2002 年，第 287 页。

[4] [朝鲜] 丁若镛：《与犹堂全书》第二集《经集》卷 45《易学绪言》卷 1《班固艺文志论》，《韩国文集丛刊》第 283 册，第 567—569 页。

灾异等书均是占验祆祥之术，并非经学。故应当将之与《周易》相区别，避免“流于邪诡”。施、孟、梁丘三家各有《章句》，出于丁宽，故有易丁氏学。[1]

对于文王“重易六爻，作上下篇”，丁若镛引“箕子之明夷”认为，并非文王所作，并批评班固“其言之不核如是”。丁若镛认为无重卦则八卦无用，而“宓戏氏始作八卦”，至文王时才画重卦为六十四，这段时间相隔很长，也值得怀疑。

对于孔子作“文言”，前人将之入于“十翼”中的说法，丁若镛引《汉书·儒林传》费直“徒以彖象系辞十篇，文言解说上下经”认为，《文言》并不在十篇内，故此说与《艺文志》相矛盾。所以，丁若镛又对《孔子世家》中所列“十翼”提出了修订，认为应当以《大象传》一篇为“十翼”之一，而《文言》不当列入。但是，“徒以彖象系辞十篇，文言解说上下经”一句，文本有一些问题，学者总结为三种：或者以“十篇”当在《文言》之后，或以“十篇”属《系辞》，或以“十篇”为衍文，或认为“文”字应当作“之”，或将《文言》理解为“文辞”“文说”之义。[2]

不仅如此，《史记·孔子世家》载“孔子晚而喜《易》，序《彖》《系》《象》《说卦》《文言》。读《易》，韦编三绝”。《正义》注“序”为《序卦》，故孔子作《文言》等十翼。但是，丁若镛指出，孔子既然自作《文言》，又读《易》“韦编三绝”，这说明孔子读自撰之书，明显不太可能。故丁若镛并不以“序”为《序卦》，而是将之理解为“序彖者，就文王之彖词，序之为彖传也”。同样，对于“系象”的解释，也采用这种形式，即将此处序卦、系象理解为《序卦》系《象》，序、系

---

〔1〕清人王先谦《汉书补注》引王应麟说，也以“今《易·乾卦》至用九，即古易之本书”。古杂、灾异、神输等，引沈钦韩说，即《乾凿度》《稽览图》之类。《儒林传》也有施、孟、梁丘三家《章句》。

〔2〕阎平凡：《“以〈彖〉、〈象〉、〈系辞〉十篇文言解说上下经”考辨》，《阳明学刊》第7辑，成都：巴蜀书社，2015年。

均是孔子为读《易》而作的文字。[1] 故丁若镛以《说卦》《文言》为古文、古书，孔子以此来读《易》。但《说卦》又“颇杂孔子文”，丁若镛解释道，这是因为《说卦》《文言》中有孔子的训诂之词。

《艺文志》中又有“蓍龟类”。这类典籍经历了由“圣人之所用”到“及至衰世，解于齐戒，而娄烦卜筮，神明不应”的转变。班固将此类置于《艺文志》卷尾。丁若镛进一步阐发此点，并对其中一些文字进行订正。

> 案《周易》本有二途：一为经学家所传，一为卜筮家所用。故班固别以筮书，退列于方伎杂术之中。盖绍明之义亡，而其术遂贱也。“射匿”犹言“射覆”，即所以奇中隐匿之物也。“大次”当作“大汱”，即“大衍”之形误也。古人绍明之法，齐戒以致敬，故下贞上亨，两心相应。后世亵慢，求诸杂神，故逆德悖行，吉凶不明，虽告犹不告也。故班氏戒之。[2]

其中，辩“射匿”如“射覆”，已经为现代学者的研究所证实。[3] 但以“大次”当作“大汱”，同“大衍”，目前还未见研究《艺文志》的成果中有相似的观点。不过，丁若镛的论点只是据韵书“次”通“衍、羡、汱”[4] 得出，并没有其他更直接的证据。

---

〔1〕前人多以孔子与《易传》无关。如宋人欧阳修认为，《系辞》《文言》《说卦》皆非孔子所作。清人崔适进一步认为，“晚而喜《易》”与“读《易》”之间的“序彖系象说卦文言”一句，为刘歆窜入。故“孔子所喜而读之不厌者，即其所自作彖、象、文言之属，有是理乎？”见〔清〕崔适：《史记探源》卷6《三十世家》，北京：中华书局，1986年，第154页。《史记会注考证》则以“序”应当作“次第”之义，《易传》为孔子门遗书无疑。有学者专文辩论这种说法，见李学卫：《〈史记〉载孔子“序彖系象说卦文言”考辨》，《西藏民族大学学报（哲学社会科学版）》，2016年第3期。

〔2〕［朝鲜］丁若镛：《与犹堂全书》第二集《经集》卷45《易学绪言》卷1《班固艺文志论》，《韩国文集丛刊》第283册，第568页。

〔3〕张舜徽《〈汉书·艺文志〉通释》（武汉：湖北教育出版社，1990年，第276页）即以“射匿”为“射覆”。

〔4〕亦可通“涎、漾”。

《班固艺文志论》卷末，丁若镛引《儒林传》论丁宽、孟喜、赵宾、京房、焦延寿、费直等人的易学，并附注解。如批评孟喜、京房言“阴阳灾变”为“易家之异端”。又赵宾云“箕子者，万物方荄兹也”，丁若镛以为赵宾出于“爻词本书王所作，不得引父师为文也”。由此可见“汉儒弇陋”，并评论郑玄也有此类问题。又论京房之易非“田何、丁宽之旧法”，焦氏之易乃“夏商旧法”。[1]

综观丁若镛对《汉书·艺文志》“易类”的注解，可见他并非关注《艺文志》本身，而更偏重于对文王画八卦、孔子作《文言》、十翼之组成、汉儒易学的批评。这与丁若镛对汉儒的一贯贬斥态度有关。如《春秋考征》批评郑玄“袭亡秦五帝之邪说，信纬书感生之妖言”[2]，《论语古今注》评“夏殷周忠质文，本是汉儒谶纬杂说”，“汉儒论三代之治，率以是为话柄，然其说自相矛盾，不可究诘”。[3] 其实，不仅对汉儒，丁若镛在经学研究方面对汉唐以至明清时期学者多有不满与讥评，而且用语相当尖锐。[4]

朝鲜文集中存在的大量对《史记》《汉书》的评论内容，主要表现在以学习古文为目的的“文章论”与“义理化”的史论散文两方面。其中，“文章论”在肯定《史记》《汉书》文章成就的同时，往往根据“文以载道”的正统文学观念展开批评。当然，其中也存在一些纠正《史记》《汉书》史实疏误的内容，但也往往以经传义理作为评判依据。

---

〔1〕丁若镛的“夏商旧法”认为，《周易》的筮法中只有“一爻变”，而先秦文献中常载多爻变化的例子。丁若镛认为这种多爻变化不是《周易》筮法，而是夏商旧法。韩国学者元勇准认为，丁若镛以多爻变化非《周易》筮法的观点是合理的，但通过对新出土易类文献的考察，“夏商旧法”说则有不足。（［韩］元勇准：《茶山对“夏商之旧法”说的再检讨——与易类出土文献的比较考察》，张悦译，《周易研究》，2016 年第 3 期）

〔2〕姜日天：《丁若镛的天道观与 18、19 世纪韩国实学形而上学》，《湖湘论坛》，2010 年第 3 期。

〔3〕转引自蔡振丰：《朝鲜儒者丁若镛的四书学：以东亚为视野的讨论》，台北：台大出版中心，2010 年，第 40 页。

〔4〕叶国良：《韩儒丁若镛〈檀弓箴误〉平议》，《台大文史哲学报》，2009 年第 71 期。

而朝鲜文人的史论散文则受到宋儒作品、程朱理学及其史学思想的影响，除了通过史论散文评价历史兴衰成败之外，更在于表达儒家义理观念，甚至将其“义理化”。在这个过程中，史书所载史实的时间性被赋予了义理的超时间性，以史书所载的个性化、特殊化的史实，来验证儒家经典所蕴含的义理的普遍性，并包含事实判断与价值判断。这一点还表现在，史书内容已经不代表过去的历史，而是被当作历史文本，可以进行以今论古，以今释古，甚至为了义理的表达需要而被再造甚至虚构。所以，在这种史论散文中，历史史实不单是过去的经验，也不仅是以史为鉴，而被赋予了超时间的“理”“道”的属性。〔1〕

朝鲜文人关注《史记》《汉书》的这两方面表现，有着深刻的背景及原因。首先，程朱理学作为朝鲜时代官方思想，朝鲜文人接受与评论史书的观念往往是经体史用，以史辅经，经史互相发明。这就决定了义理更加明确的《通鉴》《纲目》等宋儒史书更受朝鲜文人的欢迎，也决定了《史记》《汉书》作为史书并没有引起太多的关注。其次，程朱理学及宋儒史论散文对朝鲜文人产生了直接影响，甚至朝鲜文人的很多史论散文是为了辩驳宋儒而阐发。再次，朝鲜中期以后，在文风转变的大背景下，明代古文学派及《史记评林》等书籍传入朝鲜，为朝鲜文人学习、评论史汉文章提供了有利条件。

至于朝鲜时代与《史记》《汉书》有关的考证与注解，很多内容校订了史汉文本的错误，有的与现代学者的研究不谋而合，有一定的参考价值。但是，这些成果一方面没有形成著作，分散于各类文献中；另一方面，这些成果是朝鲜文人在熟读《史记》《汉书》过程中对其中“文理不通”的解释，其方法往往是就史汉文本展开，以事理进行推断，而利用考据方法进行研究的情况比较少见。

从朝鲜时代将史汉《评林》的上栏评语删去，以及史汉选本多抄录原文来看，朝鲜文人更加重视原典。他们对史汉文本句读、字音、字义、注解的成果，只是为了悬吐的需要，在史汉《评林》的基础上，根据韵书、子书等进行理解。至于黄胤锡的《前汉书律历志解》与丁

---

〔1〕 黄俊杰：《儒家思想与中国历史思维》，台北：台大出版中心，2014 年，第 53—84 页。

若镛的《班固艺文志论》，则是为研究“三统历”和易学而作，虽也涉及对相关文本的校订，但仍不能算作史学研究的范畴。

余论　古代朝鲜、日本、越南接受《史记》《汉书》的初步比较

本书研究的内容其实可以分为两个方面：其一，叙述《史记》《汉书》向朝鲜半岛传播的历程和特点，以及两书在朝鲜（也涉及三国、高丽时代）时代被印行、接受、阅读、选择、评论、注解的相关史实。这是对《史记》《汉书》作为具体书籍在汉文化圈传播的相关史实的叙述与讨论。其二，借助传播学理论、文本概念、经史关系、正统文学观念等理念，将《史记》《汉书》视为历史文本，抛开其承载的时代、国别、史书的种种属性，从而探讨其作为文本具有的一般性与特殊性，以及其力量在朝鲜时代的各种表现。因此，我们对朝鲜汉籍中所涉《史记》《汉书》内容的考察，需要具体了解两书作为中国纪传体正史及其在文学、思想等方面表现出来的力量，同时也需要结合朝鲜时代政治、社会、文化、思想等背景，讨论两书作为历史文本的影响力量。朝鲜时代接受《史记》《汉书》的方式，主要表现在史汉文章论和史论散文两方面，与史学研究的关系并不密切。从相关论述来看，我们很难将这两方面视作《史记》《汉书》对朝鲜时代的直接影响。反而可以这样认为，在古文风气与理学化的史学观念影响下，《史记》《汉书》的“事、文、义”成为被关注和利用的主要方面，并在文章写作与史实资料方面产生了影响力。如果说到《史记》《汉书》的直接影响，则主要表现为在高丽、朝鲜时代正史编纂的过程中，两书在纪传体体裁和正史观念的形成方面发挥了作用。

本书希望借助汉文化整体研究的理论视野，来比较和探究《史记》《汉书》在朝鲜、日本、越南等汉文化圈国家传播与接受的情况。不过，这是一个宏大且复杂的课题，所以本书只做初步尝试。

与朝鲜时代相似，《史记》在日本历史上受到的关注要多于《汉

书》。《史记》《汉书》传入三国的时间，以朝鲜半岛为最早，约在中国的魏晋时期，传入日本则晚至隋唐时期[1]，而传入越南的情况则无从考究。但是，与朝鲜时代为数不多的几种活字印本相比，在日本则存在《史记》《汉书》的多种晋唐古写本[2]、宋元明清刊本及和刻本[3]，并且成为研究史汉版本的重要资料来源。在德川时代，翻刻的《史记评林》以"八尾""红屋"两种为主，明治时代则出现了十余个版本，作为古文、汉文学习的教科书。这与日本重视学习汉文化有关，也与日本藏书、刻书事业的发展分不开。如江户时代除了幕府、官学、地方藩刻书之外，商业性的书坊大量出现。这一点是朝鲜时代所不能具备的书籍流布的重要条件。日本学者注解《史记》的成果比较丰富，可以追溯到镰仓时代（1185—1333），至室町时代（1336—1573）最为繁荣。而且，日本学者还抄录了很多古注佚文。[4] 后世学者据此形成了《〈史记〉会注考证》《〈史记〉日本古注疏证》等学术成果。

江户时代是《史记》盛传于日本的时期，主要通过船载输入，具体书目被记录在各种《赍来书目》中，数量较多。最突出的一点是，日本输入《史记》时，往往详细著录相关版本情况。这与朝鲜时代形成了明显的差别。[5]

早在圣德太子摄政时，就十分重视《史记》，曾在《十七条宪法》中引用《田单传》。而且，日本皇室及政治家也把《史记》作为喜爱的史书之一，以为"东鉴"，并称颂《史记》的人物事迹，学习"大一统""通古今之变""天人感应"的思想，用以了解社会现实，提高思想和文学水平。明治以后，日本皇室仍讲读《史记》，作为宫廷教科

---

〔1〕覃启勋先生认为《史记》传入日本当在600—604年之间。

〔2〕［日］池田四郎次郎、池田英雄《〈史记〉研究书目解题（稿本）》（东京：明德出版社，1976年，第36—42页）列举了14种日本藏古写本。

〔3〕《〈史记〉研究书目解题》列举了24种和刻本《史记》，最早的是庆长间活字印本，最晚的是泷川龟太郎的《〈史记〉会注考证》。

〔4〕如日本国立民俗博物馆藏"南宋黄善夫本《史记》"（日本汲古书院1998年影印本）中著录了很多佚文，张玉春据之整理成《〈史记〉日本古注疏证》（济南：齐鲁书社，2016年）一书。

〔5〕覃启勋先生对《史记》在日本传播的研究，比较有代表性。

书。《史记》是日本古代大学寮中“纪传儒”的必读之书，作为学习文章之用。五山学僧也以《史记》作为汉学教科书。因此，与朝鲜半岛相似，日本也出现了很多《史记》选本。《史记》对《源氏物语》、《平家物语》、咏史诗等日本古代文学作品也产生了较大影响。同时，《史记》还是日本医学界人士的必修书，池田四郎次郎列举了日本研究《扁鹊传》的论著。〔1〕日本的国史《古事记》与《日本书纪》，虽然都是编年体，但也受到了《史记》的影响。17 世纪德川光圀的《大日本史》，则从编纂意图、史书体裁等方面模仿《史记》。〔2〕

《史记》是日本儒士们热衷于详解的史书，出现了很多《史记》研究著作。其中以《英房史记抄》（正平三年，1347）、《幻云史记抄》（永正十一年，1514）为较早，其他成果包括总说、校订注释、校勘、文字、音韵、文评、佳句、名言、史汉异同、太史公年谱、地理、国字解、稗史等诸多方面。日本学者池田四郎次郎列举了日本学者注解《史记》的成果，共有 190 余种。〔3〕

关于《汉书》在日本流传的情况，目前学者的研究成果显然不如《史记》。其实，日本的五山学僧已经同时存在“《史记》家”与“《汉书》家”，只不过“《史记》家”更占上风。〔4〕杨倩如提及古代日本正仓院有抄写《汉书》的记载。《汉书》也成为日本皇宫经常讲读的书籍。《汉书评林》等也得到了较多刊印。很多贵族官吏以阅读《汉书》作为学习汉文化与文学的重要途径。日本学者研究《汉书》的著作出现在 8 世纪中期，以江户时期最为丰富，涌现出多种有关《汉书》校订、考证、评论的著作。〔5〕

至于《史记》《汉书》在越南的传播与接受情况，资料更加不足。一方面是因为越南古代典籍损毁严重，另一方面越南接受中国史书的时

〔1〕以上内容参考覃启勋《〈史记〉与日本文化》。

〔2〕田旭东：《从〈史记〉到〈大日本史〉——日本茨城参观所感》，《西北大学学报（哲学社会科学版）》，1997 年第 4 期。

〔3〕［日］池田四郎次郎、池田英雄：《〈史记〉研究书目解题（稿本）》。

〔4〕覃启勋：《〈史记〉与日本文化》，第 39 页。

〔5〕杨倩如：《〈汉书〉在东亚的传播与研究》，《中国史研究动态》，2010 年第 1 期。

间比较晚。自宋代以来，越南获取中国典籍也比较困难。[1] 不过，越南出现了很多以“史记”命名的文献，如陈太宗时黎文休的《大越史记》，后黎朝仁宗时潘孚先的《大越史记》，以及吴士连修撰的《大越史记全书》等，还包括一些文学作品，如《历朝史记文选》、《口史记》、杜善《史记》等，内容多选中国史书、民间故事、志怪传奇之类。[2] 可见，这类文献中有的只是借用了“史记”这一通称，仅为“记事”之书，与司马迁的纪传体《史记》并无关系。即使《大越史记全书》所称“效马史之编年，第渐补缀；法麟经之比事，敢望谨严”[3]，所说的“马史”“麟经”也是指司马光的《资治通鉴》以及《春秋》。而且，从《大越史记全书》来看，越南历代王朝更重视正统观念、纲常伦理，重视以史为鉴。从这一方面来说，程朱理学、宋儒义理史学的影响更加突出。[4] 不过，由于越南历史的特点，其史书在涉及早期历史时，需要利用《史记》《汉书》等中国史书编纂而成。如《大越史记全书》中“外纪”部分，就有鸿厖氏纪、赵纪、属西汉纪等内容来源于《史记》《汉书》等；而且，《大越史记全书》中以《史记》《汉书》人物和史实作为事实与经典依据的例子也比较多见。至于一般越南文人关注《史记》《汉书》的事例，本书暂未有较多涉及。不过，越南莫朝（1527—1592）文人杨文安的《乌州近录》中，曾引《汉书》与韩愈文章，说明风土物产对人才产生的重要意义。

> 此人才由此地气而钟，地气为人才而发。故孟坚之志地理，严

[1] 何仟年：《中国典籍流播越南的方式及对阮朝文化的影响》，《清史研究》，2014年第2期。

[2] 田志勇：《越南古代汉籍“史记”类文献述要》，张大可、田志勇、陈曦主编：《史记论丛》第11集，北京：中国文史出版社，2014年。

[3] ［越南］吴士连等撰、孙晓主编：《大越史记全书（标点校勘本）》，重庆：西南师范大学出版社，2015年，第10页。

[4] 叶少飞：《黎崇〈越鉴通考总论〉的史论与史学》，《域外汉籍研究集刊》，2015年第11辑，第215—236页。

助、朱买臣之贵显，则继以庄山之铜、豫章之金。[1]

杨文安所据内容见《汉书·地理志下》，并非直接引用原文，且所引文字有误，“庄山”应作“章山”。杨文安这种在文章中利用《史记》《汉书》文本与典故的做法，与朝鲜、日本一般文人的并没有太大区别。

不过，本书研究重点并不在于对《史记》《汉书》相关史实的考察，更关注这些表现背后的历史和文化意义。从经史关系上来说，《史记》《汉书》等中国史书虽然具有相对独立的地位和影响，但在中国历代史学思想中，以六经为代表的儒家思想观念和伦理道德始终处于支配地位。特别是宋儒史学，存在“史为儒之一端”、史论的“义理化”等观念。这些观念在维护儒学统治地位的同时，重视从中国史书中寻找普遍适用的经验。受此影响，朝鲜、越南学界也重义理，轻史实。朝鲜比较全面、彻底地接受了程朱理学，甚至将其奉为唯一的正统思想，严厉地打击其他“异端”思想。而日本在确立封建社会之后，注重从中国吸收先进文化，并对之加以改造，使之为其所用。即使是儒学思想，日本对儒学的接受，也是更重视其与现实相关联及为现实服务的价值。[2]如程朱理学在传入日本后的四百年中，一直从属于佛教，直至德川时代，才开始得到较大发展。日本对与程朱相悖的“异端”的态度相对于朝鲜要更缓和一些，能更加包容各种思想。[3]同时，日本学者在学术方面重视微观的研究，关注具体、典型和实用的内容，甚至对程朱理学著作也进行了批判与新解。

由此可见，受到汉文化圈各国社会文化、思想观念等因素的影响，域外人士关注《史记》《汉书》的表现有很多一致的地方，如较多涉及其史实、文章、义理等方面的内容，同时相关表现在朝鲜、越南与日本

---

〔1〕［越南］杨文安：《乌州近录》卷6《总论》，越南国家图书馆藏抄本。该书是一部越南莫朝地方志，成书于光宝二年（1555），记载莫朝顺化的山川风俗。当然，此处只是越南汉籍涉及《史记》《汉书》内容的一个事例。

〔2〕李洪淳：《儒家学说在朝鲜和日本的传播及其影响的比较》，《延边大学学报（社会科学版）》，1983年S1期。

〔3〕李洪淳：《程朱理学在日本和朝鲜——其传播和影响的比较之一》，《延边大学学报（社会科学版）》，1982年S1期。

的差异也是明显的。《史记》《汉书》在史实、文章、义理等方面的内容更多涉及史汉文本“事、文、义”的现实意义，所以这种关注更多的是从人们的现实需要出发，从而使史汉文本的力量受到很多因素的制约。在这种情况下，《史记》《汉书》文本没有得到应有的关注，或者文本本身已经不再重要。如在朝鲜时代的经体史用、文道一体等观念影响下，《史记》《汉书》文本在一定程度上丧失了其独立属性。这或许是朝鲜汉籍中虽然涉及《史记》《汉书》的资料比较丰富，但史汉版本及文本校订比较薄弱的重要原因。而日本除了关注《史记》《汉书》文本的现实意义之外，还关注史汉文本本身，从而使其能够保持一定的生命力。故而，日本不仅遗留下许多《史记》《汉书》的珍贵版本，而且学者校订、考证的成果也比较丰富。

以上仅是对《史记》《汉书》在日本、越南两国历史上的传播与接受情况的大体介绍，而一些细节问题仍需进一步论证。我们在讨论《史记》《汉书》在汉文化圈的传播与接受的同时，不仅需要关注涉及学术研究的版本、考订、注解、史学等领域，还应当关注两书“事、文、义”在史实、文章、义理等方面的影响，同时还应当重视两书的历史文本属性在东亚三国政治、文化、思想、学术背景下的不同表现。这种关注需要放下《史记》《汉书》作为中国纪传体史书的经典属性。因为从研究先秦、秦汉历史的角度来说，我们当然要关注两书所载史实，将其视作具体史书，但在朝鲜时代，由于程朱理学和古文风气的浸染，《史记》《汉书》更多被朝鲜文人视为记载历史经验与经典古文的历史文本，从而影响了他们对《史记》《汉书》的关注方式与结果；更重要的是，在一定程度上对当时空疏的社会氛围和学术风气起到了助推作用。柳寿垣（1694—1755）曾撰文批评道：

> 噫！以言学问，则粗解谈说而已；以言词章，则粗解蹊径而已；以言礼乐，则粗解器服而已；以言笔翰，则粗解餉檝而已；以言图画，则粗解点染而已。此何足高视自大？而士大夫以此为一大事业，自以为经术文章，可追宋儒，制度仪文，足轶中华，诩诩然自任自负。殊不知所谓学问者，未见有修身穷经，以讲治己治人之

> 大法者也。至于史，则又复徒尚纪传，专废志表，史学之亡久矣。所谓词章，又不曾本源经史，以成典则之文。高者仅阅八大家、钱谦益，低者仅习《古文真宝》《东莱博议》，究其所成就，大抵村学究矣。所谓礼学，初不识三礼一贯为先王经世之大典，而徒区区于幅尺度数之间，以博治礼之名，其为窃粃之弊，又无异于叔孙生之绵蕝矣。所谓笔翰，亦自尹海平初尚晋笔以后，始知《淳化阁》《太清楼》之为胜于《笔阵图》《七月篇》，而径习行草，法度欠整，徒悦姿媚，遽流文祝，腕力工夫，日就萧索矣。所谓图画，不过族史渲染，而一自澄、桢、二李出入华人幕中，多阅画厨，略解写生，而笔学未当，才不充格，厥后又复无传。今之丹青，绝无生气，只成按本作耳。[1]

这种批评可能不够全面，也可能有夸张的成分，但对朝鲜时代“徒尚纪传，专废志表”的批评，还是比较有道理的。这可能是专门针对《史记》《汉书》等纪传体史书而言。其主要原因是朝鲜时代具有“经术文章，可追宋儒，制度仪文，足轶中华”的文化自负，很难回归并正视现实。尽管朝鲜时代也出现了实学等进步思想，但始终无法摆脱正统思想与官方意志的限制，始终为他们所认为的“王道”理想所束缚。本书论述的重点还是《史记》《汉书》在朝鲜半岛的传播与接受情况，但同时在结尾处非常简要地比较了古代朝鲜、日本、越南对史汉接受与评论的不同表现。这种比较肯定是不够全面甚至是非常粗略的，但或许可以为理解三国的近代化进程提供一些新的资料和视角。

---

〔1〕［朝鲜］柳寿垣：《迂书》卷10《论变通规制利害》，首尔：韩国古典刊行会，1971年，第79页。

附　录

表 1　朝鲜时代书目著录《史记》《汉书》情况一览表

时代	书名	地区	著录情况（册数、卷数、版本）	著录分类	书目类别	备注	资料来源
宣祖十八年（1585）	考事撮要·八道程途	黄海道海州 平安道	史记列传 汉书列传 史记 汉传		地方		朝目/3
仁祖十四年（1636）	考事撮要·书册印纸数		汉史抄		地方	纸三卷七张	朝目/3
1668—1672	家藏书籍簿		史汉一统 汉史抄	家印秩	私人	宋浚吉（1606—1672）后人家藏书籍目录	
英祖十九年（1743）	三南册板	全州 石溪书院 长城 庆尚监营 大邱 庆州 陕州 庆州	史记评林三十三卷 史记英选 汉隽 汉书 史汉一统 通鉴史汉 抄马史 抄汉书		地方	六十九束 七束十丈 七束十五丈 七十四束 二十四束九丈	国中/古 0267-3
英祖二十五年（1749）	诸道册板录	全罗监营 监营新备 长城 庆尚监营 庆州	史汉一统 汉书 史记英选 史记评林三十三卷 史记英选三卷 汉隽 汉书 史汉一统		地方	容入纸二卷六张 容入纸七十五卷 容入纸六卷十二张 六十七束 七束十丈，丁巳刊 七束十五丈 七十四束 二十四束九丈	朝目/3
英祖三十五年（1759）	完营册板目录	长城 庆州	汉隽 史汉一统		地方	白纸七束三丈（刓） 白纸二十四束九丈	朝目/3
英祖三十六年（1760）	芸阁册都录	芸阁	史记二拾一卷 汉纂二卷 汉书纂八卷	殿讲经 书秩 科场秩 解八件	王室		奎 11707

（续表）

时代	书名	地区	著录情况（册数、卷数、版本）	著录分类	书目类别	备注	资料来源
			史汉一统三卷 汉书抄二卷 汉书纂四卷 汉书八卷				
正祖初期(1777年后)	奎章总目	皆有窝乙库	史记三十本 史记评林四十本 汉书四十本 汉书评林四十本 汉书三十五本	正史类	地方		朝目/1
正祖十三年(1789)左右	西库藏书录	西库	史记七件各四十册，木，汉司马迁撰 史记评林二件各三十三册，木 史汉一统一件十六册，木 史汉列传一件二册，铸 史记纂三件各十册，铸 汉书三件，一件三十五册，一件五十册，一件木，一件四十册，一件铸 史记赞一件一册	史记类 誊书类	王室		朝目/2
正祖二十年(1796)	镂板考		两汉词命九卷			英宗辛巳，弘文馆副提学徐命膺奉教编，选汉高祖、文帝、景帝、昭帝、宣帝、后汉光武、明帝、章帝策制诏敕之可为法则者，略掇注语，旁采先儒评骘，间有御评，则大书标框以别之。有御制题 岭南观察营藏（刓）印纸牒十张	朝目/4
			史记英选六卷	御定	王室	御定选《史记》。一本纪，二世家，二十二列传，《太史公自序》附下。自铸字所活板摆印，分送关西、岭南、湖南翻刻寿传 湖南观察营藏印纸六牒二张一片	

（续表）

时代	书名	地区	著录情况（册数、卷数、版本）	著录分类	书目类别	备注	资料来源
						岭南观察营藏印纸六牒二张一片 关西观察营藏印纸六牒二张一片	
			史记评林一百三十一卷	通史类		汉太史令司马迁撰，旧缺其十篇，褚少孙补之。古注存者有裴骃《集解》、司马贞《索隐》、张守节《正义》。宋元丰刻本合三书为一。明凌稚隆又辑诸家评语，谓之《评林》。然东国刻本率皆刊去评语，独冒其名尔 湖南观察营藏（刓）印纸六十四牒五张一片	
			汉书评林一百一卷	通史类		后汉玄武司马班固撰，其妹昭续成之。唐颜师古注。明凌稚隆又采诸家丹铅之评汇次镌之，名曰《评林》。东刻本之刊略评语，亦犹《史记评林》 岭南观察营藏印纸七十四牒	
			汉隽四卷	通史类		不著编人名氏，或云本朝金尚宪编选，《汉书》列传三十二篇并著注解。别有崔岦所编《汉隽》，以方音译其口读，板在关北，今佚 长城府藏（刓）印纸七牒三张一片	
			史汉一统十六卷	通史类		不著编人名氏，选《史记》二本纪，二世家，一书，四十四列传，《汉书》三十八列传。而太史公《报任安书》附《史记》之末 庆州府藏（刓）印纸二十四牒十张一片	
正祖二十年（1796）	增补文献备考·艺文考		史记英选六卷 两京手圈四卷 汉隽，参判崔岦选	列朝御定诸书 文章类	王室		朝目/6

（续表）

时代	书名	地区	著录情况（册数、卷数、版本）	著录分类	书目类别	备注	资料来源
正祖二十三年(1799)前	群书标记		史记英选六卷刊本 两京手圈四卷刊本	御定	王室		朝目/2
纯祖二年(1802)	藏书目录		汉书三十卷 史记评林四十卷 史记英选二卷 汉史列传二卷 史汉一统一卷		私人	第廿七卷落	古文集/103
纯祖(1801—1834)	宝文阁册目录	宝文阁	史记英选三卷 史记四十卷，汉司马迁撰，宋裴骃等注 史记评林三十三卷，汉司马迁撰，明凌稚隆评 汉书五十卷，汉班固撰，唐颜师古注 史汉略选一卷	御定 史部 史抄	王室	亲编印本	朝目/2
纯祖十四年(1814)	板堂考·铸字所应行节目		史记英选贰百拾捌件 史记英选伍件			二十二件内入及颁赐在二百六件。十件加不(帙)，七册在	奎贵 7909
纯祖十八年(1818)	长鬐乡校各项留坐都录册		史汉一统拾陆卷				庆北乡校数据集成(I)
纯祖三十二年.(1832)	庆州府邑志		史汉一统	册板	地方		奎 12173
纯祖三十二年（1832）	大邱府邑志		汉书三十卷 史记英选三卷	册板	地方	白纸，七十五束 白纸六束十张	奎 666
宪宗年间(1835—1849)	承华楼书目		前后汉记十二册	史类	王室		朝目/3
宪宗六年(1840)	各道册板目录	庆尚道大邱 全罗道全州 庆尚道庆州 大邱	史记评林三十三册 御定史记英选三册 史汉一统 史汉一统 汉书 史记英选		地方	容入纸七十二卷 容入纸七卷五张 容入纸二十四卷十张 容入纸二卷六张 容入纸七十五卷 容入纸六卷十二张	朝目/5
宪宗十一年(1845)	东京杂记		抄马史 抄汉书	书籍	地方	府藏册板 净惠寺所藏板	奎 1255
19 世纪中期	东国通志·艺文志		汉隽四卷，崔岦著 史记英选三卷，正宗御定	鉴录	王室		朝目/6

（续表）

时代	书名	地区	著录情况（册数、卷数、版本）	著录分类	书目类别	备注	资料来源
哲宗三年（1852）	乡校书册录		史纂四件（五卷、二卷、七卷二件）		地方		古文集/26
哲宗十年（1859）	公山志	学校	史记评林三十三卷	书册	地方		奎经古915.132
哲宗十四年（1863）	书册目录		史汉十一册		私人		藏书阁
高宗初（1864年以后）	书香阁奉安总目		史记英选二件，各四册 两京手圈二册	南二橱第三层施惠纶音一，东卓	王室	粉唐纸一件 毛面纸一件	国中/古0267-18（1948年复写本）
高宗五年（1868）	奎章阁书目	奎章阁	汉草一卷 史记评林四十二卷，五卷佚	二十四架 二十八架			奎11670
高宗八年（1871）	湖西邑志		史记评林三十三卷	书册	地方		奎12176
高宗十二年（1875）	家藏书册目录		马史二卷				古文集/98
高宗十三年（1876）	书册置簿		史记三十卷 汉隽四卷		私人		藏书阁
高宗十三年（1876）	书册目录		汉书四卷		私人		古文集/72
高宗十四年（1877）	书册目录		史汉一统十一卷抄一卷		私人		古文集/57
高宗十四年（1877）	书册目录		史记 史汉一统十二卷		私人		古文集/57
高宗十四年（1877）	书册目录		马史		私人		古文集57
高宗十四年（1877）	营中册板都录		两汉词命二卷纸三束五丈 汉书三十卷纸八十束六丈		地方		古文集/57
高宗二十五年（1888）	家藏书籍		史纂十册 汉隽四册 汉史列传四册		私人		古文集/98
高宗二十五年（1888）	庆尚道慈仁县丛锁录		史汉十三卷 汉史二卷	新备秩	地方		韩研K2-3608
高宗年间（1864—1907）	庆州府校院书册目录	龟岗书院	史汉一统十六卷		地方	文忠公李齐贤所享	朝目/5

（续表）

时代	书名	地区	著录情况（册数、卷数、版本）	著录分类	书目类别	备注	资料来源
高宗年间（1864—1907）	岭南各邑校院书册录	乡校	马史三卷 史汉一统十六卷 史纂十二卷	地方		史略一卷 季汉书二十卷	朝目/5
		西岳书院	马史三卷 汉史二卷			开国公金庾信、文昌公崔致远所享	
		玉山书院	马史二卷 班史二卷 史汉一统十六卷 史记评林三十卷			文元公李彦迪所享	
		三溪书院	史选三十三卷			忠定公权近所享	
高宗年间（1864—1907）	阅古观书目		前汉书二十五卷 两汉文二十五卷 班马异同五卷 两京手圈二卷 史记英选四件各三卷（又一卷不佚，二件改衣） 龙门字汇十四卷 汉书二十四卷（四套）		王室		国中/古0260-7
			史抄一卷 史汉略选一卷	附新内下书目			
			史记九卷（不佚） 史纂一卷（不佚） 史记十五卷（不佚） 史记评林十七卷（不佚）	隆文楼武移来册子			
高宗年间（1864—1907）	奎章阁书目		史记三十卷 班马异同五卷 汉书后集十八卷 史记十六卷 龙门字汇十四卷 史记二十五卷 史抄一卷 史记九卷 史记评林十七卷 两京手圈二卷 史记英选三卷 史记评林三十五卷 史记英选六卷	楼上库与楼下库	王室		国中/古0260-7

（续表）

时代	书名	地区	著录情况（册数、卷数、版本）	著录分类	书目类别	备注	资料来源
高宗年间（1864—1907）	摛文院目录		汉草二件各一卷 史记十六卷 史记评林三十三卷（四卷佚）	御定诸书 唐板·史部 史部	王室		国中/古0260-7
高宗年间（1864—1907）	摛文院目录		汉草二件各一卷 史记十六卷 史记评林三十三卷（四卷佚）	御定诸书 唐板·史部 史部	王室		国中/古0260-7
朝鲜末	学部编辑局书册目录		前汉书 史记 史记英选三册 史记评林二十九册		王室		奎 11554
光武二年（1898）	赤城志	学校	史记三十三卷	书册	地方		奎 1708
光武二年（1898）	新增兴杨志		汉书	书籍	地方		奎 10804
不详	隆文楼书目	隆文楼	史记评林二件，各四十卷	第四架	王室	一件目录第四第六第八第九佚，一件第四第二十三第二十五第二十六第三十一佚，唐板	朝目/2
不详	书册目录		史汉一统十六卷 汉书三十卷 史记英选三卷 两汉词命二卷 史汉一统十六卷		私人	白纸二十六束 白纸七十六束 白纸六束十张 白纸二十四束十八张	藏书阁
不详	书册目录		史记三册（遗失，甲申购入）		私人		藏书阁
不详	林泳书册目录		史记纂 汉书纂 汉隽 史纂	新书帙	私人		古文集/67
1900 年	河氏族谱藏书目录		史汉精选抄单 史记英选共三卷		私人		古文集/48

（续表）

时代	书名	地区	著录情况（册数、卷数、版本）	著录分类	书目类别	备注	资料来源
1905 年	春坊藏书总目草本		史记英选三十九帙、二十帙各二册，十九帙各三册 汉书二帙，一帙三十册，一帙三十一册，又一帙二册 汉书列传一帙四册 西汉诏书抄一帙一册	新印铸字件 史记类	王室		奎 11671
1909 年	帝室藏书目录	奎章阁	史记四〇册（缺三） 史记评林三部三三册 汉书三部三五册（缺一） 汉书传抄二册 史记英选七部三册 史汉一统十六册（缺三） 增定史记纂十册（缺二） 西汉诏书抄一册	正史 别史	王室		韩研Ⅶ-2-811
1912 年	弘文馆书册目录		汉书三十四册 史记评林三十四册 汉草一册 史记英选一册 史记纂八册 十七史详节五册 汉书十二册		王室		韩研/L174634
1912 年	西序书目		两汉词命三部，合二本 史记评林七部（五部各四十本，二部各三十三本），汉司马迁撰，明凌稚隆评 汉书评林三部（一部五十本，一部四十本，一部三十五本），汉班固撰，明凌稚隆评 史记纂要三部，各十本 史汉一统三部，各十六本 史汉列传二本	御定类 乙库史部正史类 史钞类	王室	命徐命膺编，有御评	韩研/Ⅶ-2-279

（续表）

时代	书名	地区	著录情况（册数、卷数、版本）	著录分类	书目类别	备注	资料来源
1944年	清芬室书目		史记残本一卷一册 史记残本十一卷二册 汉书残本一卷一册 汉书残本十二卷三册		私人	世宗七年乙巳、庚子刊本，汉司马迁撰，存卷四十三《赵世家第十三》。四周双边，有界，每半叶十一行二十一字，注双行。框郭长二三点〇厘米，广一五点三厘米，黑口。按《世宗实录》卷二十七七年正月乙未条云，传旨忠清、全罗、庆尚道监司曰：欲印马迁史颁布，其册纸以公物买楮造作上送。同书卷三十同年十一月癸未条又云：颁铸字所印马迁史于文臣 成宗朝甲寅字刊本，前汉司马迁撰，存卷六十九至七十四，卷一百八至一百十二，凡十一卷。四周单边，有界，每半叶十行十七字，注双行，框郭长二五点〇厘米，广一七点五厘米 世宗朝庚子字刊本，汉班固撰，唐颜师古注。存卷六十五《东方朔传第三十五》，四周双边，有界，每半叶十一行二十一字，注双行，框郭长二三点〇厘米，广一五点三厘米，黑口 中宗、明宗年间甲寅字刊本，汉班固撰，唐颜师古注，存卷三十四至五，卷四十四至五，卷八十至三，卷八十九至九十二，凡十二卷。四周双边，有界，每半叶十行十七字，注双行，框郭长二五点五厘米，广一七点五厘米，有“商汩后学藏书朴氏家藏”印记	朝目/8

（续表）

时代	书名	地区	著录情况（册数、卷数、版本）	著录分类	书目类别	备注	资料来源
1948 年	集玉斋书籍目录		史记菁华六卷 史记十六卷内一卷欠 又三十三卷内一卷欠 又十六卷 又二十四卷 史记英选十一卷 汉书蒙拾二卷 汉书评林三十二卷 史记十六卷 史记四卷 史记四卷 前汉书六卷 前后汉史三十六卷 汉书评林二十卷 汉书四十八卷 前汉书十六卷 史记正义二十四卷 史记评林三十二卷 史记四十卷内十二卷欠 西汉隽言六卷 汉书地理志二卷 史记评林四十卷 史记二十六卷 汉书二十六卷 史记四卷	漏落帙	王室		国中/古 0267-19
1948 年	集玉斋目录外书册		汉书二十六卷		王室		国中/古 0267-20

注：①按照张伯伟《朝鲜时代书目丛刊》（朝目）的分类，朝鲜书目可以分为王室书目、地方书目、史志书目、私人书目四大类，本书从之。但是这种分法，标准并不一致。

②相关简称：韩国国立中央图书馆（国中）、韩国学中央研究院（韩研）、奎章阁（奎）、《古文书集成》（古文集）。

表 2　奎章阁曝书目录

书目	部帙数	册数	备考
史记	四匣	三十	
史记	十六		
汉书	四匣	二十四	
班马异同	五		
龙门字汇	十四		
史记评林	二匣木	三十三	
汉史略选	一		
汉草	二十二		
史记英选	二件各三册	六	
汉书	三十五（在三十四）	一落	
史记评林	四十（在三十四）	六落	
史记纂	共十	八	二缺
史记英选	一		
史纂	九	不佚	
唐书汉书	共七十	存十二	四十八缺
汉草	一		
史记英选	一	不佚	
史记英选	三	不佚	
史记英选	二	不佚	
史记	共四十册	三十五	五缺
太史公	共四十	存三十四	六缺
史记评林	十三	不佚	

馆藏地：韩国国立中央图书馆。索书号：古 0260-6。

表3　朝鲜时代史汉选本书目[1]

书名	卷数/叶数	版本	馆藏地	备注
史记英选	5册8卷	丁酉字	奎章阁	正祖选，正祖二十年(1796)
史记英选	2册	写本	忠南大学	里题：马史。上栏小字注。刊记：丁巳（?）正月二十九日毕终
史记英选	1册52张	写本	全南大学	育英斋。表题：山川史。刊记：岁甲戌（?）流月念一日始书于育英斋。楮纸
史记英选	6卷3册	丁酉字覆刻本	韩国学中央研究院图书馆	标题纸书名：御定史记英选 刊记：丙辰（1796）内阁活印
马史	73张	写本	延世大学	口诀字略号悬吐
马史	1卷1册(卷中)	木版本	雅丹文库	朝鲜后期刊
马史	1册	写本	雅丹文库	
马史	1卷1册(零本)	写本	檀国大学罗孙	
马史	1卷1册(零本)	写本	檀国大学栗谷纪念图书馆	壬辰书
马史	2册	写本	忠南大学	
马史	1册	写本	忠南大学	楮纸
马史	1册61张	写本	韩国国会图书馆	
马史	1册	写本	韩国国史编纂委员会	
马史	1册57张	写本	奎章阁	
马史	1册	木版本	奎章阁	
马史	1册183张	写本	国立中央图书馆	封题：勉庵，丁巳冬二十四岁寒竹
马史	1册	写本	韩国国学振兴院	

[1] 本表据韩国古籍综合目录系统（https://www.nl.go.kr/korcis/）及相关图书馆官网检索整理而成。

（续表）

书名	卷数/叶数	版本	馆藏地	备注
马史选	2卷2册（卷中、下）	写本	雅丹文库	
马史选	1册	写本	韩国国学振兴院图书馆	
马选	2册	写本	延世大学	印记：茅庐，平阳朴仪东印
马史列传	1册	写本	庆尚大学	
马史列传	1册	写本	庆尚大学	范蠡列传、蔡泽列传
马史列传	22张	写本	国立中央图书馆	
马史列传	22张	写本	国立中央图书馆	
马史列传	1册	写本	京畿大学	
马史列传	1册	写本	淑明女子大学	写记：己酉（?）小春十九日笔终。楮纸
马史传	1册49张	写本	檀国大学汉籍	乙卯八月一日书于考亭子裴书方册
马史抄	1册	写本	韩国国学振兴院	
马史抄	1册	写本	启明大学	
马史抄	1册	写本	天主教大学	
马史抄	3册	木版本	韩国学中央研究院藏书阁	
马史抄	2卷2册（全3册）	木版本	淑明女子大学	版心题：马史。表题：马史
马史抄	卷上1卷1册	木版本	绍修博物馆	卷首题：马史抄
马史	1册	写本	绍修博物馆	
马史	1册	写本	淑明女子大学	上栏外小字注
马史	1册	写本	京畿大学	刊记：甲戌（?）六月日
马史	1册	写本	全州市立完山图书馆	
马史	1卷1册	写本	圆光大学	楮纸
马史	1卷1册	写本	圆光大学	楮纸
马史抄	卷18至20（3卷1册）	石版本	京畿大学图书馆	

（续表）

书名	卷数/叶数	版本	馆藏地	备注
马史抄	1 册	写本	淑明女子大学	海日堂。刊记：岁丁丑（?）六月上浣修架于海日堂
马史抄	1 册	写本	天主教大学	
马史抄	2 卷 2 册	写本	圆光大学	楮纸
马史抄	1 册	写本	忠南大学	识记：丁亥（?）
马史抄	1 册	写本	忠南大学	封神书、天官书。识记：丁亥（?）。纸质：楮纸
马史抄	1 册	写本	首尔大学	表题：马史
马史抄	1 册 24 张	写本	精神文化研究院	
马史抄	1 册 28 张	写本	精神文化研究院	
马史抄	1 册 2 卷	写本	精神文化研究院	
马史抄	3 册 3 卷	木版本	精神文化研究院	表纸书名：马史
马史抄	1 册 24 张	写本	韩国学中央研究院	
马史抄	15 卷 4 册，存 1—4 卷	显宗实录字本	忠南大学	表题：马抄。纸质：楮纸
马史抄	1 册，存下册	木版本	韩国国学振兴院	
马史抄	1 册	写本	高丽大学薪庵	月□通
马史抄	1 册 40 张	写本	诚庵古书博物馆	壬乱以后。楮纸
马史抄	存卷下 1 卷 1 册（全 3 卷 3 册）	写本	诚庵古书博物馆	朝鲜后期。版心题：马史。楮纸
马史抄	3 卷 3 册		高丽大学	
马史	1 卷 1 册	写本	诚庵古书博物馆	燕山君至明宗年间（1495—1567）刊。书名：表题임。版心题：汉书。纸质：楮纸
马史	1 册	写本	朝鲜大学中央图书馆	
马史	1 册	木版本	首尔大学奎章阁韩国学研究院	内容：李斯列传、项羽本纪

（续表）

书名	卷数/叶数	版本	馆藏地	备注
马史抄	1册	写本	庆尚大学	表题：马史。写记：丁卯三月为始，七月获麟；戊辰三月为始，七月麟
马史抄	3册3卷	木版本	龙仁大学	
马史抄	1册	木版本	龙仁大学	残本
马史精抄	1册	写本	龙仁大学	
马史精抄	1册33张	写本	庆尚大学	
马史精抄	1册	写本	大邱天主教大学	
马史龙门史	1册	写本	岭南大学	
马史抄	3册3卷	写本	高丽大学	马史，本文是马史抄卷下
马史抄	1册	写本	高丽大学	原书名：史记。内容：伯夷传、滑稽传、日者传、龟策序、货殖传、太史公自序、报任少卿书、游侠传序、佞幸传序、儒林传序、酷吏传序
马史抄	3卷1册（缺帙,存卷18—20）	石版本	京畿大学	
马史抄	2卷2册	写本		
马史	1册	写本	京畿大学	
马史	1册	写本	京畿大学	
马史	1册	写本	京畿大学	
马史	1册	写本	京畿大学	
马史	1册	写本	京畿大学	
马史抄	2卷2册	写本	忠南大学	识记：戊午（?）冬始，庚申秋毕，季冬妆。里题：史记选本。表题：史选

（续表）

书名	卷数/叶数	版本	馆藏地	备注
马史抄	1卷1册（缺帙），存卷下	写本	京畿大学	表题：古文
马史抄	1卷1册（全3卷3册）卷下	木版本	高丽大学	版心题：马史
马史抄	1册24张	写本	韩国学中央研究院藏书阁	
马史抄	1册28张	写本	韩国学中央研究院藏书阁	
马史抄	3卷3册	木版本	高丽大学晚松	临渊斋章
马史抄	零本2册	木版本	高丽大学晚松	卷下缺
马史抄	1册	写本	高丽大学石洲	
马史抄	2卷2册	木版本	雅丹文库	
马史抄	2卷2册，存卷中卷下	写本	忠南大学	表题：史选。里题：史记选本。识记：戊午冬始，庚申秋毕，季冬妆
马史抄	2卷2册	写本	忠南大学	识记：戊午（?）冬始，庚申秋毕，季冬妆。纸质：楮纸。里题：史记选本。表题：史选
马史抄	15卷4册	显宗实录字本	忠南大学	表题：马钞
马史抄	上中卷2册	木版本	国会	仁祖、肃宗年间。玉山书院，零本
马史抄	1册零本	写本	庆尚大学	表题：马史卷上
马史抄	1册28张	写本	韩国学中央研究院	表纸书名：马史
马史抄	1册	写本	大邱天主教大学	
马史抄	3卷3册	写本	岭南大学	
马史抄	3册	木版本	启明大学东山图书馆	
马史要抄	东装1册	写本	启明大学东山图书馆	

（续表）

书名	卷数/叶数	版本	馆藏地	备注
马史	2册 （乾、坤）	写本	大邱天主教大学	
马史	1册	写本	大邱天主教大学	
马史	东装上下卷2册	训炼都监字本	启明大学东山图书馆	
马史	东装1册	写本	启明大学东山图书馆	
马史钞林	1册86张	写本	国立中央图书馆	
马史述林	1册86张	写本	国立中央图书馆	
马史本纪	1册86张	写本	国立中央图书馆	
马史仁义	1册26张	写本	国立中央图书馆	
马史抄		写本	釜山大学古典资料室	
马史抄		写本	奎章阁	
马史		写本	国立中央图书馆	
马史	1册17张	写本	全南大学	楮纸
马史	1册94张	写本	国立中央图书馆	
马史	1册	写本	岭南大学	古文真宝。口诀本（一部分笔写）。范蠡传、蔡泽传等
马史	1册	写本	岭南大学	古文真宝。范蠡传、蔡泽传、屈原传等
马史	1册	写本	岭南大学	范蠡传、蔡泽传等
马史	1册	写本	岭南大学	口诀本（一部分笔写）。范蠡传、蔡泽传、答苏武书等
马史	1册	写本	岭南大学	口诀本（一部分笔写）。范蠡传、伯夷传等
马史	1册	写本	岭南大学	范蠡列传、蔡泽列传、乐毅列传、鲁仲列传、屈原列传等

（续表）

书名	卷数/叶数	版本	馆藏地	备注
马史	1 册	写本	岭南大学	口诀本（一部分笔写）。货殖列传、详说古文真宝大全，内容中有滕王阁序、归去来兮辞等
马史	1 册	写本	岭南大学	口诀本（一部分笔写）。货殖列传、范蠡传等
龙文史抄		写本	奎章阁	
龙门健笔	1 册 62 张	写本	国立中央图书馆	范雎传、蔡泽传、苏秦传、伍员传、商君传、韩非传
龙门大册	1 册	写本	檀国大学退溪纪念图书馆	20 世纪初。标题书名：马史
史选	3 册 3 卷	写本	国立中央图书馆	
太史公论事		写本	国立中央图书馆	
史记列传抄	1 册 70 张	写本	韩国国会图书馆	
史记列传抄	1 册	写本	大邱天主教大学	表纸书名：三源一流山川史，石田文库
史记列传抄	1 册	写本	高丽大学	
史记列传抄	1 册 34 张	写本	韩国国会图书馆	
史记列传	上下册		汉文大系 6—7，富山房 1910	
史记列传	1 册	写本	春湖斋	伯夷列传、子贡传等《史记》列传的部分汇编
史记列传	1 册	写本	春湖斋	表题：范雎传 范雎传、蔡泽传等史记列传的部分汇编
史记列传	线装 1 册	写本	国民大学圣谷图书馆	

（续表）

书名	卷数/叶数	版本	馆藏地	备注
史记列传	线装 1 册 90 张	写本	釜山大学	表题：卓异录。纸质：楮纸。伯夷传、老子传、伍子胥传、子贡传、孟尝君传、冯驩传、平原君传、信陵君传、春申君传、屈原传、荆轲传、苏秦传、鲁仲连传、范雎传、蔡泽传、虞卿传
史记列传	1 册	写本	韩国国学振兴院图书馆	
史记	东装 1 册	写本	启明大学东山图书馆	卷 69
史抄	2 册	写本	奎章阁	
史记	1 册 44 张	写本	国立中央图书馆	
史记	1 册	写本	全南大学	楮纸。伯夷列传
史记	1 册 28 张	写本	梨花女子大学	
史记	1 册 55 张	写本	檀国大学退溪纪念图书馆	李家源笔写，头注
史记	线装 1 册	写本	龙仁大学	范蠡列传、货殖列传
史记	1 册	写本	岭南大学	马史
史记	线装 1 册	写本	忠南大学	表题：本草。纸质：楮纸
史记	线装 1 册	写本	圆光大学	表题：史评。楮纸
史抄	1 册零本	写本	檀国大学秋汀	
史抄	1 册 56 张	写本	奎章阁	
史记抄	1 册 58 张	写本	国立中央图书馆	封题：史抄
史记抄	1 册	写本	国立中央图书馆	安鼎福抄
史记抄	1 册	写本	雅丹文库	
史记钞	1 册	写本	哈佛燕京图书馆	范雎传、蔡泽传、伯夷传、货殖传、项羽本纪

（续表）

书名	卷数/叶数	版本	馆藏地	备注
史记抄	1 册	写本	高丽大学	
史记抄	1 卷 1 册（卷乾）	写本	诚庵古书博物馆	头注。楮纸
史记抄	1 册	写本	京畿大学	表题：汉史抄
史记抄	1 册	写本	韩国国学振兴院图书馆	
史记	1 册 78 张	写本	诚庵古书博物馆	楮纸
史记精选	线装 1 册 87 张	写本	檀国大学退溪纪念图书馆	表题：史选
史记赞	线装 1 册 28 张	写本	韩国学中央研究院图书馆	表题：史赞
良史抄	1 册	写本	雅丹文库	丁卯四月下浣慎独堂毕书
龙门史抄	1 册 65 张	写本	精神文化研究院	
龙门史抄	1 册 82 张	写本	精神文化研究院	
龙门史抄	1 册 93 张	写本	精神文化研究院	
龙门史	1 册 37 张	写本	檀国大学汉籍	
秦始皇实记	1 册 23 张	写本	延世大学	
项羽本纪	1 册 50 张	写本	国立中央图书馆	外题：项籍传
项羽本纪	1 册 34 张	写本	延世大学	
史记货殖列传	1 册 20 张	写本	檀国大学汉籍	表题：货殖传
史记世家孟轲抄	1 册	写本	韩国国学振兴院图书馆	
古今集注新校货殖传	1 册不分卷	写本	涧松文库	平山申命浚伯淡拙斋
货殖传	1 册 30 张		奎章阁	
货殖列传	1 册	写本	雅丹文库	
货殖列传	1 册 65 张	木版本	国立中央图书馆	版心题：货殖传、吴王濞传、季布传、张仪传

（续表）

书名	卷数/叶数	版本	馆藏地	备注
货殖列传	东装1册	写本	启明大学东山图书馆	
货殖传	1册	写本	檀国大学退溪纪念图书馆	范雎传、蔡泽传、南华经、秋水篇、庄生说、阳节潘氏、项籍传、子贡传、信陵君传、伯夷传、苏秦传、张耳传
货殖传	东装1册	写本	启明大学东山图书馆	
货殖传	1册	写本	韩国学中央研究院图书馆	附赵皇后传
货殖传	1册	写本	韩国学中央研究院图书馆	
货殖传	1册	写本	韩国国学振兴院图书馆	
货殖传	线装1册	写本	圆光大学	
货殖传	线装1卷1册	写本	圆光大学	年记：岁乙丑（1805）夏至吴元三书于山阴小馆。楮纸
货殖传	1册15张	写本	精神文化研究院	
货殖传	1册39张	写本	精神文化研究院	印：金瑗根印，止斋，乐琴书。附赵皇后传
货殖传	1册	写本	忠南大学	上栏小字注。楮纸
货殖传	1册	写本	朝鲜大学	
货殖传	1册	写本	首尔大学奎章阁韩国学研究院	附司马迁自序
货殖传	1册	写本	全南大学	
货殖传	线装1册	写本	忠南大学	附离骚经、书传大全图
货殖传	线装1册	写本	忠南大学	刊记：乙卯年流大月
货殖列传	1册	写本	岭南大学	

（续表）

书名	卷数/叶数	版本	馆藏地	备注
货殖列传	1册	写本	京畿大学	表题：货传
史记货殖列传	线装1册20张	写本	檀国大学栗谷纪念图书馆	表题：货殖传
蔡泽传	1册	写本	延世大学	附滑稽列传、范雎传
大宛列传	1张	写本	宝城南平文氏	
史记世家孟轲抄	1册	写本	韩国国学振兴院	
孟尝君列传	1册	写本	京畿大学	
史记纂抄	1册（零本）	戊申字本	高丽大学·华山	版心：酷吏列传。印：韩山后人李养□印，颐□
史纂	2卷	写本	松岩文库	
史纂抄选	1册	写本	高丽大学	
史纂全选	7册14卷	训都字本	国立中央图书馆	赵维韩选
史传抄	38张	写本		伯夷传、伍子胥传、子贡传、孟尝君传、信陵君传、范雎传、蔡泽传、陈轸传、荆轲传、李斯传、聂政传
史记文粹	1册57张	写本	东国大学	附范仲淹岳阳楼记
汉书列传	1册1卷，存卷3	写本	忠南大学	
汉书列传	1册	写本	庆熙大学	表题：汉书列传抄
汉书列传	1卷1册	写本	国立中央图书馆	表题：史记抄选。项籍传、张耳传、陈馀、韩信传、吴王濞传、萧何传、张良传、陈平传、王陵传、周勃传
汉史列传抄	10册	训都字本	奎章阁	崔岦选。版心书名：汉书传抄
汉史列传抄	3卷4册	木活字本（甲寅字覆刻版）	韩国学中央研究院	表题：汉史列传。版心题：第1卷汉书传，第2—3卷汉史传抄。纸质：楮纸

（续表）

书名	卷数/叶数	版本	馆藏地	备注
汉史列传抄甲	1册	木活字本	京畿大学	版心题：汉抄甲。表题：汉书
汉史列传抄乾（卷甲）	1册	木版本	庆尚大学	版心题：汉抄。表题：汉书
汉书列传抄	1册	写本	庆熙大学	
汉书列传选	1册86张	丁酉字	奎章阁	正祖二十年（1796）。正祖命编。表纸书名：汉草
汉书列传选	10册	写本	首尔大学奎章阁韩国学研究院	表纸书名：史纬
前汉书抄	1册	写本	国立中央图书馆	印记：广陵安鼎福（手决）。附先秦唐宋元明文
汉书抄	1册70张		奎章阁	
汉书抄	1册94张	写本	精神文化研究院	星山世家、李□□新
汉书抄	1册94张	写本	韩国学中央研究院图书馆	卷下李广传、赵皇后传
汉书抄	1册	写本	高丽大学・薪庵	八素林抄藏。玉蕤书屋。合缀史记抄、续纲目抄
汉书抄	1册	写本	高丽大学・晚松	表题：汉书，李新荣信、兼信谷、道峰
汉书抄	不分卷4册	写本	成均馆大学	甲午（1894）腊月抄毕于始川精舍。印：柳正茂，字伯凝，号石田，一八四八生，一九二六年终
汉书抄	1册	写本	成均馆大学	朝鲜末期日帝时代写
汉书抄	东装5卷5册	写本	启明大学东山图书馆	
汉书	卷5—7	写本	庆尚大学	
汉书	卷21—30	写本	庆尚大学	史记评林零抄本
汉书	2卷2册，卷上、中、下	写本	忠南大学	表题：汉书志。纸质：楮纸

（续表）

书名	卷数/叶数	版本	馆藏地	备注
汉书	10 册（缺帙）	木版本	忠南大学	表题：汉书十志。纸质：楮纸
汉书	1 册	写本	忠南大学	纸质：楮纸
汉书	线装 4 册	写本	成均馆大学	朝鲜末期写
汉书	1 册	写本	釜山大学	外戚传
汉书	4 册（第 4 册缺）	写本	韩国学中央研究院图书馆	
汉书	1 册	写本	韩国国学振兴院图书馆	
汉书帝纪	12 卷 2 册，卷 1—12	刊本	庆熙大学	
汉书	1 册	写本	庆熙大学	
汉书	线装 1 册（卷 5—7）		成均馆大学	郊祀志、天文志、五行志
汉书选	1 册 119 张	复写本	国立中央图书馆	
汉书纂抄	1 册 64 张	写本	国立中央图书馆	表题：汉书遗漏。
汉书纂	东装 8 卷 8 册	金属活字（甲寅字）	启明大学东山图书馆	
汉书抄选	1 册 171 张	写本	国立中央图书馆	
汉书抄选	1 册 81 张	写本	国立中央图书馆	表题：蕉社未定草
汉书抄传	2 册 2 卷（卷下第 65 张以后缺）	木活字本	岭南大学	版心题：汉传
汉书传抄	2 册 2 卷	木版本	奎章阁	明宗二十一年（1566）后刷。跋：嘉靖丙寅夏，中和郡守安璋谨跋
班史撮要	29 卷 13 册	木版本	国立中央图书馆	李容奎印
班史	1 册	写本	韩国国学振兴院图书馆	
汉史通鉴	1 册 1 卷（卷 3）	写本	忠南大学	

（续表）

书名	卷数/叶数	版本	馆藏地	备注
前汉书古今人表	1册71张	写本	延世大学	
三礼类汇附汉书十志	1册83张	写本	国立中央图书馆	
汉书十志抄	1册22张	写本	高丽大学·晚松	高宗十八年（1881）。表题：汉志，光绪七年（1881）辛巳梧月初二日毕
汉书十志抄	1册	写本	京畿大学	
汉书十志	8卷2册（卷7—10，卷11—14）	写本	国立中央图书馆	
汉书十志	2卷2册	写本	国立中央图书馆	李基庆
汉书十志	1册	写本	庆尚大学	表题：汉书十志
汉书十志	线装1册	写本	檀国大学退溪纪念图书馆	
艺文志	1册	写本	高丽大学	
项籍传	1册39张	木版本	国立中央图书馆	玉山张□，万历三十五年丁未（1607）仲夏，永川临皋书院重刊
项籍传	1册18张	木版本	国立中央图书馆	刊记：万历三十五年丁未（1607）仲夏，永川临皋书院重刊
项籍传	东装1册18张	木版本	启明大学东山图书馆	刊记：万历三十五年丁未（1607）仲夏，永川临皋书院重刊
项籍传	1册	写本	忠南大学	朝鲜后期末期写。附陈馀传、韩信传、张良传、陈平传、王陵传
项籍传	4卷4册	木版本	忠南大学	表题：汉隽。版心题：汉隽

（续表）

书名	卷数/叶数	版本	馆藏地	备注
项籍传	1 册	木版本	高丽大学	册末：校正幼学闵汝浑，八十老翁李寿仑书。刊记：万历三十年壬寅（1602）仲秋日，公州儒城草外村舍开刊
项籍传	1 册	写本	韩国国学振兴院图书馆	
项籍传	1 册	木版本（部分写本）	京畿大学	
项籍传	1 册 17 张	木版本	成均馆大学	楮纸
项籍传	1 册	写本	忠南大学	楮纸
项籍传	线装 4 卷 4 册	木版本	忠南大学	版心题：汉隽。纸质：表题：汉隽。楮纸
项籍传	1 册	写本	忠南大学	楮纸。附范蠡传、李埈传、张耳陈馀传
汉书项籍传抄项上一脔	1 册 23 张	写本	日本国立国会图书馆	
班马抄	1 册 100 张	写本	国立中央图书馆	
班马抄	1 册 52 张	写本	国立中央图书馆	
班马	1 册	写本	韩国国学振兴院图书馆	袖珍本
班马子史	1 册	写本	成均馆大学	剑如
史汉略选	1 册（零本）	写本	奎章阁	
四部手圈	12 册 25 卷	木版本	奎章阁	正祖选
四部手圈	13 册	手稿本	首尔大学奎章阁韩国学研究院	经部：仪礼、周礼、礼记。史部两宗：史记、汉书、后汉书。子部五子：周子、伯程子、叔程子、张子、朱子。集部：陆宣公。八家：昌黎、柳州、临川、庐陵、老泉、东坡、颍滨、南丰

（续表）

书名	卷数/叶数	版本	馆藏地	备注
两京手圈	2 册	写本	奎章阁	第一，史记手圈。第二，汉书手圈，后汉书手圈
史汉一统	16 册 16 卷	木版本	精神文化研究院	
史汉一统：马史	1 册（零本）	写本	圆光大学	表题：马史 纸质：楮纸
史汉一统抄	1 册	写本	韩国国学振兴院图书馆	
班马撮要	1 册	写本	忠南大学	
班马子史	2 册不分卷	写本	成均馆大学	哲宗十年（1859）
史汉精抄	1 册	写本	京畿大学	表题：马史
史汉抄	1 册	写本	高丽大学	
史汉抄	1 册 54 张	写本	安东大学	
史汉抄	1 册	写本	京畿大学	
史汉抄	线装 1 册 1 卷	写本	圆光大学	写记：丁丑（1937）十二月二十九日竹林小斋
史汉节钞汉书下	1 册 83 张	写本	延世大学	口诀字略号悬吐
史汉精粹	6 册 6 卷	写本	涧松文库	
史汉神髓	1 册	写本	庆熙大学	表题：史汉三绝。伯夷、货殖、赵皇后
史汉英选	1 册 47 张	写本	檀国大学退溪纪念图书馆	李家源编著。附录：韶濩堂集/金泽荣著
史汉要选	1 册	写本	淑明女子大学	
西汉诏著抄	1 册 34 张	写本	奎章阁	印：侍讲院、文书籍、春坊藏、帝室图书之章
两汉词命	2 册 9 卷	木版本	国立中央图书馆	徐命膺选，英祖三十九年（1763）
经史注解	1 册 59 张	写本	全南大学	周礼考工记、伯夷传、货殖传、赵皇后传、汉官马弟伯封禅仪记

表 4　韩国（朝鲜）历史年代表（三国至朝鲜时代）[1]

高句丽（前 37—668）	
东明王	前 37—前 20
琉璃王	前 19—17
大武神王	18—43
闵中王	44—47
慕本王	48—52
太祖王	53—145
次大王	146—164
新大王	165—178
故国川王	179—196
山上王	197—226
东川王	227—247
中川王	248—269
西川王	270—291
烽上王	292—299
美川王	300—330
故国原王	331—370
小兽林王	371—383
故国壤王	384—390
广开土王	391—412
长寿王	413—490
文咨王	491—518
安藏王	519—530
安原王	531—544
阳原王	545—558
平原王	559—589
婴阳王	590—617
荣留王	618—641

〔1〕 据陈久金《中朝日越四国历史纪年表》（北京：群言出版社，2008 年）制作。

（续表）

宝藏王	642—668
百济（前 18—663）	
温祚王	前 18—27
多娄王	28—76
己娄王	77—127
盖娄王	128—165
肖古王	166—213
仇首王	214—233
沙伴王	234
古尔王	234—285
责稽王	286—297
汾西王	298—303
比流王	304—343
契王	344—345
近肖古王	346—374
近仇首王	375—383
枕流王	384
辰斯王	385—391
阿莘王	392—404
腆支王	405—419
久尔辛王	420—426
毗有王	427—454
盖卤王	455—474
文周王	475—476
三斤王	477—478
东城王	479—500
武宁王	501—522
圣王	523—553
威德王	554—597
惠王	598

（续表）

法王	599
武王	600—640
义慈王	641—660
新罗（前 57—935）	
赫居王	前 57—3
南解王	4—23
儒理王	24—56
脱解王	57—79
婆娑王	80—111
祇摩王	112—133
逸圣王	134—153
阿达罗王	154—183
伐休王	184—195
奈解王	196—229
助贲王	230—246
沾解王	247—261
味邹王	262—283
儒礼王	284—297
基临王	298—309
讫解王	310—355
奈勿王	356—401
实圣王	402—416
讷祇王	417—457
慈悲五	458—478
炤智王	479—499
智证王	500—513
法兴王	514—540
建元	536—539
真兴王	540—576
建元	540—550

（续表）

开国	551—567
大昌	568—571
鸿济	572—575
真智王	576—578
鸿济	576—578
真平王	579—631
鸿济	580—583
建福	584—631
善德女王	632—646
建福	632—633
仁平	634—646
真德女王	647—653
太和	647—653
武烈王	654—660
文武王	661—680
神文王	681—691
孝昭王	692—701
圣德王	702—736
孝成王	737—741
景德王	742—764
惠恭王	765—779
宣德王	780—784
元圣王	785—798
昭圣王	799
哀庄王	800—808
宪德王	809—825
兴德王	826—835
僖康王	836—837
闵哀王	838
神武王	839

（续表）

文圣王	839—856
宪安王	857—860
景文王	861—874
宪康王	875—885
定康王	886
真圣女王	887—896
孝恭王	897—911
神德王	912—916
景明王	917—923
景哀王	924—926
敬顺王	927—935
高丽（918—1392）	
太祖	918—943
天授	918—932
惠宗	944—945
定宗	946—949
光宗	950—975
景宗	976—981
成宗	982—997
穆宗	998—1009
显宗	1010—1031
德宗	1032—1034
靖宗	1035—1046
文宗	1047—1083
顺宗	1083
宣宗	1084—1094
献宗	1095
肃宗	1096—1105
睿宗	1106—1122
仁宗	1123—1146

（续表）

毅宗	1147—1170
明宗	1171—1197
神宗	1198—1204
熙宗	1205—1211
康宗	1212—1213
高宗	1214—1259
元宗	1260—1274
忠烈王	1275—1308
忠宣王	1309—1313
忠肃王	1314—1330
忠惠王	1331—1332
忠肃王（再）	1333—1339
忠惠王（再）	1340—1344
忠穆王	1345—1348
忠定王	1349—1351
恭愍王	1352—1374
禑王	1375—1387
昌王	1388
恭让王	1389—1392
朝鲜（1392—1896）	
太祖	1392—1398
定宗	1399—1400
太宗	1401—1418
世宗	1419—1450
文宗	1451—1452
端宗	1453—1455
世祖	1455—1468
睿宗	1469
成宗	1470—1494
燕山君	1495—1506

（续表）

中宗	1506—1544
仁宗	1545
明宗	1546—1567
宣祖	1568—1608
光海君	1609—1623
仁祖	1623—1649
孝宗	1650—1659
显宗	1660—1674
肃宗	1675—1720
景宗	1721—1724
英祖	1725—1776
正祖	1777—1800
纯祖	1801—1834
宪宗	1835—1849
哲宗	1850—1863
高宗	1864—1896
大韩帝国（1897—1910）	
高宗	1897—1907
光武	1897—1907
纯宗	1908—1910
隆熙	1908—1910

参考文献

一、中国典籍

〔魏〕王弼注、〔唐〕孔颖达疏：《周易正义》，十三经注疏本，北京：中华书局，2009年。

〔宋〕王与之：《周礼订义》，《景印文渊阁四库全书》第94册，台北：台湾商务印书馆，1986年。

〔梁〕皇侃撰、高尚榘校点：《论语义疏》，北京：中华书局，2013年。

〔三国〕何晏集解、〔宋〕邢昺疏：《论语注疏》，十三经注疏本，北京：中华书局，2009年。

〔汉〕赵岐注、〔宋〕孙奭疏：《孟子注疏》，十三经注疏本，北京：中华书局，1980年。

〔宋〕朱熹：《四书章句集注》，北京：中华书局，1983年。

〔晋〕杜预注、〔唐〕孔颖达疏：《春秋左传注疏》，十三经注疏本，北京：中华书局，2009年。

何建章注释：《战国策注释》，北京：中华书局，1990年。

〔汉〕司马迁：《史记》，北京：中华书局，1959年。

〔汉〕司马迁撰、〔明〕凌稚隆辑：《史记评林》，明万历吴兴凌氏自刻本。

〔汉〕司马迁撰，〔明〕凌稚隆辑校、李光缙增补、于亦时整理：《史记评林》，天津：天津古籍出版社，1998年影印本。

〔汉〕司马迁著、〔明〕凌稚隆编纂、马雅琴整理：《史记纂》，北京：商务印书馆，2013年。

〔明〕茅坤编：《史记钞》，明万历四十八年（1620）闵氏刻朱墨套印本。

〔清〕汤谐撰、韦爱萍整理：《史记半解》，北京：商务印书馆，2013年。

〔清〕程馀庆：《史记集说》，西安：三秦出版社，2011年。

〔清〕梁玉绳：《史记志疑》，北京：中华书局，1981年。

〔清〕崔适：《史记探源》，北京：中华书局，1986年。

王叔岷：《史记斠证》，北京：中华书局，2007年。

［日］泷川资言考证、杨海峥整理：《史记会注考证》，上海：上海古籍出版社，2015年。

〔东汉〕班固：《汉书》，北京：中华书局，1962年。

〔东汉〕班固撰、〔明〕凌稚隆辑校：《汉书评林》，明万历九年（1581）云林积秀堂刊本。

〔明〕凌稚隆编纂，钟惺定，汪琦、查世晋校阅：《汉书纂》，明末还读斋刊本。

〔东汉〕班固撰、〔清〕王先谦补注：《汉书补注》，上海：上海古籍出版社，2009年。

施之勉：《汉书集释》，台北：三民书局股份有限公司，2003年。

〔宋〕范晔：《后汉书》，北京：中华书局，1965年。

〔晋〕陈寿：《三国志》，北京：中华书局，1975年。

〔唐〕房玄龄：《晋书》，北京：中华书局，1974年。

〔唐〕姚思廉：《梁书》，北京：中华书局，1973年。

〔梁〕沈约：《宋书》，北京：中华书局，1974年。

〔梁〕萧子显：《南齐书》，北京：中华书局，1972年。

〔唐〕姚思廉：《陈书》，北京：中华书局，1972年。

〔唐〕令狐德棻：《周书》，北京：中华书局，1971年。

〔唐〕魏徵：《隋书》，北京：中华书局，1973年。

〔后晋〕刘昫：《旧唐书》，北京：中华书局，1975年。

〔宋〕欧阳修：《新唐书》，北京：中华书局，1975年。

〔唐〕杜佑：《通典》，王锦林点校，北京：中华书局，1988年。

〔唐〕刘知几撰、〔清〕浦起龙通释：《史通通释》，上海：上海古籍出版社，1978年。

〔宋〕苏辙：《古史》，《景印文渊阁四库全书》第371册，台北：台湾商务印书馆，1986年。

〔清〕马骕：《绎史》，北京：中华书局，2002年。

〔清〕徐松辑：《宋会要辑稿》，北京：中华书局，1957年。

〔宋〕程俱撰、张富祥校证：《麟台故事校证》，北京：中华书局，2000年。

〔宋〕李焘：《续资治通鉴长编》，北京：中华书局，1995年。

〔清〕赵翼著、王树民校证：《廿二史札记校证》，北京：中华书局，2013年。

王明：《抱朴子内篇校释（增订本）》，北京：中华书局，1985年。

〔宋〕徐兢：《宣和奉使高丽图经》，《丛书集成初编》，北京：中华书局，1985年。

〔宋〕宋祁：《宋景文笔记》，《景印文渊阁四库全书》第862册，台北：台湾商务印书馆，1986年。

〔宋〕王应麟：《玉海》，南京：江苏古籍出版社，上海：上海书店，1987年。

〔宋〕王应麟著，〔清〕翁元圻等注，栾保群、田松青、吕宗力校点：《困学纪闻》（全校本），上海：上海古籍出版社，2008年。

〔宋〕程颐、程颢：《二程集》，北京：中华书局，1981年。

〔宋〕真德秀：《大学衍义》，上海：华东师范大学出版社，2010年。

〔宋〕朱熹、吕祖谦：《朱子近思录》，上海：上海古籍出版社，1999年。

〔宋〕黎靖德编、王星贤点校：《朱子语类》，北京：中华书局，1986年。

〔宋〕胡寅：《致堂读史管见》，《四库全书存目丛书》史部第279册，台南：庄严文化事业有限公司，1997年。

〔明〕丘濬：《大学衍义补》，郑州：中州古籍出版社，1995年。

〔明〕焦竑撰、李剑雄点校：《焦氏笔乘》，北京：中华书局，2008年。

〔清〕赵翼著，栾保群、吕宗力点校：《陔馀丛考》，石家庄：河北人民出版社，2007年。

〔清〕王念孙撰、徐炜君等校点：《读书杂志》，上海：上海古籍出版社，2017年。

〔清〕阎若璩：《潜邱札记》，《景印文渊阁四库全书》第859册，台北：台湾商务印书馆，1986年。

〔清〕严可均辑：《全上古三代秦汉三国六朝文》，上海：上海古籍出版社，2009年。

张志烈、马德富、周裕锴主编：《苏轼全集校注》，石家庄：河北人民出版社，2010年。

〔宋〕韩元吉：《南涧甲乙稿》，《景印文渊阁四库全书》第1165册，台北：台湾商务印书馆，1986年。

〔清〕魏禧著、胡守仁等校点：《魏叔子文集》，北京：中华书局，2003年。

〔清〕钱谦益：《牧斋初学集》，上海：上海古籍出版社，2009年。

二、朝鲜汉籍

［高丽］金富轼：《三国史记》，杨军校勘，长春：吉林大学出版社，2015年。

［朝鲜］金宗瑞：《高丽史节要》，域外汉籍珍本文库编纂出版委员会编：《域外汉籍珍本丛刊》第3辑史部第5册，北京：人民出版社，重庆：西南师范大学出版社，2013年。

［朝鲜］郑麟趾等撰、孙晓主编：《高丽史（标点校勘本）》，重庆：西南师范大学出版社，2013年。

《太祖实录》《定宗实录》《太宗实录》《世宗实录》《世祖实录》《成宗实录》《燕山君日记》《中宗实录》《明宗实录》《宣祖实录》《光海君日记》《仁祖实录》《孝宗实录》《显宗实录》《肃宗实录》《英祖实录》《正祖实录》，韩国国史编纂委员会影印鼎足山本。

《承政院日记》，韩国国史编纂委员会1961—1977年刊行影印本。

《日省录》，首尔大学图书馆奎章阁韩国学研究院藏写本。

［朝鲜］赵秉瑜：《赤城志》，韩国学中央研究院藏书阁1898年笔写本。

［朝鲜］李敏求：《读史随笔》，《域外所见中国古史研究资料汇编·朝鲜汉籍篇》史评史论类第1册，重庆：西南师范大学出版社，2013年。

［朝鲜］李翊九：《西皋读史札记》，《域外所见中国古史研究资料汇编·朝鲜汉籍篇》史评史论类第4册，重庆：西南师范大学出版社，2013年。

［朝鲜］朴宗永：《松坞遗稿·别编史论》，《域外所见中国古史研究资料汇编·朝鲜汉籍篇》史评史论类第3册，重庆：西南师范大学出版社，2013年。

［朝鲜］宋徵殷：《历代史论》，《域外所见中国古史研究资料汇编·朝鲜汉籍篇》史评史论类第1、2册，重庆：西南师范大学出版社，2013年。

［韩］国学振兴研究事业推进委员会编辑：《古文书集成》，首尔：韩国学中央研究院，2005年。

《文臣讲制节目》，韩国国立中央图书馆藏朝鲜正祖五年（1781）丁酉字本。

［朝鲜］成天柱：《读史要诀》，韩国国立中央图书馆藏抄本。

［朝鲜］高士褧等：《大明律直解》，韩国国立中央图书馆朝鲜肃宗十二年（1686）平安监营刊本。

［朝鲜］安玮编：《汉书传抄》，《域外所见中国古史研究资料汇编·朝鲜汉籍篇》史抄史选类第1册，重庆：西南师范大学出版社，2013年。

［朝鲜］崔岦抄选：《项上一脔》，日本国立国会图书馆藏写本。

［朝鲜］崔岦抄选：《项籍传》，朝鲜1607年活字印本。

［朝鲜］崔岦编：《史汉一统》，《域外所见中国古史研究资料汇编·朝鲜汉籍篇》史抄史选类第1册，重庆：西南师范大学出版社，2013年。

［朝鲜］崔岦编：《汉史列传抄》，《域外所见中国古史研究资料汇编·朝鲜汉籍篇》史抄史选类第2册，重庆：西南师范大学出版社，2013年。

［朝鲜］赵维韩编：《史纂全选》《史纂抄选》，朝鲜训炼都监1612年刊本。

［朝鲜］正祖御定：《史记英选》，《域外所见中国古史研究资料汇编·朝鲜汉籍篇》史抄史选类第2册，重庆：西南师范大学出版社，2013年。

［朝鲜］正祖选编：《四部手圈·两京手圈》，《域外所见中国古史研究资料汇

编·朝鲜汉籍篇》史抄史选类第2册，重庆：西南师范大学出版社，2013年。

《增订史记纂》，朝鲜显宗十五年（1674）戊申字本。

《汉隽》，韩国国立中央图书馆藏活字印本。

《汉草》，韩国国立中央图书馆藏甲寅字印本。

《班马抄》，韩国国立中央图书馆藏写本。

《汉书抄选》，韩国国立中央图书馆藏写本。

《货殖列传》，韩国国立中央图书馆藏写本。

《马史钞林》，韩国国立中央图书馆藏写本。

《史记列传》，韩国国立中央图书馆藏写本。

《史记列传》，韩国国立中央图书馆藏写本。

《史记》，韩国国立中央图书馆藏写本。

《马史》，韩国国立中央图书馆藏写本。

《前汉书抄》，韩国国立中央图书馆藏正祖年间写本。

《史选》，韩国国立中央图书馆藏写本。

《天官书》，美国哈佛燕京图书馆藏写本。

《史记列传抄》，韩国国立国会图书馆藏写本。

《马史》，韩国国立国会图书馆藏写本。

《汉史通鉴》，韩国忠南大学图书馆藏写本。

［高丽］李仁老：《破闲集》，韩国国立中央图书馆藏朝鲜显宗元年（1660）刊本。

［朝鲜］徐居正：《笔苑杂记》，《大东野乘》卷3，《朝鲜群书大系》第3辑，朝鲜古书刊行会，1909年。

［朝鲜］成伣：《慵斋丛话》，《大东野乘》卷2，《朝鲜群书大系》第3辑，朝鲜古书刊行会，1909年。

［朝鲜］李瀷：《星湖僿说》，韩国国立中央图书馆藏抄本。

［朝鲜］车天辂：《五山说林草稿》，《大东野乘》卷5，《朝鲜群书大系》第3辑，朝鲜古书刊行会，1909年。

［朝鲜］李睟光：《芝峰类说》，《朝鲜群书大系》续第21辑，朝鲜古书刊行会，1915年。

［朝鲜］李命益：《覆瓿稿》，韩国学中央研究院藏书阁藏朝鲜宪宗四年（1838）写本。

［朝鲜］安锡儆：《霅桥艺学录》，日本东洋文库藏写本。

［朝鲜］郑象观：《谷口园记》，韩国学中央研究院藏书阁藏1928年木活字本。

［朝鲜］洪吉周：《睡余演笔》，日本大阪府立图书馆藏写本。

［朝鲜］林乔镇：《荷汀草稿》，韩国学中央研究院藏书阁藏写本。

［朝鲜］柳馨远：《磻溪随录》，首尔：韩国东国文化社，1959 年影印本。

［朝鲜］李圭景：《五洲衍文长笺散稿》，首尔：韩国古典刊行会，1977 年。

［朝鲜］金时让：《涪溪记闻》，《大东野乘》卷 72，《朝鲜群书大系》第 18 辑，朝鲜古书刊行会，1911 年。

［朝鲜］柳寿垣：《迂书》，首尔：韩国古典刊行会，1971 年。

［新罗］崔致远：《桂苑笔耕集》，《韩国文集丛刊》第 1 册，首尔：景仁文化社，1996 年。

［新罗］崔致远：《孤云集》，《韩国文集丛刊》第 1 册，首尔：景仁文化社，1996 年。

［高丽］林椿：《西河集》，《韩国文集丛刊》第 1 册，首尔：景仁文化社，1996 年。

［高丽］李奎报：《东国李相国全集》，《韩国文集丛刊》第 1—2 册，首尔：景仁文化社，1996 年。

［高丽］安轴：《谨斋集》，《韩国文集丛刊》第 2 册，首尔：景仁文化社，1996 年。

［高丽］李齐贤：《益斋乱稿》，《韩国文集丛刊》第 2 册，首尔：景仁文化社，1996 年。

［高丽］李穀：《稼亭集》，《韩国文集丛刊》第 3 册，首尔：景仁文化社，1996 年。

［高丽］郑道传：《三峰集》，《韩国文集丛刊》第 5 册，首尔：景仁文化社，1996 年。

［高丽］郑梦周：《圃隐集》，《韩国文集丛刊》第 5 册，首尔：景仁文化社，1996 年。

［高丽］李穑：《牧隐稿》，《韩国文集丛刊》第 3—5 册，首尔：景仁文化社，1996 年。

［高丽］李詹：《双梅堂箧藏集》，《韩国文集丛刊》第 6 册，首尔：景仁文化社，1996 年。

［朝鲜］权近：《阳村集》，《韩国文集丛刊》第 7 册，首尔：景仁文化社，1996 年。

［朝鲜］徐居正：《四佳集》，《韩国文集丛刊》第 10—11 册，首尔：景仁文化社，1996 年。

［朝鲜］成伣：《虚白堂文集》，《韩国文集丛刊》第 14 册，首尔：景仁文化社，1996 年。

［朝鲜］俞好仁：《濡溪集》，《韩国文集丛刊》第 15 册，首尔：景仁文化社，1998 年。

［朝鲜］权五福：《睡轩集》，《韩国文集丛刊》第 17 册，首尔：景仁文化社，1996 年。

［朝鲜］金安国：《慕斋集》，《韩国文集丛刊》第 20 册，首尔：景仁文化社，1996 年。

［朝鲜］金正国：《思斋集》，《韩国文集丛刊》第 23 册，首尔：景仁文化社，1996 年。

［朝鲜］赵裕寿：《后溪集》，《韩国文集丛刊》第 26 册，首尔：景仁文化社，1996 年。

［朝鲜］周世鹏：《武陵杂稿》，《韩国文集丛刊》第 26—27 册，首尔：景仁文化社，1996 年。

［朝鲜］李滉：《退溪集续集》，《韩国文集丛刊》第 29—31 册，首尔：景仁文化社，1996、1998 年。

［朝鲜］李桢：《龟岩集》，《韩国文集丛刊》第 33 册，首尔：景仁文化社，1998 年。

［朝鲜］柳希春：《眉岩集》，《韩国文集丛刊》第 34 册，首尔：景仁文化社，1996 年。

［朝鲜］朴承任：《啸皋集》，《韩国文集丛刊》第 36 册，首尔：景仁文化社，1996 年。

［朝鲜］黄俊良：《锦溪集》，《韩国文集丛刊》第 37 册，首尔：景仁文化社，1996 年。

［朝鲜］尹根寿：《月汀集》，《韩国文集丛刊》第 47 册，首尔：景仁文化社，1996 年。

［朝鲜］崔岦：《简易集》，《韩国文集丛刊》第 49 册，首尔：景仁文化社，1996 年。

［朝鲜］李恒福：《知退堂集》，《韩国文集丛刊》第 58 册，首尔：景仁文化社，1996 年。

［朝鲜］许篈：《荷谷集》，《韩国文集丛刊》第 58 册，首尔：景仁文化社，1996 年。

［朝鲜］韩百谦：《久庵遗稿》，《韩国文集丛刊》第 59 册，首尔：景仁文化

社，1996年。

［朝鲜］张显光：《旅轩续集》，《韩国文集丛刊》第60册，首尔：景仁文化社，1996年。

［朝鲜］李恒福：《白沙集》，《韩国文集丛刊》第62册，首尔：景仁文化社，1996年。

［朝鲜］柳梦寅：《於于集》，《韩国文集丛刊》第63册，首尔：景仁文化社，1996年。

［朝鲜］李德馨：《汉阴文稿》，《韩国文集丛刊》第65册，首尔：景仁文化社，1996年。

［朝鲜］申钦：《象村稿》，《韩国文集丛刊》第71—72册，首尔：景仁文化社，1996年。

［朝鲜］权得己：《晚悔集》，《韩国文集丛刊》第76册，首尔：景仁文化社，1996年。

［朝鲜］李民宬：《敬亭集》，《韩国文集丛刊》第76册，首尔：景仁文化社，1996年。

［朝鲜］金尚宪：《清阴集》，《韩国文集丛刊》第77册，首尔：景仁文化社，1996年。

［朝鲜］安邦俊：《隐峰全书》，《韩国文集丛刊》第80—81册，首尔：景仁文化社，1996年。

［朝鲜］任叔英：《疏庵集》，《韩国文集丛刊》第83册，首尔：景仁文化社，1996年。

［朝鲜］赵翼：《浦渚集》，《韩国文集丛刊》第85册，首尔：景仁文化社，1996年。

［朝鲜］金堉：《潜谷遗稿》，《韩国文集丛刊》第86册，首尔：景仁文化社，1996年。

［朝鲜］李植：《泽堂集》，《韩国文集丛刊》第88册，首尔：景仁文化社，1996年。

［朝鲜］赵絅：《龙洲遗稿》，《韩国文集丛刊》第90册，首尔：景仁文化社，1996年。

［朝鲜］张维：《溪谷集》，《韩国文集丛刊》第92册，首尔：景仁文化社，1996年。

［朝鲜］李敏求：《东州集》，《韩国文集丛刊》第94册，首尔：景仁文化社，1996年。

［朝鲜］河弘度：《谦斋集》，《韩国文集丛刊》第 97 册，首尔：景仁文化社，1996 年。

［朝鲜］姜柏年：《雪峰遗稿》，《韩国文集丛刊》第 103 册，首尔：景仁文化社，1993 年。

［朝鲜］金得臣：《柏谷集》，《韩国文集丛刊》第 104 册，首尔：景仁文化社，1993 年。

［朝鲜］宋时烈：《宋子大全》，《韩国文集丛刊》第 108—116 册，首尔：景仁文化社，1993 年。

［朝鲜］洪汝河：《木斋集》，《韩国文集丛刊》第 124 册，首尔：景仁文化社，1996 年。

［朝鲜］李玄逸：《葛庵集》，《韩国文集丛刊》第 127—128 册，首尔：景仁文化社，1996 年。

［朝鲜］申晸：《汾厓遗稿》，《韩国文集丛刊》第 129 册，首尔：景仁文化社，1996 年。

［朝鲜］南龙翼：《壶谷集》，《韩国文集丛刊》第 131 册，首尔：景仁文化社，1996 年。

［朝鲜］南九万：《药泉集》，《韩国文集丛刊》第 131—132 册，首尔：景仁文化社，1996 年。

［朝鲜］姜晋奎：《栎庵集》，《韩国文集丛刊》第 132 册，首尔：景仁文化社，1996 年。

［朝鲜］朴世堂：《西溪集》，《韩国文集丛刊》第 134 册，首尔：景仁文化社，1996 年。

［朝鲜］尹拯：《明斋遗稿》，《韩国文集丛刊》第 135—136 册，首尔：景仁文化社，1996 年。

［朝鲜］李敏叙：《西河集》，《韩国文集丛刊》第 144 册，首尔：景仁文化社，1997 年。

［朝鲜］金锡胄：《息庵遗稿》，《韩国文集丛刊》第 145 册，首尔：景仁文化社，1997 年。

［朝鲜］赵持谦：《迂斋集》，《韩国文集丛刊》第 147 册，首尔：景仁文化社，1997 年。

［朝鲜］任相元：《恬轩集》，《韩国文集丛刊》第 148 册，首尔：景仁文化社，1997 年。

［朝鲜］任埅：《水村集》，《韩国文集丛刊》第 149 册，首尔：景仁文化社，

1997年。

［朝鲜］崔锡鼎：《明谷集》，《韩国文集丛刊》第153—154册，首尔：景仁文化社，1997年。

［朝鲜］李玄锡：《游斋集》，《韩国文集丛刊》第156册，首尔：景仁文化社，1997年。

［朝鲜］金昌协：《农岩集》，《韩国文集丛刊》第161—162册，首尔：景仁文化社，1998年。

［朝鲜］金昌翕：《三渊集》，《韩国文集丛刊》第165—167册，首尔：景仁文化社，1998年。

［朝鲜］朴泰辅：《定斋集》，《韩国文集丛刊》第168册，首尔：景仁文化社，1998年。

［朝鲜］崔锡恒：《损窝遗稿》，《韩国文集丛刊》第169册，首尔：景仁文化社，1998年。

［朝鲜］宋相琦：《玉吾斋集》，《韩国文集丛刊》第171册，首尔：景仁文化社，1998年。

［朝鲜］李栽：《密庵集》，《韩国文集丛刊》第173册，首尔：景仁文化社，1998年。

［朝鲜］金镇圭：《竹泉集》，《韩国文集丛刊》第174册，首尔：景仁文化社，1998年。

［朝鲜］李万敷：《息山集》，《韩国文集丛刊》第178—179册，首尔：景仁文化社，1998年。

［朝鲜］李宜显：《陶谷集》，《韩国文集丛刊》第180—181册，首尔：景仁文化社，1999年。

［朝鲜］崔昌大：《昆仑集》，《韩国文集丛刊》第183册，首尔：景仁文化社，1999年。

［朝鲜］鱼有凤：《杞园集》，《韩国文集丛刊》第183—184册，首尔：景仁文化社，1999年。

［朝鲜］金春泽：《北轩集》，《韩国文集丛刊》第185册，首尔：景仁文化社，1999年。

［朝鲜］李德寿：《西堂私载》，《韩国文集丛刊》第186册，首尔：景仁文化社，1999年。

［朝鲜］李光庭：《讷隐集》，《韩国文集丛刊》第187册，首尔：景仁文化社，1999年。

［朝鲜］李夏坤：《头陀草》，《韩国文集丛刊》第 191 册，首尔：景仁文化社，1999 年。

［朝鲜］赵文命：《鹤岩集》，《韩国文集丛刊》第 192 册，首尔：景仁文化社，1999 年。

［朝鲜］尹凤朝：《圃岩集》，《韩国文集丛刊》第 193 册，首尔：景仁文化社，1999 年。

［朝鲜］李縡：《陶庵集》，《韩国文集丛刊》第 194—195 册，首尔：景仁文化社，1999 年。

［朝鲜］申靖夏：《恕庵集》，《韩国文集丛刊》第 197 册，首尔：景仁文化社，1999 年。

［朝鲜］李瀷：《星湖全集》，《韩国文集丛刊》第 198—200 册，首尔：景仁文化社，1999 年。

［朝鲜］申维翰：《青泉集》，《韩国文集丛刊》第 200 册，首尔：景仁文化社，1999 年。

［朝鲜］金构：《观复斋遗稿》，《韩国文集丛刊》第 202 册，首尔：景仁文化社，2000 年。

［朝鲜］林昌泽：《崧岳集》，《韩国文集丛刊》第 202 册，首尔：景仁文化社，2000 年。

［朝鲜］林象德：《老村集》，《韩国文集丛刊》第 206 册，首尔：景仁文化社，2000 年。

［朝鲜］南克宽：《梦呓集》，《韩国文集丛刊》第 209 册，首尔：景仁文化社，2000 年。

［朝鲜］姜再恒：《立斋遗稿》，《韩国文集丛刊》第 210 册，首尔：景仁文化社，2000 年。

［朝鲜］赵龟命：《东溪集》，《韩国文集丛刊》第 215 册，首尔：景仁文化社，2000 年。

［朝鲜］申暻：《直庵集》，《韩国文集丛刊》第 216 册，首尔：景仁文化社，2000 年。

［朝鲜］南有容：《雷渊集》，《韩国文集丛刊》第 217—218 册，首尔：景仁文化社，2000 年。

［朝鲜］李匡师：《圆峤集》，《韩国文集丛刊》第 221 册，首尔：景仁文化社，2001 年。

［朝鲜］黄景源：《江汉集》，《韩国文集丛刊》第 224—225 册，首尔：景仁文

化社，2001 年。

［朝鲜］宋德相：《果庵集》，《韩国文集丛刊》第 229 册，首尔：景仁文化社，2001 年。

［朝鲜］安鼎福：《顺庵集》，《韩国文集丛刊》第 229—230 册，首尔：景仁文化社，2001 年。

［朝鲜］徐命膺：《保晚斋集》，《韩国文集丛刊》第 233 册，首尔：景仁文化社，2001 年。

［朝鲜］李献庆：《艮翁集》，《韩国文集丛刊》第 234 册，首尔：景仁文化社，2001 年。

［朝鲜］蔡济恭：《樊岩集》，《韩国文集丛刊》第 235—236 册，首尔：景仁文化社，2001 年。

［朝鲜］丁范祖：《海左集》，《韩国文集丛刊》第 239—240 册，首尔：景仁文化社，2001 年。

［朝鲜］金熤：《竹下集》，《韩国文集丛刊》第 240 册，首尔：景仁文化社，2001 年。

［朝鲜］洪良浩：《耳溪集》，《韩国文集丛刊》第 241—242 册，首尔：景仁文化社，2001 年。

［朝鲜］吴载纯：《醇庵集》，《韩国文集丛刊》第 242 册，首尔：景仁文化社，2001 年。

［朝鲜］魏伯珪：《存斋集》，《韩国文集丛刊》第 243 册，首尔：景仁文化社，2001 年。

［朝鲜］宋焕箕：《性潭集》，《韩国文集丛刊》第 244—245 册，首尔：景仁文化社，2001 年。

［朝鲜］黄胤锡：《颐斋遗稿》，《韩国文集丛刊》第 246 册，首尔：景仁文化社，2001 年。

［朝鲜］李种徽：《修山集》，《韩国文集丛刊》第 247 册，首尔：景仁文化社，2001 年。

［朝鲜］俞彦镐：《燕石册》，《韩国文集丛刊》第 247 册，首尔：景仁文化社，2001 年。

［朝鲜］成大中：《青城集》，《韩国文集丛刊》第 248 册，首尔：景仁文化社，2001 年。

［朝鲜］俞汉隽：《自著》，《韩国文集丛刊》第 249 册，首尔：景仁文化社，2001 年。

［朝鲜］朴胤源：《近斋集》，《韩国文集丛刊》第 250 册，首尔：景仁文化社，2001 年。

［朝鲜］申大羽：《宛丘遗集》，《韩国文集丛刊》第 251 册，首尔：景仁文化社，2001 年。

［朝鲜］朴趾源：《燕岩集》，《韩国文集丛刊》第 252 册，首尔：景仁文化社，2001 年。

［朝鲜］郑宗鲁：《立斋集》，《韩国文集丛刊》第 253—254 册，首尔：景仁文化社，2001 年。

［朝鲜］尹愭：《无名子集》，《韩国文集丛刊》第 256 册，首尔：景仁文化社，2001 年。

［朝鲜］李德懋：《青庄馆丛书》，《韩国文集丛刊》第 257—259 册，首尔：景仁文化社，2001 年。

［朝鲜］正祖：《弘斋全书》，《韩国文集丛刊》第 262—267 册，首尔：景仁文化社，2001 年。

［朝鲜］黄德吉：《下庐集》，《韩国文集丛刊》第 260 册，首尔：景仁文化社，2001 年。

［朝鲜］南公辙：《金陵集》，《韩国文集丛刊》第 272 册，首尔：景仁文化社，2001 年。

［朝鲜］成海应：《研经斋全集》，《韩国文集丛刊》第 273—279 册，首尔：景仁文化社，2001 年。

［朝鲜］吴熙常：《老洲集》，《韩国文集丛刊》第 280 册，首尔：景仁文化社，2001 年。

［朝鲜］丁若镛：《与犹堂全书》，《韩国文集丛刊》第 281—286 册，首尔：景仁文化社，2002 年。

［朝鲜］尹行恁：《硕斋稿》，《韩国文集丛刊》第 287—288 册，首尔：景仁文化社，2002 年。

［朝鲜］徐有榘：《枫石全集》，《韩国文集丛刊》第 288 册，首尔：景仁文化社，2002 年。

［朝鲜］金鑢：《藫庭遗稿》，《韩国文集丛刊》第 289 册，首尔：景仁文化社，2002 年。

［朝鲜］洪奭周：《渊泉文集》，《韩国文集丛刊》第 293—294 册，首尔：景仁文化社，2002 年。

［朝鲜］金迈淳：《台山集》，《韩国文集丛刊》第 294 册，首尔：景仁文化社，

2002年。

［朝鲜］洪直弼：《梅山集》，《韩国文集丛刊》第295—296册，首尔：景仁文化社，2002年。

［朝鲜］赵冕镐：《玉垂集》，《韩国文集丛刊》第299册，首尔：景仁文化社，2002年。

［朝鲜］成近默：《果斋集》，《韩国文集丛刊》第299册，首尔：景仁文化社，2002年。

［朝鲜］郑元容：《经山集》，《韩国文集丛刊》第300册，首尔：景仁文化社，2002年。

［朝鲜］许传：《性斋集》，《韩国文集丛刊》第308—309册，首尔：景仁文化社，2003年。

［朝鲜］俞莘焕：《凤栖集》，《韩国文集丛刊》第312册，首尔：景仁文化社，2003年。

［朝鲜］任宪晦：《鼓山集》，《韩国文集丛刊》第314册，首尔：景仁文化社，2003年。

［朝鲜］韩章锡：《眉山集》，《韩国文集丛刊》第322册，首尔：景仁文化社，2004年。

［朝鲜］许薰：《舫山集》，《韩国文集丛刊》第327—328册，首尔：景仁文化社，2004年。

［朝鲜］金允植：《云养集》，《韩国文集丛刊》第328册，首尔：景仁文化社，2004年。

［朝鲜］郭钟锡：《俛宇集》，《韩国文集丛刊》第340—344册，首尔：景仁文化社，2004年。

［朝鲜］金泽荣：《韶濩堂集》，《韩国文集丛刊》第347册，首尔：景仁文化社，2005年。

［朝鲜］李南珪：《修堂遗集》，《韩国文集丛刊》第349册，首尔：景仁文化社，2005年。

［朝鲜］李建昌：《明美堂集》，《韩国文集丛刊》第349册，首尔：景仁文化社，2005年。

［朝鲜］曹兢燮：《岩栖集》，《韩国文集丛刊》第350册，首尔：景仁文化社，2005年。

［朝鲜］柳袗：《修岩集》，《韩国文集丛刊续编》第19册，首尔：民族文化促进会，2006年。

［朝鲜］崔有海：《默守堂集》，《韩国文集丛刊续编》第 23 册，首尔：民族文化促进会，2006 年。

［朝鲜］崔锡鼎：《骐峰集》，《韩国文集丛刊续编》第 27 册，首尔：民族文化促进会，2006 年。

［朝鲜］郑栻：《愚川集》，《韩国文集丛刊续编》第 29 册，首尔：民族文化促进会，2006 年。

［朝鲜］李椠：《活斋集》，《韩国文集丛刊续编》第 32 册，首尔：民族文化促进会，2007 年。

［朝鲜］洪柱世：《静虚堂集》，《韩国文集丛刊续编》第 32 册，首尔：民族文化促进会，2007 年。

［朝鲜］申最：《春沼子集》，《韩国文集丛刊续编》第 34 册，首尔：民族文化促进会，2007 年。

［朝鲜］申混：《初庵集》，《韩国文集丛刊续编》第 37 册，首尔：民族文化促进会，2007 年。

［朝鲜］姜锡圭：《聱齖斋集》，《韩国文集丛刊续编》第 38 册，首尔：民族文化促进会，2007 年。

［朝鲜］赵正万：《寤斋集》，《韩国文集丛刊续编》第 51 册，首尔：民族文化促进会，2008 年。

［朝鲜］朴泰淳：《东溪集》，《韩国文集丛刊续编》第 51 册，首尔：民族文化促进会，2008 年。

［朝鲜］李溆：《弘道遗稿》，《韩国文集丛刊续编》第 54 册，首尔：民族文化促进会，2008 年。

［朝鲜］金时敏：《东圃集》，《韩国文集丛刊续编》第 62 册，首尔：民族文化促进会，2008 年。

［朝鲜］任适：《老隐集》，《韩国文集丛刊续编》第 66 册，首尔：民族文化促进会，2008 年。

［朝鲜］申正模：《二耻斋集》，《韩国文集丛刊续编》第 70 册，首尔：民族文化促进会，2008 年。

［朝鲜］金信谦：《橧巢集》，《韩国文集丛刊续编》第 72 册，首尔：民族文化促进会，2008 年。

［朝鲜］俞肃基：《兼山集》，《韩国文集丛刊续编》第 74 册，首尔：民族文化促进会，2008 年。

［朝鲜］姜奎焕：《贲需斋集》，《韩国文集丛刊续编》第 75 册，首尔：民族文

化促进会，2008 年。

［朝鲜］李德胄：《节亭集》，《韩国文集丛刊续编》第 75 册，首尔：民族文化促进会，2008 年。

［朝鲜］桂德海：《凤谷桂察访遗集》，《韩国文集丛刊续编》第 78 册，首尔：民族文化促进会，2009 年。

［朝鲜］赵普阳：《八友轩集》，《韩国文集丛刊续编》第 79 册，首尔：民族文化促进会，2009 年。

［朝鲜］金谨行：《庸斋集》，《韩国文集丛刊续编》第 81 册，首尔：民族文化促进会，2009 年。

［朝鲜］睦万中：《余窝集》，《韩国文集丛刊续编》第 90 册，首尔：民族文化促进会，2009 年。

［朝鲜］任天常：《穷悟集》，《韩国文集丛刊续编》第 103 册，首尔：民族文化促进会，2010 年。

［朝鲜］姜必孝：《海隐遗稿》，《韩国文集丛刊续编》第 108 册，首尔：民族文化促进会，2010 年。

［朝鲜］姜彝天：《重庵稿》，《韩国文集丛刊续编》第 111 册，首尔：民族文化促进会，2011 年。

［朝鲜］洪敬谟：《冠岩全书》，《韩国文集丛刊续编》第 113 册，首尔：民族文化促进会，2011 年。

［朝鲜］高圣谦：《角里集》，《韩国文集丛刊续编》第 130 册，首尔：民族文化促进会，2011 年。

［朝鲜］朴致馥：《晚醒集》，《韩国文集丛刊续编》第 136 册，首尔：民族文化促进会，2011 年。

［朝鲜］金道和：《拓庵文集》，《韩国文集丛刊续编》第 138 册，首尔：民族文化促进会，2011 年。

［高丽］李齐贤：《栎翁稗说》，《韩国历代文集丛书》第 13 册，首尔：景仁文化社，1999 年。

［朝鲜］房元井：《三世合稿 · 主一窝集》，《韩国历代文集丛书》第 420 册，首尔：景仁文化社，1999 年。

［朝鲜］崔琡民：《溪南集》，《韩国历代文集丛书》第 501—503 册，首尔：景仁文化社，1999 年。

［朝鲜］金麟燮：《端磎集》，《韩国历代文集丛书》第 610—612 册，首尔：景仁文化社，1999 年。

［朝鲜］都汉基：《管轩集》，《韩国历代文集丛书》第 618—619 册，首尔：景仁文化社，1999 年。

［朝鲜］申昉：《屯庵集》，《韩国历代文集丛书》第 668 册，首尔：景仁文化社，1999 年。

［朝鲜］李晚寅：《龙山文集》，《韩国历代文集丛书》第 696—697 册，首尔：景仁文化社，1999 年。

［朝鲜］李源祚：《凝窝集》，《韩国历代文集丛书》第 926—929 册，首尔：景仁文化社，1999 年。

［朝鲜］尹承周：《重斋集》，《韩国历代文集丛书》第 1164 册，首尔：景仁文化社，1999 年。

［朝鲜］金会锡：《愚川集》，《韩国历代文集丛书》第 1191 册，首尔：景仁文化社，1999 年。

［朝鲜］洪铥：《几宇集》，《韩国历代文集丛书》第 1426 册，首尔：景仁文化社，1999 年。

［朝鲜］金纽：《璞斋集》，《韩国历代文集丛书》第 1485 册，首尔：景仁文化社，1999 年。

［朝鲜］崔铉弼：《修轩文集》，《韩国历代文集丛书》第 1375—1376 册，首尔：景仁文化社，1999 年。

［朝鲜］黄胤锡：《颐斋遗稿续集》，《韩国历代文集丛书》第 1505—1509 册，首尔：景仁文化社，1999 年。

［朝鲜］李承基：《汶冈集》，《韩国历代文集丛书》第 1588 册，首尔：景仁文化社，1999 年。

［朝鲜］柳徽文：《好古窝集》，《韩国历代文集丛书》第 1860—1862 册，首尔：景仁文化社，1999 年。

［朝鲜］姜必孝：《海隐别稿》，《韩国历代文集丛书》第 1909—1918 册，首尔：景仁文化社，1999 年。

［朝鲜］郑士信：《梅窗集》，《韩国历代文集丛书》第 2272 册，首尔：景仁文化社，1999 年。

［朝鲜］尹搢：《德浦遗稿》，《韩国历代文集丛书》第 2377 册，首尔：景仁文化社，1999 年。

［朝鲜］沈定镇：《霁轩集》，《韩国历代文集丛书》第 2453 册，首尔：景仁文化社，1999 年。

［朝鲜］梁进永：《晚义集》，《韩国历代文集丛书》第 2622 册，首尔：景仁文

化社，1999 年。

［朝鲜］南龙万：《活山集》，《韩国历代文集丛书》第 2624—2625 册，首尔：景仁文化社，1999 年。

［朝鲜］李象秀：《峿堂集》，《韩国历代文集丛书》第 2643—2646 册，首尔：景仁文化社，1999 年。

［朝鲜］朴宗永：《松坞遗稿》，《韩国历代文集丛书》第 2799 册，首尔：景仁文化社，1999 年。

［朝鲜］河佑植：《澹山集》，《韩国历代文集丛书》第 2857—2858 册，首尔：景仁文化社，1999 年。

［朝鲜］李尚斗：《双峰集》，《韩国历代文集丛书》第 2864 册，首尔：景仁文化社，1999 年。

［朝鲜］李屹：《芦坡集》，庆尚大学图书馆文泉阁藏朝鲜刊本。

［朝鲜］李敏德：《洞山集》，韩国首尔大学奎章阁韩国学研究院藏 1868 年写本。

［朝鲜］朴文镐：《壶山集》，韩国国立中央图书馆藏 1923 年木活字本。

［朝鲜］黄胤锡：《颐斋乱稿》，韩国学中央研究院藏书阁藏写本。

［朝鲜］金会运：《月梧轩集》，韩国国立中央图书馆藏 1961 年木活字本。

［朝鲜］丁若镛：《定本与犹堂全书》，首尔：茶山学术文化财团，2012 年。

［新罗］崔致远撰、党银平校注：《桂苑笔耕集校注》，北京：中华书局，2007 年。

［朝鲜］洪大容、李德懋撰，邝健行点校：《乾净衕笔谈 清脾录》，上海：上海古籍出版社，2010 年。

［朝鲜］徐居正等编：《东文选》，首尔大学奎章阁藏朝鲜训炼都监字印本。

朝鲜承政院日记：http://sjw.history.go.kr/main/main.jsp.

朝鲜王朝实录：http://sillok.history.go.kr/main/main.jsp.

日省录：http://kyujanggak.snu.ac.kr/LANG/ch/search/202searchilse-ong-nok.jsp.

韩国古典综合数据库：http://db.itkc.or.kr/itkcdb/mainIndexIframe.jsp.

韩国文集丛刊：http://db.mkstudy.com/zh-tw/.

韩国古籍综合目录系统：http://www.nl.go.kr/korcis/.

韩国古文书资料网站：http://archive.kostma.net/#.

韩国学中央研究院藏书阁：http://jsg.aks.ac.kr/.

首尔大学奎章阁韩国学研究院：http://kyujanggak.snu.ac.kr/.

韩国学资料门户网站：http://www.kostma.net/.

三、越南汉籍

[越南] 吴士连等撰、孙晓主编:《大越史记全书（标点校勘本)》，重庆：西南师范大学出版社，2015 年。

[越南] 杨文安:《乌州近录》，越南国家图书馆藏抄本。

四、现代著作

拜根兴:《唐朝与新罗关系史论》，北京：中国社会科学出版社，2009 年。

蔡茂松:《韩国近世思想文化史》，台北：东大图书股份有限公司，1995 年。

蔡振丰:《朝鲜儒者丁若镛的四书学：以东亚为视野的讨论》，上海：华东师范大学出版社，2012 年。

陈久金：中朝日越四国历史纪年表》，北京：群言出版社，2008 年。

陈其泰:《再建丰碑——班固和〈汉书〉》，北京：生活·读书·新知三联书店，1994 年。

陈正宏:《东亚汉籍版本学初探》，上海：中西书局，2014 年。

崔莲、金顺子编:《中国朝鲜学—韩国学研究文献目录》，北京：中央民族大学出版社，1995 年。

但海剑:《现代化选择——美国进步主义时期社会发展与传播研究》，武汉：武汉大学出版社，2014 年。

党银平:《唐与新罗文化关系研究》，北京：中华书局，2008 年。

董馨:《文学性与历史性的融通：海登·怀特历史诗学研究》，北京：中国社会科学出版社，2010 年。

杜信孚、杜同书:《全明分省分县刻书考·江苏书林卷》，北京：线装书局，2001 年。

范永聪:《事大与保国——元明之际的中韩关系》，香港：香港教育图书有限公司，2009 年。

范永康:《文化政治与当代西方文论的政治化》，昆明：云南大学出版社，2012 年。

方汉文:《比较文学高等原理（修订版）》，北京：北京师范大学出版社，2011 年。

方晓伟:《崔致远思想和作品研究》，扬州：广陵书社，2007 年。

傅隶朴:《春秋三传比义》，北京：中国友谊出版公司，1984 年。

高明士编:《东亚文化圈的形成与发展：儒家思想篇》，上海：华东师范大学出版社，2008 年。

葛兆光:《想象异域：读李朝朝鲜汉文燕行文献札记》，北京：中华书局，2014 年。

葛荣晋主编：《韩国实学思想史》，北京：首都师范大学出版社，2002 年。

贺次君：《史记书录》，北京：商务印书馆，1959 年。

胡宝国：《汉唐间史学的发展（修订本）》，北京：商务印书馆，2014 年。

黄纯艳：《高丽史史籍概要》，兰州：甘肃人民出版社，2007 年。

黄俊杰：《东亚视域中孔子的形象与思想》，台北：台大出版中心，2015 年。

黄俊杰：《东亚儒学：经典与诠释的辩证》，上海：华东师范大学出版社，2012 年。

黄俊杰：《历史思维、历史知识与社会变迁》，台北：时报出版社，2006 年。

黄俊杰：《儒家思想与中国历史思维》，台北：台大出版中心，2014 年。

黄晖：《论衡校释》，北京：中华书局，1990 年。

姜龙范：《明代中朝关系史》，哈尔滨：黑龙江朝鲜民族出版社，1999 年。

姜龙范：《清代中朝日关系史》，长春：吉林文史出版社，2009 年。

姜孟山等主编：《中国正史中的朝鲜史料》第 1 卷，延吉：延边大学出版社，1996 年。

金健人编：《中韩古代海上交流》，沈阳：辽宁民族出版社，2007 年。

靳德峻：《史记释例》，北京：商务印书馆，1933 年。

可永雪：《〈史记〉文学成就论衡》，北京：中央民族大学出版社，2012 年。

李成茂：《高丽朝鲜两朝的科举制度》，北京：北京大学出版社，1993 年。

李大龙：《〈三国史记·高句丽本纪〉研究》，哈尔滨：黑龙江教育出版社，2011 年。

李得春主编：《中韩语言文字关系史研究》，延吉：延边教育出版社，2006 年。

李峰：《北宋史学思想流变研究》，北京：人民出版社，2013 年。

李景星：《四史评议》，长沙：岳麓书社，1986 年。

李喜所：《五千年中外文化交流史》，北京：世界知识出版社，2002 年。

李岩：《中韩文学关系史论》，北京：社会科学文献出版社，2003 年。

李岩、徐健顺：《朝鲜文学通史》（上），北京：社会科学文献出版社，2010 年。

梁启超：《新史学》，北京：商务印书馆，2014 年。

廖可斌：《明代文学复古运动研究》，上海：上海古籍出版社，1994 年。

林平：《宋代史学编年》，成都：四川大学出版社，1994 年。

林庆彰：《明代考据学研究》，台北：学生书局，1994 年。

林月惠：《异曲同调：朱子学与朝鲜性理学》，台北：台大出版中心，2010 年。

刘咸炘著、黄曙辉编校：《刘咸炘学术论集·史学篇》，桂林：广西师范大学出版社，2007 年。

刘子敏等主编：《中国正史中的朝鲜史料》第 2 卷，延吉：延边大学出版社，

1996年。

鲁西奇：《中国历史的空间结构》，桂林：广西师范大学出版社，2014年。

吕世浩：《从〈史记〉到〈汉书〉——转折过程与历史意义》，台北：台大出版中心，2009年。

吕思勉：《秦汉史》，上海：上海古籍出版社，2005年。

蒙文通：《中国史学史》，上海：上海人民出版社，2006年。

潘定武：《〈汉书〉文学论稿》，合肥：安徽大学出版社，2008年。

彭亚非：《中国正统文学观念》，北京：社会科学文献出版社，2007年。

钱茂伟：《明代史学编年考》，北京：中国文联出版公司，2000年。

瞿林东：《唐代史学论稿（修订本）》，北京：高等教育出版社，2015年。

饶宗颐：《中国史学上之正统论》，北京：中华书局，2015年。

孙立尧：《宋代史论研究》，北京：中华书局，2009年。

孙卫国：《大明旗号与小中华意识——朝鲜王朝尊周思明问题研究（1637—1800）》，北京：商务印书馆，2007年。

孙卫国：《王世贞史学研究》，北京：人民文学出版社，2006年。

汤勤福：《朱熹的史学思想》，济南：齐鲁书社，2000年。

吴怀祺主编、汪高鑫著：《中国史学思想通论·经史关系卷》，福州：福建人民出版社，2011年。

王锦贵：《中国纪传体文献研究》，北京：北京大学出版社，1996年。

王明珂：《反思史学与史学反思：文本与表征分析》，上海：上海人民出版社，2016年。

王仪：《古代中韩关系与日本》，台北：台湾中华书局，1973年。

王仪：《隋唐与后三韩关系及日本遣隋使遣唐使运动》，台北：台湾中华书局，1972年。

王仪：《赵宋与王氏高丽及日本的关系》，台北：台湾中华书局，1980年。

王元周：《小中华意识的嬗变：近代中韩关系的思想史研究》，北京：民族出版社，2013年。

韦旭升：《朝鲜文学史》，北京：北京大学出版社，1986年。

魏小虎编撰：《四库全书总目汇订》，上海：上海古籍出版社，2012年。

吴晗辑：《朝鲜李朝实录中的中国史料》，北京：中华书局，1980年。

吴怀祺：《宋代史学思想史》，合肥：黄山书社，1992年。

吴漫：《明代宋史学研究》，北京：人民出版社，2012年。

吴政纬：《眷眷明朝：朝鲜士人的中国论述与文化心态（1600—1800）》，台北：秀威资讯科技股份有限公司，2015 年。

肖云忠主编：《社会学概论》，北京：清华大学出版社，2012 年。

谢保成：《隋唐五代的史学》，北京：商务印书馆，2006 年。

辛德勇：《历史的空间与空间的历史》，北京：北京师范大学出版社，2005 年。

徐公持：《百年学科沉思录：二十世纪古代文学研究回顾与前瞻》，北京：人民文学出版社，1998 年。

徐兴庆：《东亚文化交流与经典诠释》，台北：台大出版中心，2009 年。

许殿才：《秦汉史学研究》，北京：北京师范大学出版社，2012 年。

许凌云：《儒家伦理与中国史学》，济南：齐鲁书社，2004 年。

杨春吉、耿铁华、倪军民主编：《高句丽史籍汇要》，长春：吉林人民出版社，1998 年。

杨海峥：《汉唐〈史记〉研究论稿》，济南：齐鲁书社，2003 年。

杨军、王秋彬：《中国与朝鲜半岛关系史论》，北京：社会科学文献出版社，2006 年。

杨军：《高句丽民族与国家的形成和演变》，北京：中国社会科学出版社，2006 年。

杨军：《4—6 世纪朝鲜半岛研究》，长春：吉林大学出版社，2015 年。

杨明照等：《增订〈文心雕龙〉校注》，北京：中华书局，2000 年。

杨渭生：《十至十四世纪中韩关系史料汇编》，北京：学苑出版社，1999 年。

杨渭生：《宋丽关系史研究》，杭州：杭州大学出版社，1997 年。

杨渭生等：《两宋文化史研究》，杭州：浙江大学出版社，2008 年。

杨燕起：《〈史记〉研究数据索引和论文专著提要》，兰州：兰州大学出版社，1989 年。

杨雨蕾：《燕行与中朝文化关系》，上海：上海辞书出版社，2011 年。

杨昭全：《中国—朝鲜·韩国文化交流史》，北京：昆仑出版社，2004 年。

杨祖汉：《从当代儒学观点看韩国儒学的重要论争》，上海：华东师范大学出版社，2008 年。

叶泉宏：《明代前期中韩国交之研究》，台北：台湾商务印书馆，1991 年。

余嘉锡：《目录学发微》，北京：商务印书馆，2011 年。

张伯伟编：《朝鲜时代书目丛刊》，北京：中华书局，2004 年。

张大可、俞樟华、梁建邦编：《史记论著提要与论文索引》，北京：商务印书馆，2015 年。

张大可、赵生群：《〈史记〉文献与编纂学研究》，《史记研究集成》第 11 卷，北京：华文出版社，2005 年。

张大可：《〈史记〉文献研究》，北京：民族出版社，2001 年。

张大可：《司马迁评传》，南京：南京大学出版社，1997 年。

张光宇：《朝鲜王朝正祖时期的官方史学研究》，上海：上海三联书店，2019 年。

张国良等：《传播学原理》，上海：复旦大学出版社，1995 年。

张国良主编：《20 世纪传播学经典文本》，上海：复旦大学出版社，2003 年。

张舜徽：《〈汉书·艺文志〉通释》，武汉：湖北教育出版社，1990 年。

张新科、俞樟华：《〈史记〉研究史略》，西安：三秦出版社，1990 年。

张新科：《史记学概论》，北京：商务印书馆，2003 年。

张新科等主编：《〈史记〉研究资料萃编》，《史记文献研究集刊》之三，西安：三秦出版社，2011 年。

张兴吉：《元刻〈史记〉彭寅翁本研究》，南京：凤凰出版社，2003 年。

张秀民：《张秀民印刷史论文集》，北京：印刷工业出版社，1988 年。

张秀民：《中国印刷术的发明及其影响》，上海：上海人民出版社，2009 年。

张玉春：《〈史记〉版本研究》，北京：商务印书馆，2001 年。

张玉春：《〈史记〉版本及三家注研究》，《史记研究集成》第 12 卷，北京：华文出版社，2005 年。

张玉春：《〈史记〉日本古注疏证》，济南：齐鲁书社，2016 年。

张元济：《宝礼堂宋本书录》，《张元济全集》第 8 卷《古籍研究著作》，北京：商务印书馆，2009 年。

覃启勋：《〈史记〉与日本文化》，武汉：武汉大学出版社，1989 年。

赵生群等：《史记编纂学研究》，《史记研究集成》第 11 卷，北京：华文出版社，2005 年。

郑吉雄、张宝三编：《东亚传世汉籍文献译解方法初探》，上海：华东师范大学出版社，2008 年。

郑之洪：《史记文献研究》，成都：巴蜀书社，1997 年。

中国科学院历史研究所第一、二所编辑：《史记研究的资料和论文索引》，北京：科学出版社，1957 年。

周佳荣、范永聪：《东亚世界：政治·军事·文化》，香港：三联书店（香港）有限公司，2014 年。

周农建：《人类意志的现实化》，北京：学林出版社，1991 年。

周振甫：《史记集评》，重庆：重庆大学出版社，2010 年。

朱东润：《史记考索》，上海：华东师范大学出版社，1996 年。

朱杰人、严佐之、刘永翔主编：《朱子全书》第 24 册，上海：上海古籍出版社，合肥：安徽教育出版社，2002年。

朱云影：《中国文化对日韩越的影响》，桂林：广西师范大学出版社，2007年。

朱志先：《明人汉史学研究》，武汉：湖北人民出版社，2011年。

韩国

［韩］曹炯镇：《中韩两国古活字印刷术之比较研究》，北京：学海出版社，1986年。

［韩］金台俊：《朝鲜汉文学史》，张琏瑰译，北京：社会科学文献出版社，1996年。

［韩］李家源：《韩国汉文学史》，赵季、刘畅译，南京：凤凰出版社，2012年。

［韩］李润和：《中韩近代史学比较研究》，北京：社会科学文献出版社，1994年。

［韩］李元淳等：《韩国史》，詹卓颖译，台北：台湾幼狮文化事业股份有限公司，1987年。

［韩］卢启铉：《高丽外交史》，紫荆、金荣国译，延吉：延边大学出版社，2002年。

［韩］朴仁镐：《韩国史学史》，全莹、金锦子、郑京日等译，香港：香港亚洲出版社，2012年。

［韩］尹南汉编：《杂著记说类记事索引：韩国文集记事综览类别索引》，首尔：韩国精神文化研究院，1982年。

朝鲜

朝鲜民主主义人民共和国科学院历史研究所：《朝鲜通史》，吉林省哲学社会科学研究所译，长春：吉林人民出版社，1975年。

日本

［日］坂本太郎、林铁森：《日本的修史与史学》，北京：北京大学出版社，1991年。

［日］池田四郎次郎、池田英雄：《〈史记〉研究书目解题（稿本）》，东京：明德出版社，1976年。

［日］大木康：《明末江南的出版文化》，周保雄译，上海：上海古籍出版社，2014年。

［日］渡部學：《朝鮮の民間流布初學入門書目録》，東京：中央大學図書館，

1986 年。

［日］森立之：《经籍访古志》，贾贵荣辑：《日本藏汉籍善本书志书目集成》第 1 册，北京：北京图书馆出版社，2003 年。

［日］山城喜宪：《〈史记评林〉诸版本志稿》，《斯道文库论集》，东京：庆应义塾大学附属研究所斯道文库，1983 年。

［日］尾崎康：《正史宋元版之研究》，乔秀岩、王铿编译，北京：中华书局，2018 年。

［日］西嶋定生：《东亚世界的形成》，刘俊文主编《日本学者研究中国史论著选译》，北京：中华书局，1993 年。

五、学术论文

中国

白云翔：《汉代中国与朝鲜半岛关系的考古学观察》，《北方文物》，2001 年第 4 期。

蔡雁彬：《朝鲜时代的史学启蒙教育和史学观——以〈史略〉为中心》，《南京航空航天大学学报（社会科学版）》，2005 年第 1 期。

曹鹏程：《历史事实的重建与诠释：宋代义理史学再认识》，《史学月刊》，2014 年第 12 期。

曾小霞、徐中原：《近 30 年〈史记〉〈汉书〉比较研究综述》，《商丘师范学院学报》，2009 年第 5 期。

陈德安：《秦和两汉时期的中朝关系与文化交流》，《延边大学学报（社会科学版）》，1990 年第 1 期。

陈蒲清：《论三国遗事的历史地位与文化价值》，《广州大学学报（社会科学版）》，2007 年第 6 期。

陈其泰：《〈史记〉世家历史编纂成就析论——“应另换一副眼光读之”》，《文史哲》，2015 年第 6 期。

陈瑞青：《战国阏与城考辨》，《邯郸职业技术学院学报》，2011 年第 1 期。

陈尚胜：《论 16 世纪前中外文化交流的发展进程和基本特点》，《文史哲》，2000 年第 4 期。

陈尚胜：《宋朝和丽日两国的民间交往与汉文化传播——高丽和日本接受宋朝文化的初步比较》，《中国文化研究》，2004 年第 4 期。

陈先达：《历史唯物主义的史学功能——论历史事实·历史现象·历史规律》，《中国社会科学》，2011年第2期。

陈彝秋：《从朝鲜使臣的中国行纪看明代中后期的玉河馆——以会同馆提督官为中心》，《南京晓庄学院学报》，2014年第3期。

陈莹：《从接受视域探析唐前〈史记〉的儒化现象》，《史学月刊》，2011年第5期。

陈正宏：《东亚汉籍版本学序说——以印本为中心》，《东亚汉籍版本学初探》，上海：中西书局，2014年。

陈正宏：《日本庆应大学图书馆藏朝鲜铜活字本〈史记〉初探》，《东亚汉籍版本学初探》，上海：中西书局，2014年。

崔岩：《慕华与事大背后的“国家意识”：高丽王朝的史馆与修史》，《史学史研究》，2013年第4期。

崔岩：《朝鲜王朝官修〈高丽史〉与中华传统史学》，《西北师大学报（社会科学版）》，2012年第4期。

刁书仁：《朝鲜王朝对中国书籍的购求及其对儒家文化的吸收》，《古代文明》，2009年第2期。

董国：《经史起见——论经史传统中的“经典关系”与“经史关系”》，《同济大学学报（社会科学版）》，2014年第5期。

房奕：《高句丽向北魏遣使与相互关系的变迁》，《传统中国研究集刊》，2005年第1辑。

付春明：《解析苏轼〈代侯公说项羽辞〉及其在古代朝鲜的受容》，《长春大学学报》，2014年第1期。

付春明：《解析苏轼〈范增论〉及其在古代朝鲜的受容》，《齐齐哈尔大学学报（哲学社会科学版）》，2012年第6期。

傅道彬：《六经皆文与周代经典文本的诗学解读》，《文学遗产》，2010年第5期。

高敏：《读〈史记〉〈汉书〉札记七题》，《中华文史论丛》，2008年第4期。

耿铁华：《高句丽儒释道“三教合一”的形成与影响》，《古代文明》，2007年第4期。

巩本栋：《关于汉籍东传的研究》，《学习与探索》，2006年第2期。

郭炳洁：《近三十年“罢黜百家、独尊儒术”研究综述》，《史学月刊》，2015年第8期。

郭美善：《中韩两国的书籍交流考论》，《语文学刊：外语教育教学》，2012年第 10 期。

郭孟良：《书船略说——明清江南图书贸易的个案分析》，《中国出版》，2009 年 Z1 期。

韩东：《韩国燕行文献研究综述》，《中国文学研究》，2015 年第 1 期。

何俊：《胡安国理学与史学相融及其影响》，《哲学研究》，2002 年第 4 期。

何仟年：《中国典籍流播越南的方式及对阮朝文化的影响》，《清史研究》，2014 年第 2 期。

胡文华、陈恒芬：《明朝书市探微》，《历史教学问题》，2004 年第 4 期。

胡文华：《中朝图书交流探微》，《延边大学学报（社会科学版）》，2010 年第 3 期。

花兴、魏崇武：《宋与高丽的典籍交流考论》，《国家图书馆学刊》，2013 年第 2 期。

黄纯艳：《中国古代朝贡体系研究的回顾与前瞻》，《中国史研究动态》，2013 年第 1 期。

黄建国：《古代中韩典籍交流概说》，《韩国研究》，1996 年第 3 辑。

黄朴民：《蒲将军与英布为二人》，《学林漫录》第 13 集，北京：中华书局，1993 年。

季莉君：《古代朝鲜人汉字汉语学习的历时考察》，《教育教学论坛》，2014 年第 41 辑。

江素卿：《从史料镕裁析论〈史记·伯夷列传〉》，《文与哲》，2008 年第 12 期。

姜日天：《丁若镛的天道观与 18、19 世纪韩国实学形而上学》，《湖湘论坛》，2010 年第 3 期。

金喜成：《试论古代朝鲜的“吏读”》，《满族研究》，1989 年第4 期。

金哲、秦亚伟：《朝鲜朝文人对“夷齐”的接受与认知研究——以“燕行录”中伯夷叔齐记录为中心》，《当代韩国》，2014 年第 3 期。

靳禾生、谢鸿喜：《阏与古战场考察报告》，《中国历史地理论丛》，1996 年第 1 期。

冷光伟：《试论高丽儒学及其分期》，《黑龙江史志》，2014 年第1 期。

李传印：《汉晋之间史论的发展及其风格》，《史学史研究》，2006 年第 4 期。

李春祥：《〈三国史记〉史论研究》，《通化师范学院学报》，2010 年第 5 期。

李春祥：《论〈三国史记〉的编撰方法历史观及史学思想》，《中国边疆史地研究》，2005 年第 5 期。

李春祥：《〈三国史记〉与〈三国遗事〉比较研究》，《东北史地》，2016 年第

1 期。

李广健：《天监初南传所谓〈汉书〉“真本”探讨》，《汉学研究》，2015 年。

李海英：《宋代中韩海路文化交流述略》，《赤峰学院学报（哲学社会科学版）》，2013 年第 8 期。

李洪淳：《儒家学说在朝鲜和日本的传播及其影响的比较》，《延边大学学报（社会科学版）》，1983 年 S1 期。

李洪淳：《程朱理学在日本和朝鲜——其传播和影响的比较之一》，《延边大学学报（社会科学版）》，1982 年 S1 期。

李红岩：《史钞及其与中国传统史学之普及》，《河南社会科学》，2008 年第 4 期。

李建：《论司马光通鉴史论的内容特点》，《齐鲁学刊》，2002 年第 2 期。

李晶：《清华简〈金縢〉与〈尚书〉郑注文本考——兼论〈史记〉述〈金縢〉的今古文问题》，《古代文明》，2016 年第 3 期。

李黎：《〈史记评林〉之〈项羽本纪〉评点探析》，《阿坝师范高等专科学校学报》，2009 年第 1 期。

李梅花：《宋、丽文化交流特点初探》，《延边大学学报（社会科学版）》，2002 年第 3 期。

李杉婵：《朝鲜假传对中国唐宋叙事文学影响的接受——从高丽朝的假传创作谈起》，《前沿》，2013 年第 15 期。

李善洪：《明代会同馆对朝鲜使臣“门禁”问题研究》，《黑龙江社会科学》，2012 年第 3 期。

李思汪：《明代复古派文章论与文道关系的新变》，《中山大学学报（社会科学版）》，2013 年第 2 期。

李苏平：《朱子学在高丽时代的传播与发展》，《南昌大学学报（人文社会科学版）》，2013 年第 1 期。

李卫华：《历史：作为一种叙述》，《河北学刊》，2015 年第 1 期。

李学卫：《〈史记〉载孔子“序彖系象说卦文言”考辨》，《西藏民族大学学报（哲学社会科学版）》，2016 年第 3 期。

李艳：《刘之遴所校〈汉书〉古本真伪考》，《中国文化研究》，2012 年夏之卷。

李钟美：《韩国朝鲜朝早期印书概况》，《中国典籍与文化》，2002 年第 3 期。

梁泰镇：《〈朝鲜王朝实录〉所见明清时代图书传入论考》，《当代韩国》，1998 年第 1 期。

梁容若：《司马迁与〈史记〉研究》，《师大学报》，1956 年第 1 期。

林琳：《明朝与朝鲜李朝、日本图书交流初探》，《杭州师范大学学报（社会科学版）》，2001 年第 1 期。

林琳：《唐宋时期中朝图书交流的特点初探》，《前沿》，2003 年第 6 期。

林日波：《朝鲜时代私家书目〈洪氏读书录〉初探》，《山东图书馆学刊》，2008 年第 3 期。

刘晶：《明代玉河馆门禁及相关问题考述》，《安徽史学》，2012 年第 5 期。

刘连开：《理学和两宋史学的趋向》，《史学史研究》，1995 年第 1 期。

刘连开：《宋代史学义理化的表现及其实质》，《广西大学学报（哲学社会科学版）》，1997 年第 4 期。

刘晓航：《蒲将军即番君吴芮说》，《四川师范学院学报（哲学社会科学版）》，1993 年第 4 期。

刘绪义：《〈梅氏书平〉的学术价值与成就》，《中华文化论坛》，2006 年第 3 期。

刘雅芳：《宋代中外文化交流的成就发微》，《兰台世界》，2014 年第 18 期。

刘永连、纪宗安：《试论〈韩国历代文集丛书〉的史学价值》，《徐州师范大学学报（哲学社会科学版）》，2012 年第 6 期。

刘毓庆：《前后七子的诗文复古与明代文化复古思潮》，《山西大学学报（哲学社会科学版）》，2004 年第 5 期。

柳素真：《高丽时期的“东坡热”与李奎报诗歌》，《东亚文化》，2012 年第 50 辑。

卢南乔：《〈高丽史〉编纂的史学基础和它所反映的中朝人民友好关系——为迎接科学规划委员会“出版计划”而作》，《文史哲》，1958 年第 11 期。

栾兆玉：《汉籍在朝鲜的流传与研究——兼述儒学对朝鲜的影响》，《图书馆建设》，2001 年第 2 期。

罗炳良：《宋代义理史学再评价》，《廊坊师范学院学报（社会科学版）》，2009 年第 4 期。

罗卫东：《出土与传世〈论语〉异文及相关问题研究——以平壤贞柏洞出土竹简〈论语〉为考查〔察〕范围》，《汉字汉文教育》，2015 年第 36 辑。

马卫东：《“周公居东”与〈金縢〉疑义辨析》，《史学月刊》，2015 年第 2 期。

马艳辉：《魏晋南北朝史论的发展及其时代特点》，《东北师大学报（哲学社会科学版）》，2012 年第 2 期。

毛崇杰：《关于“新历史主义批评”之再探》，《黄河科技大学学报》，2001 年第 4 期。

苗威：《〈三国史记〉的历史影响探析》，《北京理工大学学报（社会科学版）》，2009 年第 1 期。

庞天佑：《理学与宋代史学发展的特点》，《湛江师范学院学报》，1997 年第2 期。

庞天佑：《理学与宋代史学思想》，《湖北民族学院学报（社会科学版）》，1997 年第 5 期。

朴贞宣：《〈洪氏读书录〉与〈四库全书简明目录〉小学部分目录的比较》，《图书馆学刊》，2009 年第 1 期。

朴真奭：《从古代印刷术的发展看中朝两国人民的文化交流》，《延边大学学报（社会科学版）》，1978 年第 3 期。

钱茂伟：《论王世贞对理学化史学的批评》，《华东师范大学学报（哲学社会科学版）》，2002 年第 3 期。

瞿林东：《史论 · 论史 · 论论史——中国史学上“论”之指向的几次变化及其启示意义》，《求是学刊》，2016 年第 4 期。

瞿林东：《谈中国古代的史论和史评》，《东岳论丛》，2008 年第 4 期。

施伟青：《汉初“天子不能具钧驷”质疑》，《中国古代史论丛》，长沙：岳麓书社，2004 年。

史小军：《论王世贞对宋明理学的批评与反思》，《东南大学学报（哲学社会科学版）》，2007 年第 3 期。

宋成有：《中国史籍编纂与〈三国史记〉》，《韩国学论文集》第 22 辑，广州：中山大学出版社，2014 年。

孙继民：《秦赵阏与之战实地考》，《秦俑博物馆开馆三十周年国际学术研讨会暨秦俑学第七届年会会议论文》，陕西省秦俑学研究会、秦始皇兵马俑博物馆，2009 年。

孙建民：《略论宋文化对高丽的影响》，《解放军外国语学院学报》，1996 年第 3 期。

孙立尧：《“史者儒之一端”试解——兼论司马光、范祖禹的史论》，《南京大学学报（哲学、人文科学、社会科学版）》，2003 年第 2 期。

孙卫国、张光宇：《〈史记〉对朝鲜王朝政治文化的影响——以〈史记英选〉之编选与刊印为中心》，《中国高校社会科学》，2014 年第 1 期。

孙卫国：《〈史记〉对朝鲜半岛史学的影响》，《社会科学辑刊》，2006 年第 6 期。

孙卫国：《朝鲜王朝所编之中国史书》，《史学史研究》，2012 年第 2 期。

孙卫国：《东亚视野下的中国史学史研究》，《史学月刊》，2013 年第 11 期。

孙卫国：《中国史学对东亚史学的影响与交流》，《历史教学问题》，2012 年第 4 期。

孙卫国：《传说、历史与认同：檀君朝鲜与箕子朝鲜历史之塑造与演变》，《复旦学报（社会科学版）》，2008 年第 5 期。

孙逊：《朝鲜“三国”史传文学中的儒学蕴涵及其本土特色——以〈三国史记〉、〈三国遗事〉为中心》，《复旦学报（社会科学版）》，2015 年第 2 期。

汤勤福：《义理史学发微》，《史学史研究》，2009 年第 1 期。

陶水平：《“文学的历史性”与“历史的文本性”的双向阐释——试论格林布拉特文化诗学研究的理论与实践》，《江汉论坛》，2007 年第 8 期。

田廷柱：《朝鲜、韩国古代史学略述》，《史学史研究》，1998 年第 3 期。

田旭东：《从〈史记〉到〈大日本史〉——日本茨城参观所感》，《西北大学学报（哲学社会科学版）》，1997 年第 4 期。

田志勇：《越南古代汉籍“史记”类文献述要》，张大可、田志勇、陈曦主编：《史记论丛》第 11 集，北京：中国文史出版社，2014 年。

汪高鑫：《〈史记〉的历史文化认同意识》，《史学理论研究》，2008 年第 3 期。

汪高鑫：《汉唐时期的经学与史学》，《湛江师范学院学报（哲学社会科学）》，2008 年第 1 期。

汪高鑫：《经史尊卑论三题》，《史学史研究》，2007 年第 2 期。

汪高鑫：《论传统史学的经世致用特点》，《廊坊师范学院学报（社会科学版）》，2009 年第 3 期。

汪燕岗：《〈西汉通俗演义〉与韩国汉文小说〈帷幄龟鉴〉》，《文学遗产》，2006 年第 4 期。

王灿：《经史分途的“文化层级”和“身份选择”意识——以司马迁及〈史记〉为中心》，《阴山学刊》，2011 年第 3 期。

王成：《朝鲜金泽荣对司马迁〈史记〉的批评与接受》，《殷都学刊》，2019 年第 3 期。

王东：《宋代史学与〈春秋〉经学——兼论宋代史学的理学化趋势》，《河北学刊》，1988 年第 6 期。

王洪月：《新历史主义的后现代哲学观》，《东岳论丛》，2010 年第 2 期。

王鸿军：《明代汉籍流入朝鲜李朝及其影响》，《鸡西大学学报（综合版）》，2006 年第 6 期。

王记录：《理学与两宋史学的义理化特征》，《学习与探索》，2014 年第 2 期。

王记录：《理学与朱熹的史学思想》，《上饶师范学院学报》，2007 年第 1 期。

王晋楠：《浅析古代朝鲜文人对苏轼史论散文的评论——以〈范增论〉为中心》，《北极光》，2016 年第 4 期。

王靖宇：《从〈李将军列传〉看〈史记评林〉中的〈史记〉评点》，《中国文学研究（辑刊）》，2007 年第 3 期。

王丽：《朝鲜初期性理学的发展》，《东北亚论坛》，2003 年第 2 期。

王旭：《中韩古代文化交流史特点浅析》，《辽东学院学报（社会科学版）》，2013 年第 6 期。

王岳尘：《史记“蒲将军”钩沉》，《学林漫录》第 6 集，北京：中华书局，1982 年。

王云海：《宋太宗的“右文”政策》，《河南大学学报（社会科学版）》，1986 年第 1 期。

韦春喜：《南宋理学史学观与史论诗》，《文史哲》，2012 年第 6 期。

韦春喜：《宋代史学精神与史论诗》，《山东大学学报（哲学社会科学版）》，2012 年第 3 期。

魏志江：《辽金与高丽的经济文化交流》，《社会科学战线》，2000 年第 5 期。

吴冰：《明代汉籍对朝鲜李朝文明的影响及其回馈》，《图书馆学刊》，2014 年第 8 期。

吴龙灿：《经史关系演变与经学转型》，《儒藏论坛》第 10 辑，成都：四川大学出版社，2016 年。

吴夏平：《唐与新罗书籍活动考论》，《中国典籍与文化》，2015 年第 2 期。

萧永明：《朱熹史学观三题》，《史学史研究》，2001 年第 2 期。

徐健顺：《朝鲜早期史书辨析》，《东疆学刊》，2006 年第 2 期。

徐林平、孙晓：《近三十年来域外汉籍整理概况述略》，《形象史学研究》，北京：人民出版社，2011 年。

徐蜀：《史钞的起源和发展》，《史学史研究》，1990 年第 2 期。

徐雁平：《书估与清帝国的书籍流转》，《古典文献研究》，2013 年第 1 期。

许道勋：《论经史关系的演变》，《复旦学报（社会科学版）》，1983 年第 2 期。

许家星、史琳燕：《朱熹史学思想三论》，《北方论丛》，2006 年第 6 期。

燕永成：《宋人汉史学述论》，《史学月刊》，2007 年第 7 期。

阎平凡：《“以〈彖〉、〈象〉、〈系辞〉十篇文言解说上下经”考辨》，《阳明学刊》第 7 辑，成都：巴蜀书社，2015 年。

杨海峥：《从〈史记评林〉到〈史记读本〉——作为教材的〈史记〉与日本汉学教育》，《文学遗产》，2015 年第 4 期。

杨昊鸥：《〈史记·伯夷列传〉经传形态研究》，《广东第二师范学院学报》，2014 年第 6 期。

杨昊鸥：《〈史记·孟子荀卿列传〉文体、书法疑义研究》，《暨南学报（哲学社会科学版）》，2013 年第 10 期。

杨昊鸥：《从〈伯夷列传〉到〈司马穰苴列传〉看〈史记〉列传文体前期的发展》，《广东第二师范学院学报》，2015 年第 6 期。

杨居让、刘艳：《太平路儒学刻本〈前汉书〉考论》，《山东图书馆学刊》，2012 年第 4 期。

杨军：《略论朝鲜古史谱系的演变》，《黑龙江社会科学》，2011 年第 2 期。

杨渭生：《高丽朝鲜两朝的史学成就》（上篇），《韩国学论文集》第 8 辑，北京：民族出版社，2000 年。

杨渭生：《略论李齐贤的史学思想》，《韩国研究》第 6 辑，北京：学苑出版社，2002 年。

杨渭生：《宋与高丽的典籍交流》，《浙江学刊》，2002 年第 4 期。

杨雨蕾：《〈资治通鉴纲目〉在朝鲜半岛的传播》，《世界历史》，2002 年第 3 期。

杨振红：《从清华简〈金縢〉看〈尚书〉的传流》，《中国史研究》，2012 年第 3 期。

叶国良：《韩儒丁若镛〈檀弓箴误〉平议》，《台大文史哲学报》，2009 年第 71 期。

叶建华：《朱熹的史学思想》，《孔子研究》，1989 年第 3 期。

叶建华：《朱熹求真求实的史学研究方法》，《史林》，1988 年第 4 期。

叶泉宏：《权近与朱元璋——朝鲜王朝事大外交的重要转折》，《韩国学报》，2000 年第 16 辑。

叶少飞：《越南古代“内帝外臣”政策与双重国号的演变》，《形象史学研究》，2016 年第 1 期。

叶少飞：《黎崇〈越鉴通考总论〉的史论与史学》，《域外汉籍研究集刊》，2015 年第 11 辑。

易宁：《〈史记·鲁周公世家〉引〈尚书·金縢〉经说考论——兼论司马迁“厥协六经异传，整齐百家杂语”》，《中国史研究》，1998 年第 3 期。

易平、易宁：《〈史记〉早期文献中的一个根本问题——〈太史公书〉“藏之名山，副在京师”考》，《南昌大学学报（人文社会科学版）》，2004 年第 1 期。

于瑞桓：《司马光的史学思想及其理学精神》，《山东大学学报（人文社会科学版）》，2002 年第 3 期。

虞芳芳：《论宋代的韩信诗评与韩信史评》，《渭南师范学院学报》，2015 年第 11 期。

袁法周：《中国古代〈汉书〉的传播与研究》，《宁夏社会科学》，2007 年第2 期。

翟金明、孙晓：《试论〈高丽藏〉初刻本与〈开宝藏〉相关问题》，《形象史学研究》，北京：人民出版社，2012 年。

张伯伟：《朝鲜书目与时代及地域之关系》，《延边大学学报（社会科学版）》，2004 年第 4 期。

张伯伟：《二十六种朝鲜时代汉籍书目解题》（上、下），《中国学术》，2004 年第 3、4 合辑。

张伯伟：《选本与域外汉文学》，《南京大学学报（哲学、人文科学、社会科学版）》，2002 年第 4 期。

张伯伟：《域外汉籍研究——一个崭新的学术领域》，《学习与探索》，2006 年第 2 期。

张博泉：《箕子“八条之教”的研究》，《史学集刊》，1995 年第 1 期。

张高评：《宋代雕版印刷与传媒效应》，《陕西师范大学学报（哲学社会科学版）》，2011 年第 4 期。

张光宇：《朝鲜王朝正祖与〈陆宣公奏议〉》，《文学遗产》，2015 年第 5 期。

张海沙：《唐人喜〈文选〉与宋人嗜〈汉书〉——论唐宋人不同的读书趣向》，《文学遗产》，2009 年第 1 期。

张静：《唐宋时期中外文化交流中的汉籍回归现象》，《图书馆界》，2014 年第 2 期。

张九衡：《理学对二程史学思想的影响》，《牡丹江教育学院学报》，2016 年第 2 期。

张庆伟：《史钞渊源考略》，《河南图书馆学刊》，2015 年第 2 期。

张润泽、孙继民：《战国阏与、於疋布及其地望辨析》，《中国钱币》，2015 年第 2 期。

张升：《明代朝鲜的求书》，《文献》，1996 年第 4 期。

张新科：《〈史记〉文学经典的建构过程及其意义》，《文学遗产》，2012 年第 5 期。

张秀民：《朝鲜的古印刷》，《历史研究》，1957 年第 3 期。

张玉春：《日本藏〈史记〉唐写本研究》，《中国典籍与文化》，2001 年第 1 期。

张振佩：《〈史记〉“蒲将军”辨析》，《贵州社会科学》，1986 年第 2 期。

张宗品：《从古写本看汉唐时期〈史记〉在西域的流播——中古时期典籍阅读现象之一侧面》，《古典文献研究》，2014 第 17 辑上卷，南京：凤凰出版社，2014 年。

赵惠芬：《〈汉书〉知见版本考述》，《书目季刊》，2003 年第 3 期。

赵凯、［韩］尹在硕：《域外存珍：简述韩国古代文献中的秦汉史研究资料》，

《国学学刊》，2012 年第 4 期。

赵凯、徐莹：《略述韩国古代文献中的“商山四皓”资料》，王甲训主编：《商山四皓评传》，北京：中央文献出版社，2013 年。

赵凯：《项羽在国外——域外汉籍中有关项羽的文献记录》，《形象史学研究》，北京：人民出版社，2012 年。

赵生群：《〈史记〉与〈春秋〉》，《兰州大学学报（社会科学版）》，1986 年第 4 期。

赵望秦、蔡丹：《〈内阁访书录〉为〈浙江采集遗书总录〉之节抄》，《文献（季刊）》，2012 年第 2 期。

赵文婷：《朝鲜林椿〈孔方传〉与〈毛颖传〉之比较》，《长春理工大学学报（社会科学版）》，2014 年第 3 期。

赵文毓：《宋代书籍传播方式略论》，《兰台世界》，2016 年第 4 期。

赵轶峰：《韩国历史编纂学中的民族主义》，《古代文明》，2015 年第 4 期。

赵振坤、朱张毓洋：《韩国〈史记〉与〈三国史记〉比较文学研究概况》，《黑龙江教育学院学报》，2007 年第 9 期。

郑宗太：《从数学模型看汉初“天子不能具钧驷”》，《龙岩学院学报》，2006 年第 1 期。

周建渝：《从〈史记评林〉看明代文人的叙事观》，《复旦学报（社会科学版）》，2010 年第 3 期。

周倩：《近二十年经史关系问题研究述评》，杨共乐主编：《史学理论与史学史学刊》（2014 年卷），北京：社会科学文献出版社，2014 年。

周彦文：《宋代以来中国书籍的外传与禁令》，《韩国学论文集》第 3 辑，北京：东方出版社，1994 年。

朱松植：《汉字与朝鲜的吏读字》，《延边大学学报（社会科学版）》，1987 年第 4 期。

朱志先：《从凌稚隆〈史记评林〉看明代〈史记〉评点》，《湖州师范学院学报》，2011 年第 3 期。

朱志先：《凌稚隆〈史记评林〉探析》，《古籍整理研究学刊》，2009 年第 4 期。

邹振环：《历史上的中国出版与东亚文化交流》，《国际学术动态》，2009 年第 5 期。

邹志峰：《宋代历史考据学的兴起及其发展演变》，《文献》，2000 年第 4 期。

曹春茹：《朝鲜柳梦寅散文研究》，博士学位论文，中央民族大学，2010 年。

曾小霞：《〈史记〉〈汉书〉的叙述学及其研究史》，博士学位论文，苏州大学，

2012 年。

常乐:《高句丽与北魏交涉关系研究》，博士学位论文，延边大学，2014 年。

陈民裕:《凌稚隆〈史记评林〉研究》，博士学位论文，高雄师范大学，1995 年。

樊婧:《〈史记〉在元代的传播与接受研究》，博士学位论文，陕西师范大学，2014 年。

黄修志:《明清时期朝鲜的“书籍辨诬”与“书籍外交”》，博士学位论文，复旦大学，2013 年。

季南:《朝鲜王朝与明清书籍交流研究》，博士学位论文，延边大学，2015 年。

李杉婵:《朝鲜高丽朝假传体文学研究》，博士学位论文，中央民族大学，2012 年。

廉松心:《十八世纪中朝文化交流研究》，博士学位论文，中央民族大学，2004 年。

刘刚:《朱子学传入朝鲜半岛研究（1290—1409）》，博士学位论文，暨南大学，2012 年。

全亮:《论范晔〈后汉书〉在南北朝的传播与影响》，博士学位论文，上海师范大学，2014 年。

师存勋:《李奎报咏史诗研究》，博士学位论文，中央民族大学，2011 年。

夏国强:《〈汉书·律历志〉研究》，博士学位论文，苏州大学，2010 年。

徐健顺:《〈三国史记〉的文学价值研究》，博士学位论文，中央民族大学，2003 年。

杨雨蕾:《十六至十九世纪初中韩文化交流研究》，博士学位论文，复旦大学，2005 年。

尹业初:《胡寅历史政治哲学研究》，博士学位论文，南开大学，2012 年。

张自然:《宋明时期笔记中的〈史记〉考评述论》，博士学位论文，河南大学，2008 年。

周海宁:《中国文化对高丽、朝鲜时代史学之影响研究——以史学体例和史学思想为中心》，博士学位论文，上海师范大学，2013 年。

周录祥:《凌稚隆〈史记评林〉研究》，博士学位论文，南京师范大学，2008 年。

白洋:《论朝鲜古代科举制度的发展及特点》，硕士学位论文，延边大学，2016 年。

柴振威:《〈史记〉楚汉之际若干历史问题的考辨》，硕士学位论文，山东师范大学，2010 年。

崔竹山:《试论世宗时期朝鲜与中国的关系》，硕士学位论文，延边大学，2007 年。

丁光忠:《论〈史记〉和〈大越史记全书〉》，硕士学位论文，南开大学，2000 年。

范文静:《〈史记评林〉文学价值研究》，硕士学位论文，安庆师范学院，2011 年。

顾雪寅:《〈三国史记〉本纪研究》，硕士学位论文，安徽师范大学，2014 年。

胡安武：《〈史记〉列传合传研究》，硕士学位论文，华中师范大学，2009 年。

胡家骥：《东亚纪传体史书的叙事模式》，硕士学位论文，复旦大学，2009 年。

黄开军：《北宋士大夫奏议中的史论研究》，硕士学位论文，西南大学，2012 年。

黄智咏：《“伍子胥故事”在朝鲜半岛的传播与接受》，硕士学位论文，北京大学，2014 年。

李俊青：《宋代史钞文献研究》，硕士学位论文，华中师范大学，2011 年。

倪小勇：《〈汉书〉版本史研究》，硕士学位论文，西北大学，2009 年。

朴昌浚：《北宋与高丽外交使节研究》，硕士学位论文，黑龙江大学，2012 年。

石红晓：《论宋代的〈史记〉人物评论》，硕士学位论文，西南大学，2009 年。

田建平：《宋代书籍出版史研究》，硕士学位论文，河北大学，2012 年。

谢敏玲：《苏轼史论散文研究》，硕士学位论文，高雄师范大学，2000 年。

姚丽：《朝鲜李朝时代书目研究》，硕士学位论文，北京师范大学，2011 年。

俞靖珠：《韩国高丽朝对中国书籍政策与其背景之研究》，硕士学位论文，淡江大学，2015 年。

赵海军：《古今文献之箕子记载与研究综述》，硕士学位论文，东北师范大学，2006 年。

赵丽媛：《十一世纪中下叶宋丽关系研究》，硕士学位论文，陕西师范大学，2013 年。

郑福祥：《两宋之交（1100—1164 年）宋丽关系研究》，硕士学位论文，陕西师范大学，2014 年。

周婷婷：《史汉比较研究专著专论叙录》，硕士学位论文，河北大学，2012 年。

韩国

［韩］河炫纲著、李凤圭译注：《〈三国史记〉与〈三国遗事〉之史观》，《中兴史学》，1995 年第 2 期。

［韩］晋永美：《〈韩国文集丛刊〉对中国文献研究的意义》，《北京大学中国古文献研究中心集刊》，2009 年第 8 辑。

［韩］李润和：《浅论中韩近代史学流派及分期》，《学术月刊》，2007 年第2 期。

［韩］李元淳：《朝中图书交流瞥见》，《韩国研究论丛》，1997 年第 3 辑。

［韩］李载浩著、李凤圭译：《〈三国史记〉与〈三国遗事〉所显出之国家意识：对于过去的事大主义史观之批判》，《中兴史学》，1997 年第 3 期。

［韩］朴卿希：《韩国朝鲜时代的目录学》，《传统文化与现代化》，1998 年第 6 期。

［韩］朴宰雨：《韩国〈史记〉文学研究的回顾与前瞻》，《文学遗产》，1998年第1期。

［韩］琴知雅：《中国汉籍传入韩国研究》，《国际汉学》，2015年第4期。

［韩］尹龙九、金庆浩：《简牍：古代东亚汉字文化传播的缩影》，《中国社会科学报》，2012年1月9日第A06版。

［韩］元勇准著、张悦译：《茶山对“夏商之旧法”说的再检讨——与易类出土文献的比较考察》，《周易研究》，2016年第3期。

［韩］郑一均：《正祖的经学思想：以〈鲁论夏笺〉为中心》，黄俊杰编：《朝鲜儒者对儒家传统的解释》，台北：台大出版中心，2012年。

崔鎮景（1982），「林悌의「靑燈論史」연구-『杯羹論』·『烏江賦」에 드러난‘項羽’형상을 중심 으로-』，『韓民族文化研究』45。

金秉建（2010），「漢文教育의 측면에서 본 項羽의 두가지 判斷」，『漢文學報』23。

晉永美（2009），「『한국문집총간』所載『사기』·『한서』관련 자료 고찰」，『民族文化』33。

李成珪（1992），「朝鮮後期 士大夫의『史記』理解」，『震檀學報』74。

李成市·尹龍九·金慶浩（2009），「平壌貞柏洞三六四号墳出土竹簡『論語』について」，『木簡と文字』4。

李成市（2015），「平壌楽浪地區出土『論語』竹簡の歴史的性格」，『國立歴史民俗博物館研究報告』194。

李弘植（2013），「三淵 金昌翕의『伯夷傳』이해와 그 의미」，『韓國實學研究』25。

李熙穆（2013），「李建昌의『伯夷列傳批評』評釋」，『大東文化研究』60。

李賢鎬（2010），「峿堂 李象秀의『史記評述』에 대하여」，『東洋漢文學研究』31。

盧慧京（2003），「黄胤錫의 文獻資料 檢討：文集을 중심으로」，『藏書閣』9。

孫桂榮（2007），「동춘당 후손가 가전『家藏書籍簿』의 작성시관에 대한 고찰」，『書誌學研究』38。

孫惠莉（2012），「青城 成大中의 史論 散文 研究-『青城雜記』『揣言』을 중심으로」，『大東文化研究』80。

徐信惠（2006），「貨殖傳 수용의 양태와 경향」，『韓國文化』38。

楊中石（2016），「조선 문인들이 본『사기·화식열전』」，『中國文學』89。

尹智勳（2008），「『雪橋藝學錄』을 통해 본 安錫儆의 散文批評과 古文作法」，『東方漢文學』34。

尹智勳（2008），「朝鮮後期 文人의『史記』認識과 評價에 관한 一考-『項羽本紀』에 대한 諸家批評을 中心으로-」，『東方漢文學』35。

［韩］诸海星：《〈史记〉在韩国的流传及影响——以翻译介绍与研究现状为中心》，《国际汉学》，2004 年第 4 期。

［韩］诸海星：《近四十年来韩国〈史记〉研究综述（1971—2010）》，《唐都学刊》，2011 年第 5 期。

白晉宇，「朝鮮後期史論散文研究」，博士學位論文，高麗大學，2011。

金昭姬，「중국본『史記』·『漢書』의 조선 유입과 編刊에 관한 연구」，博士學位論文，韓國學中央研究院，2012。

李賢鎬，「朝鮮後期『史記』批評 研究」，博士學位論文，釜山大學，2011。

尹勇植，「西河林椿文學研究」，博士學位論文，檀國大學，1993。

李拉娜，「伯夷 談論의 義理論과 文章論-조선시대 백이 담론의 전개와 분기」，碩士學位論文，成均館大學，2013。

吴姝琪，「朝鮮朝 文人의 秦始皇 인물평 연구-『史記』人物 批評의 한 事例」，碩士學位論文，成均館大學，2012。

鄭光輝，「17·18 세기 조선의 明代 唐宋派 수용양상 연구」，碩士學位論文，釜山大學，2009。

周多感，「朝鮮 文人의 伯夷 評 考察」，碩士學位論文，圓光大學，2015。

周娟，「연암 박지원의 伯夷형상과 그 의미」，碩士學位論文，成均館大學，2013。

［韩］文灿：《朝鲜时代册版目录研究——以〈考事撮要·八道程途〉所载中国册版为中心》，硕士学位论文，南京大学，2012 年。

日本及其他

［日］池田英雄著，张新科、朱晓琳译：《从著作看日本先哲的〈史记〉研究——古今传承 1300 年间的变迁》，《唐都学刊》，1993 年第 4 期。

［法］陈庆浩：《推动汉文化的整体研究》，《国外文学》，1988 年第 4 期。

后 记

本书讨论的“文本的力量”概念，就表现程度而言是递进式的，可能经历文字—文法—历史经验—文化道统等四个阶段。但这四个阶段并非直线发展的，而是与文本存在的社会环境密切联系。如《史记》《汉书》的“事、文、义”在朝鲜时代的表现，就同时存在着作为历史经验、“美丽文章”、经史互相发明等多个方面。

笔者对朝鲜汉籍中所涉《史记》《汉书》资料的搜集，以朝鲜文人文集、正史、实录为主，旁及部分史论史抄类著作。对于这些资料，笔者在前人的基础上，尽最大努力进行搜集、汇编、分类与研读，形成了一部资料集，但仍不成系统，还需要继续搜集完善。通过对这些资料的分析，笔者比较全面细致地叙述了两书在古代朝鲜半岛的传播情况及其文本产生力量的种种表现，并注意分析相关人物和文献的时代特色，避免用不同时代的资料概括一般阶段性的结论，而是将对相关资料的分析置于时代背景和历史环境中，同时注意辨析朝鲜汉籍中涉及先秦、秦汉史实但不来源于《史记》《汉书》的文本内容，从而使相关论述更加具体而确切。

笔者最初的想法，是想通过朝鲜汉籍中的《史记》《汉书》版本，以及朝鲜文人有关《史记》《汉书》史实评论及考订的内容，以期为先秦、秦汉历史研究提供新的视角和材料。但在了解大量基础文献和背景知识之后，这一想法越来越变得不切实际。在孙晓老师的指导下，从《史记》《汉书》文本而非从先秦、秦汉史实的角度，探讨两书在古代朝鲜半岛的传播与接受，进而对史学史、中外关系史等方面提供一些新材料，成为本书的基本思路。确实，从研究历史的角度来说，《史记》《汉书》当然是经典纪传体史书，其所载史实是我们研究先秦、秦汉历史的基本史料。但从某种程度上来说，《史记》《汉书》又是经过编纂的历史文本，记载了“文本化”的历史，故两书又具有史料价值以外的其他力量。或者说，我们在关注和解释“历史”的同时，对记载“历史”的文本能不能准确理解呢？文本表达的形式、内容对我们有什么影响，我们如何评价？文本中的错讹是作者有意为之还是我们的理解有误？因此，本书以朝鲜汉籍中所涉及的《史记》《汉书》在古代朝鲜半岛传播、接受、评论的内容为研究对象，探讨历史文本在域外语境下表现出来的“事、文、义”三个方面的力量。相关论述证明，古代朝鲜文人学者除了利用《史记》《汉书》了解先秦、秦汉史实之外，还重视两书在文章、义理等方面的价值，及以史为鉴、经体史用的现实意义。另外，或许受程朱理学轻视汉儒、以己意解释经典的做法的影响，古代朝鲜文人学者只采用史汉原文。这两点决定他们不会太在意《史记》《汉书》的版本，不会对所涉史实进行研究，也就不能产生以考订史实为目的的研究。

比较而言，古代日本除了在《史记》《汉书》版本的保存以及文本与史实研究方面成果比较丰富以外，在其政治、思想、文化、文学等领域也同样受到史汉文本的影响。这些影响与朝鲜时代的情况有相同之处，但区别也是明显的，需要我们进一步探讨。首先，《史记评林》《汉书评林》是朝鲜时代中后期史汉版本的主要底本，同时两书也在日本得到了较多翻刻与广泛流布，但其具体表现有着明显的差异。朝鲜时代文人只是阅读史汉原文，甚至删掉了《史记评林》上栏的评语，日本则出现了有井范平的《标补史记评林》等新著作，对上栏评语进行了增订，在凌稚隆《史记评林》原来的基础上又有新发展。其次，我们可以用古代朝鲜和日本几乎同时代的两种同类型著作，进行较为直观的比较。朝鲜文人宋徵殷（1652—1720）的《历代史论》，与日本学者松崎兰谷（1674—1735）的《唐宋名贤史论奇钞》[1]，无论在时间还是内容上，都非常接近，但从两书编纂目的来看，却迥然不同。《历代史论序》强调读史“庶几有补于穷理之一事云”，而《唐宋名贤史论奇钞序》则更关注历代史论中“为世道之用”“所宜取法”的内容。由此可见，同样是注重历史文本的现实意义，朝鲜文人除了以史为鉴之外，

〔1〕 日本正德四年（1714）京都玉成轩刊本。

仍不忘以读史作为穷理的手段，以理学作为现实社会的存在规范，从而以过去的经验、以经典的“理”来指导现实社会，这不免走向教条与空疏。而日本学者则更偏重于将现实与历史相结合，以当下的需要来关照过去的经验，显得更加务实。这或许是历史文本在朝鲜、日本产生不同影响和表现的最主要原因。当然，这种对《史记》《汉书》在汉文化圈内传播与接受情况的比较研究，或许仍有以偏概全之嫌，需要在今后的研究中进一步总结和完善。

研学之路，道阻且长，行而不辍，未来可期。这是我的一本“不惑”的书，同时这一成果能够完成并顺利出版，与很多人的支持分不开。感谢社科院历史所各位老师的悉心指导。感谢生我养我的父母，没有他们的负重前行，就没有我现在的岁月静好。感谢我的妻子于丽娟和女儿翟雨航！我的妻子陪我走过许多“漂泊”的日子，付出了很多，却没有得到太多回报。我心中对她充满了愧疚。没有她的理解与支持，没有她带给我的动力，我不知该如何走下去。那个在襁褓中的小婴儿转眼间已经长成了五年级的小学生，那些“垂髫牵父学乘马，始龀知书寻画笔”的时光总是让人回味，希望今后我能多给她一些陪伴。

本书是在博士学位论文的基础上完成的，笔者结合近几年学界的研究新成果，对书中某些观点表述、史料引用等方面进行了修订完善。然而，由于笔者学识尚浅，本书仍然有很多不足，敬请方家与读者批评指正。

是为记。

翟金明

2021 年 10 月于北京甘露园